VILLES ANTIQUES

VIENNE ET LYON
GALLO-ROMAINS

PAR

HIPPOLYTE BAZIN

AGRÉGÉ DE L'UNIVERSITÉ, DOCTEUR ÈS LETTRES

DESSINS D'A. BARQUI

PARIS
IMPRIMERIE NATIONALE

HACHETTE ET Cⁱᴱ, LIBRAIRES-ÉDITEURS
BOULEVARD SAINT-GERMAIN, 79

M DCCC XCI

VILLES ANTIQUES

VIENNE ET LYON
GALLO-ROMAINS

IMPRIMÉ

EN VERTU DE LA DÉCISION PRÉSIDENTIELLE DU 3 JUILLET 1890

APPROUVANT

L'AVIS DU COMITÉ DES IMPRESSIONS GRATUITES

VILLES ANTIQUES

VIENNE ET LYON

GALLO-ROMAINS

PAR

HIPPOLYTE BAZIN

AGRÉGÉ DE L'UNIVERSITÉ, DOCTEUR ÈS LETTRES

DESSINS D'A. BARQUI

PARIS

IMPRIMERIE NATIONALE

HACHETTE ET CIE, LIBRAIRES-ÉDITEURS

BOULEVARD SAINT-GERMAIN, 79

M DCCC XCI

A M. GEORGES PERROT

DE L'INSTITUT

A M. AUGUSTE ALLMER

CORRESPONDANT DE L'INSTITUT

MES MAÎTRES

JE DÉDIE CE LIVRE

EN TÉMOIGNAGE DE GRATITUDE, D'AFFECTION ET DE RESPECT

H. Bazin

VILLES
GALLO-ROMAINES

VIENNE   LYON

M DCCC XCI

Tête en bronze, de Vienne, au musée de Lyon.
Échelle de $\frac{1}{15}$

PRÉFACE.

L'auteur s'est proposé de reproduire la physionomie de Lyon et de Vienne pendant la période gallo-romaine, en empruntant les traits de son esquisse à l'histoire, aux monuments antiques, à l'épigraphie et à l'archéologie. Il ne croit avoir négligé aucune des sources susceptibles de lui procurer quelques renseignements.

L'étude de nos antiquités nationales a réalisé, au

cours de ce siècle, d'incontestables progrès. C'est par milliers qu'il faut compter les articles de revues ou de journaux parus sur des questions d'archéologie locale; les inscriptions ont été soigneusement recueillies et exactement interprétées, les collections archéologiques se sont considérablement augmentées, et les objets les plus précieux ont été publiés avec de savants commentaires.

Le moment n'est-il pas venu de mettre à profit tant de documents accumulés, et, après tous ces travaux d'analyse, de faire enfin œuvre de synthèse? Synthèse prudente, bien entendu, car une généralisation trop hâtive expose à beaucoup d'erreurs. Mais, à condition de procéder avec lenteur et ville par ville, on peut commencer déjà à établir les bases d'une histoire de nos origines nationales.

Nous inaugurons par Vienne et par Lyon la série de nos portraits de villes antiques, bien qu'elles diffèrent l'une de l'autre sur plusieurs points, dont l'essentiel est que la première, se trouvant dans la Narbonnaise, dépendît bientôt du Sénat, tandis que l'autre, dans la Gaule, était sous les ordres directs de l'Empereur. Mais leur civilisation, et c'est là ce qui nous intéresse surtout, était à peu de chose près la même. Géographiquement très rapprochées, situées toutes deux sur le bord du fleuve que l'on considérait alors comme la plus grande voie de communication du monde, leur histoire se confond à certains moments, et Tacite nous a conservé, on le verra, le souvenir de leur rivalité et de leur haine. A l'aurore du Christianisme dans les Gaules, lors de la persécution de Marc-Aurèle, en l'an 177, Viennois et Lyonnais mêlèrent leur sang dans l'arène de Lugudunum, ainsi que l'atteste la lettre célèbre dont Eusèbe nous a conservé le texte. Il n'est pas jusqu'à l'aspect de leurs ruines qui ne rapproche ces deux villes : les monuments de Provence prennent des teintes dorées aux rayons d'un soleil éclatant; à Vienne et à Lyon, sous l'action d'un ciel humide et brumeux, ils se revêtent d'une couche noirâtre de mousses et de lichens. Si nous ajoutons que les plus beaux objets du musée de Lyon ont été exhumés du sol de Vienne, on comprendra facilement que nous ayons réuni dans cette étude deux villes qui, au point de vue historique et archéologique, ont entre elles tant de rapports.

Nous avons entrepris ce livre sur les conseils d'un maître éminent, M. Georges Perrot, dont la bienveillance a été pour nous un précieux encouragement et un soutien. Nous lui associons dans notre gratitude, autant que dans notre affection, un autre maître, M. Allmer, dont l'amitié nous a initié à l'intelligence d'une période qu'il connaît comme pas un, et dans les livres duquel nous avons puisé à pleines mains. A notre tour nous serions heureux de pouvoir éveiller chez ceux qui nous liront le goût de semblables études.

L'archéologie ne se contente pas en effet de consigner la succession des événements et le nom des personnages célèbres; elle apprend à connaître l'homme dans les manifestations diverses de sa vie de chaque jour, dans ses mœurs, ses coutumes, son art, dans son âme même. En préparant ce livre, qui nous a coûté plusieurs années de recherches et de travail, nous étions soutenu par la pensée que nous apportions, si modeste soit-elle, notre contribution à l'édifice que les savants élèveront à la gloire de nos antiquités nationales.

Clypeus en marbre, de Vienne (musée de Lyon).
Échelle de $\frac{1}{10}$.

VIENNE ANTIQUE.

AVANT-PROPOS.

Siège d'une industrie des plus prospères, bâtie d'une façon pittoresque sur le flanc des coteaux dont le Rhône baigne le pied, entourée d'une campagne fertile, Vienne, sous-préfecture du département de l'Isère, occupe un rang honorable parmi les villes de France; elle a toutefois perdu beaucoup de l'importance qu'elle possédait pendant la période gallo-romaine.

En ce temps-là, en effet, elle était le chef-lieu de tout le territoire qui comprenait, avec la ville actuelle de Grenoble, celles d'Aoste, de Vieu, d'Aix, de Belley, d'Annecy, de Genève même; tout le pays, en un mot, compris entre les Alpes, l'Isère, le Rhône et même un peu au delà.

Plusieurs de ses enfants, doués de cet esprit vif et de cette mâle énergie qui distinguent encore les Dauphinois de nos jours, parvinrent aux rangs les plus élevés de l'administration romaine. Dans le discours qu'il prononça devant la Curie[1], pour ouvrir aux Gaulois l'entrée du Sénat, l'empereur Claude s'étend avec complaisance sur les services rendus à l'État par des Viennois.

---

[1] Allmer et Dissard, *Musée de Lyon, Inscriptions antiques*, t. I, p. 58 et suiv.

Encore pourrait-on croire que ces éloges pompeux étaient le fait d'une bienveillance spéciale et toute personnelle de cet Empereur. Il n'en est rien. La ville avait auprès des gens de la Capitale une réputation d'urbanité et de bon goût qui paraît nettement dans l'épigramme suivante de Martial[1] : « On me dit, peut-être est-ce un faux bruit, que Vienne la Belle fait ses délices de mes ouvrages. Tout le monde me lit là-bas, vieillards, jeunes gens, enfants, jusqu'à la pudique épouse en présence de son sévère mari. Succès plus flatteur pour moi que si mes vers étaient chantés par les habitants des bords du Nil, par ceux qui boivent à sa source les eaux de ce fleuve; que si le Tage, qui arrose ma patrie, m'apportait tout l'or de l'Espagne; que si les abeilles de l'Hybla ou de l'Hymette me nourrissaient de leur miel. Je vaux donc quelque chose, je ne suis pas le jouet de paroles flatteuses; désormais je pense, Lausus, je croirai ce que tu me dis. »

Il faut naturellement faire la part de l'exagération poétique; peut-être aussi Martial l'épicurien était-il dans des dispositions particulièrement favorables à l'égard de la ville qui récoltait le fameux vin poissé, si apprécié des gourmets de son temps[2]. Mais son témoignage est confirmé par celui de Tacite[3] et, plus tard, d'Eusèbe[4], d'Ammien Marcellin[5] et d'Ausone[6].

Telle est la ville que nous nous proposons d'étudier aux différents points de vue de son histoire, de ses monuments,

---

[1] Martial, *Épigrammes*, VII, 88.
[2] *Ibid.*, XIII, 107.
[3] Tacite, *Hist.*, I, 65 et 66.
[4] Eusèbe, *Hist. eccles.*, V, I, 1.
[5] Ammien Marcellin, *Hist.*, XV, 11, 14.
[6] Ausone, *Villes célèbres*, VIII, 3.

de ses inscriptions et de son Musée archéologique. Nous avons, dans cette tâche, été puissamment aidé par les travaux des savants qui nous ont précédé. Nous devons avant tout un témoignage de gratitude à notre maître et ami M. Auguste Allmer[1], auquel nous avons fait de si nombreux emprunts qu'il y a peu de pages de ce livre où il ne soit cité plusieurs fois. Nous avons également tiré grand profit du monumental *Corpus* de la Narbonnaise de M. Hirschfeld[2]; le *Recueil des inscriptions de Vienne* y tient une grande place et est précédé d'une substantielle préface, chef-d'œuvre de netteté et de concision. On y trouve la bibliographie complète du sujet, la liste des auteurs qui, à partir du XVIe siècle, se sont occupés plus ou moins d'épigraphie viennoise. Nous y renvoyons le lecteur. Mais il n'est que juste de signaler ici les archéologues où nous avons trouvé le plus d'utiles renseignements.

Citons tout d'abord Nicolas Chorier[3], qui vivait au cours du XVIIe siècle et qui a décrit les monuments romains tels qu'on les voyait de son temps. Le manuscrit de Claude Charvet[4] est également plein d'intérêt. Il le cède

---

[1] A. Allmer et de Terrebasse, *Inscriptions antiques et du moyen âge de Vienne en Dauphiné*, Vienne, 1875-1876. Six volumes in-8° et un atlas de planches. Les quatre premiers volumes, comprenant les inscriptions antiques antérieures au VIIIe siècle, sont de M. Allmer; les deux derniers, renfermant les inscriptions chrétiennes du moyen âge, sont l'œuvre de M. de Terrebasse. M. Allmer les a publiés après la mort de son ami. L'atlas a été dessiné par MM. Allmer père et fils.

[2] *Corpus inscriptionum latinarum consilio et auctoritate Academiæ litterarum Borussicæ editum*. Volumen duodecimum. *Inscriptiones Galliæ Narbonensis latinæ*, edidit Otto Hirschfeld. Berolini, apud Georgium Reimerum, M DCCC LXXXVIII.

[3] Nicolas Chorier, *Recherches sur les antiquités de la ville de Vienne*, Lyon, 1658.

[4] Claude Charvet, *Fastes de la ville de Vienne*, manuscrit du XVIIIe siècle, publié par Savigné, Vienne, 1869.

cependant, comme importance archéologique, à celui de Schneyder[1], ce peintre de Thuringe qui, passant par Vienne, fut si frappé de la beauté de ses monuments qu'il s'y arrêta, obtint un petit emploi et y demeura jusqu'à sa mort. Il fonda le Musée dont il fut nommé conservateur.

Son successeur, Étienne Rey, a publié, en collaboration avec un autre artiste de grand mérite, M. Vietty[2], un magnifique album où sont reproduits, avec les monuments, les principaux objets du Musée. Un catalogue de ce dernier a été fait par le regretté M. Delorme[3], qui a consacré à l'étude des antiquités de sa ville natale son modeste et solide talent. On a trouvé encore d'autres documents dans le volume publié par le Congrès archéologique de France[4], tenu à Vienne, et des vues intéressantes, des aperçus ingénieux sur l'administration municipale de la colonie de Vienne, dans la récente étude de M. Charles Morel[5].

---

[1] Pierre Schneyder, deux volumes manuscrits actuellement à la Bibliothèque de Vienne. La couverture du premier manque; le second est ainsi intitulé : *Nouvelles recherches sur les antiquités de Vienne en Dauphiné*, 1785. Schneyder a en outre publié un opuscule sur le Musée, sous ce titre: *Notice du Musée d'antiquités de la ville de Vienne*, Vienne, 1809. M. Savigné, si passionné pour les antiquités de son pays, avait en 1880 commencé la publication du manuscrit de Schneyder sous le titre : *Histoire des antiquités de la ville de Vienne*.

[2] Rey et Vietty, *Monuments romains et gothiques de Vienne en France*, Paris, 1831.

[3] Delorme, *Description du Musée de Vienne, précédée de recherches historiques sur le temple d'Auguste et de Livie*, Vienne, 1841.

[4] *Congrès archéologique de France, XLVI° session*, Vienne, 1879. A signaler entre autres la note de M. de Laurière sur les *Objets d'art provenant de Vienne* et celle de M. J. Le Blant sur les *Découvertes faites à Vienne depuis l'année 1841* et sur les *Fouilles archéologiques opérées à Vienne pendant les années 1875, 1876 et 1877*.

[5] Ch. Morel, *Genève et la colonie de Vienne, Étude sur une organisation municipale à l'époque romaine*. Genève, Jullien, éditeur; Paris, Fischbacher, 1888.

Nous citerons à leur place les savants articles de MM. A. Héron de Villefosse et E. Babelon sur quelques-uns des plus beaux objets du Musée.

Remercions, en terminant, quelques archéologues viennois auprès desquels nous avons rencontré le plus gracieux accueil : en premier lieu, M. Bizot, architecte municipal, qui, bien mieux que nous, eût écrit ces pages, si le loisir ne lui en avait fait défaut; M. Cornillon, le zélé conservateur du Musée, dont l'activité n'a d'égale que l'obligeance; M. Chavassieux, qui nous a plusieurs fois accompagné dans nos courses à travers la campagne, à la recherche des substructions et des ruines. Grâce au précieux concours de tant de bonnes volontés, grâce au bienveillant appui du Conseil municipal de Vienne, nous espérons contribuer pour notre modeste part à mieux faire connaître une des villes de France les plus riches en antiques souvenirs.

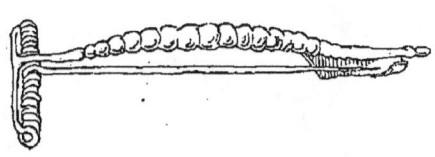

Monnaies des Allobroges
et de la colonie de Vienne.

INTRODUCTION HISTORIQUE.

Mosaïque de Ganymède, à l'échelle de $\frac{1}{20}$.

Vienne capitale des Allobroges. — Leurs luttes contre les Romains. — Leurs souffrances sous l'administration républicaine. — Bienveillance de César à leur endroit : Vienne cité de droit latin; sa prompte romanisation. — Fondation de Lyon; rivalité persistante des deux villes. — Vienne, ruinée par Valens, se relève sous Dioclétien. — Les Burgondes, de 443 à 476.

1. On ne saurait fixer la date exacte de la fondation [1] de Vienne [2], mais il est certain qu'elle existait déjà pendant la

[1] D'après le dominicain Lavinius, Vienne remonterait jusqu'à Allobrox, descendant d'Hercule et contemporain de Moïse (vers 1300 avant J.-C.); d'après saint Adon, elle aurait été fondée par un banni africain du nom de Venerius, au temps d'Amasias, qui régnait à Jérusalem vers le milieu du Vᵉ siècle; Étienne de Byzance lui donne (s. v. *Biervos*) une origine crétoise : des habitants de cette île, arrivés aux embouchures du Rhône, auraient remonté le fleuve et donné au territoire sur lequel ils s'établirent le nom d'une jeune fille qui périt sous leurs yeux d'une fin tragique. Voir dans le vestibule de la mairie de Vienne la reproduction, sur plaque de marbre, de l'inscription que Lavinius avait composée en 1518 et qui était d'abord gravée sur une plaque de cuivre (Marchandon, *Recherches sur les véritables armoiries de la ville de Vienne*, Vienne, Savigné, 1888).

[2] Sur les différentes orthographes du mot Vienne dans les textes et les

période celtique. Strabon nous l'apprend : « Vienne, dit-il [1], dont les Allobroges ont maintenant fait une ville, était un de leurs villages. Habité par les plus notables d'entre eux, ce village avait le titre de métropole de leur cité. » Or le territoire de la cité des Allobroges, qui fut plus tard exactement celui de la cité de Vienne, comprenait tout l'espace représenté aujourd'hui par les départements de l'Isère, de la Savoie, de la Haute-Savoie et par une partie du canton de Genève, ainsi que des départements de l'Ain, du Rhône, de la Loire, de l'Ardèche et de la Drôme [2].

inscriptions, VIENNA, VIANNA, Οὐίεννα, Βίεννα, Vigenna et Benna, voir Allmer, *Inscriptions de Vienne*, t. II, p. 402, et Hirschfeld, *op. cit.*, p. 218.

[1] Strabon, *Geographica*, IV, 1, 11.

[2] Les limites exactes et précises de la Colonie sont, sur certains points, assez difficiles à déterminer. Les textes, quand il y en a, sont quelquefois bien vagues et on ne peut pas toujours tirer une conclusion définitive de la présence d'une inscription funéraire. On trouvera, sur ce sujet, une savante étude dans M. Allmer, *Inscriptions antiques de Vienne*, t. III, p. 359, et dans le *C. I. L.*, t. XII, p. 217. — M. Hirschfeld donne, au nord, comme limite à la Colonie le cours du Rhône sur toute son étendue. Le passage de César (*B. G.*, I, 11) nous a paru significatif et nous avons considéré, comme appartenant à Vienne, la partie inférieure du département de l'Ain. — A l'ouest, les bornes de Vienne doivent d'abord être reculées jusqu'à ce chaînon des Cévennes qui vient expirer, entre le Rhône et le Gier, au village de Loire; elles arrivaient au Doux, qui séparait les Allobroges des Helves, puis revenaient au Rhône en reprenant la rive gauche et ne la quittaient plus jusqu'à l'Isère. — Au sud, quelques bourgs situés au delà de cette rivière appartenaient peut-être encore à la Colonie. — A l'est enfin, toute hésitation est enlevée, depuis la découverte opérée, en 1853, à la Forclaz du Prarion, au pied du mont Blanc, d'une borne, encore en place, avec cette inscription :

```
      EX AVCTORITATE
    IMP · CAES · VESPASIANI
    AVG · PONTIFICIS · MAX
   TRIB · POTEST · V · COS · V
        DESIG · VI · P · P ·
      CN · PINARIVS · CORNEL
   CLEMENS · LEG · EIVS · PROPR
      EXERCITVS · GERMANICI
      SVPERIORIS · INTER
   VIENNENSES ET CEVTRONAS
        TERMINAVIT
```

Par ordre de l'empereur César Vespasien Auguste, souverain pontife, revêtu de la puissance tribunitienne pour la cinquième fois, consul cinq fois, désigné pour une sixième fois, ... Cneus Pinarius Cornelius Clemens, son légat, propréteur de l'armée de la Germanie supérieure, a établi la limite entre les Viennois et les Ceutrons. (Allmer, *Inscriptions de Vienne*, t. I, p. 42; Hirschfeld, n° 113.)

Pour peu que l'on ait parcouru en touriste ce magnifique pays, on ne peut manquer d'avoir été frappé de ses aspects différents : d'un côté, de hautes montagnes aux sommets neigeux, aux pentes boisées, laissant entre elles des plateaux couverts d'un gazon serré, excellent pour les troupeaux; de l'autre, dans le coude formé par la réunion du Rhône et de l'Isère, une plaine dont la terre profonde, de couleur jaunâtre, produit du froment en abondance[1]. Est-ce à leur richesse ou seulement à leur courage que les Allobroges[2] étaient redevables de leur prédominance sur les populations celtiques environnantes ? Toujours est-il que cette prédominance était réelle. Tite-Live[3] nous en apporte le témoignage, et nous savons qu'Annibal, se préparant à passer en Italie et ne pouvant pas suivre la route qui longeait le rivage, par suite de l'hostilité des Marseillais, se préoccupa avant tout de se concilier l'amitié des Allobroges. Quand il en fut assuré, il put, sans être inquiété par les tribus clientes de ses puissants alliés, s'engager à travers les défilés des Alpes. On voit que les Allobroges imposaient leur volonté à leurs vassaux; mais, en retour, ils leur accordaient aide et protection, et, pour les sauver, n'hésitaient pas à se perdre eux-mêmes.

On en a pour preuve la lutte téméraire qu'ils engagèrent contre les Romains, lorsque ceux-ci, à la demande des Marseillais, vinrent, en 154 avant J.-C., montrer les aigles de leurs légions aux populations celtiques de la Provence. Teu-

---

[1] Sur l'excellente qualité du froment récolté sur le territoire allobrogique, voir Pline, *Naturales historiæ*, XVIII, 85.

[2] Le nom des Allobroges a certainement une origine celtique (Zeus, *Gram. celt.*, 2ᵉ édit., p. 207, en note); mais on n'est pas exactement fixé sur sa signification. Sur les différentes opinions émises à ce sujet, voir Hirschfeld, *op. cit.*, p. 217. La constitution de ce peuple a varié suivant les temps : lors du passage d'Annibal, ils étaient sous les ordres d'un seul roi (Tite-Live, XXI, 31, 6). Polybe nous dit (III, 50, 2) que les Allobroges habitant les Alpes étaient sectionnés en plusieurs États. Tite-Live (*ibid.*) nous apprend encore que, suivant l'usage gaulois, un sénat et un consul des principaux citoyens étaient adjoints au roi. Dans la suite, la forme de gouvernement fut modifiée et le pouvoir passa des rois au Sénat et au peuple (Cic., *Catil.*, III, 5, 10; César, *Bello Gall.*, VII, 64; César, *Bello civ.*, III, 59). Catugnat, que Dion (XXXVII, 47) appelle ὁ τοῦ παντὸς αὐτῶν ἔθνους στρατηγός, était bien plutôt, nous dit M. Hirschfeld, auquel beaucoup de ces renseignements sont empruntés, le chef de la guerre qu'un roi véritable.

[3] Tite-Live, XXI, 31, 5.

tomalius, roi des Salluves, s'était réfugié après sa défaite chez les Allobroges. Le proconsul Cneus Domitius Ænobarbus le réclama; ils refusèrent fièrement de livrer leur hôte, et la guerre leur fut déclarée. Ils furent vaincus à Vindalium, à l'embouchure de la Sorgue. L'année suivante, en 121 avant J.-C., le consul Quintus Fabius Maximus gagna encore sur les Allobroges réunis aux Arvernes, au confluent de l'Isère et du Rhône, la célèbre bataille qui lui valut le surnom d'*Allobrogique*. Le vainqueur se montra clément envers les Arvernes; quant aux Allobroges, ils se virent réduits à la dure condition de *dediticii*. Leurs souffrances furent cruelles : les propréteurs, gouverneurs de la province, comme Fonteius, commettaient des exactions sans nombre et pressuraient sans pitié leurs administrés, pour les mettre, disaient-ils, dans l'impossibilité de nuire au peuple romain. C'est probablement à cette époque qu'il faut placer l'interdiction faite aux Gaulois de cultiver l'olivier et la vigne[1]. Les riches Italiens avaient ainsi un débouché assuré aux produits de leurs terres. Qu'importait, après tout, au Sénat de la République le bonheur des peuples soumis! Induciomare viendra vainement faire entendre les plaintes de la province : on ne l'écoutera pas. Les députés des Allobroges sauveront Rome d'un immense danger, en dévoilant les projets de Catilina : on ne leur tiendra aucun compte de leur dévouement, et le sort des vaincus n'en sera nullement amélioré. A la fin, à bout de patience, désespérés, ils se soulevèrent sous la conduite de Catugnat. Leur courage fut héroïque; les batailles de Ventia et de Solonium furent très meurtrières pour les deux partis. Mais que pouvaient les Allobroges contre la discipline des légions et les forces constamment renouvelées de leurs adversaires? Ils durent se sou-

---

[1] Cette interdiction ne fut probablement pas de longue durée, car le *vin poissé*, *vinum picatum* de Vienne, était célèbre, dans l'antiquité, à l'égal de nos crus modernes de Côte-Rôtie, qui venaient sur la rive droite du Rhône. On ne saurait d'ailleurs, en aucun cas, confondre ce dernier avec le vin qui avait une saveur de poix naturelle, d'après Pline, mais plus vraisemblablement artificielle, au témoignage de Columelle. Voir à ce sujet l'intéressant article de M. Allmer, *Inscriptions de Vienne*, t. II, p. 169, et chez les auteurs anciens : Columelle, *De re rustica*, XII, 23; Pline, *Naturales historiæ*, XIV, 26 et 57; Martial, *Épigrammes*, XIII, 107; Plutarque, *Quæst. symposiacæ*, V, III, 1. Tout le vin poissé ne venait pas des vignes de Vienne; on en fabriquait à Rome.

mettre à Pomptinus, tellement épuisés qu'ils étaient désormais incapables de tenter aucun effort.

2. Avec César, une nouvelle période commença pour les Allobroges[1]. Les ayant trouvés dévoués à sa cause, il avait tiré de leur pays des approvisionnements abondants et des soldats intrépides, avait passé chez eux l'hiver de l'année 52 et, cinq ans après, obtenu qu'ils résistassent aux sollicitations de Vercingétorix. Aussi, la guerre terminée, César, qui, en toute occasion, s'était plu à réparer les injustices du précédent régime, les traita avec beaucoup de bonté.

Quelle est exactement la situation privilégiée qu'il leur fit! M. Allmer[2] croit qu'il leur accorda le droit de cité complet au même titre qu'à Fréjus, Orange, Arles, Béziers et Narbonne, et que c'est seulement quelques années plus tard et comme punition que Vienne descendit au droit de cité latin. D'après M. Hirschfeld[3], Vienne n'aurait eu que le titre honorifique de colonie, sans que le gouvernement de Rome y ait jamais envoyé de colons. M. Camille Jullian, au contraire, croit qu'il y eut pour Vienne, comme pour d'autres villes, une *deductio*, sinon de citoyens romains, du moins d'Italiens, qui contribuèrent pour une bonne part à la prompte romanisation du pays : «Elle avait été si rapide, dit-il[4], qu'il avait

---

[1] A partir du jour où l'ancienne cité gauloise des Allobroges fut remplacée par une commune urbaine sur le modèle de celles d'Italie, le mot *Vienna* servit à désigner non seulement la ville du chef-lieu, mais le territoire tout entier. Cependant la division gallo-germanique en *pagi* se continua assez longtemps dans la partie montagneuse orientale, que la difficulté des communications rendait moins accessible à l'influence romaine. Le souvenir des *pagi* nous a été conservé, mais d'une manière bien imparfaite, par l'épigraphie. Aucun de leurs noms ne nous est parvenu entier sur les fragments d'inscriptions qui ont été trouvés, l'un à Hauteville, dans la Haute-Savoie, le *pagus* DIA..., un autre à Saint-Sigismond, près d'Albertville, le *pagus* VALER..., un troisième enfin le *pagus* OCT..., à Aoste, au nord-est du département de l'Isère. Nous connaissons un bien plus grand nombre de *vici*, divisions territoriales d'ordre inférieur; citons Genève, Albens, Aoste, Aix, Annecy, etc., dont il sera question plus loin.

[2] Allmer, *op. cit.*, t. II, p. 83 et suiv. : Exposé préliminaire concernant l'origine de la colonie de Vienne.—

[3] Hirschfeld, *op. cit.*, p. 219.

[4] C. Jullian, *Inscriptiones Galliæ Narbonensis latinæ*, article du *Journal des Savants*, février 1889.

fallu, vers l'an XL, transformer son droit latin en pleine cité romaine; elle avait même fait disparaître le nom de la peuplade fameuse des Allobroges, à laquelle elle appartenait, et lui avait substitué son propre nom à elle, devenue colonie de Rome. C'est là assurément la transformation la plus complète et la plus rapide que nous offre la Gaule narbonnaise : en deux générations, un État celtique puissant, tenace, redouté, est devenu une immense commune romaine, laborieuse, prospère, joyeuse de ne vivre qu'à la romaine.»

Cependant le parti national n'avait pas été sans opposer, au moins au début, quelque résistance à cet envahissement de l'influence étrangère. Lors de la mort du dictateur, à la faveur des troubles civils, il avait été assez puissant pour chasser les citoyens romains de Vienne. Ceux-ci remontèrent le fleuve et s'arrêtèrent aux limites du territoire, au delà du Rhône, sur le monticule de Fourvières, appelé alors la *colline des corbeaux, Lugudunum*. Ce fut l'origine de la colonie de Lyon. Quant aux Viennois, ils furent, nous l'avons dit, sévèrement punis : on dut apporter de sérieuses restrictions aux droits que César leur avait accordés; ils furent condamnés à payer à leurs exilés, à titre d'indemnité, une rente perpétuelle et à leur céder une portion de leur territoire. De là, entre les deux villes, une animosité dont nous aurons maintes fois l'occasion de constater les effets. Il suffisait qu'un prince témoignât de la bienveillance à l'une des deux pour que l'autre aussitôt manifestât son mécontentement.

Sous Auguste cependant ces sentiments d'animosité réciproque furent contenus. Il leur prodigua ses bonnes grâces, et Vienne eut pour sa part, entre autres faveurs, une enceinte de murailles[1]. Aussi, à la mort de l'Empereur, en l'an XIV, la colonie lui éleva un temple actuellement encore existant.

Sous Tibère, il y eut à Vienne des troubles électoraux assez importants pour nécessiter son intervention personnelle.

---

[1] Autre témoignage de bienveillance : l'effigie d'Octave seul ou associé à Jules César était marquée au droit des as romains de Vienne (ils sont représentés à la page 9). — Les Allobroges, au temps de l'indépendance, avaient des deniers d'argent et des potins coulés d'une assez grossière exécution, et représentant tantôt au droit une tête d'Apollon et au revers un cheval ou un

Caligula, qui, pendant son séjour à Lyon, donna des marques nombreuses de son extravagance et de sa cruauté, rendit au contraire à Vienne le droit de cité complet.

Néron, le bienfaiteur de Lyon, ne pouvait qu'être mal vu des Viennois; aussi s'empressèrent-ils d'adhérer à la révolte de Vindex. L'empereur Galba les en récompensa en les comblant de bienfaits et notamment en les libérant de la redevance humiliante qu'ils payaient tous les ans aux Lyonnais[1]. Mais ceux-ci allaient bientôt prendre leur revanche avec Vitellius. Tacite nous a fait en quelques lignes la peinture expressive de leur haine : «S'adressant, dit-il[2], aux soldats de Valens, ils leur rappelaient que les Viennois avaient tout récemment levé des légions contre eux et leur communiquaient leur ressentiment et leur fureur; puis, étalant à leurs yeux la richesse du butin, ils les poussaient à l'anéantissement de la ville détestée.» Il s'en fallut de peu que Vienne ne fût entièrement détruite; elle ne parvint à échapper au pillage que par une rançon excessive : chaque soldat reçut 300 sesterces, et l'avare Valens, leur général, une somme d'argent considérable. On voit par là quelle était la richesse de Vienne à ce moment. Il est vrai qu'elle ne se releva jamais complètement de ce désastre.

D'ailleurs l'inclairvoyante politique inaugurée par Septime

---

chamois, tantôt au droit une tête casquée et au revers un hippocampe. Les médailles en bronze de la colonie de Vienne sont de trois types différents :

N° 1. IMP·CAESAR·DIVI IVLI DIVI F. Têtes nues adossées de César et d'Octave.
    R). C·I·V. Proue de vaisseau mâtée et surmontée d'une tour à plusieurs étages.

N° 2. IMP·DIVI·F. Tête nue d'Octave à droite.
    R). C·I·V. Proue mâtée et tourelée. — Très rare.

N° 3. CAESAR. Tête nue d'Octave à droite.
    R). Proue mâtée, surmontée d'une petite tour carrée. — Avec plusieurs variantes.

M. de la Saussaye attribuait à Vienne des monnaies sans légendes avec têtes adossées d'Auguste et de Caius César qu'il prenait pour Auguste et Agrippa. Cohen, dans sa deuxième édition (p. 122), croit que ce type a plutôt été frappé à Lyon.

[1] Tacite, *Hist.*, I, 65. Cf. I, 77.
[2] *Ibid.*, I, 66; II, 66.

Sévère, recommandant à ses fils, comme unique maxime de gouvernement, «d'enrichir ses soldats et de s'inquiéter peu du reste», en ruinant le monde romain, ne pouvait pas contribuer au relèvement de Vienne. Ce militarisme excessif diminua les sources de la richesse publique et amena lui aussi un dépérissement de plus en plus grand. Les invasions de peuplades barbares venant s'ajouter à cette détresse, il n'en fallait pas davantage pour plonger ce beau pays dans un profond état de misère. Pour fermer aux invasions un des passages les plus importants des Alpes, Dioclétien entoura Grenoble d'une enceinte de murailles, et, dans la nouvelle organisation de l'Empire, en 297, il plaça à Vienne le chef-lieu, non seulement d'une province, mais encore d'un diocèse embrassant toute la Gaule méridionale. La province, *provincia Viennensis*, comprenait, outre le territoire de l'ancienne colonie, les cités des Helviens, des Voconces, des Tricastins, Orange, Carpentras, Cavaillon, Avignon, Arles et Marseille; son diocèse, *dioecesis Viennensis*, s'étendait des Alpes à l'Océan, englobant les Alpes maritimes, toute l'ancienne Narbônnaise et toute l'ancienne Aquitaine.

Au IVe siècle, Constantin y séjourna temporairement, Julien y passa à deux reprises différentes; nous aurons l'occasion de parler, au cours de cet ouvrage, de la mort violente que Valentinien y trouva dans son palais. D'après la *Notitia dignitatum occidentalis*, Vienne avait, au Ve siècle, une fabrique impériale de tissus de lin et de chanvre, dirigée par un *procurator linyfii*[1]; c'était également la résidence du préfet de la flotte du Rhône, *praefectus classis fluminis Rhodani*[2].

En 443, les Burgondes occupèrent la Savoie, avec autorisation de l'Empereur, puis, sans autorisation, la Lyonnaise, la Viennoise, la Narbonnaise seconde et la partie sud-ouest de la Séquanaise. Ils se rendirent indépendants en 457 et définitivement en 461.

---

[1] *Notit. dign. occid.*, c. 11, 62.
[2] *Ibid.*, c. 42, 14.

PREMIÈRE PARTIE.

LES MONUMENTS.

L'ENCEINTE FORTIFIÉE ET LA CITADELLE.
L'AMPHITHÉÂTRE. — LES AQUEDUCS.
L'AUGUSTAEUM ET L'ARCADE DU FORUM.
L'AIGUILLE ET LE CIRQUE.
LE PALAIS DU MIROIR.
MONUMENTS DIVERS. — FOUILLES ET SOUVENIRS.
DE QUELQUES MONUMENTS DU TERRITOIRE DE LA COLONIE
EN DEHORS DU CHEF-LIEU.

Section d'aqueduc.

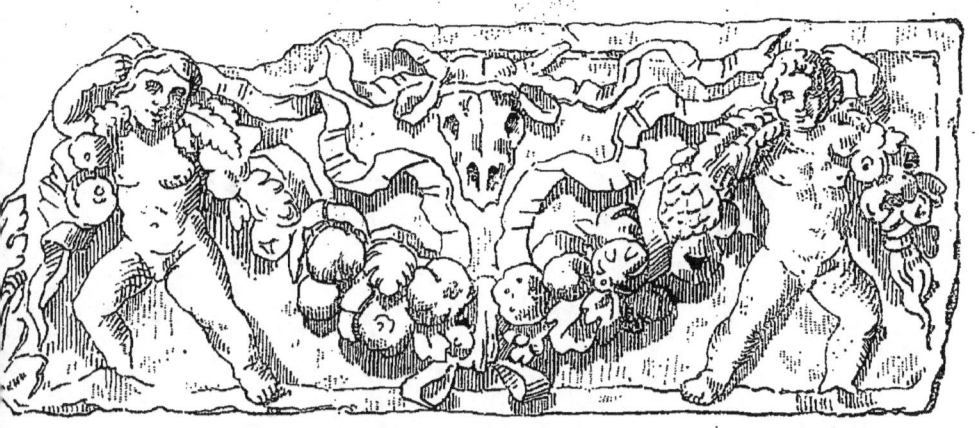

Fragment de frise, à l'échelle de $\frac{1}{5}$.

PREMIÈRE PARTIE.
LES MONUMENTS.

On ne fera pas ici à tous les monuments une part égale. Quelques-uns, soit par leur bon état de conservation, soit par l'intérêt qu'ils offrent, méritent une étude spéciale : on examinera séparément l'enceinte fortifiée et la citadelle, l'amphithéâtre, les aqueducs, le temple d'Auguste et de Livie et les restes du forum, le cirque et son *aiguille*, le palais du Miroir; on réunira dans un même chapitre les renseignements fournis par les fouilles opérées dans différents quartiers de la ville et l'on parlera des substuctions qui ont disparu, en totalité ou en partie, par suite de nécessités d'appropriation. Enfin on terminera en donnant, notamment à l'aide des inscriptions, la statistique des monuments élevés sur le territoire de Vienne, mais en dehors du chef-lieu de la Colonie.

Fragments de frise d'une porte monumentale, transformés en sarcophages
Échelle de $\frac{1}{46}$.

CHAPITRE PREMIER.

L'ENCEINTE FORTIFIÉE ET LA CITADELLE.

1. Les remparts de Vienne, utilisés et réparés au moyen âge, sont encore debout sur plusieurs points; sur d'autres, il n'en existe plus que les substructions (lettres AAA du plan[1]). Aux endroits le plus particulièrement exposés à une attaque, ils mesurent jusqu'à 5 mètres d'épaisseur; le blocage intérieur est revêtu de pierres de parement, dont les assises sont de distance en distance séparées par des rangs de briques.

Le plan de leur développement a été dressé, il y a cent ans environ, par l'archéologue Schneyder[2]. Ils forment une figure tout à fait irrégulière. L'ingénieur qui les a construits ne s'est préoccupé que de tirer parti de la disposition des lieux; il les a dressés sur le bord extérieur des plateaux où

---

[1] Seule la partie de la ville située sur la rive gauche du fleuve était fortifiée. Il ne paraît pas que celle qui s'étendait sur la rive droite, le faubourg actuel de Sainte-Colombe, fût entourée d'une enceinte (lettres BBB du plan).

[2] Le manuscrit de Schneyder est conservé à la Bibliothèque de la ville de Vienne. Il a pour titre : *Histoire des antiquités de la ville de Vienne, métropole des Allobroges, capitale de l'empire romain dans les Gaules, des deux royaumes de Bourgogne*, etc., par Pierre Schneyder, peintre, professeur de l'école de dessin de la ville de Vienne, membre de l'Académie des sciences, belles-lettres et arts de Lyon, etc. — Une partie de ce manuscrit, la Notice historique, d'ailleurs sans valeur, a été publiée dans le *Guide-Annuaire de la ville de Vienne*, Vienne, Savigné, 1877, p. 1.

la ville était bâtie et a établi ses portes au fond des angles rentrants qui résultent de cette disposition particulière des murailles. De cette manière, les défenseurs pouvaient faire converger de droite et de gauche sur les assaillants une grêle de flèches, avant que ceux-ci fussent eux-mêmes en mesure d'attaquer la porte. Partout où les besoins de la défense le réclamaient, on avait élevé des tours : Schneyder en a compté cinquante-deux.

2. A quelle date remontent ces importantes fortifications ! Depuis longtemps déjà les archéologues s'étaient posé cette question, sans pouvoir y répondre. Une récente découverte apporte la solution du problème. On a trouvé tout dernièrement à Vienne, sur l'emplacement de la porte actuelle d'Avignon, deux fragments d'inscriptions que M. Allmer a pu restituer avec certitude [1]. Les lettres, grandes de 0 m. 30, étaient gravées profondément sur la partie latérale de deux sarcophages. Ceux-ci avaient été, à une époque postérieure, creusés dans la frise monumentale d'une des portes de Vienne [2] :

imperator · caesar · divi filius · augustus
*cos · tribu*NICIA·POTES*tate* ▒▒*m*VROS PORTAS*que*
coloniae dat

Nous apprenons ainsi qu'Auguste, probablement alors qu'il séjourna près de trois ans dans la Gaule, de l'an XVI à l'an XIV, fit don à Vienne de murailles avec des portes monumentales.

C'est vraisemblablement la même date qu'il faut assigner à la citadelle (n° 1 du plan), construite sur le monticule de Pipet, un des plus curieux spécimens de l'art de la fortification chez les Romains.

3. La colline de Pipet, qui occupe à peu près le centre de Vienne, est bornée au nord par la Gère, qui suit un ravin profond; elle est séparée par un col étroit des coteaux de Sainte-Blandine et de Saint-Just, qui, du côté de l'ouest, do-

---

[1] *Revue épigr. du midi de la France*, n° 48, janvier-février-mars 1888, p. 351.
[2] C'est par analogie avec l'inscription de la porte romaine de Nîmes que celle-ci a pu être ainsi rétablie.

minent Vienne à une grande hauteur. C'était un emplacement de choix pour une citadelle; mais cette colline est formée d'une terre molle, sans consistance, roche fusée, très sujette à des éboulements. D'autres que les Romains auraient été arrêtés par cette difficulté. Ils la surmontèrent : le sol, qui s'échappait de toutes parts, a été enserré, comme dans une ceinture de pierres, par une série de voûtes d'une élévation médiocre, mais qui, allant en s'étageant, opposent à la poussée des terres une force de résistance suffisante. On voit ces voûtes en des points différents affleurer le sol, sur le bord des chemins, en avancée des constructions modernes, sur le flanc des coteaux, au milieu des vergers et des vignes, voisinage incommode, dont le paysan serait heureux de se débarrasser, mais sans pouvoir y parvenir, car murs et voûtes serpentent partout comme les racines d'un arbre gigantesque.

Lorsque la pente était trop rapide, l'ingénieur romain entaillait le terrain à pic et y appliquait une muraille de plusieurs mètres d'épaisseur, consolidée encore par l'établissement de constructions semi-cylindriques dont la convexité était tournée du côté de la montagne. Ces puits en maçonnerie existent encore en assez grand nombre sur les bords de la Gère. Ici le mur de soutènement ne s'élève pas à moins de 30 mètres de hauteur. Œuvre gigantesque d'un aspect imposant! La base est en pierres de choin blanc de grand appareil, sur lesquelles glissent inoffensifs, même aux jours de grande crue, les flots tumultueux de la rivière. Le reste est en pierres de petit appareil, si solidement réunies les unes aux autres que la poussée des terres a, sur quelques points, donné au mur une forme légèrement convexe, sans parvenir toutefois à la désagréger nulle part. C'est ainsi qu'avec le monticule sans consistance de Pipet, les Romains sont parvenus à faire à leur citadelle une base suffisamment solide.

4. Celle-ci avait la forme d'un carré long, arrondi sur un de ses petits côtés, et s'élevait en terrasses, offrant au besoin une série de retraites aux défenseurs. La face méridionale est la mieux conservée; elle s'élève à une grande hauteur et laisse voir à intervalles réguliers, sur toute son étendue, une série

de trous, comme ceux dont nos constructeurs modernes se servent pour établir les pièces de bois de leurs échafaudages ; l'appareil romain se distingue très nettement des ajouts du moyen âge. Les deux extrémités de la face orientale sont soutenues par de puissants contreforts ; c'est elle qui est de forme semi-circulaire.

L'intérieur de la citadelle a été entièrement bouleversé. On sait seulement que sur le rocher, aujourd'hui dominé par la statue colossale de la Vierge, se trouvait une tour, et l'on voit au nord, sous la terre rapportée des jardins actuels, de vastes salles voûtées qui ont probablement servi d'entrepôts. En creusant les fondations de la chapelle, on a rencontré des mosaïques et des fresques ; il y avait donc une habitation à cet endroit.

Mais ce sont là des détails sans grande importance. Le véritable intérêt de Pipet réside dans ces constructions multiples, grâce auxquelles la colline a acquis consistance et solidité. Magnifique témoignage de la persévérance d'un peuple que rien n'arrêtait dans la réalisation de ses projets !

Divers fragments
de l'entablement de l'amphithéâtre.

CHAPITRE DEUXIÈME.

L'AMPHITHÉÂTRE.

1. Juste Lipse [1], parlant, d'après Eusèbe, de l'amphithéâtre de Vienne, s'exprime en ces termes : «Il l'emporte autant en grandeur et en beauté sur celui de Nismes, que la ville de Vienne elle-même était supérieure à Nismes en magnificence.» Et cependant l'amphithéâtre de Nîmes nous étonne par sa masse imposante, tandis que de l'autre on ne voit plus que des substructions et des débris.

L'échancrure semi-circulaire pratiquée dans la colline de Pipet pour assurer un espace suffisant à l'amphithéâtre (n° 2 du plan) se voit encore très nettement [2] ; il existe en dessous, sur les pentes du jardin de l'orphelinat du Bon-Pasteur, quelques vestiges de l'appareil en maçonnerie qui appuyait les gradins. C'est d'abord une muraille épaisse et élevée, le long de laquelle court, avec une inclinaison assez marquée, une

---

[1] Lipsius, *De Amphitheatris*.
[2] Les fouilles de l'année 1847 ont permis de déterminer l'emplacement de l'amphithéâtre; il occupait la place du Cirque, les rues Mirmande, des Célestes, du Repentir, de Saint-Marcel et une grande partie de l'ancien couvent des Célestes.

corniche en pierre de choin; un peu plus loin se trouve une voûte droite de 6 mètres d'ouverture. Une écurie, récemment taillée dans le rocher, laisse voir à sa partie supérieure la naissance des pieds-droits, épais les uns de 1 m. 50, les autres de 3 mètres, sur lesquels étaient appuyés les *cunei*. La maçonnerie romaine est si dure qu'on a mieux aimé attaquer le rocher que d'essayer de l'entamer. Les assises de pierres reposent sur un béton riche en mortier qui facilite leur adhérence avec le sol. Une galerie voûtée de 3 mètres de largeur, que l'on peut suivre pendant 30 mètres environ, court sur le flanc de la colline, en conservant la forme elliptique de l'arène; d'autres galeries inclinées, de 1 mètre de largeur, lui sont perpendiculaires.

2. Tel est l'état actuel des lieux. Il y a un peu plus d'un siècle, lorsque Schneyder vint se fixer à Vienne, les vestiges de l'amphithéâtre étaient bien plus nombreux. Le zélé archéologue en fit le relevé; puis, à l'aide de ces données, il essaya de dresser le plan du monument. Mais, dans son amour du grandiose et faute d'une attention suffisante, il prit le grand axe de l'ellipse pour le petit et donna ainsi à l'arène des dimensions tout à fait défectueuses. Il faut donc n'accepter ses inductions qu'avec défiance; quant à ses descriptions, elles sont généralement exactes[1]. Il nous apprend qu'il y avait tout autour de l'amphithéâtre deux corridors éclairés par des soupiraux de forme carrée, de 1 m. 45 de côté. Les vomitoires mesuraient un peu plus de 2 mètres de largeur; les gradins avaient 0 m. 45 de hauteur, 0 m. 75 de profondeur et les jointures en étaient très habilement faites. Chaque pierre avait par derrière une feuillure de 0 m. 13 pour recevoir l'assise supérieure. Sièges et parvis des corridors étaient en choin de Fay soigneusement poli.

Les canaux destinés à recueillir les eaux qui, les jours de pluie, descendaient de la colline en grande abondance, ont été

---

[1] Les fouilles de 1847 ont ramené à la lumière des parties encore conservées de constructions qui formaient la charpente de l'amphithéâtre : murs en maçonnerie, dallage d'un passage qui conduisait du dehors dans l'arène, pierres de taille formant les gradins, etc.

retrouvés. Schneyder les prend pour des aqueducs destinés à noyer l'arène les jours de fêtes nautiques; mais c'est là une simple supposition qu'aucun autre indice ne vient confirmer. Le grand axe intérieur de l'amphithéâtre mesurait 91 mètres, et la hauteur des gradins, visible dans l'échancrure de la colline, était de 20 mètres environ.

3. L'ordonnance extérieure du monument, telle qu'on peut se la figurer d'après les débris assez nombreux découverts dans son voisinage, était d'une grande richesse. Les colonnes superposées qui encadraient les arceaux appartenaient, d'après Schneyder, à deux ordres d'architecture différents : le premier et le second seraient corinthiens [1], le troisième ionien [2]. Les bases et les chapiteaux étaient en marbre blanc; les fûts, en marbres de différentes couleurs, les plus grands en brèche africaine, les seconds en jaune antique, les troisièmes en cipolin. D'autres fragments architecturaux, trouvés sur l'emplacement de l'amphithéâtre, attestent également la splendeur de sa décoration : on y voit des corniches de 0 m. 65 de hauteur [3], des architraves dont le soffite ou plafond n'a pas moins de 0 m. 59 de largeur [4], et d'autres ornements dont l'élégance et la finesse ne laissent rien à envier aux œuvres les plus achevées de l'art romain. On admire surtout une rampe de fronton en marbre blanc, de 0 m. 29 de hauteur, dont les oves, modillons et caissons de rosace offrent cette intéressante particularité qu'ils ont une inclinaison calculée en harmonie avec l'angle formé par chacun des côtés du triangle [5].

---

[1] Il existe au Musée des fragments de bases de colonnes corinthiennes en marbre blanc (Delorme, n° 27); l'une d'elles (*ibid.*, n° 198) mesure 1 m. 04 de diamètre.

[2] Cf. le chapiteau en marbre ionique du Musée (Delorme, *op. cit.*, n° 109).

[3] L'une d'elles (Delorme, n° 145) est remarquable par la régularité et la précision géométrique de ses ornements; on trouve avec raison que la richesse ornementale en est excessive.

[4] Ici ce sont des feuilles de chêne et des glands (Delorme, n° 141), là des thyrses croisés, auxquels sont attachées des bandelettes flottantes (*ibid.*, n° 140).

[5] D'autres débris architecturaux conservés au Musée et provenant de l'amphithéâtre méritent encore d'être signalés. Tel est ce fragment de frise en

Grâce à ces fragments, il est possible de reconstituer en imagination l'aspect de notre amphithéâtre. D'autre part, l'épigraphie nous prête dans la circonstance son précieux concours [1] :

```
      D·D·FLAMINICA·VIENNAE
      TEGVLAS AENEAS·AVRATAS
         CVM·CARPVSCVLIS·ET
      VESTITVRIS·BASIVM·ET·SIGNA
      CASTORIS·ET POLLVCIS·CVM EQVIS
      ET·SIGNA·HERCVLIS·ET MERCVRI
         D         S         D
```

Cette inscription nous apprend, on le voit, qu'une flaminique de Vienne, dont le nom a malheureusement disparu avec la partie supérieure de la pierre, donna de ses deniers «les tuiles en bronze doré de la toiture, les antéfixes à deux faces destinées à la décoration des faîtages, les revêtements des acrotères, les statues de Castor et Pollux avec leurs chevaux et les statues d'Hercule et de Mercure».

Des fragments de ces tuiles dorées se voient encore dans les vitrines du Musée; Castor le dompteur de chevaux, Pollux qui excellait au pugilat, Hercule et Mercure personnifiant la force et l'adresse convenaient bien à l'ornementation de l'amphithéâtre, et cette réunion de statues devait assurément être d'un aspect imposant dans le majestueux encadrement des colonnades et des gradins.

4. A quel genre de spectacle assistait-on dans l'amphithéâtre de Vienne? — L'esprit rempli des émouvantes péripéties des combats de bêtes fauves dont les écrivains romains nous ont laissé le récit, on se figure voir bondir dans l'arène des tigres, des lions et des léopards. Il n'en est rien cependant. C'étaient là des plaisirs réservés à la Capitale, et seule,

---

marbre ornée d'un magnifique rinceau (Delorme, n° 132) et cet autre où sont sculptés des animaux : deux boucs, une chèvre, un taureau (Le Blant, *Découvertes faites à Vienne depuis 1841*, dans *Congrès archéol. de Vienne de 1879*, p. 45).

[1] Allmer, *Inscriptions antiques de Vienne* (Paris, Thorin, 1875), t. II, p. 291; Hirschfeld, n° 1904.

dans la vallée du Rhône, la ville d'Arles avait son amphithéâtre disposé pour ce genre de divertissements.

Nous savons, par contre, qu'il y avait à Vienne des combats de gladiateurs. L'un de ces malheureux, qui luttait à la manière des Thraces, avait remporté dix-sept couronnes, au cours de sa pénible existence. Il s'appelait *Gratus Cethegus*; un de ses camarades portait le nom caractéristique de *Ferox*. Celui-ci, par une allusion évidente à ce chiffre dix-sept, avait fait graver sur la stèle de son ami sept couronnes et deux palmes croisées à la façon d'un X: total, dix-sept. L'exécution n'en était pas soignée; c'est un simple dessin au trait, mais l'attention était assez délicate et l'idée assez ingénieuse pour mériter d'être signalées [1].

Faut-il considérer comme de fabrication locale ce médaillon de vase en poterie rouge, où l'on voit un gladiateur, une main appuyée sur la cuisse et armée d'un large coutelas, la jambe gauche portée en avant, avec une jambière qui dépasse le genou [2] ? Le nom d'Aquileus Rusticus, qui se lit dans le champ du médaillon, désigne le personnage comme étant de condition ingénue. S'il était réellement Viennois, on serait autorisé à en conclure qu'à Vienne comme à Rome, à l'exemple de Néron chanteur et de Commode gladiateur, des hommes libres ne craignaient pas de descendre dans l'arène pour briguer les applaudissements de la foule.

Les spectacles sanglants n'excluaient pas d'ailleurs les jeux dont l'adresse faisait le principal mérite. Sur une tessère d'ivoire, qui servait d'entrée à l'amphithéâtre, est dessiné au

---

[1] Allmer, *Revue épigr.*, t. I, p. 319, n° 352; Hirschfeld, *Corpus inscriptionum latinarum*, t. XII, n° 1915 :

TR
GRATVS
CETHEG XVII
H · S · E
PO S TIT
FEROX

Gladiateur-Thrace. Gratus, de la troupe de Cethegus, victorieux dix-sept fois, gît ici. Ferox a élevé ce tombeau.

[2] Allmer, *Inscriptions de Vienne*, t. III, p. 81.

trait un acrobate en marche sur une corde tendue. Il porte sur la nuque, à droite et à gauche des épaules, en guise de balancier, une longue barre, avec un seau d'eau à chaque extrémité [1]. Le nom de LVCINICVS qu'on lit au revers de la tessère est probablement celui du chef de troupe ou bien de l'acrobate lui-même.

[1] Allmer, *Inscriptions de Vienne*, t. III, p. 85.

Fragment de tuyau de plomb, à l'échelle de $\frac{1}{3}$.

CHAPITRE TROISIÈME.

LES AQUEDUCS.

Bouches d'aqueducs.

1. Plus délicats que nous, les anciens ne trouvaient pas assez pure l'eau du Rhône qui passait à leurs pieds; il leur fallait les eaux vives, captées le plus près possible de la source, quelquefois au prix de travaux d'art considérables. Ici l'adduction des eaux avait pu se faire à moins de frais, par des conduits souterrains qui suivaient les coteaux de la rive gauche de la Gère. Cette rivière prend naissance à une distance de 30 kilomètres environ, dans la forêt de Bonnevaux. De points inconnus aujourd'hui partaient plusieurs aqueducs, parallèles entre eux depuis Gemens et arrivant à Vienne avec une pente de 1 m. 16 par kilomètre. Mais le plus considérable, car sa largeur atteignait 2 mètres, était dérivé de la Suze, affluent de la Gère; une écluse, établie à Malissole, permettait d'y envoyer, suivant les besoins, une plus ou moins grande quantité d'eau. Un autre aqueduc captait les sources moins abondantes du plateau de Sardon, mais d'un niveau plus élevé; il alimentait sans doute les hauteurs de Saint-Just et la plaine au sud de Vienne; il était accompagné sur tout son parcours d'un aqueduc plus petit en béton, que l'on

n'utilisait qu'exceptionnellement en cas de réparation du premier. Signalons enfin un autre aqueduc, dont le point de départ était aux Tupinières et dont les restes sont encore utilisés dans les propriétés de l'Hospice.

2. C'est ce qui a lieu d'ailleurs pour beaucoup de tronçons de canaux construits par les Romains : ils servent actuellement encore à la distribution des eaux. Ils ont ce caractère commun d'être revêtus intérieurement, sur une épaisseur de o m. 08 à o m. 10, d'une couche de ciment rouge, dans lequel entrent pour une part des débris de briques réduits en poussière plus ou moins fine; de plus, les angles internes en sont arrondis.

Les égouts étaient de confection bien moins soignée; le plus souvent ils n'avaient pas de crépissage intérieur. On en a découvert plusieurs. Il est facile de pénétrer dans l'un d'entre eux, un égout collecteur, à en juger par ses dimensions considérables. Il a été coupé de cloisons et sert de cave à presque toutes les maisons des rues de l'Hôpital et des Serruriers. Il conduisait au Rhône les eaux des Thermes.

Par un mirage d'imagination dont on trouverait d'autres exemples, les archéologues du siècle dernier prétendaient que ce souterrain passait sous le fleuve pour mettre en communication la rive gauche et la rive droite, Vienne et Sainte-Colombe.

3. Aux aqueducs de Vienne se rattache l'intéressante inscription suivante, dont il existe au Musée plusieurs exemplaires; on a pu ainsi les compléter l'un par l'autre[1] :

Q·GELLIVS·L·FIL·VOLT·CAPELLA·IIII VIR·D·SVLPICIVS·D·
FIL·VOLT· CENSOR· AEDILIS · IIII VIR· AQVAS· NOVAS·
ITINERAQVE·AQVARVM·PER·SVOS FVNDOS·COLONIS
VIENNENSIVM·DONAVERVNT

Elle nous apprend que Quintus Gellius Capella, fils de Lucius, de la tribu Voltinia, quatuorvir, et Decimus Sul-

---

[1] Allmer, *Inscriptions de Vienne*, t. II, p. 201 à 207; Hirschfeld, n°ˢ 1882, 1887, 1889.

picius Censor, fils de Decimus, de la tribu Voltinia, édile et quatuorvir, ont donné aux colons de Vienne de nouvelles eaux et les conduites de ces eaux à travers leurs fonds.

Il était d'usage, aussi bien dans les provinces qu'à Rome, que les candidats heureux, parvenus à la magistrature objet de leurs désirs, payassent leur bienvenue par quelque insigne libéralité, le plus souvent par une représentation à l'amphithéâtre ou au cirque. Avec une louable générosité, nos deux quatuorvirs signalèrent leur entrée en charge par un durable bienfait : l'augmentation du volume d'eau mis à la disposition des Viennois. La dépense dut être considérable; ils voulurent du moins qu'elle servît à leur gloire, et l'inscription dont nous avons donné le texte fut placée par eux à huit endroits différents sur le parcours de l'aqueduc.

Il y a plus : par un excès de précaution qui trouve son excuse dans un louable sentiment de piété filiale, la fille d'un de ces quatuorvirs, si désireux de voir passer leur nom à la postérité, fit graver ces mots à la suite de l'inscription [1] :

ADQVE·EOS·TITVLOS·TVENDOS·IN·PERPETVVM
SVLPICIA·D·F·CENSILLA·N·L·TESTAMENTO·ISDEM·
DONARI·IVSSIT·

Et pour assurer la conservation à perpétuité de ces inscriptions, Sulpicia, fille de Decimus, a légué par testament à ces mêmes colons de Vienne 50,000 sesterces.

Cette somme équivalait à environ 10,000 francs de notre monnaie. Certes il serait injuste de demander à la générosité d'être muette. Il faut reconnaître toutefois que nos deux quatuorvirs, en faisant construire aux Viennois un nouvel aqueduc, n'ont pas obéi à des préoccupations absolument désintéressées.

[1] Allmer, *Inscriptions de Vienne*, t. II, p. 205; Hirschfeld, n° 1883.

L'arcade du forum.

CHAPITRE QUATRIÈME.

L'AUGUSTAEUM ET L'ARCADE DU FORUM.

1. La double arcade, seul reste de l'ancien forum de Vienne (n° 9 du plan), compterait certainement au nombre des ruines les plus intéressantes et les plus curieuses, si elle n'était enclavée et comme étouffée au milieu de vieilles masures. Pourquoi ne pas la dégager de cet indigne voisinage et permettre ainsi à l'archéologue de l'examiner sous toutes ses faces et de se représenter en même temps l'aspect monumental de la place publique, longue de 120 mètres, large de 75 mètres, où se réunissaient les Viennois de l'époque galloromaine ! Le forum a bien changé d'aspect depuis. Il est au-

jourd'hui couvert de maisons et entrecoupé de rues; celles de l'Hôpital et des Serruriers marquent sa limite méridionale; il s'étendait au nord jusques et y compris les bâtiments de l'Hôtel de Ville, sans atteindre toutefois la rue des Boucheries[1]; le temple d'Auguste et de Livie occupait le milieu de sa face occidentale; quant à l'autre côté, il correspondait précisément à notre arceau.

Celui-ci a été longtemps considéré comme une porte triomphale. Sa valeur artistique a été bien discutée : les uns admirent sa richesse décorative et y reconnaissent les signes des meilleurs temps de l'architecture romaine; d'autres y trouvent les caractères d'un art de décadence, une ornementation surchargée, un défaut d'harmonie, trop de développement donné à certaines parties de l'ordre, tandis que d'autres, l'archivolte notamment, sont d'une maigreur choquante. L'attention a également été appelée sur l'inégalité des deux arceaux qui se rencontrent à angle droit et dont le mode de raccordement est considéré tantôt comme une merveilleuse conception architecturale, tantôt comme absolument contraire aux règles du goût. Nous mettons sur le compte de la difficulté que l'on éprouve à embrasser d'un regard d'ensemble cet intéressant monument le jugement défavorable que quelques-uns en ont porté, et, sans entrer dans des détails techniques qui dépasseraient notre compétence, nous nous contenterons de dire qu'il a produit sur nous, tant pour la majesté de l'ensemble que pour le choix heureux et la bonne exécution des détails, une excellente impression. Le petit arceau marquait la largeur du portique d'enceinte; le grand nous offre un spécimen authentique de la décoration de l'intérieur du forum.

2. A l'ouest, à égale distance entre les portiques latéraux, se dressait (n° 8 du plan) le temple d'Auguste et de Livie. Il est lui aussi actuellement beaucoup trop resserré par les

---

[1] On a trouvé en 1861, à l'angle de la rue de la Chaîne et de la rue des Clercs, un soubassement, destiné probablement à soutenir un portique qui décorait le pourtour du forum; de même qu'on a mis à jour, en 1872, dans la cour du théâtre, les bases de sa double arcature. Le pavé était en dalles de choin de Fay, que l'on a retrouvées en assez grand nombre en 1849, sur la place du Musée, lors de l'établissement de la maison Gonnet.

maisons, et manque d'air et de perspective. Pour en apprécier la distinction et l'élégance, il faudrait l'isoler. On peut du moins le replacer par la pensée dans le cadre qu'il avait autrefois, au milieu des colonnades, qu'il dominait de toute la hauteur de son stylobate.

Le temple est en pierres calcaires de Bourgogne, de forme rectangulaire, et mesure 27 mètres de long, 15 mètres de large et un peu plus de 17 mètres de haut. Sauf à la partie postérieure, formée d'un mur qui fait quelque peu retour sur lui-même et se termine par deux pilastres, il est entouré de colonnes cannelées, six sur le devant et six de chaque côté. La *cella* est en retrait des parties latérales du stylobate et ne s'avance pas au delà du second entre-colonnement, laissant place devant elle à un vaste *pronaos*. Les colonnes ont neuf diamètres et demi de hauteur et leurs chapiteaux un diamètre; ils sont ornés de feuilles d'olivier de relief assez peu marqué; mais leurs roses, ainsi que les angles du tailloir, ont une forte saillie d'un grand effet ornemental. L'entablement est d'environ la cinquième partie de la colonne; la corniche est simple, sans denticules, et la frise n'a pas la riche décoration que l'on admire dans celle de la Maison Carrée de Nîmes. Le fronton mesure en hauteur un peu plus du cinquième de sa largeur sur base; le tympan porte encore les traces de scellement des sculptures de bronze qui y étaient appliquées. Enfin, par ses proportions harmonieuses, par la noblesse et la pureté de son architecture, le temple de Vienne compte au nombre des monuments les plus précieux que l'antiquité nous ait légués.

3. Il est vrai que les détails d'exécution ne répondent pas à la beauté de l'ensemble. Les colonnes, par exemple, sont irrégulièrement espacées, les modillons de la corniche ne sont pas en nombre égal de chaque côté. Mais ces défauts de construction sont communs à tous les monuments romains. Ce qui est particulier au nôtre, c'est qu'il présente les caractères de deux époques différentes. D'après son inscription, il aurait été construit, nous le verrons, dans le 1er siècle de notre ère. Mais il semble que les parties antérieure et mé-

diane, détruites dans des circonstances qu'il n'est pas possible de préciser, ont été postérieurement rétablies, en suivant le plan primitif : «Une sculpture moins savante et moins riche, des chapiteaux plus courts et d'un galbe moins gracieux, des bandes d'architrave à inclinaison trop forte et des rosaces laissées dans le bossage dénotent, comme le fait justement remarquer M. Delorme[1], une altération des principes du beau et des règles d'un goût épuré.»

Encore cette reconstruction, qui date probablement de la fin du IVe siècle, est-elle moins défectueuse que les réparations que l'on a fait subir au monument dans ces dernières années. Il en est d'heureuses dans le nombre. On a eu certes raison d'abattre les murailles qui, depuis le Xe siècle, reliaient extérieurement les colonnes les unes aux autres. Mais on a écrasé et réduit la majestueuse montée d'escaliers en y établissant une sorte de plate-forme, un soi-disant autel de monstrueuses proportions, qui n'a jamais existé que dans l'imagination de l'architecte. L'étroite *cella* qui occupe le fond du temple a été également restaurée contrairement au plan primitif : on n'a pas rétabli les marches qui, ici comme dans l'*Augustaeum* d'Ancyre, conduisaient du péristyle dans le sanctuaire. Il en résulte pour la *cella* une hauteur disgracieuse et pour le *pronaos* des proportions trop vastes [2].

On a eu le tort enfin de ne pas refaire les plafonds et de s'imaginer que l'on pourrait dissimuler le mauvais effet de cette suppression par des rosaces de fer-blanc doré fixées aux poutres du comble. Les plafonds des édifices romains étaient faits, on le sait, avec des quadrillages de solives dont les lacunes étaient remplies par des panneaux carrés, bordés de moulures et décorés à leur partie centrale.

4. Après cet examen du temple de Vienne au point de vue architectural, il nous reste à en parler au point de vue de sa destination primitive et de son importance historique.

---

[1] Delorme, *Recherches historiques sur le temple d'Auguste et de Livie*, dans *Description du Musée de Vienne*, Vienne, 1841.
[2] Allmer, *Revue épigraphique du midi de la France*, n° 50, juillet-août-septembre 1888.

Nous sommes à peu près fixé à ce sujet par l'inscription en lettres de bronze, dont les trous de scellement apparaissent encore, au-dessous du fronton, sur la frise et sur une partie de l'architrave [1] :

DIVO AVGVSTO   OPTIMO MAXIMO
ET DIVAE   AVGVSTAE

Au dieu Auguste très bon, très grand, et à la déesse Augusta [2].

On connaît les circonstances dans lesquelles furent élevés les temples en l'honneur de l'Empereur. «Lorsque, suivant le mot de Tacite [3], l'obéissance à un seul eut apporté le repos au monde fatigué de discordes, la reconnaissance publique se manifesta avec une intensité qui ne connut plus de limites. On se prit à considérer Auguste, dont le pouvoir bienfaisant procurait la paix à tant de millions d'hommes, comme un véritable dieu, et on ne lui ménagea pas les adulations. Il résista d'abord avec une modestie calculée et défendit qu'en Italie on lui élevât des temples; mais il le permit aux provinces, à la condition d'associer la divinité de Rome à la sienne.» Bientôt, sous prétexte de rehausser la grandeur de l'Empire, il décida que l'image de son génie serait placée à côté de celle des dieux tutélaires de la cité dans tous les laraires publics. Lorsque, après sa mort, le Sénat eut décrété son apothéose, les villes s'empressèrent de lui consacrer des sanctuaires.

Dans cet élan universel, les Viennois ne restèrent pas en arrière, et notre *Augustaeum* en est le vivant témoignage; il manifeste même leur dévotion toute particulière envers le nouveau dieu, puisque, l'égalant à Jupiter, ils lui donnèrent, dans l'inscription du fronton du temple, l'appellation de *très bon et très grand*, OPTIMO MAXIMO, jusqu'alors réservée exclusivement au Maître des dieux. Quelques années après, sous le règne de Claude, les Viennois associèrent, comme à

---

[1] C'est à Schneyder que revient l'honneur de la première interprétation. Il lut, le 26 novembre 1776, à l'Académie de Lyon, un mémoire intitulé : *Sur l'édifice qui sert d'église à la paroisse de Notre-Dame-de-la-Vie à Vienne en Dauphiné* (Allmer, *Inscriptions de Vienne*, t. I, p. 19; Hirschfeld, n° 1845).
[2] Allmer, *Inscriptions de Vienne*, t. I, p. 11.
[3] Tacite, *Annales*, I, 1.

Rome, le culte de la divine Augusta, l'impératrice Livie, à celui du divin Auguste.

Le temple renfermait certainement l'image vénérée de l'Empereur[1]. On a trouvé, tout à côté, un fragment de jambe d'une statue d'homme en marbre de plus de 6 mètres de hauteur; peut-être appartenait-elle à la statue colossale de l'Empereur. On a supposé que sur les murs de la *cella* pouvait avoir été gravée, comme à Ancyre, une copie du testament où Auguste a exposé le résumé de sa vie politique. Le temps n'a pas respecté cette inscription si jamais elle a existé. Mais estimons-nous heureux qu'il ait épargné le temple gracieux qui faisait, au temps des Romains, l'ornement du forum de Vienne et qui, aujourd'hui, excite encore au plus haut point l'admiration de l'archéologue et de l'artiste.

[1] Delorme, *Description du Musée de Vienne*, n° 17.

Tête d'Auguste, en marbre,
à l'échelle de $\frac{1}{5}$.

CHAPITRE CINQUIÈME.

L'AIGUILLE ET LE CIRQUE.

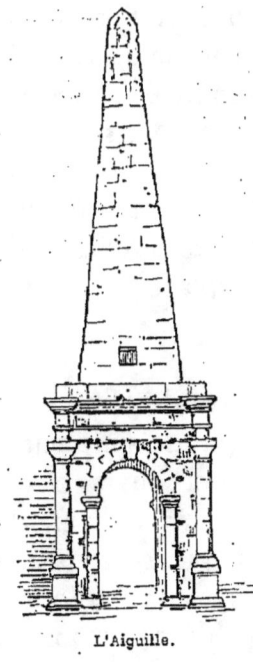

L'Aiguille.

1. Dans la plaine au sud de Vienne, s'élève un monument que les gens du pays appellent communément l'*Aiguille* ou le tombeau de Ponce Pilate (n° 17 du plan). C'est une pyramide en pierres de taille, assise sur un soubassement percé de quatre arcades.

Le nom de Pilate apparaît avec une étonnante persistance dans les traditions viennoises : au moyen âge, le temple d'Auguste et de Livie s'appelait *pomerium Pilati*, et l'on croyait voir la pomme de son sceptre, *pomum Pilati*, dans le globe peint en rouge qui surmontait alors l'édifice.

L'historien Lelièvre raconte encore que Pilate, exilé à Vienne, fut enfermé dans une tour pendant de longues années, «suivant l'édict de l'empereur Caïe, pour ses cruautés et ses forfaits». Après sa mort, son cadavre fut précipité dans le Rhône; mais le fleuve, frémissant à cet horrible contact, gonfla ses eaux et creusa dans son lit un gouffre profond où plusieurs navires s'abîmèrent. A la fin, sur l'ordre de saint Mamert, évêque de Vienne, les démons emportèrent le corps du maudit sur les sommets nuageux du Pilat.

Comment accorder ces deux traditions! Le peuple n'y regardait pas de si près, et il continuait à montrer avec confiance à l'étranger, ici le remous bouillonnant du fleuve, là le tombeau ou l'aiguille de Ponce Pilate [1].

2. Sans adopter ces erreurs grossières, on était jusqu'à ces dernières années assez indécis sur la véritable destination de la Pyramide. On la considérait généralement comme un cénotaphe [2]. C'est en 1851 seulement que des fouilles méthodiquement conduites fixèrent définitivement les archéologues sur le caractère de ce mystérieux monument : il appartenait à la décoration intérieure du cirque de Vienne [3]. On mit à jour en effet tout un côté du massif elliptique sur lequel reposaient les gradins, ainsi que la *spina*, qui occupait la partie médiane de l'arène dans toute sa longueur. Ici la *spina* était creuse et formait une sorte de rivière, terminée à chaque extrémité par des bornes de forme conique; c'est à sa partie centrale que se dressait la Pyramide. De même, à Rome, on voyait au centre du *circus maximus* l'aiguille qui est actuellement sur la *piazza del Popolo;* de même le cirque d'Arles avait un obélisque qui se dresse aujourd'hui sur la place de l'Hôtel de Ville.

3. La pyramide de Vienne, faite de pierres de taille sans ornementation, repose sur une base d'une grande simplicité. Nous en empruntons la description au bel ouvrage de MM. Rey et Vietty [4] : «C'est, disent-ils, un carré de 5 m. 48 de face, partagé en quatre arcades par huit pieds-droits accouplés; leur angle extérieur est soutenu par une colonne aux deux tiers engagée. L'ordre est sur un piédestal, reposant

---

[1] Un fait historique, c'est l'exil à Vienne d'Archelaus, tétrarque de Judée (Josèphe, *Antiq.*, 17, 13, 2; *b*, I, 2, 7, 3).

[2] Chorier, *Antiquités de la ville de Vienne*, livre IV, chap. III : Pyramide, cénotaphe de l'empereur Auguste.

[3] Voici la série et la date des fouilles qui ont permis de déterminer la destination de la Pyramide : en 1847, dans la propriété Bain, découverte d'un massif de maçonnerie appartenant à un grand édifice; en 1851, dans la propriété Flambois, plusieurs pierres de la forme des gradins (n° 19 du plan); en 1853, dans la propriété de Mme veuve Contamin, plusieurs gradins en choin de Fay et la statue en marbre blanc d'un enfant, qui répand l'eau d'une urne posée sur son épaule.

[4] Rey et Vietty, *Monuments de Vienne*, p. 57.

sur un léger socle. L'entablement, ressauté sur la colonne, est surmonté d'un amortissement également profilé aux angles. Sur cet ordre, de 7 m. 45 de hauteur, s'élève un obélisque de 15 m. 50 et de 3 m. 78 en carré à sa base. L'élévation totale est de 23 m. 25.»

Ces savants architectes écrivaient avant que les fouilles n'eussent déterminé la destination précise de l'*Aiguille;* ils commettent l'erreur, qui était générale de leur temps, de prendre la Pyramide pour un cénotaphe; mais leur jugement sur la valeur artistique du monument doit être retenu : «Des colonnes courtes et ventrues, des chapiteaux sans ornement, taillés dans leur masse d'assise, des corniches sans larmier, écrasées par une cymaise disproportionnée, constituent, disent-ils, un ensemble plutôt étrange qu'harmonieux.»

Tête de femme, en marbre,
à l'échelle de $\frac{1}{7}$.

Statue et ruines du palais du Miroir.

CHAPITRE SIXIÈME.

LE PALAIS DU MIROIR [1].

1. Situé dans la plaine de Sainte-Colombe, le palais du Miroir (n° 28 du plan) tenait probablement son nom du miroitement des placages de marbre dont ses murailles étaient revêtues.

Les archéologues des siècles passés ne se contentaient pas d'une explication aussi simple. Écoutons à ce sujet l'historien de Vienne, Chorier : «Sempronius Gracchus, passant, dit-il [2], en cette ville de Vienne, pour aller commander en Espagne, fit construire ici un palais. D'autres disent que c'est Pompée, et qu'il fut appelé le Miroir, parce que la maîtresse de celui-ci y étant logée, ces deux amants se servaient d'un grand miroir pour se voir plus facilement l'un l'autre. On dit que Pompée [3] avait son palais dans Vienne, sur l'éminence que le couvent des pères capucins occupe présentement, et que sa maîtresse avait couvert la muraille du sien

---

[1] *Congrès archéologique de France à Vienne en 1879;* Le Blanc, *Le palais du Miroir,* p. 105; *Rapport sur les fouilles faites au palais du Miroir en 1836 et 1837.*
[2] Chorier, *Antiquités de la ville de Vienne,* livre II, chap. X, p. 159.
[3] C'est d'après cette tradition que l'on attribue à Pompée (*Pompeiacum*) l'origine du mot *Pipet,* la colline sur laquelle est bâtie la citadelle.

de ce costé d'un grand et merveilleux cristal, à l'aide duquel Pompée lui apprenait de moment en moment ce qu'il voulait qu'elle seut de la force de son amour.»

Chorier n'ajoute pas foi, il est vrai, à ce récit; il ne lui paraît cependant pas inutile de le combattre l'histoire en main : «Quelle apparence, dit-il, qu'allant en Espagne avecque haste, comme il faisait pour s'opposer aux progrès de Sertorius, Pompée se soit amusé à bastir et à faire l'amour en cette ville!»

2. Du palais du Miroir il ne reste en somme que les soussols. La pièce principale est une salle carrée, de près de 11 mètres de côté; on y pénètre par deux corridors qui tantôt se dirigent parallèlement, tantôt se croisent et s'enchevêtrent, véritable labyrinthe dont les voûtes sont ici d'une grande élévation, là d'une si faible hauteur qu'un homme a de la peine à y passer. C'étaient tout au plus des caves et des entrepôts, dont le principal objet était sans doute d'offrir au Palais une assiette parfaitement unie, et de le mettre complètement à l'abri des inondations du Rhône. Un des côtés de cette terrasse, faite à cet endroit de terres rapportées, était étayé par un mur, récemment découvert, qui ne mesure pas moins de 4 mètres d'épaisseur.

Quant aux appartements eux-mêmes, ils ont complètement disparu. Mais leur richesse décorative nous est attestée par les nombreux débris qui en proviennent : placages aux couleurs tantôt vives et tantôt discrètes, colonnes taillées dans les marbres les plus précieux, fragments de statues. Dans les fouilles entreprises par M. Michoud, nous dit l'archéologue Artaud [1], «torses, pieds, mains et têtes se sont rencontrés par charretées».

Un des plus beaux torses du Musée de Vienne provient du palais du Miroir; M. Jacquemin conserve dans sa collection une statue d'Hygie [2], de grandeur naturelle, qui n'est certainement point sans valeur, bien qu'elle n'ait pas la noble

---

[1] Artaud, *Lyon souterrain*, p. 104.
[2] Elle est reproduite dans la vignette en tête du chapitre.

simplicité des marbres grecs. Citons encore, comme étant de même provenance, la *Femme accroupie*, acquise par le Louvre, ainsi qu'une jolie statuette, actuellement au Musée de Lyon[1], représentant Silène avec un bélier sur les épaules. C'est un bronze hellénique d'ancien style, antérieur à la perfection de l'art, et que son caractère archaïque a dû désigner à l'amateur romain qui l'a choisi.

3. Ce luxe prodigué à l'intérieur du palais du Miroir n'a rien d'ailleurs de surprenant, si l'on considère que c'était non pas une maison particulière, mais une des nombreuses résidences des Empereurs aux IIIe et IVe siècles, lorsqu'ils venaient à Vienne[2]. C'est là que fut trouvée, en 1859, la fameuse bulle de Valentinien II, qui portait d'un côté le buste et le nom de l'empereur d'Occident : D·N·VALENTINIANVS·AVG, et de l'autre les bustes de l'empereur d'Orient Théodose et de son fils Arcadius, avec la légende : DD·NN·THEODOSIVS ARCADIVS. — C'est dans l'une des salles de ce palais que le jeune empereur trouva la mort; nous allons dire dans quelles circonstances.

C'était pendant les temps troublés de la fin du IVe siècle. Théodose avait été élevé de la vie privée à l'Empire par Gratien, qui fut tué peu de temps après par l'usurpateur Maxime. En souvenir du bienfait reçu, Théodose appela Valentinien, fils de Gratien, à exercer le souverain pouvoir sur les Gaules et sur l'Italie. Mais, comme le prince n'avait pas l'énergie et l'expérience nécessaires pour diriger l'Empire dans des circonstances aussi difficiles, le général franc Arbogast fut placé auprès de lui, avec charge de commander les troupes des Gaules et de veiller sur la frontière du Rhin.

C'est alors qu'eut lieu la scène de violence dont nous empruntons à M. Victor Duruy[3] l'émouvant récit : «Le prince de vingt ans, qui avait été ballotté par tant de fortunes diverses, sans avoir su en dominer une seule, aurait dû prendre

---

[1] De Chanot, *Silène criophore de Vienne*, dans *Gazette archéol.*, 1878, p. 17.
[2] *Compte rendu des séances du Congrès archéologique de France à Vienne*, p. 33.
[3] Duruy, *Histoire des Romains*, t. V, p. 17.

pour guide Arbogast, cet habile homme de guerre, dont le talent et la fidélité avaient été éprouvés sous deux empereurs. Mais ce n'était pas le compte de ceux qui l'entouraient. Le vieux soldat, qui avait une vertu inconnue en ce temps-là, le mépris de l'or, les effrayait. Il parlait librement au prince des affaires publiques et repoussait toute mesure qui lui paraissait contraire aux intérêts de l'État. Une influence si grande et qui se cachait si peu était intolérable pour les courtisans : ils persuadèrent à Valentinien qu'il était captif dans son palais de Vienne, et ils le poussèrent à se délivrer d'un tuteur incommode, qui ne respectait pas assez la fiction d'un jeune homme de vingt ans, exerçant la plénitude du pouvoir souverain. De secrets messages furent même adressés à Théodose pour qu'il vînt tirer son beau-frère de servitude. L'empereur d'Orient savait ce qu'il devait penser de ces colères juvéniles ou intéressées; il n'intervint pas. La cour se résolut alors à agir. Comme Arbogast entrait un jour au consistoire, Valentinien lui tendit un rescrit qui le destituait.

«La sève barbare remonta au cœur de ce Franc civilisé : il jeta dédaigneusement à terre la lettre impériale, en s'écriant que, nommé par Théodose, il ne pouvait être révoqué que par lui. Valentinien, en qui reparaissait parfois la violence paternelle, saisit l'épée d'un de ses gardes pour en frapper Arbogast. On se jeta entre eux; mais, avec les mœurs de l'Orient qui régnaient dans toutes ces cours, une pareille scène équivalait à un arrêt de mort pour le lieutenant ou pour le prince. Ce fut le prince qui périt : peu de temps après, on le trouva pendu à un arbre, ce qui permit de représenter sa mort comme un suicide.»

Du vaste palais où ont eu lieu ces scènes tragiques, il ne reste plus que quelques souterrains; le calme et la solitude ont remplacé l'agitation et la splendeur de la cour impériale.

Assises monumentales. — A gauche, les dix voûtes des aqueducs aboutissant aux Thermes.

CHAPITRE SEPTIÈME.

MONUMENTS DIVERS. — FOUILLES ET SOUVENIRS.

1. Il n'a été jusqu'ici question que des monuments assez bien conservés pour pouvoir être, de la part du touriste, l'objet d'une visite intéressante. Il en est un certain nombre d'autres qui ont à peu près complètement disparu. Il peut cependant ne pas être inutile de fixer leur emplacement et de rechercher les différents souvenirs qui s'y rattachent.

2. Dans leur *Plan monumental de Vienne*, MM. Rey et Vietty ont représenté la ville comme établie sur une série de terrasses parfaitement nivelées, qui, d'échelon en échelon, descendent jusqu'au fleuve. Une pareille régularité n'existait certainement pas, et cette restitution, fournie par ces architectes de grand talent d'ailleurs, est plus pittoresque que scientifique. Il faut retenir du moins ce fait que, par suite de la déclivité du sol, les monuments étaient à des plans différents.

La partie la plus haute était, nous l'avons dit, occupée par la citadelle, sur le flanc de laquelle s'appuyait l'amphithéâtre.

Au sud de ce massif se trouvait le théâtre, dont quelques substructions apparaissent encore près du chemin de Beaumur, en gravissant le coteau (n° 3 du plan). Le plan[1] en a été dressé par Schneyder, alors que les éboulements de la colline n'avaient pas encore entraîné des massifs entiers de murailles[2]. Le diamètre était de 109 mètres; il mesurait par conséquent 6 mètres de plus que le théâtre d'Orange. Les colonnes, au nombre de quatre-vingts, étaient en marbre; plusieurs ont été utilisées au VIIe siècle pour la décoration de l'église Saint-Pierre, où l'on peut en voir encore quelques-unes.

L'épigraphie nous a conservé le nom d'une troupe d'artistes du théâtre de Vienne[3], les *scaenici asiaticiani* ou comédiens d'Asiaticus, ainsi nommés d'un Viennois qui, au temps de Caligula ou de Claude, exerça à Rome une grande influence. Il est probable que, désireux d'être agréable à ses concitoyens, ce puissant personnage leur envoya une troupe d'esclaves instruits dans l'art des représentations scéniques. Les pièces représentées sur ce théâtre n'étaient pas toutes d'une moralité parfaite. Pline nous signale un honnête Viennois qui, pendant son passage à la plus haute magistrature de la cité, aima mieux encourir la colère du peuple que d'autoriser ces représentations malsaines : «J'ai été appelé, écrit Pline[4], au conseil de l'Empereur, pour une affaire bien singulière. On célébrait à Vienne des jeux publics. Trebonius Rufinus, homme d'un rare mérite et mon ami, les abolit pendant qu'il était duumvir. On soutenait qu'il n'en avait pas le droit. Il plaida lui-même avec autant de succès que d'éloquence. On prononça la suppression de ces jeux, qui n'avaient fait que corrompre les mœurs de Vienne.»

3. Au nord du monticule de Pipet, que nous avons adopté comme point de départ de nos observations, sur l'emplace-

---

[1] Il est dans le manuscrit de la Bibliothèque de la ville qui a pour titre : *Histoire des antiquités de la ville de Vienne*, par Pierre Schneyder, peintre, etc.
[2] Les fouilles de 1842 ont fait découvrir sur le chemin de Beaumur, à l'ouest du plateau de Saint-Just, les assises d'un édifice public et des fragments de sculptures, tels que colonnes et chapiteaux.
[3] Allmer, *Inscriptions de Vienne*, t. II, p. 335; Hirschfeld, n° 1929.
[4] Pline, *Lettres*, IV, 22.

ment du cimetière actuel, si pittoresque et si coquet, malgré le sentiment de tristesse qu'inspirent les tombeaux, on a trouvé d'importantes substructions (n° 4 du plan) formant un plateau artificiel [1]. Les murs de soutènement étaient renforcés à l'intérieur par des pilotis de maçonnerie, semblables à ceux que nous avons décrits à propos de la citadelle. Ils opposaient leurs cintres à la poussée des terres et étaient remplis intérieurement de gravier et d'amphores.

C'est sur cette base factice que se serait élevé le temple de Mars, à l'endroit qu'une charte du moyen âge désigne ainsi [2] : *Non longe a loco qui dicitur Martis*. Le fait est qu'on y a trouvé des débris qui dénotent un monument de très vastes proportions [3]. Sans parler des fûts de colonnes cannelées, des caissons avec rosaces appartenant au larmier d'une très grande corniche [4], on mentionnera seulement des fragments de chapiteaux qui, dans leur entier, ne mesuraient pas moins de 2 m. 70 [5] et des parties de statues colossales; à en juger par ce qu'il en reste, l'une d'elles atteignait certainement 5 mètres [6]. Nous parlerons dans la partie épigraphique de ce livre des inscriptions relatives au culte du dieu Mars chez les Viennois.

Un peu au-dessous du cimetière, sur l'emplacement du Collège actuel et jusque sur les bords de la Gère, dont les

---

[1] L'aspect de ce terrain a été modifié plusieurs fois depuis l'antiquité, et des sculptures romaines ont été à différentes reprises employées en guise de matériaux dans des constructions ultérieures. C'est ainsi qu'on a trouvé, en démolissant une tour du moyen âge, cinq fragments de marbre représentant en bas-relief des parties d'ailes et de corps d'oiseaux (Delorme, *op. cit.*, n° 212), et, dans un mur de rempart, un pied chaussé d'un *malleus* recouvert d'une délicate broderie (Delorme, n° 181). C'est de la même muraille que provient une belle tête d'Auguste couronnée de laurier (dessinée plus haut, p. 40).

[2] De Terrebasse, *Inscriptions du moyen âge de Vienne*, t. I, p. 114.

[3] Outre les fragments architecturaux de très grandes proportions, il s'en rencontre plusieurs qui sont surtout remarquables par leur excellent style et la finesse du travail : tel ce petit pilastre carré en marbre blanc, où sont sculptées des fleurs d'acanthe et des branches de laurier (Delorme, *op. cit.*, n° 242), ou bien cet autre orné d'arabesques, encadrant deux colombes qui se désaltèrent dans une coupe; telles ces frises ornées de rinceaux d'où s'échappe un oiseau à tire d'ailes, ou d'une guirlande de fruits en très haut relief.

[4] Delorme, *op. cit.*, n° 125 à 130.

[5] *Ibid.*, n° 234.

[6] *Ibid.*, n° 240.

flots coulent à plus de 30 mètres au bas de la colline taillée à pic, s'élevait un vaste édifice (n° 5 du plan). Les immenses terrasses de ses jardins existaient encore il y a quelques années; quant au monument lui-même, ses traces ont depuis longtemps disparu au milieu des constructions modernes. Nous n'entrerons pas dans le détail des différents objets qui y ont été découverts et qui témoignent de sa magnificence. Chorier parle d'une statue «travaillée, dit-il[1], avecque tant d'art, qu'il est impossible de la voir sans l'admirer. Elle représente un jeune homme nud, assis sur un tronc d'arbre, et qui semble se tirer une espine du pied droit, qu'il appuie sur le genoux de l'autre jambe». — On reconnaît à cette description le célèbre *Tireur d'épine*, sujet qui a été traité par plusieurs artistes grecs avec une variété d'expression qui rend précieuse chaque réplique du même modèle.

4. Après ce coup d'œil donné aux monuments situés dans les parties hautes de la ville, nous allons, revenant à droite, auprès de l'amphithéâtre, descendre à une assise inférieure. On devait y arriver, au temps des Romains, par un magnifique escalier, dont il ne reste plus aujourd'hui qu'une des parois latérales[2]; elle est couronnée par une corniche d'un grandiose effet; c'est certainement une œuvre de la belle époque. L'escalier donnait accès dans le portique méridional du forum et dominait les Thermes (n° 6 du plan).

De ceux-ci il ne subsiste plus que quelques débris, dans les sous-sols du théâtre municipal, élevé sur l'emplacement de l'ancienne maison des *Chanaux*[3]. Heureusement que les auteurs qui ont autrefois écrit sur Vienne nous fournissent à leur sujet quelques renseignements :

«En nivelant le sol pour la construction du théâtre municipal, écrit Schneyder[4], on mit à jour une salle de 8 mètres environ de longueur, sur 7 mètres de large; elle était pavée

---

[1] Chorier, *Antiquites de la ville de Vienne,* p. 460.
[2] Elle est reproduite dans la vignette, p. 49, en tête de ce chapitre.
[3] Ainsi appelée de l'orifice des aqueducs ou canaux que l'on y voyait.
[4] Schneyder, *Histoire des antiquités de la ville de Vienne* (Manuscrit de la Bibliothèque de Vienne).

avec des bandes de marbre d'Afrique et de brèche antique posées alternativement; le tout encadré par des bandes de bleu turquin. Quant aux murs, ils étaient revêtus intérieurement de plaques de marbre blanc, appliquées dans un massif rouge. Du côté du nord, le plafond était soutenu par cinq belles colonnes, qui marquaient la séparation entre cette première salle et une autre située en contre-bas.»

Cette dernière salle n'existait plus du temps de Schneyder; mais Chorier [1], qui l'avait vue, la décrit en ces termes : «Sa figure estait ronde, et autour estait en confusion la frise en marbre blanc qui l'avait autrefois bordée, et qui avait régné de tout costé le long des arcs jetez sur des colonnes de mesme pierre, dont quelques corniches et quelques pilastres restaient encore parmy ces pierres à moitié brisées. Trois degrez, par où on y descendait, furent trouvés entiers, et le plus bas estait d'une pièce de marbre extrêmement blanc et uny. Le fond estait pavé de grandes plaques de marbre verd de l'espaisseur de quatre doigts et environné de sièges dont la blancheur estait digne d'admiration. C'est une chose remarquable que tout ce qui s'y est trouvé de marbre, et de celuy que les anciens ont appelé Parien.» On y trouva en outre une statue de déesse portant une corne d'abondance, une statue colossale d'athlète et le piédestal en marbre blanc d'une statue de bronze, représentant un bœuf, dont il ne restait plus que les pieds [2]. L'inscription ΜΥΡΩΝΟΣ [3] rappelait un sculpteur du Ve siècle avant notre ère, célèbre par le talent avec lequel il savait figurer les animaux. Il est peu probable cependant que ce bronze fût son œuvre. Au temps d'Auguste et de Tibère, les artistes romains se plaisaient à signer leurs productions de noms célèbres, qui faisaient illusion aux amateurs et augmentaient le prix des objets.

[1] Chorier, *Antiquités de la ville de Vienne*, p. 401.
[2] Schneyder découvrit en 1782, lors de la construction du théâtre sur l'emplacement des Thermes, un fragment de corniche en pierre calcaire tendre avec rosaces et modillons en forme de consoles. On trouva en 1851, au même endroit, des tronçons de colonnes en marbre blanc, des fragments de frises ornées de riches rinceaux, et en 1853 de nombreux fragments de chapiteaux, ainsi que des fûts en jaune antique.
[3] Allmer, *Inscriptions de Vienne*, t. II, p. 555.

5. Les Thermes de Vienne étaient, on le voit, très somptueux; mais les auteurs qui nous décrivent ainsi le luxe de leur décoration ne nous fournissent aucun renseignement sur leur étendue. Personne n'ignore que ces monuments étaient généralement très vastes, et qu'à côté des bains les Romains avaient l'habitude d'établir des promenoirs, bibliothèques, gymnases, palestres, accompagnement nécessaire de leur plaisir favori. Peut-être quelques-uns des débris architecturaux amoncelés sous la terrasse de l'ancien Archevêché de Vienne en provenaient-ils. En 1823, des raisons d'appropriation ayant déterminé la démolition de cette terrasse (n° 7 du plan), on rencontra de grands soubassements antiques et les parois bien conservées d'un escalier qui prenait naissance sur un pavé de 7 mètres plus bas que le sol actuel; puis, pêle-mêle et comme remblais, une quantité considérable de matériaux romains : corniches, frises, etc.[1], le plus souvent les sculptures tournées en dedans, de manière à présenter extérieurement leur surface plane. A quels monuments antiques ont-ils été enlevés? Vouloir le préciser serait téméraire. M. Delorme

---

[1] Plusieurs des objets antiques découverts dans les déblais de la terrasse de l'Archevêché seront décrits en détail dans la 3ᵉ partie de ce livre. Nous nous contentons d'en faire pour le moment une énumération rapide :

Tronçon de colonne, en brèche violette (Delorme, *op. cit.*, n° 238);
Base corinthienne, en marbre blanc, mutilée (Delorme, n° 239);
Frise en pierre calcaire tendre, de 0 m. 30 de haut, avec bas-relief représentant Œdipe et le Sphinx (Delorme, n° 179);
Partie de frise et d'architrave, en pierre calcaire tendre, avec le buste de Pâris en relief (Delorme, n° 219);
Bases de colonnes, en pierre calcaire tendre, et colonne engagée (Delorme, n° 220);
Fragment de bas-relief, en pierre calcaire tendre, représentant la Victoire (Delorme, n° 7);
Trois grands chapiteaux, en pierre calcaire tendre, avec sujets de genre en bas-relief;
Grand chapiteau, en marbre blanc, orné de bustes en haut-relief (voir plus loin);
Beau torse colossal de femme vêtue, en marbre blanc (voir plus loin);
Fragment d'une petite statuette de la Fortune, en marbre (Delorme, n° 249);
Plusieurs inscriptions, l'une entre autres, à Caius César, fils de Germanicus, etc.

croit que quelques-uns ont été empruntés à un gymnase[1] et à une porte triomphale[2].

En tout cas, l'existence d'un arc de triomphe sur l'emplacement occupé actuellement par la rue Victor-Hugo (n° 10 du plan), non loin de l'ancienne terrasse de l'Archevêché, est un fait incontestable. Voici en quels termes M. Allmer rend compte du résultat des fouilles nécessitées par le percement de ce boulevard[3] : « A 3 ou 4 mètres de profondeur, dit-il, gisaient épars et bouleversés, tels que les a laissés un violent écroulement occasionné par le feu, des tronçons de colonnes en turquin, des morceaux de corniches en pierres blanches, des blocs de pierres de grand appareil, décorés de sculptures, dans de larges panneaux encadrés de moulures. Deux grands sphinx ailés de tournure étrange, l'un à tête de lion, l'autre à tête et à griffes d'aigle, se faisaient face de chaque côté de l'arc. »

6. Sur la même avenue et dans les jardins de l'Hospice qui ont été traversés par elle (n° 11 du plan), on a trouvé à différentes époques des restes importants d'habitations romaines[4]. Les anciens affectionnaient, on le sait, les déco-

---

[1] Delorme, *op. cit.*, p. 260.
[2] *Ibid.*, p. 128.
[3] *Journal de Vienne* du 1er mars 1868.
[4] En 1838, les fouilles ramenèrent à la lumière dans les jardins de l'Hospice différents tronçons de colonnes en briques, revêtues d'un stuc rouge (Delorme, *op. cit.*, n°s 111 et 112), une tête de jeune Faune en marbre (Delorme, n° 110) et l'*impluvium* d'une maison romaine avec son parement de ciment rougeâtre et les fragments des colonnes en marbre qui l'entouraient. De 1849 à 1852, on rencontra encore, en remuant le sol du cours Romestang, de nombreux débris de marbres de placage de différentes couleurs, des mosaïques avec cubes noirs et blancs formant des dessins géométriques, des hypocaustes et des tuyaux en poterie de forme carrée qui tapissaient les murs des appartements et leur apportaient la chaleur du foyer.
Les tranchées opérées à différentes reprises pour le percement de l'avenue de la Gare et pour son prolongement, ou encore pour les fondations de quelques maisons particulières, notamment celles de MM. Combaudon, Farnaud et Armanet, ont amené, à partir de 1855, une série de découvertes du même genre, notamment de riches panneaux en stucs avec peintures à fresque dont quelques-unes d'excellent goût. Signalons enfin, dans le clos de l'Hospice, la découverte de rocailles factices, de l'époque romaine, avec incrustations de coquillages, pour servir à la décoration des jardins, et celle d'un petit autel de laraire au dieu *Sucellus*.

rations aux teintes très vives, et on a exhumé des déblais une quantité considérable de fragments de mortiers avec fresques aux couleurs rouge, jaune, verte et noire. Les appartements étaient en outre tapissés intérieurement de plaques de marbres. M. Delorme[1], de regrettée mémoire, découvrit, en 1831, une chambre qui était «toute revêtue de bleu turquin et ornée en outre sur chacun des petits côtés de deux colonnes de même couleur, avec bases et fûts en pierres blanches, et, sur les grands côtés, de gracieux pilastres. L'effet décoratif était encore augmenté par les tons éclatants du pavé, composé d'une multitude de fragments de marbres différents, si agréablement disposés qu'on eût dit un tapis parsemé de fleurs».

Pas plus que nous, les Viennois n'ignoraient le moyen de se garantir de l'humidité. Ici ils établissaient leurs planchers sur pilotis; là ils utilisaient, pour s'isoler du sol, un ingénieux système d'amphores, placées la tête en bas et dont les rangs successifs étaient séparés par des couches de gravier[2]. Ne nous attribuons pas non plus le mérite de l'invention des calorifères. On en a trouvé plusieurs à Vienne, très convenablement agencés : le foyer était dans les caves; l'appartement supérieur était garni sous son pavé et sur ses faces latérales de tuyaux de terre, à travers lesquels circulaient à la fois l'air chaud et la fumée. Un revêtement en marbre les dérobait à la vue[3].

Le mobilier de ces maisons avait généralement disparu, soit qu'il ait été enlevé, soit que les incendies successifs, dont on aperçoit les traces en maints endroits, l'aient complètement consumé. Un heureux hasard a cependant préservé plusieurs objets précieux : la boîte à bijoux en bois, sculptée en forme de tête, d'une dame romaine[4], des appliques de meubles en bronze dont quelques-unes de très beau caractère[5] et surtout des statuettes de laraires avec les petites lampes qui brûlaient

---

[1] Delorme, *op. cit.*, n° 111.
[2] Allmer, *Sainte-Colombe à l'époque romaine*, dans *Annuaire de Vienne*, 1877, p. 146.
[3] Delorme, *op. cit.*, n°s 114 et 115.
[4] Nous y reviendrons plus loin.
[5] Elles sont actuellement conservées au Musée de Saint-Germain (*Congrès archéologique de France*, XLVIe session tenue à Vienne en 1879, p. 341).

devant ces dieux du foyer : le Musée de Vienne en possède un certain nombre; beaucoup ont été vendues au dehors : telles sont ces deux précieuses statuettes, que nous considérons[1], avec M. Allmer, comme la représentation de l'Hercule romain et de l'Hercule gallo-romain.

Sur l'emplacement des jardins de l'Hospice se trouvaient non seulement des maisons particulières[2], mais des monuments importants, dont les débris ont été retrouvés. Dans quelques sculptures, c'est la grâce qui domine : nous voulons parler de ces chapiteaux en marbre blanc, aux feuilles et volutes délicatement fouillées[3], de ces frises finement ciselées, ou bien encore de cette base de colonnette où est représentée la scène de Léda et du cygne[4]. D'autres fragments ont au contraire un caractère de grandeur qui les désigne comme ayant appartenu à un édifice considérable[5]. Quel était-il? On l'ignore : Chorier en fait le temple de Mars et de la Victoire, et Schneyder celui de Castor et de Pollux. Nous empruntons à M. Allmer l'exposé des riches découvertes que l'on fit à cet endroit : «Un énorme fût de brèche violette, de 0 m. 95 de diamètre, qui se voit au Musée et n'est que la moitié d'une colonne, deux fûts semblables transportés à Condrieu, par un de nos archevêques, pour former les montants d'une porte de basse-cour, sont, dit-il[6], sortis de ses ruines. Ces colonnes étaient d'ordre corinthien et avaient leurs bases et chapiteaux en marbre blanc. Un de ces chapiteaux, qui fait partie des objets du Musée, est un des plus curieux par sa grandeur, la hardiesse et la vivacité de sa ciselure découpée à jour... Le marbre du maître-autel de

---

[1] Bazin, *L'Hercule romain et l'Hercule gallo-romain*, dans *Gazette archéol.*, 1887. — Cf. *Ibid.*, Flouest, *Le dieu gaulois au marteau*.

[2] Plusieurs de ces maisons étaient ornées de belles peintures à fresque dont quelques-unes sont au Musée. Les bronzes que l'on y a trouvés en assez grand nombre ont malheureusement été dispersés. Du même endroit proviennent les entablements de grandes proportions que l'on a transportés à l'intérieur de la cour du temple d'Auguste et de Livie.

[3] Tel est celui qui est orné de feuilles d'eau, de bucranes et de guirlandes (Delorme, *op. cit.*, n° 210).

[4] Pour la description, voir notre 2ᵉ partie et Delorme, *op. cit.*, n° 174.

[5] Comme le grand bas-relief en marbre, représentant Vénus assise, décrit dans notre 3ᵉ partie.

[6] Allmer, *op. cit.*, t. II, p. 411.

l'église Saint-Maurice de Vienne, celui de la chapelle du château de Valin, près de la Tour-du-Pin, ont été fournis par des colonnes de ce riche monument.» Un beau torse en marbre d'une statue colossale de femme en provient également. N'avions-nous pas raison de signaler en commençant la richesse archéologique de ce quartier, que sa position centrale désignait d'ailleurs pour être le siège des plus somptueux monuments et des plus opulentes demeures!

7. Dans le courant de l'année 1840, un habitant de Vienne, M. Péron, entreprit de déblayer un terrain qu'il possédait à côté de la Halle (n° 12 du plan), actuellement transformée en Bibliothèque et Musée. Il mit à jour des constructions antiques [1], et les restes d'un petit édifice souterrain et voûté qu'un étrange bas-relief fit reconnaître pour un temple du dieu Mithra, à représentation léontocéphale. L'inscription DEO CAVTE, surnom du dieu, était gravée sur un piédestal, à l'angle de l'entrée du temple [2].

Sur l'emplacement des cloîtres Saint-Maurice (n° 13 du plan), on avait trouvé une si grande quantité de menus objets de fer et de bronze que M. Delorme conjecture avec juste raison que c'était l'atelier ou le magasin d'un industriel en métaux [3]. Ses marchandises consistaient en clefs, serrures, vases en bronze, en fer et en argent, des anses ciselées, des couteaux de diverses formes, des outils, marteaux, limes, pinces, petites pioches, balances romaines, six figurines de bronze malheureusement bien détériorées et, détail particulier, un moule en plâtre de 0 m. 20 de hauteur pour la fabrication des statuettes de bronze.

---

[1] Sur l'escalier d'une maison romaine du voisinage, exhumée en 1829, on a trouvé, à 3 mètres au-dessous du sol actuel, une statuette en bronze, représentant Uranus ou Pluton.

[2] Peut-être faut-il considérer comme ayant appartenu à ce monument une grande corniche en marbre blanc, avec cimaise richement ornée, sans rosaces ni modillons, également trouvée près de la maison Péron (Delorme, *op. cit.*, n° 30).

[3] Fouilles de l'année 1844. L'année d'avant, on avait découvert, sur l'emplacement des chapelles du cloître Saint-Maurice, 200 médailles grand bronze du Haut-Empire, 6 statuettes de bronze, 4 coupes d'argent déformées par l'action du feu; le tout avait été exposé aux flammes d'un violent incendie.

Le cours Romestang, aujourd'hui la plus belle avenue de Vienne (n° 14 du plan), était au temps des Romains couvert de belles habitations ; plusieurs objets précieux en proviennent. Nous citerons le groupe des Deux enfants qui se disputent une colombe [1].

Au sud du cours Romestang se trouvent le Champ de Mars et le quartier de Vimaine ; c'est dans ce dernier que se dresse la *meta* du cirque dont il a déjà été question. La naumachie que l'on y place quelquefois n'existe que dans l'imagination inventive de certains archéologues. Mais on y a découvert les substructions de nombreuses maisons avec mosaïques [2], fresques [3], objets de bronze [4] et statues de marbre [5].

[1] Trouvé en 1793 dans le clos de la veuve Serpollier. A toutes les époques, les fouilles pratiquées dans ce riche quartier de Vienne antique ont été fécondes en heureux résultats.
En 1831, on découvrit, sur l'emplacement même du cours, plusieurs mosaïques : l'une d'elles, de travail très soigné, représentait Bacchus et Ariadne ; une autre était de proportions particulièrement grandes : le médaillon central était un carré de plus de 3 mètres de côté ; il était encadré de seize compartiments de dessins variés. Sur le sol antique, on trouva en quantité considérable les fragments de statues qui décoraient cette belle maison, entre autres, un buste de femme en marbre blanc de demi-nature (Delorme, *op. cit.*, n°s 35, 162, 235, 236, 239 *bis*).
[2] Parmi les plus belles de ces mosaïques, il faut signaler celle d'Orphée qui existe encore, recouverte de terre, à l'angle sud-est du Champ de Mars (n° 15 du plan). Le pâtre de Thrace est représenté jouant de la lyre et tenant sous le charme de ses accords jusqu'aux animaux féroces. — Une autre mosaïque non moins belle est celle de l'Océan, trouvée par M. Jouffray (n° 16 du plan), qui l'a fait rétablir comme pavage de son appartement. La tête du dieu des mers, dans la barbe duquel s'entremêlent des poissons, est surmontée de deux cornes de homard ; elle est d'une majestueuse fierté. A signaler encore comme provenant de ce quartier, de la rue des Gargattes, la mosaïque qui est au Musée, avec perdrix, vases, etc.
[3] Les stucs, ornés de fresques, des murs des maisons romaines ont été trouvés en plus grand nombre en 1875 dans la plantation des arbres du Champ de Mars.
[4] Les objets de bronze les plus remarquables trouvés dans le Champ de Mars sont : la statuette de *Tutela* aux ailes éployées et celle de Vénus, toutes deux au Musée. C'est plus au sud encore, dans la maison de Mme veuve Pététin (n° 17 du plan), que furent trouvées, au cours de l'année 1874, en fragments soigneusement rangés les uns à côté des autres, la statue en bronze plus grande que nature de Julius Pacatianus et l'inscription sur plaque de bronze d'Aquilius Severianus.
[5] Nous voulons parler de la gracieuse statue, en marbre de Paros, d'Apollon Pythien, trouvée par M. Jouffray dans les fondations de sa maison, à côté de la mosaïque de l'Océan (n° 16 du plan).

C'est là encore que l'on a retrouvé tout un réseau de rues pavées, dont il ne serait pas actuellement impossible, en s'aidant des comptes rendus de fouilles, de déterminer la direction [1].

D'autres portions de voies romaines ont été retrouvées [2] sur différents points de la ville, notamment sur la place de la Halle, dans la Grand'rue [3] (lettres *gg* du plan) et dans la rue Ponsard [4] (lettres *hh* du plan). C'est dans la Grand'rue que l'on a trouvé la tête colossale en marbre, à laquelle son air grimaçant a fait donner le nom de *Bobe* [5], ainsi que le bas-relief où Apollon est représenté sortant de l'onde, un flambeau à la main.

Parallèlement à la Grand'rue, dans la direction du nord, le long du Rhône, on a, en 1840, établi un quai; au cours des travaux, on a ramené à la lumière des constructions et des objets antiques (n° 20 du plan) : fragments de corniches de grandes proportions en calcaire tendre, chambranles d'une porte monumentale de même matière, pilastres cannelés et chapiteaux de pilastres en marbre [6], rampes d'un gigantesque fronton, dont le champ était décoré de magnifiques dauphins en bronze doré : l'un d'eux est actuellement encore au Musée [7]. Dans le voisinage, on avait trouvé une petite tête d'enfant en marbre à deux faces. Il n'en avait pas fallu davantage à Schneyder [8] pour conclure à l'existence d'un temple de Janus.

---

[1] La plus grande de ces routes, celle qui a peut-être donné au moyen âge son nom au quartier de Vimaine (*via Magna*), mesurait 13 m. 30 de largeur; son trottoir était de 1 m. 80 et élevé de 0 m. 16 au-dessus de la chaussée des voitures. D'autres voies de moindre largeur ont été trouvées en divers endroits, soudées à l'artère principale. A signaler le dallage particulier de l'une d'elles, formé de blocs en calcaire tendre, recouverts d'un ciment composé de tuileaux concassés et de chaux.

[2] En 1843.

[3] La rue romaine de 3 m. 80 de largeur a été trouvée en 1872 à 4 m. 50 environ de profondeur. Une autre voie, pavée en granit, avec ornières, avait été découverte en 1857 dans la propriété Farnaud, lors du percement de l'avenue de la Gare.

[4] Fouilles de l'année 1879.

[5] Chorier, *Antiquités de la ville de Vienne*, p. 363.

[6] Delorme, *op. cit.*, n°s 269, 270, 271.

[7] Delorme, *op. cit.*, n° 170. Nous y reviendrons. — Non loin de là, dans le fleuve même, on a trouvé une jolie statuette de bronze représentant un échanson (Delorme, *op. cit.*, n° 166).

[8] Schneyder, *Notice du Musée d'antiquités de la ville de Vienne*.

En remontant le quai, nous arrivons jusqu'à l'embouchure de la Gère. La ville antique s'avançait encore au delà dans l'espace assez étroit resserré entre le Rhône et les coteaux. Nous allons passer rapidement la revue des découvertes qui, à différentes époques, ont été faites de ce côté.

8. Sur l'emplacement de l'église Saint-Sévère (n° 21 du plan), démolie depuis quelques années, se serait élevé autrefois, d'après la tradition, le temple des Cent-Dieux, le Panthéon viennois [1]. Ce qui est certain, c'est qu'on y a trouvé une quantité considérable de débris architecturaux, que leur forme cintrée désignerait comme ayant appartenu à un temple rond [2]. Au même endroit se trouvait un fût de colonne en marbre d'Afrique qui ne mesurait pas moins de 12 mètres de hauteur [3].

C'est tout à côté de l'église Saint-Sévère que fut découverte en 1820 la salle dite du *Faune* [4] (n° 22 du plan). Les murs étaient revêtus de brèche et de plaques de porphyre vert séparées par des pilastres de marbre blanc; le pavé était formé de compartiments de marbres multicolores et cet ensemble était d'un merveilleux effet. Mais ce n'était rien encore: non seulement ce salon avait conservé ses revêtements magnifiques; on fut assez heureux pour rencontrer, au moins en fragments, les statues que le goût artistique du propriétaire y avait réunies; parmi elles se trouvait le célèbre buste de Faune rieur qui est actuellement au Louvre [5].

C'est un peu plus au nord, dans le faubourg d'Arpot,

---

[1] Chorier, *Antiquités de la ville de Vienne*, p. 34.
[2] Delorme, *op. cit.*, n° 54.
[3] *Ibid.*, n° 14.
[4] Chorier nous dit que, dans le cours du XVIIe siècle, une salle d'ornementation analogue fut mise à jour non loin de cet endroit; il la considérait comme une des chapelles du Panthéon (Chorier, *Antiquités de la ville de Vienne*, p. 34).
[5] La statue était entière mais brisée; on n'en a conservé que le buste (il est reproduit plus loin, p. 101). — A signaler encore, dans le quartier de Saint-Martin, rue des Colonnes (n° 23 du plan), une belle mosaïque, dite de l'*Océan* (Delorme, *op. cit.*, n° 230), trouvée en 1823; un fût de colonne en pierre calcaire tendre avec ornements en bas-relief (Delorme, *op. cit.*, n° 20) et un chapiteau symbolique en marbre blanc, avec représentations de têtes de Méduse (dans l'église des Jacobins).

que l'établissement du pont tubulaire du chemin de fer mit à jour, en 1853, différents débris de sculptures, qui avaient appartenu à un arc de triomphe (n° 24 du plan). Sur un des panneaux, on voyait en bas-relief un groupe d'officiers romains entourant un autel et s'apprêtant à y sacrifier un bélier.

9. Franchissons maintenant le Rhône sur le pont en pierre qui mettait en communication, au temps des Romains, les deux rives du fleuve[1] (n° 25 du plan). L'extrême richesse du quartier de Sainte-Colombe est bien connue des archéologues. Médailles d'or ou d'argent, pierres gravées, coupes de verre, tessères d'ivoire, statuettes en bronze et en métaux précieux y ont fréquemment récompensé le zèle des chercheurs. Tout, dans ce petit village, rappelle aujourd'hui encore un passé opulent. Ici, un chasse-roue est fait d'un fût de colonne en cipolin; là, un chapiteau ou un carré de marbre orné d'un bas-relief sert de banc au vieillard qui, suivant la saison, vient devant sa demeure prendre le soleil ou la fraîcheur. La petite église de Sainte-Colombe soutient sa voûte modeste avec les colonnes en porphyre d'un somptueux temple païen[2].

Dans la partie la plus méridionale du village, près du chemin du cimetière, on a trouvé une inscription : FOSSA PVBLICA, qui montre peut-être l'extrême limite de l'ancienne circonscription suburbaine (n° 26 du plan). C'est de ce point que nous allons partir pour noter, chemin faisant, les différents restes d'antiquités qui subsistent encore ou que nous trouvons mentionnés par les archéologues.

Nicolas Chorier, faisant l'histoire et la description du cou-

---

[1] La culée de ce pont se voit encore sur la rive droite du fleuve, en face de la tour de Sainte-Colombe qui date du moyen âge; on se demande, en présence de cette tour, si le pont n'aurait pas été construit au moyen âge avec des matériaux empruntés aux monuments antiques des environs. — Sur ce quartier de Vienne, nous avons consulté avec le plus grand profit l'article de M. Allmer, intitulé : *Sainte-Colombe à l'époque romaine*, dans le *Guide-Annuaire de la ville de Vienne* (Vienne, Savigné, 1877).

[2] A signaler, parmi les fragments architecturaux trouvés à Sainte-Colombe, un gracieux chapiteau en marbre blanc, dont les volutes sont formées de queues de dauphins recourbées; deux têtes de dauphins sont sculptées sur chaque face (Delorme, *op. cit.*, n° 190).

vent des religieuses bénédictines de Sainte-Colombe, signale, dans les jardins du monastère, d'importantes substructions qu'il considère comme les restes d'un *Ergastule* ou prison souterraine [1], et qui n'étaient peut-être que des caves destinées à supporter la terrasse d'un immense palais. Les terres environnantes renferment en effet une quantité considérable de débris de marbres que tour à tour la charrue enfonce et ramène à la surface du sol. On y trouve également un grand nombre de mosaïques. Le quartier de Saint-Jean (n° 27 du plan) en était autrefois pour ainsi dire pavé : «il semble, dit Chorier à ce sujet [2], que tout ce qu'il y a de vignes de ce costé (et elles remplissent à peu près tout ce territoire) n'est planté que sur un massif continuel, composé d'un ciment très fort, et couvert presque partout d'un pavé de marquéterie, qui serait encore entier, si on ne le perçait tous les jours avec dessein en beaucoup de lieux, et si on ne l'arrachait en d'autres pour rendre cette terre plus capable de répondre au désir de ses possesseurs.» Depuis deux cents ans que ces lignes ont été écrites, la pioche et la houe ont poursuivi leur œuvre de destruction [3]. Mais les travaux d'appropriation amènent d'autre part dans la suite des années de nouvelles découvertes [4].

En 1875, le percement d'une tranchée de chemin de fer (n° 29 du plan) mit à jour les restes d'un édifice, décoré de colonnes de 0 m. 60 de diamètre, les unes en marbre rouge, les autres en vert cipolin. Ces fûts ne devaient pas appartenir à une habitation particulière. C'était probablement un temple, car on découvrit tout à côté une inscription mentionnant une réparation faite du produit d'une collecte, *ex stipe*; et un peu plus loin un autre fragment perpétuant le souvenir de la consécration d'un temple aux Mères augustes (n° 30 du plan).

---

[1] Chorier, *Antiquites de la ville de Vienne*, p. 134.
[2] *Ibid.*, p. 174.
[3] Tout récemment encore, on vient de découvrir dans le même quartier, dans l'avenue de la gare de Sainte-Colombe, de fort belles mosaïques, dont l'une très fine, avec compartiments limités par une bordure de grecques.
[4] De 1876 à 1877, on découvrit encore, entre autres choses, les ruines de plusieurs habitations romaines, dont deux pavées en mosaïques : la première mosaïque formait un carré de 8 mètres et représentait des oiseaux; la seconde, avec figurations géométriques, mesurait 6 mètres de long sur 4 mètres de large. Un aqueduc descendant de la colline alimentait cette riche villa.

Si, du pied du coteau que longe le chemin de fer, on se dirige vers le fleuve, on rencontre les clos Michoud et Garon, et la vigne de la Chantrerie. C'est là que se dressent les ruines du palais du Miroir, dont il a déjà été question dans un chapitre précédent. Nous n'avons pas à revenir sur la nomenclature des objets précieux trouvés dans les fouilles de ce palais et dans ses dépendances [1]. Tout autour s'élevaient de nombreuses villas : les mosaïques aux dessins les plus variés avec représentations d'animaux [2], de scènes mythologiques [3], les fragments de statues, les médailles, les camées trouvés en abondance à Sainte-Colombe et à Saint-Romain-en-Gal manifestent clairement la richesse de ceux qui habitaient ce quartier de Vienne pendant la période gallo-romaine.

Nous voici enfin arrivé au terme de notre étude topographique sur Vienne antique. Nous avons successivement passé en revue ses différents quartiers et signalé le résultat des fouilles les plus intéressantes ou les plus productives. Notre énumération aurait pu être plus étendue. C'est à dessein que nous l'avons ainsi limitée, pour éviter que la multiplicité des détails ne nuisît à la netteté de l'ensemble. Nous espérons d'ailleurs ne rien avoir omis d'important, et si le lecteur est étonné de ne pas voir mentionnés dans cet ouvrage le temple de Jupiter, celui de Janus, le prétoire et tels autres monuments dont il est question chez certains auteurs, nous lui dirons que nous avons pris l'engagement de ne pas sacrifier à la fantaisie, et d'être exact avant tout.

[1] C'est dans une des dépendances du palais du Miroir (n° 28 du plan) qu'a été découverte la statue de femme nue accroupie, actuellement au Musée du Louvre.
[2] Telle est, par exemple, celle qui a été trouvée en 1847 dans la propriété Michel Brun, sur l'emplacement de la gare actuelle de Saint-Romain, ou bien encore la mosaïque des oiseaux, trouvée en 1850 en face du palais du Miroir et détruite presque aussitôt.
[3] Nous avons tout particulièrement en vue la mosaïque de Ganymède, découverte en 1862 dans la propriété Pichat, et celle d'Achille chez les filles de Lycomède, malheureusement détruite.

CHAPITRE HUITIÈME.

DE QUELQUES MONUMENTS DU TERRITOIRE DE LA COLONIE EN DEHORS DU CHEF-LIEU.

Hypnos, statuette de bronze de Vieu (Ain), à l'échelle de ¼.

Il n'a été question jusqu'ici que des monuments du chef-lieu de la Colonie : il y en avait un grand nombre d'autres dans les bourgs ou *vici* de sa dépendance, Aoste, Belley, Vieu, Aix, Genève, etc. Nous n'entreprendrons certes pas de les décrire, ni même de les signaler tous [1]. Nous voulons par un rapide aperçu montrer le degré de pénétration de la civilisation romaine dans l'ensemble du territoire dont nous aurons bientôt à examiner la population.

Aoste (*vicus Augusti*) avait, outre ses autels à Jupiter, à la Victoire, aux Mères Augustes, un temple qu'un décurion de Vienne fit embellir à ses frais en donnant de ses deniers, pour obtenir des dieux la conservation de l'empereur Marc-Aurèle, «le toit et les portiques du temple, avec les colonnes de ces mêmes portiques, leurs deux *paenulae* et leurs peintures murales [2]». — Aoste conserve encore quelques vestiges de constructions romaines, notamment de son mur d'enceinte; on a retiré

---

[1] Allmer, t. IV, p. 538, *Statistique monumentale d'après les inscriptions*.

[2] Allmer, t. I, p. 67; Hirschfeld, n° 2391 :

```
PRO · SALVTE   IMP
CAES  M · AVR  ANTO
NINI · AVG · TECTVM
CVM SVIS COLVMNIS ET
PAENVL DVABVS ET OPERTECTOR
SEX · VIREIVS · SEXTVS DECVR
D·S D·D·POLLIONE II ET APRO II CO
```

de son sol des antiquités de haute valeur, telles qu'une statue en bronze de la Fortune, actuellement au Musée de Lyon.

Belley (*vicus Bellicensium*) et le village voisin de Vieu (*Venetonimagus*) possédaient autrefois de nombreuses ruines, peut-être celles d'un temple de Mithra, auquel était joint un hôpital[1]; l'aqueduc de Vieu, récemment réparé, fournit encore un volume d'eau suffisant aux besoins de la population[2]; on a trouvé dans ce village une jolie statuette du dieu du Sommeil, Hypnos[3], actuellement en la possession de M. Desjardins, architecte à Lyon.

Genève[4] n'était autrefois qu'un simple *vicus*; on ne lui trouve le titre de *civitas* que dans la *Notitia provinciarum* qui date du Ve siècle. Elle avait entre autres monuments un arc de petite taille, consacré à Jupiter très bon et très grand[5], et de vastes réservoirs (*lacus*) où l'on recueillait l'eau des aqueducs[6]. Des travaux d'appropriation ont maintes fois mis à découvert, à 3 mètres environ au-dessous du sol moderne, des constructions antiques, de nombreux débris de poteries et des objets intéressants qui sont actuellement au Musée.

Le *vicus* BO..., situé au nord-est de la ville actuelle d'Annecy, possédait un amphithéâtre, comme a permis de le

---

[1] Voir plus bas notre étude épigraphique, et Allmer, t. III, p. 382 à 391.
[2] T. Desjardins, *Notice sur les antiquités du village de Vieu en Valromey*, Lyon, Vingtrinier, 1869.
[3] Bazin, *Les représentations d'Hypnos dans les musées du Sud-Est*, dans *Gazette archéol.*, 1886.
[4] Ch. Morel, *Genève et la colonie de Vienne*, 1888, *passim*.
[5] Allmer, t. III, p. 251. Nous rapporterons le texte de l'inscription dans la partie épigraphique de ce livre.
[6] Allmer, t. II, p. 352; Hirschfeld, n° 2606 :

L·IVL·P·F·VOL·BROCCHVS·VAL
BASSVS·PRAEF·FABR·BIS·TRIB
MIL·LEG·V̄ĪĪĪ·AVG·ĪĪ VIR·IVR·D·
ĪĪĪ VIR·LOC·P·P·AVGVRI·PONTIF·ĪĪ·VIR
ET·FLAMEN *i*N·COL·EQVESTRE·VIKANIS
GENAVENSIBVS·LA*cuus dat*

*Lucius Julius Brocchus Valer... Bassus, fils de Publius, de la tri*b*u Voltinia, préfet des ouvriers deux fois, tribun de la légion VIIIe Augusta, duumvir juge, triumvir conservateur du domaine municipal, augure, pontife, duumvir et flamine dans la colonie de Nyon, — Aux habitants du vicus de Genève a donné de ses deniers ces bassins.*

constater un fragment d'inscription du podium[1]. Un autre texte signale à la fois la libéralité d'un riche habitant du *vicus* et l'existence d'une basilique avec ses portiques[2]. Mais la particularité la plus curieuse, que nous révèle également l'épigraphie, c'est l'existence d'une tour d'horloge[3] :

HOROLOGIVM · CVM · SVO · AEDIFICIO · ET
SIGNIS · OMNIBVS · ET · CLATRIS
C · BLAESIVS · C · FIL · VOLTINIA · GRATVS · EX · H S N▒
ET · EO · AMPLIVS · AD · ID · HOROLOGIVM · ADMIN*is*
TRANDVM · SERVM · H · S · N · IIII · D · S · D · D

Cn. Blasius Gratus, de la tribu Voltinia, fils de Caius, donne de ses deniers cette horloge avec son édifice, toutes ses figures et ses grilles, d'une valeur de 1,000 sesterces. — Et de plus, pour le service de cette horloge, un esclave de 4,000 sesterces.

De nombreuses antiquités ont de tout temps été découvertes dans la partie ouest de la plaine des Fins d'Annecy et sur la colline voisine de Gévrier. Signalons entre autres une jolie statuette de Mercure[4] en bronze de la collection Dutthuit et trois têtes en bronze de grandeur naturelle, acquises par MM. Rollin et Feuardent[5].

Le *vicus Albinensis* (Albens) avait au moins un grand édifice dont plusieurs colonnes ont été réunies dans l'enceinte du cimetière. Une inscription, qui date de l'année 116, constate l'existence d'un temple «avec ses statues et tous ses autres

---

[1] Allmer, t. II, p. 360; Hirschfeld, n° 2539 :

*amphith*EATRVM ET.....

[2] Allmer, t. II, p. 361; Hirschfeld, n° 2533 :

*nu*MINIBVS AV*gustorum*
*basili*CAM · CVM · P*Orticibus et*
.....IVS ATTICIA*nus*.....

[3] Allmer, t. II, p. 363.
[4] Héron de Villefosse, *Le Mercure d'Annecy*, dans *Gazette archéol.*, 1876, p. 55, pl. XVIII.
[5] Revon, *Bustes de bronze d'Annecy*, dans *Gazette archéologique*, 1875, p. 115, pl. XXX. Voir, au Musée de Lyon, une jolie statuette de gladiateur, qui vient également d'Annecy. Commermond, *Musée archéologique*, p. 406, n° 761.

ornements», élevé en l'honneur de Trajan le Parthique [1]. A peu de distance, sur la butte isolée qui porte le château de Saint-Marcel, on a trouvé dans des fouilles tout un système de canaux servant à la distribution des eaux et se dirigeant du côté d'Albens. C'est là en effet que se trouvaient les Thermes mentionnés par l'inscription suivante :

C · SENNIVS · C · f · vol · sabinus PRAEF · FABR
BALINEVM · cAmpum · porticus AQVAS · IVSQVE
EARVM · AQVARVm · tubo · ducendoRVM · ITA VT RECTE
PERFLVERE POSSint · vicanis albiNENSIBVS · D · S · D

C. Sennius Sabinus, fils de Caius, de la tribu Voltinia, directeur des travaux publics de la province, a donné de ses deniers aux habitants du vicus des bains avec leurs portiques, ce champ, ces eaux et le passage en droite ligne de la conduite de ces mêmes eaux [2].

Bien plus importants encore étaient les Thermes que les Romains avaient établis à Aix [3], pour y utiliser les eaux bienfaisantes qui attirent chaque année encore des milliers de baigneurs. Chacun sait que les divinités des sources recevaient les hommages des malades auxquels elles apportaient soulagement ou guérison. On prenait les bains dans de vastes piscines dont l'une, de forme octogonale et entourée de gradins, se voyait encore, il y a quelques années, dans la pension Chabert; les travaux nécessités par l'agrandissement des bains ont fait découvrir plusieurs chambres avec hypocaustes à disposition ingénieuse.

Cependant, si efficaces qu'elles fussent, ces eaux ne préservaient pas de la mort. Le monument le mieux conservé d'Aix-les-Bains, c'est l'arc de Campanus, qui se dresse en

---

[1] Allmer, t. II, p. 371; Hirschfeld, n° 2492 :

...T T I   CERTI   FILIVS
..eTORNAMENTIS VICANIS
...IANI PARThICI · VANTESICAE

[2] Allmer, t. II, p. 367; Hirschfeld, n° 2493.
[3] Nous en reparlerons plus loin, dans notre étude épigraphique, à propos de la divinité BORMO.

avant et un peu à droite de l'établissement thermal[1]. C'était le majestueux frontispice d'un mausolée où étaient conservés les urnes funéraires ou les sarcophages des différents membres de la famille de L. Pompeius Campanus. D'ordre toscan et ionique, il mesure 9 m. 15 de haut et 6 m. 70 de large; l'ouverture de l'arc est de 3 mètres. Sur la face tournée du côté de l'ouest se trouvent les noms de ceux dont il renfermait les cendres; des niches à ouvertures alternativement carrées et cintrées abritaient les bustes des défunts. C'est là, on le voit, un monument intéressant au point de vue de l'architecture funéraire; il nous apporte en même temps le témoignage de la richesse de certaines familles du *vicus Aquensis*. Aix-les-Bains d'ailleurs avait déjà au temps des Romains ses hôtelleries et les prescriptions de police y étaient sinon aussi bien observées, du moins aussi sévèrement édictées que de nos jours. On le voit par l'inscription suivante en plusieurs fragments qui se complètent l'un l'autre[2] :

IN CAMPVM HVNC PECVARIVM·VE*lit*...
NEQVIS IND*uxiss*E VE*leri*T NISI *aut nun*
DINARVM *caussa aut si hospes qui in*
DIAETA ASIC*l*ana *aut*..... *raconiana hos*
p*lt*AbitVr *vel in lucum ire volet*
...TER INTRAVERIT IN SINGVLAVE...
..........IIII STERCVSS... ERCVL.....
:..........DEBEBIT................

Défense d'introduire dans ce champ aucun bétail, excepté les jours de marché; les étrangers logés aux auberges Asiciana ou Draconiana peuvent seuls aller dans le bois sacré. A la troisième fois, le délinquant pris à entrer dans ce champ ou à déposer des ordures le long des temples de Mercure ou de... sera puni d'une amende... qu'il devra porter à...

---

[1] Allmer, t. III, p. 313; Hirschfeld, n° 2473. Il est ainsi appelé de celui qui le fit construire et dont le nom est gravé sur la frise du monument :

L·POMPEIVS   CAMPANVS
  VIVS   FECIT

[2] Allmer, t. II, p. 376; Hirschfeld, n° 2462.

Aucun texte n'attribue à Cularo (Grenoble) le titre de *vicus*; cependant une inscription, aujourd'hui perdue, mentionne le don de 50,000 sesterces fait par un certain Decmanius Aper pour l'embellissement d'un édifice public; en retour, les habitants de Cularo élevèrent une statue à leur généreux concitoyen [1].

La situation de Grenoble, qui commandait un pont sur l'Isère et fermait deux des principaux passages des Alpes, appela sur elle l'attention de Dioclétien et de Maximien Hercule qui, voulant en faire un solide boulevard à opposer aux barbares, l'entoura de murailles, avec portes monumentales, comme le constate une double inscription [2].

Nous voici arrivé au terme de la statistique monumentale que nous avions entreprise; nous la compléterons dans la partie épigraphique de cette étude en examinant entre autres monuments, comme nous l'avions annoncé, les autels et les temples élevés aux différentes divinités par la piété des Viennois.

---

[1] Allmer, t. II, p. 382; Hirschfeld, n° 2231.

[2] Allmer, t. II, p. 384; Hirschfeld, n° 2229 :

DD·NN·IMPP·CAES·GAIVS AVREL VALERIVS DIOCLETIANVS PP
INVICTVS AVGVSTVS ET IMP · CAESAR MARCVS AVRELIVS·
VALERIVS MAXIMIANVS PIVS FELIX ‖ INVICTVS AVG MVRIS·
CVLARONENSIBVS CVM INTERIORIBVS AEDIFICIIS PROVIDENTIA
SVA INSTITVTIS ADQVE PERFECTIS PORTAM ‖ ROMANAM·
IOVIAM · VOCARI · IVSSERVNT

Nos deux maîtres, l'empereur César Gaius Aurelius Dioclétien Valerius Dioclétien, pieux, heureux, invincible, auguste, et l'empereur César Marcus Aurelius Valerius Maximien, pieux, heureux, invincible, auguste, après la construction des murailles de Cularo avec leurs édifices intérieurs, ouvrage de leur prévoyante sollicitude, heureusement entrepris et achevé, ont donné à la porte du côté de Rome le nom de porte Jovia.

Une autre inscription assignait le nom d'*Heraclea* à la porte qui regardait Vienne.

DEUXIÈME PARTIE.

LES INSCRIPTIONS.

LA RELIGION.

MAGISTRATS, FONCTIONNAIRES ET PRÊTRES.

INDUSTRIELS, COMMERÇANTS,

GENS DE PROFESSIONS DIVERSES, ÉTRANGERS.

LA FAMILLE.

LE PROBLÈME DE LA MORT. — PAÏENS ET CHRÉTIENS.

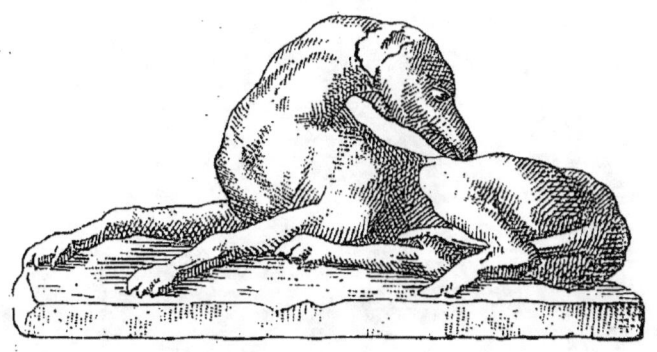

Lévrier accroupi, en marbre, à l'échelle de $\frac{1}{10}$.

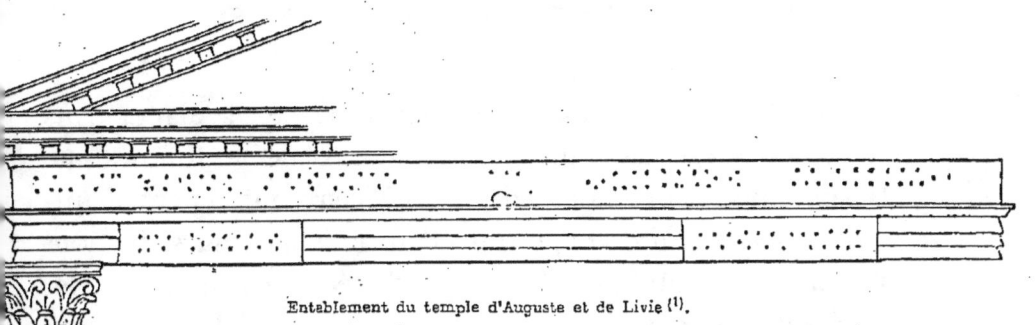

Entablement du temple d'Auguste et de Livie (1).

DEUXIÈME PARTIE.

LES INSCRIPTIONS.

Les monuments que nous venons de passer en revue ont souvent un intérêt à la fois artistique et archéologique; ils ne constituent pas cependant la source de renseignements la plus abondante. Pour connaître les mœurs et les coutumes des Viennois gallo-romains, l'épigraphie servira davantage encore, soit pour indiquer les diverses manifestations du sentiment religieux, soit pour montrer la population de la cité dans l'exercice de ses différents métiers et professions, soit pour faire constater l'expression souvent touchante des sentiments affectueux que la mort développe et la manière dont chacun envisage, suivant ses dispositions d'esprit, le grand problème de l'au-delà.

---

(1) On aperçoit dans la frise et dans une portion de l'architrave les trous de scellement des lettres de bronze de l'inscription :

DIVO AVGVSTO   OPTIMO MAXIMO
ET DIVAE   AVGVSTAE

Nous n'avons pas, est-il besoin de le dire, la prétention d'être complet; les savants ne trouveront rien à glaner dans cette modeste étude dont ils nous ont eux-mêmes fourni toute la substance. Nous nous adressons à ceux qui aiment l'antiquité, sans en faire l'objet immédiat de leurs études. Ils nous sauront peut-être gré d'avoir feuilleté à leur intention les différents recueils épigraphiques, le tome XII du *Corpus inscriptionum latinarum* publié, sous les auspices de l'Académie de Berlin, par M. Hirschfeld, et les quatre beaux volumes des *Inscriptions antiques de Vienne* de M. Allmer, où chaque texte est soigneusement reproduit et accompagné d'un commentaire très instructif. Ce dernier ouvrage surtout nous a été du plus précieux secours [1].

---

[1] Nous avons le plus souvent emprunté à M. Allmer la traduction de ses textes épigraphiques.

Sculpture
de l'autel taurobolique
de Tain.

CHAPITRE PREMIER.

LA RELIGION.

Apollon Pythien,
statue en marbre à l'échelle de $\frac{1}{12}$.

1. Les inscriptions religieuses de Vienne peuvent se diviser en trois séries, qui se pénètrent d'ailleurs fréquemment l'une l'autre : celles qui ont rapport aux divinités gauloises, celles qui sont relatives au panthéon romain, celles enfin où il s'agit des cultes orientaux.

Quand nous parlons de divinités gauloises, il va sans dire qu'il est question de celles dont le culte s'est perpétué à travers la période gallo-romaine, aucun monument antérieur à la conquête n'étant parvenu jusqu'à nous. Il y a plus : les divinités gauloises sont presque toutes marquées à l'estampille romaine et prennent la qualification d'*auguste* que l'Empereur de ce nom leur donna par un décret d'une grande portée politique [1]. Si ses vues eussent été moins élevées et moins nettes, si pour arriver à une uniformité que sa puissance, moins heureusement inspirée, eût pu souhaiter de réaliser, Auguste fût entré en lutte contre les croyances des peuples conquis,

---

[1] L. Rénier, *Comptes rendus des séances de l'Académie des inscriptions et belles-lettres*, 1873.

il est certain que la tranquillité de l'Empire en eût beaucoup souffert et que la paix intérieure, si appréciée de tous, en eût longtemps été troublée. Ce fut de sa part un trait de génie que de faire servir ainsi la religion à la romanisation du monde ancien. Il avait commencé par donner accès dans son panthéon aux divinités sémitiques d'Afrique, d'Orient et d'Égypte, assez proches parentes des divinités gréco-romaines. L'assimilation n'était pas possible pour celles de la Gaule, de l'Espagne et des pays Illyriens, d'un caractère souvent étrange. Mais un décret les rangea dans la catégorie des Lares, et comme tels les admit à l'épithète d'*augustes*. Ces populations prirent ainsi l'habitude de réunir dans leurs prières le nom de l'Empereur à celui de leurs dieux préférés.

Il ne paraît pas cependant que cette règle ait été rigoureusement suivie : Vintius, par exemple, ne prend pas le titre d'*auguste* sur une inscription de Seyssel[1]; on trouve par contre, à Hauteville, une dédicace où ce dieu protecteur des marins porte le nom de Vintius Auguste[2].

Au nombre des divinités gauloises les plus intéressantes, il faut certainement mentionner Bormana ou Bormanus, la divinité des sources qui présidait aux eaux bienfaisantes d'Aix-

---

[1] Allmer, t. III, p. 243 ; Hirschfeld, n° 2562 :

DEO·VINTIO
POLLVCI
CN·TERENTIVS
BILLONIS·FIL
TERENTIANVS
EX·VOTO

Au dieu Vintius Pollux, Cneus Terentius Terentianus, fils de Billo, en accomplissement de son vœu.

[2] Allmer, t. II, p. 341 ; Hirschfeld, n° 2558 :

AVG·VINTIO
SACR*um*
T·VALERIVS
CRISPINVS
SACER VINTI
PRAEF·PAG DIA
AEDEM·D

A Auguste Vinius, Titus Valerius Crispinus, prêtre(?) de Vintius, préfet du pagus Dia, a fait don de ce temple.

les-Bains. C'est là en effet que l'on a trouvé la tablette en pierre avec cette épigraphe[1] :

> Q VETTIVS
> G V T I C V S
> B O R V V S L M

A Bormo, Quintus Vettius Guticus, avec reconnaissance, en accomplissement de son vœu.

On voit que les eaux d'Aix-les-Bains étaient, comme nous le disions tout à l'heure, déjà connues par les Gallo-Romains; les malades s'y rendaient en grand nombre. On montre dans l'établissement thermal actuel un *vaporarium* antique avec une piscine octogone incrustée de marbre blanc.

D'ailleurs Bormo, divinité thermale, était connue par d'autres inscriptions que celle d'Aix; elle a laissé, avec l'appellation de Borvo, quantité de souvenirs, et c'est d'elle que tiennent leur nom les différentes localités de Bourbon-Lancy, Bourbon-l'Archambault, Bourbonne, la Bourboule, Worms sur le Rhin, etc., ainsi que l'antique famille des Bourbons.

Beaucoup plus répandu encore était le culte des *Matrae* ou *Mères*, divinités champêtres représentées, on le sait, sous l'aspect de femmes, qui tenaient tantôt une corne d'abondance à la main, tantôt des fruits dans le pan de leur robe. On a retrouvé des inscriptions votives en leur honneur en beaucoup d'endroits, entre autres à Allondaz[2], à Saint-

---

[1] Allmer, t. III, p. 306; Hirschfeld, n° 2444. Cf. Allmer, t. II, p. 304; Hirschfeld, n° 2443 :

> M·LICIN·RVSO·BORM·V·V·SLM

A Bormo, M. Licinius Roso, avec reconnaissance, en accomplissement de son vœu.

[2] Allmer, t. I, p. 341; Hirschfeld, n° 2348 :

> MATRIS
> MITHRES
> SOC·$\overline{XL}$·VII
> AD TVR·
> L·$\overline{XIII}$P A·VI

Aux Mères, Mithres, esclave de la compagnie du quarantième et son préposé, à Tournon. — Largeur, 13 pieds; hauteur, 6 pieds.

Sur d'autres dédicaces aux déesses Mères, voir Allmer, t. II, p. 447, 450; t. III, p. 126, 204, 263, 294; t. IV, p. 476.

Innocent, à Genève, à Grenoble, et, dans cette dernière ville, avec l'épithète *Nemetiales* [1], qui indique bien que c'étaient des déesses des forêts et des bois.

Elles avaient un temple de marbre à Vienne, au quartier de Sainte-Colombe [2], mais on les contentait généralement à moins de frais. Une inscription d'Aoste, aujourd'hui perdue, nous donne une idée de la simplicité rustique de leurs sanctuaires [3] :

MATRIS AVG EX STIPE ANNVA·✕·XXXV ET D...

Aux Mères Augustes, du produit des collectes d'une année, montant à trente-cinq deniers...

En supposant qu'il ne soit question ici que de l'entretien du temple, cette modique somme, qui équivaut à environ 28 francs de notre monnaie, témoigne de l'humeur bienveillante et du caractère facile de ces déesses. On trouve encore dans toute l'étendue du territoire de la Colonie un certain nombre d'autres divinités d'un caractère assez analogue aux *Matrae :* à Saint-Romain-en-Gal, les Vierges saintes [4]; à

---

[1] Allmer, t. III, p. 127; Hirschfeld, n° 2221 :

MATRIS
NEMETIALI
LVCRETIA·Q
LIB▨▨▨I▨▨VM

Aux Mères Nemetiales, Lucretia..., affranchie de Quinus...

[2] Allmer, *Sainte-Colombe à l'époque romaine*, dans *Guide-Annuaire de la ville de Vienne*, Vienne, Savigné, 1877, p. 131.

[3] Allmer, t. III, p. 204; Hirschfeld, n° 2388.

[4] Allmer, t. II, p. 452; Hirschfeld, n° 1838 :

SANCTIS
VIRSINIDVS
SAP·AVIDVS
CAMPANA
POSVERVNT

Aux Vierges saintes, Avitus et Campana ont élevé cet autel.

Saint-Innocent [1], les *Dames*; à Aix, les *Comedovae* [2]. Toutes ont laissé leur souvenir dans les légendes du pays et sont devenues au moyen âge, sous différents noms, des fées ou malicieuses ou bienveillantes. Parmi les divinités celtiques, nous citerons encore *Apollo Verotus* [3], à Annecy; *Athubodua Augusta* [4], à Genève, et le *Sucellus deus* [5], à Vienne. Les in-

[1] Allmer, t. III, p. 294; Hirschfeld, n° 2446 :

DOMINIS
EX S VOTO · S · L · M
M · CARMINIVS MAGNus
PRO SALVTE SVA ET
SVORVM

Aux *Dominæ*, *Marcus Carminius Magnus*, reconnaissant de sa conservation et de celle des siens, en accomplissement de son vœu.

[2] Allmer, t. III, p. 307; Hirschfeld, n° 2445 :

COMEDOVIS
AVGVSTIS
M · HELVIVS SEVERI
FIL · IVVENTIVS
EX · VOTO

Aux *Comedoves Augustes*, *Marcus Helvius Juventicus*, fils de *Severus*, en accomplissement de son vœu.

[3] Allmer, t. III, p. 334; Hirschfeld, n° 2525 :

APOLLINI
VEROTVTI
T · RVTIL · BVRICVS

A *Apollon Verotus*, *Titus Rutilius Buricus*, avec reconnaissance, en accomplissement de son vœu.

[4] Allmer, t. III, p. 357; Hirschfeld, n° 2571 :

ATHVBODVAE
AVG
SERVILIA · TEREN
TIA
V S L M

A *Athubodua Auguste*, *Servilia Terentia*, avec reconnaissance, en accomplissement de son vœu.

[5] Allmer, t. II, p. 453; Hirschfeld, n° 1836 :

DEO · SVCELLO
GELLIA · IVCVNDa
V · S · L · M

Au dieu *Sucellus*, *Gellia Secunda*, avec reconnaissance, en accomplissement de son vœu.

scriptions à Silvain, le dieu au maillet, ne s'y rencontrent pas; à Belley cependant, un autel anépigraphe représente, sur sa face principale, un maillet avec une couronne de chêne, et sur la face latérale droite une serpe : *fax silvatica*.

2. Après ce rapide coup d'œil donné aux divinités gauloises dont le culte s'est perpétué dans le pays pendant l'époque gallo-romaine, nous sommes naturellement amené à parler des divinités arrivées chez les Allobroges avec la conquête et aussitôt adoptées par eux, preuve manifeste, la plus forte de toutes, des progrès rapides de la romanisation dans le pays.

Jupiter, le maître des dieux, se place naturellement en tête du panthéon viennois; son nom est souvent[1] accompagné de la double épithète *optimus maximus*, très bon et très grand; on lui consacre non seulement des temples, mais encore des monuments sans caractère religieux bien déterminé, un arc[2] à Genève, et à Saint-Pierre-d'Albigny une

---

[1] Sur les dédicaces : *A Jupiter très bon et très grand*, voir Allmer, t. II, p. 423, 425; t. III, p. 216, 228, 251, 252, 328, 332, 354. — A signaler en particulier l'autel octogonal en marbre blanc trouvé à Agnin et orné de huit bustes en haut-relief, parmi lesquels on a reconnu les divinités des jours de la semaine (*Gazette archéol.*, 1876, p. 19; 1877, p. 78, et *Mémoires des antiquaires de France*, t. XIII, p. 118). Nous citons son inscription d'après Allmer, t. I, p. 102 :

    IOVI·OPTIMO·MAXIMO ET
    CAETERIS DIS·DEABVS Q
    IMMORTALIBVS
    PRO SALVTE IMPERATOR
    L·SEPTIMI·SEVERI·ET
    M·AVRELI ANTON........

A Jupiter très bon et très grand et aux autres dieux et déesses immortels, pour la conservation de l'empereur Lucius Septime Sévère et Marcus Aurelius Antonin (Caracalla), Augustes...

[2] Allmer, t. III, p. 251; Hirschfeld, n° 2591 :

    I   O   M
  ARCVM · CVM · SVIS · ORNAMENTIS
  T · VIBIVS · CELSI · LIB · VERECVNDVS

A Jupiter très bon, très grand, Titus Vipius Verecundus, affranchi de Celsus, fait don de cet arc, construit et décoré à ses frais.

basilique[1]. Quelquefois une divinité topique lui était associée et le sanctuaire où le dieu prodiguait ses faveurs était particulièrement célèbre : tel ce temple du hameau de Bachelin, près de Morestel, dédié à Jupiter Baginas[2].

Jupiter est souvent honoré, chacun le sait, comme maître du tonnerre; mais, dans l'inscription suivante, qui est unique, la cause et l'effet confondus deviennent l'objet d'un même culte :

IOVI
FVLGVRI
FVLMINI

A Jupiter éclair et foudre[3].

Junon, reine des hommes et des dieux, avait aussi ses adorateurs; un dévot personnage se place sous sa protection avec toute sa famille :

IVNONI·REG AVG
SACRVM
CASSIVS EROS
ET CASSI
PRISCVS
EVPHEMVS
SECVNDVS
FILI

A Junon, reine auguste, Titus Cassius Eros et les Cassius, Priscus, Euphémus, Secundus ont élevé cet autel[4].

---

[1] Allmer, t. III, p. 228; Hirschfeld, n° 2332 :

IOVI·O·M
BASILICAM
C·LICINIVS
CALVINVS

A Jupiter, très bon, très grand, Caius Licinius Calvinus a fait don de cette basilique.

[2] Allmer, t. III, p. 197; Hirschfeld, n° 2383 :

IOVI
BAGINATII
CORINTHVS
NIGIDI·AELIANI
EX·VOT

A Jupiter Baginas, Corinthus, esclave de Nigidius Ælianus, en accomplissement de son vœu.

[3] Allmer, t. II, p. 426; Hirschfeld, n° 1807.
[4] Allmer, t. II, p. 427; Hirschfeld, n° 1876.

Mars était honoré sur toute l'étendue du territoire [1]. Dans une inscription dédicatoire de Genève, offerte en même temps à plusieurs dieux, il est placé en tête de la liste et avant Jupiter lui-même :

MARTI·IOVI·MERCVRIO
M·CASSIVS·MERCATOR
SVO · ET
L·CASSII·ASPERI·FRATRIS
SVI·NOMINE
T·P

A Mars, à Jupiter et à Mercure — Marcus Cassius Mercator, en son propre nom et en celui de Lucius Cassius Asper son frère, a élevé cet autel [2].

Il avait à Vienne même un temple magnifique [3]. A son culte est souvent associé celui d'une autre divinité, sa fidèle compagne, j'ai nommé la Jeunesse [4]. Chose singulière, aucune inscription relative à des flamines de Mars n'a été trouvée au chef-lieu même de la Colonie, mais seulement dans les bourgs et villages de sa dépendance.

Il a déjà été question de Mercure dans une inscription précédente; ce dieu partageait avec Mars la confiance des Viennois : à côté du dieu de la force, celui de la ruse, et ce dernier, à en juger par ses nombreux *ex-voto* [5], avait rendu service à beaucoup de gens : marchands réalisant un bénéfice inespéré, voyageurs accomplissant sans accident un trajet lointain à travers les montagnes et les précipices, peut-être voleurs réussissant à faire un bon coup, etc.

---

[1] Allmer, t. II, p. 231, 233, 262, 263, 321; t. III, p. 123, 124, 254, 263, 321, 325, 352, 356; t. III, p. 475.
[2] Allmer, t. III, p. 254; Hirschfeld, n° 2589.
[3] Voir plus haut, p. 49.
[4] Allmer, t. I, p. 241; t. II, p. 218, 251, 255, 265. — Hirschfeld, n°ˢ 2245, 1902, 1783, 1869, 1870, 1903, 1906, 2238, 2245.
[5] Il est invoqué tantôt seul et sans aucune épithète : Allmer, t. II, p. 307; t. III, p. 234, 235, 236, 419, 467, 469; tantôt avec la qualification d'*Augustus* : t. II, p. 285, 434, 437; t. III, p. 108, 109, 177, 212, 256, 284, 296, 300, 303, 331, 332, 333, 353, 442; tantôt il est associé à une autre divinité : t. III, p. 299, 328, 329.

Apollon, le dieu qui favorisait les arts, aimait à recevoir de beaux cadeaux : nous n'en voulons d'autre témoignage que la Victoire en argent, de 0 m. 80 de hauteur, trouvée il y a quelques années au village de Limony et vendue 14,000 livres en Angleterre. Sur le socle étaient gravés ces mots : APOLLINI PAGVS LVMINIS [1]. On voit que le souvenir du dieu de la lumière s'est perpétué dans le nom de Limony.

Les Virii de Vienne, ces riches industriels qui ont marqué de leur estampille un si grand nombre de poteries romaines [2], étaient de pieux adorateurs d'Apollon, qui d'ailleurs exauçait leurs prières :

APOLLINI
SACRVM·EX·VOTO
C· VIRIVS · VICTOr
ET
VIRIVS ·VITALIs
S L M

A Apollon, Caius Virius Victor et Lucius Virius Vitalis ont élevé cet autel avec reconnaissance, en accomplissement de leur vœu [3].

Le dieu ne se montrait pas moins clément envers les pauvres gens [4] :

APOLLINI·EX·VOTO
IVSTVS·MERCVRI
ET·CERERIS·SER

A Apollon, Justus, esclave de Mercure et de Cérès, en accomplissement de son vœu.

Ce Justus était, on le voit, attaché au service de deux divinités que l'on n'est pas habitué à trouver ainsi réunies.

---

[1] Allmer, t. III, p. 456.
[2] Allmer, t. IV, p. 227; Hirschfeld, n° 5672.
[3] Allmer, t. II, p. 439; Hirschfeld, n° 1809.
[4] Allmer, t. III, p. 469; Hirschfeld, n° 2318.

VILLES GALLO-ROMAINES.

Parmi les autres dieux mentionnés dans les monuments épigraphiques de Vienne, nous citerons encore Quirinus, le même que Romulus, dont le sanctuaire se trouvait à Villette; il se rappelait, à l'occasion, au souvenir de ses dévots :

```
QVIRINO AVG
COIVS·MODES
TVS ET IVL·MA
CRINVS·EX·RP
```

A Quirinus Auguste, Caius Modestus et Julius Macrinus, ex rogatu, *sur la réclamation du dieu*[1].

L'inscription votive suivante avait été promise, au cours d'une maladie, aux divinités de la mort :

```
PLVTONI·ET·PROSERP
CILIA·G·F·CORNELIA
EX·       VOTO
```

A Pluton et à Proserpine..., Cilia Cornelia..., fille de Gaius, en accomplissement de son vœu[2].

Signalons encore l'offrande d'une statue d'Apollon faite à Castor et à Pollux[3] par un sous-officier du titre de *primipilaire*.

Voici une dédicace, non plus au Silvain gaulois dont nous avons parlé tout à l'heure, mais au Silvain romain; elle est

---

[1] Allmer, t. III, p. 116; Hirschfeld, n° 2201.

[2] Allmer, t. II, p. 429; Hirschfeld, n° 1833.

[3] Allmer, t. III, p. 335; Hirschfeld, n° 1904 :

```
CASTORI·ET·POLLVCI
G·ATEIVS·PECVLIAR
P·P·APOLLIN
EX·STIPE·DVPLA
FACIENDVM·CVRAVIT
```

A Castor et à Pollux, Gaius Ateius Peculiaris a offert cet Apollon du produit d'une quête, dont il a doublé de ses deniers le montant.

intéressante à cause des bons sentiments que le dédicant y manifeste :

```
        DEO · SILVA
        NO PRO SALV
        TE RATIARIOR.
        SuPERIORA
        NICOR·SVOR
        HOSPIT·SANCT
      M AR▓IVS CIVIS HEL
           V  S  L  M
```

Au dieu Silvain, M. Arsius, citoyen helvète, en reconnaissance des bateliers du Haut-Rhône, ses amis et hôtes vénérés, a, conformément à son vœu, consacré cet autel[1].

3. Nous sommes certes loin d'avoir épuisé la série des *ex-voto* consacrés par les descendants des Allobroges à des divinités romaines; ce que nous en avons dit suffit néanmoins pour donner une idée des habitudes de la population gallo-romaine. Sous ce rapport, notre esquisse ne serait cependant pas complète, si nous omettions de constater que les cultes orientaux rencontrèrent à Vienne, comme dans tout l'Empire, des adhérents en assez grand nombre. On connaît le développement qu'ils prirent aux premiers siècles de l'ère chrétienne. Le mouvement inconscient qui agitait le monde à l'approche des temps nouveaux poussait les peuples vers ces religions mystérieuses, où ils espéraient rencontrer la satisfaction de leurs secrètes aspirations : Cybèle la Bonne Déesse avait à Vienne un collège de dévots, les *dendrophores*[2], et à Belley un temple qui devait être monumental et bien orné, à en juger par ces deux inscriptions : la première est ainsi conçue :

```
        MATRI DEVM
        T ALBIVS ATTIVS
        CREPIDINES COL
        TECTVM POR▓
```

A la Mère des dieux et à Attis, Titus Albius Attius a, de ses

---

[1] Allmer, t. III, p. 258; Hirschfeld, n° 2597.
[2] Allmer, t. II, p. 326; Hirschfeld, n° 1917.

deniers, fait don de ce temple avec son soubassement dallé, ses colonnes, son toit, son porche [1]...

Voici la seconde :

```
       MATRI DEVM
        ET ATTIN
       CVPIDINES
       II · APRONIVS
       GEMELLINVS
        TES · LEG
        VIC · BEL
        HER · PON
```

A la Mère des dieux, à Attis et aux habitants du vicus *de Belley, Apronius Gemellinus a légué par testament ces deux Cupidons; ses héritiers les ont fait placer dans le temple de la déesse* [2].

Un autre souvenir non moins curieux relatif au culte de Cybèle, c'est l'autel taurobolique trouvé à Tain, dans l'Ardèche, ville qui faisait autrefois partie du territoire viennois; il portait sur une de ses faces, sculptés en relief, la tête du taureau ornée de bandelettes (voir plus haut, p. 74) et le couteau du sacrifice, ainsi que l'inscription suivante :

pro salute imp · caes · m · aur · commodi antonini aug · pii DOMVSQ DIVI
NAE · COLON COPIA · CLAVD AVG LVG
TAVROBOLIVM FECIT Q AQVIVS ANTONIA
NVS PONTIF PERPETVVS
EX VATICINATIONE PVSONII IVLIANI ARCHI
GALLI INCHOATVM XII KAL MAI CONSVM
MATVM VIIII KAL MAI L · EGGIO MARVLLO
CN PAPIRIO AELIANO COS PRAEEVNTE AELIO
CAST*r*ENSE *sacer*DOTE TIBICINE ALBIO
VERINO

Taurobole pour la conservation de l'empereur César Marcus Aurelius Commodus Antoninus Augustus Pius et de la Maison

---

[1] Allmer, t. III, p. 419.
[2] *Ibid.*, p. 420.

Divine et de la colonie Copia Claudia Augusta de Lyon; fait par Q. Aquivius Antonianus, pontife perpétuel, d'après la prédiction de l'Archigalle Pusonius Julianus; commencé le 12 des calendes de mai, consommé le 9 des calendes du même mois, sous le consulat de L. Eggius Marcellus et de Cn. Papirius Ælianus; la cérémonie accomplie par le prêtre Ælius Castrensis, récitateur, et par Albius Verinus, joueur de flûtes [1].

On se demandera sans doute le motif pour lequel la colonie de Lyon avait choisi Tain, qui est en somme bien éloigné du confluent, pour l'accomplissement de ce sacrifice. C'est probablement que la Mère des dieux avait à cet endroit un sanctuaire particulièrement vénéré, et le nom du pays, Tigna, semble être emprunté à l'arbre même qui lui était consacré, le pin (*tigna*). Ajoutons qu'il existe encore sur un plateau du voisinage d'importantes ruines romaines, et que l'église actuelle de l'Ermitage est sur les substructions d'un ancien temple.

La Grande Déesse n'était pas d'ailleurs la seule divinité dont le culte ait été apporté d'Orient en Italie et d'Italie dans les provinces occidentales et sur le territoire de Vienne. Mithra, le dieu soleil, avait, on s'en souvient, au chef-lieu même de la Colonie, un temple souterrain, sur l'emplacement duquel on a trouvé un curieux bas-relief avec une représentation léontocéphale et cette inscription [2] : DEO CAVTE. C'était un des noms de Mithra.

Un autre temple, plus célèbre encore, à en juger par les souvenirs qu'il nous a laissés, se dressait à Vieu, *vicus Venetonimagus*. Ses fondations existent sous l'église paroissiale actuelle et on voyait autrefois, dans un terrain contigu à celle-ci, les ruines d'un vaste édifice pourvu de bains. On a pensé que ce pouvait bien être un hôpital où les malades venaient se placer sous la protection du dieu Mithra et recevoir en même temps, sous la surveillance d'un prêtre médecin, un traitement approprié à leur état. Le nom de l'un de ces médecins,

---

[1] Allmer, t. I, p. 78; Hirschfeld, n° 1782.
[2] Allmer, t. II, p. 455; Hirschfeld, n° 1811.

G. Rufius Eutactus, nous est parvenu, grâce à deux inscriptions qui lui furent dédiées après sa mort, l'une par son fils, l'autre par sa femme.

La première est ainsi conçue :

```
      D E I I M
      PATRI PATRV
      M · G · RVf
      EVTACTO
      C · R · VIRI
      LIS · FIL ·
```

A Gaius Rufius Eutactus, Père des Pères du dieu invaincu Mithra. C. Rufius Virilis, son fils [1].

Voici la seconde :

```
        D · M
        G · RVF
        EVTAC
        TI · MEDI
        CI · CAE
        SICCIA
        IANVA
        RIA MA
        RITO · SV
          P C
```

Aux dieux Mânes de C. Rufius Eutactus, médecin. Cæsiccia Januaria à son mari a élevé ce tombeau [2].

On remarquera qu'Eutactus était à la fois médecin et Père des Pères, c'est-à-dire grand prêtre. Tel était peut-être le secret des cures merveilleuses du dieu soleil.

Mithra était d'origine persane. Le culte égyptien d'Isis n'était pas non plus inconnu à Vienne.

---

[1] Allmer, t. III, p. 386.
[2] *Ibid.*, p. 391.

Une inscription trouvée au Parizet est ainsi conçue :

<pre>
        ISIDI MATRI
    SEX·CLAVDIVS·VALERIANVS
           ARAM
     CVM SVIS·ORNAMENTIS
         VT VOVERAT
          D   D
</pre>

A Isis Mère, Sextus Claudius Valerianus, en accomplissement de son vœu, fait don de cet autel et de sa décoration [1]...

Une autre, qui provient du chef-lieu même et qui est unique dans son genre, mentionne un prêtre des pompes sacrées d'Anubis [2] :

<pre>
            D·M
      ET·MEMORIAE AETERNAE
      LEPIDI RVFI · ANVBOFORI
  QVI VIXIT ANNOS XXXX M·VIII D·III
  QVI GENVIT PALEA MATER FILIO P
</pre>

Aux dieux Mânes et à la mémoire éternelle de Lepidus Rufus, l'anubophore, qui a vécu quarante ans, huit mois, trois jours. Sa mère qui l'a enfanté, à son fils.

4. A côté de ces divinités qui recevaient dans des temples ouverts à tous l'hommage de la piété de leurs adorateurs, il y avait les cultes domestiques, les Lares, honorés au foyer de chaque famille. On a trouvé à Sainte-Colombe la frise d'un petit monument, avec cette simple inscription : LARIB, *Aux dieux Lares* [3]. Le village de la Ravoire possède un autel, actuellement au Musée de Chambéry, avec cette dédicace :

<pre>
        G   D
        Q IMAC
        RINVS
        V S L M
</pre>

Au Génie de la maison, Q. Julius Macrinus, avec reconnaissance, en accomplissement de son vœu [4].

---

[1] Allmer, t. II, p. 466; Hirschfeld, n° 2217.
[2] Hirschfeld, n° 1919.
[3] Allmer, t. II, p. 244; Hirschfeld, n° 1820.
[4] Allmer, t. III, p. 220; Hirschfeld, n° 2429.

Si les familles avaient leur Génie, il devait en être de même pour les collèges municipaux et les corporations industrielles ou commerciales. La milice(!) des *astiferi* avait le sien ; elle lui avait dressé une statue, dont il nous reste le piédestal avec cette inscription :

```
     SIG·GENII
     NVMERIVS
     EVPREPES
      MAGIST
     ASTIFEROR
        D D
```

Statue du Génie des astiferi; *don de leur magister Numerius Euprepes* [1].

La suivante est gravée en belles lettres sur une plaque de marbre :

```
     GENIO·ET
      HONORI
    VTRICLARIOR
       AVREL
     EVTVCHES
      ET·ANT
   PELAGIVS IM
   MVNES·D·D·ET
 R·L·MARINVS·L·D·D·V·
```

Au Génie et à l'Honneur des utriculaires. — Autel élevé des deniers d'Aurelius Eutyches et d'Antonius Pelagius, immunes de leur corporation. — Rétabli par Lucius Marinus. — L'emplacement donné par décret des décurions [2].

Telles sont les principales inscriptions religieuses de Vienne, pendant les premiers siècles de notre ère. Les Chrétiens, qui étaient déjà assez nombreux au milieu du IIe siècle, n'avaient pas l'habitude de confier au marbre ou à la pierre l'expression de leurs sentiments pieux envers la Divinité; nous aurons à constater bientôt, à propos des inscriptions funéraires, la manifestation des nouvelles croyances, qui devaient exercer une action si profonde et si décisive sur la marche de l'humanité.

---

[1] Allmer, t. II, p. 328; Hirschfeld, n° 1814.
[2] Allmer, t. II, p. 330; Hirschfeld, n° 1815.

CHAPITRE DEUXIÈME.

MAGISTRATS, FONCTIONNAIRES ET PRÊTRES.

Statue en bronze de C. Julius Pacatianus, à l'échelle de $\frac{1}{5}$.

1. L'administration centrale de la Narbonnaise n'avait pas, au moins dans les trois premiers siècles, sa résidence officielle à Vienne, et, par suite, il n'y a pas lieu d'exposer ici l'organisation savante qui reliait la province au Sénat de Rome. Nous ne pouvons pas cependant omettre de mentionner ce fait, que l'épigraphie de Vienne rappelle le souvenir de plusieurs personnages qui ont occupé des postes élevés dans la hiérarchie des fonctionnaires civils [1]. On y trouve des préteurs [2], des procurateurs [3], des légats impériaux [4], etc.

[1] Parmi les Viennois célèbres, un des plus sympathiques est sans contredit ce D. Valerius Asiaticus, dont le nom a jeté un si grand lustre à la mort de Caligula et pendant les premières années du règne de Claude. Il avait été consul deux fois, commandant en chef d'une armée en Bretagne et acquéreur des somptueux jardins de Lucullus. Sa grande richesse avait excité la cupidité de Messaline et il avait reçu de l'empereur Claude l'ordre de se donner la mort. Non seulement il vit approcher sans effroi sa dernière heure, mais il présida lui-même aux funèbres préparatifs: «Ses amis, nous dit Tacite (II, 3), l'exhortaient à sortir doucement de la vie en se privant de nourriture. Il les remercie de leur bienveillance, se livre à ses exercices accoutumés, se baigne, soupe gaiement, et, après avoir dit qu'il eût été plus honorable de périr victime de la politique de Tibère ou des fureurs de Caius que des artifices d'une femme et de la langue impure d'un Vitellius, il se fait ouvrir les veines. Il avait auparavant visité son bûcher et ordonné qu'on le changeât de place, de peur que l'ombrage de ses arbres ne fût endommagé par la flamme; tant il envisageait tranquillement sa dernière heure.»

[2] Allmer, t. I, p. 213, 221, 231, 389.
[3] Ibid., t. I, p. 213, 244, 249, 370; t. IV, p. 449.
[4] Ibid., t. I, p. 42, 213, 227, 404.

Les noms de ces personnages sont inscrits sur des tombeaux ou sur des piédestaux de statues. L'un d'eux, Decimus Julius Capito, avait exercé dans la cité de Rèmes les fonctions de censiteur et celles de gouverneur dans deux districts de la province procuratorienne d'Asturie et de Gallécie; il avait plusieurs statues à Vienne, avec l'énumération de ses titres et l'expression de la gratitude de ses administrés [1]. Le piédestal de la statue équestre d'un Viennois, chevalier romain, pro-magister de l'impôt du vingtième des successions en Narbonnaise et en Aquitaine, a été retrouvé à Arles [2]. Un autre, dont l'épitaphe a été découverte à Montfalcon, près d'Aix-les-Bains, était gouverneur de la Corse [3]. Aoste possédait autrefois une inscription au nom d'un Viennois, fermier général de l'impôt du vingtième des affranchissements en Narbonnaise [4].

---

[1] Trois inscriptions de Vienne même et une de Genève sont relatives à ce Decimus Julius Capito, dont la famille est encore connue par d'autres documents épigraphiques. Il était vraisemblablement, dit M. Mommsen (*Inscript. Helveticæ*, n° 84), fils d'un *D. Julius L. filius Voltinia Ripanus Capito Bassianus* d'une inscription de Nyon, et il avait pour grand-père un *L. Julius Brocchus Valer... Bassus*, rappelé par plusieurs inscriptions viennoises (Allmer, t. I, p. 239, n°ˢ 68 à 70).

[2] Allmer, t. I, p. 251.

[3] Allmer, t. I, p. 254; Hirschfeld, n° 2455 :

```
    L · VIBRIO · A · VOL
    PVNICO   PRAEF
        EQVITVM
    PRIMOPILO · TRIB
    MIL · PRAEF CoRSICAe
    VIBRIVS PVNICVS
      OCTAVIAnus
    . . . . . . . . . . . . . . . .
```

A Lucius Vibrius Punicus, fils d'Aulus, de la tribu Voltinia, préfet de cavalerie, primipile, tribun militaire, préfet de la Corse, Vibrius Punicus Octavianus.

[4] Allmer, t. I, p. 257; Hirschfeld, n° 2396 :

```
    C · ATISIVS PRIMVS
    PVBL  XX  LIBERTAT
        P    G    N
    AELIAE SATVRNINAE
    CONIVGI KARISSIMAE
```

Caius Atisius Primus, publicain du vingtième des affranchissements de la province de Gaule narbonnaise, a élevé ce tombeau à Ælia Saturnina, son épouse chérie.

VIENNE ANTIQUE.

2. Tous les fonctionnaires de l'ordre financier ressortissaient de l'Empereur, les autres du Sénat. Quant à la Colonie, elle avait son administration propre, et, dans les questions locales, une véritable autonomie. Son conseil des décurions[1], composé de cent membres, était choisi tous les cinq ans parmi les citoyens les plus honorables, inscrits pour un cens de 100,000 sesterces[2]. Notons en passant qu'il y avait parmi eux un marchand de vin en gros[3], et qu'au nombre de leurs attributions il faut placer le droit d'aliéner des parcelles du territoire communal. C'est ce que nous apprend l'écriteau suivant, gravé sur une tablette de pierre et actuellement au Musée de Genève :

```
        LOC   ·  EMPT
         EX·D·D·
        FACT·PRIVAT·
      ITA·VT·CONSAEPT·EST
         FLORVS·SCRIBIT
```

Propriété privée acquise en vertu d'un décret des décurions. La clôture marque les limites. L'acte est rédigé par Florus[4].

---

[1] Les décurions de Vienne mentionnés par les inscriptions sont les suivants :
M. *Ancilius Lucanus* (Allmer, t. II, p. 178; Hirschfeld, n° 2376);
C. *Coelius Lucinus* (Allmer, t. II, p. 173; Hirschfeld, n° 2240);
P. *Helvius Masso* (Allmer, t. II, p. 172; Hirschfeld, n° 2243);
C. *Maximius Paternus* (Allmer, t. II, p. 167; Hirschfeld, n° 1896);
G. *Papius Secundus* (Allmer, t. II, p. 175; Hirschfeld, n° 2246);
Sex. *Vireius Sextus* (Allmer, t. I, p. 67; Hirschfeld, n° 2391).

[2] Allmer, t. II, p. 159.

[3] Allmer, t. II, p. 167; Hirschfeld, n° 1896 :

```
          D        M
       C·MAXIMIO C·FIl
      VOLT·PATERNO DECV
       RIONI NEGOTIATORI
       VINARIO VIENNAe
           MAXIMIA
        secVNdiLLA PATri
        piissiMO   ET
      ............
            pATrono
         sanCTISSimo p
```

Aux dieux Mânes. — A Caius Maximius Paternus, fils de Caius, de la tribu Voltinia, décurion, négociant en vins à Vienne. — Maximia Secundilla à son père bien-aimé et... à son patron vénéré.

[4] Allmer, t. II, p. 163; Hirschfeld, n° 2610.

Les décurions choisissaient dans leur sein les magistrats chargés du pouvoir exécutif. Les plus élevés en dignité étaient les *quatuorviri* ou les *duumviri*. On rencontre en effet ces deux appellations dans l'épigraphie viennoise [1]. En étudiant le caractère des inscriptions et la date que l'on doit leur assigner, M. Hirschfeld [2] a établi que les quatuorvirs correspondent à l'époque où Vienne n'avait pas le droit de cité complet. Au contraire, du moment où cette faveur lui fut accordée par Caligula, on ne rencontre plus que des *duumviri jure dicundo* et des *duumviri aerarii*. Les premiers convoquaient les assemblées et rendaient la justice dans les causes qui ne ressortissaient pas du proconsul et de ses agents; les autres veillaient tout

---

[1] Elle nous a conservé les noms d'un assez grand nombre de quatuorvirs et de duumvirs. Parmi les premiers, nous trouvons :

L. Æmilius Tutor (Allmer, t. II, p. 196; Hirschfeld, n° 2600);
Q. Gellius Capella (Allmer, t. II; Hirschfeld, n° 1882);
Sex. Decedius (Allmer, t. II, p. 210; t. III, p. 475; Hirschfeld, n° 2430);
L. Julius Fronto (Allmer, t. II, p. 249, 350; Hirschfeld, n° 2393).

Les duumvirs sont mentionnés tantôt avec la désignation de *jure dicundo*, tantôt avec celle de *aerarii*.

Les duumvirs *jure dicundo* sont les suivants :

T. Cassius Mansuetus (Allmer, t. II, p. 225; Hirschfeld, n° 2238);
G. Contessius Laevinus (Allmer, t. II, p. 219; Hirschfeld, n° 2208);
L. Julius Brocchus Valer... Bassus (Allmer, t. II, p. 352; Hirschfeld, n° 2606);
L. Julius Senior (Allmer, t. II, p. 347; Hirschfeld, n° 2346);
M. Masvinius Marcellinus (Allmer, t. II, p. 224; Hirschfeld, n° 2438);
D. Titius Justus (Allmer, t. II, p. 218; Hirschfeld, n° 1902);
L. Vibius Vestinus (Allmer, t. II, p. 231; Hirschfeld, n° 2350).

Liste des duumvirs *aerarii* :

L. Aquilius Severianus (Allmer, t. IV, p. 468; Hirschfeld, n° 1877);
C. Cacusius Lucanus (Allmer, t. II; add., t. IV; Hirschfeld, n° 2192);
M. Coelius Lectus (Allmer, t. II, p. 237; Hirschfeld, n° 1867);
A. Isugius Vaturus (Allmer, t. II, p. 233; Hirschfeld, n° 2349);
D. Julius Capito (Allmer, t. I, p. 241, 247; t. II, p. 243);
L. Julius Front... Julianus (Allmer, t. II, p. 247; Hirschfeld, n° 2333);
L. Julius Martius (Allmer, t. II, p. 248; Hirschfeld, n° 2334);
T. Julius Valerianus (Allmer, t. II, p. 156; Hirschfeld, n° 2608);
L. Porcius Latinus (Allmer, t. II, p. 235; Hirschfeld, n° 1897);
T. Riccius Fronto (Allmer, t. II, p. 245; Hirschfeld, n° 2583);
C. Terentius Viator (Allmer, t. II, p. 234; Hirschfeld, n° 1901);
Q. Valerius Macedo (Allmer, t. II, p. 251, 255; Hirschfeld, n° 1783).

[2] Hirschfeld, *C. I. L.*, t. XII, p. 219.

VIENNE ANTIQUE.

particulièrement sur l'*aerarium* municipal, et, pour les rentrées de fonds, étaient en rapports journaliers avec d'autres magistrats municipaux, les questeurs de la Colonie, *quaestores coloniae*[1], chargés de percevoir les revenus et d'en opérer le versement[2]. La questure était le premier échelon à gravir avant d'arriver aux autres magistratures. Quant aux édifices, aux marchés, aux théâtres, aux sépultures, à la propreté des rues, leur surveillance rentrait dans les attributions des édiles[3].

Outre ces magistrats, qui sont communs à toutes les colonies romaines, Vienne, par suite de l'étendue de son territoire, avait encore les *triumviri locorum publicorum persequendorum*[4],

---

[1] Voici les noms des questeurs de la Colonie, que l'on ne doit pas confondre avec les questeurs de la Capitale, signalés par les inscriptions de Vienne :

T. *Cassius Secundus* (Allmer, t. II, p. 237; Hirschfeld, n° 1816);
Sex. *Julius Condianus* (Allmer, t. II, p. 265; Hirschfeld, n° 2245);
L. *Litugius Laena* (Allmer, t. II, p. 270; Hirschfeld, n° 1891);
A. *Lucilius Cantaber* (Allmer, t. II, p. 268; Hirschfeld, n° 1892);
Q. *Valerius Macedo* (Allmer, t. II, p. 251; Hirschfeld, n° 1903).

Il est à remarquer que plusieurs de ces questeurs sont parvenus ensuite à un degré plus élevé dans la hiérarchie des fonctions municipales. Il en est de même pour les édiles dont on trouvera la liste ci-après.

[2] Les magistrats avaient des agents sous leurs ordres. Le souvenir de quelques-uns est parvenu jusqu'à nous. Tel était ce greffier du trésor, *scriba ærarii*, qui nous est signalé par deux inscriptions (Hirschfeld, n°ˢ 2212 et 2238). Mais le plus curieux de tous est sans contredit le *stator*, un huissier ou agent de police, auquel probablement sa sévérité exagérée dans le service avait valu le surnom injurieux de *Sapricius*, c'est-à-dire l'*infect*, le *pourri* (Allmer, t. I, p. 237; Hirschfeld, n° 1920).

[3] Liste des édiles de la Colonie signalés par les inscriptions de Vienne :

L. *Aquilius Severianus* (Allmer, t. IV, p. 468; Hirschfeld, n° 1877);
T. *Cassius Mansuetus* (Allmer, t. II, p. 225; Hirschfeld, n° 2238);
Sex. *Contessius Verus* (Allmer, t. II, p. 262; Hirschfeld, n° 1821);
Sex. *Julius Condianus* (Allmer, t. II, p. 255; Hirschfeld, n° 2245);
Sex. *Marius Navus* (Allmer, t. II, p. 261; Hirschfeld, n° 1895);
D. *Sulpicius Censor* (Allmer, t. II, p. 201; Hirschfeld, n° 1882).

[4] Cette magistrature, probablement supérieure à l'édilité, conduisait ensuite au duumvirat, comme on peut le voir à l'examen des noms de la liste suivante :

T. *Cassius Secundus* (Allmer, t. II, p. 257; Hirschfeld, n° 1816);
D. *Julius Capito* (Allmer, t. I, p. 241, 247; Hirschfeld, n° 2580);
L. *Julius Brocchus Valer... Bassus* (Allmer, t. II, p. 352; Hirschfeld, n° 2607);
T. *Julius Valerianus* (Allmer, t. II, p. 156; Hirschfeld, n° 2608);
L. *Porcius Latinus* (Allmer, t. II, p. 235; Hirschfeld, n° 1897);
Q. *Valerius Macedo* (Allmer, t. II, p. 251; Hirschfeld, n° 1788);
L. *Vibius Vestinus* (Allmer, t. II, p. 231; Hirschfeld, n° 2350).

chargés, comme leur nom l'indique, de la surveillance et de la conservation du domaine municipal.

Les *pagi*, divisions administratives antérieures à l'arrivée des Romains[1] et maintenues sur les points du territoire les plus éloignés du chef-lieu de la cité, avaient à leur tête un *praefectus*, assisté d'un conseil de *pagani*.

Les *vici* ou bourgs étaient des groupes de population, mais sans administration propre, et dépendant, sauf pour les questions de religion, d'édilité[2] et de police, du chef-lieu de la Colonie. Leurs *magistri* et leurs *vicani* avaient certainement des attributions beaucoup moins étendues que celles des *praefecti pagorum*.

---

[1] Ils s'étaient maintenus, la remarque en a déjà été faite, dans la partie orientale et montagneuse du territoire de Vienne, moins accessible, par suite de la difficulté des communications, à l'influence romaine. Par une étrange coïncidence, nous ne connaissons que les premières lettres du nom de chacun des trois *pagi* mentionnés par l'épigraphie viennoise : le *pagus* DIA d'une inscription d'Hauteville, près de Rumilly (Allmer, t. II, p. 345; Hirschfeld, n° 2558); le *pagus* OCT d'Aoste (Allmer, t. II, p. 394; Hirschfeld, n° 3295), et le *pagus* VALER de Saint-Sigismond, près d'Albertville (Allmer, t. II, p. 347; Hirschfeld, n° 2346). Nous reproduisons cette dernière inscription, gravée sur le piédestal d'une statue élevée par un pupille reconnaissant; elle manifeste les sentiments de la plus vive affection :

```
    SEX · IVL ▨▨▨ Fil
    VOLT · SENIOri
    PRAEF·PAGI·VALER
    II VIR · IVR · DIC
    SEX · MASVINNIVS
         VERINVS
     TVTORI · OPTIMO
    QVI·ME·PER ANN·XIIII
     VICE · PARENTIVM
    SVSTINVIT·ET·AD·ALI
    QVAM·FACVLTATEM
          PERDVXIT
     SANCTISSIMO·ET
     MERENTISSIMO
```

A *Sextus Julius Senior*, fils de..., de la tribu *Voltinia*, préfet du pagus *Valer*..., duumvir juge; *Sextus Masvinnius Verinus*, à mon excellent, à mon vénéré et méritant tuteur qui, pendant quatorze années, m'a tenu lieu de parents, m'a élevé et m'a amené à l'aisance.

[2] Le Musée de Genève possède l'épitaphe de G. Arsius Marcianus, qui avait rempli des fonctions vicanales de l'édilité (Allmer, t. II, p. 356; Hirschfeld, n° 2611) : *Officio inter convicanos suos functus ædilitatis.*

VIENNE ANTIQUE.

Quant à ceux qui, au chef-lieu de la Colonie, avaient exercé les trois degrés des fonctions municipales, la questure, l'édilité et le duumvirat[1], on les appelait *omnibus honoribus functi*. Le mot *honores* signifie en effet que lorsqu'on était appelé à ces magistratures, on n'en retirait d'autre avantage que l'honneur attaché à l'exercice de l'autorité. Loin de recevoir aucun salaire, on était obligé de verser dans la caisse municipale, à titre d'*honorarium*, une somme quelquefois assez forte, et on était moralement assujetti à d'onéreuses libéralités.

3. Malgré tout, ces fonctions étaient très recherchées d'une foule de gens, flattés d'obtenir ce témoignage de confiance et d'estime de la part de leurs concitoyens. L'épigraphie viennoise nous fournit le curieux exemple de deux vieillards de soixante-dix-sept et soixante-dix-huit ans, deux frères, l'un surnommé *Noir* et l'autre *Blanc*, qui, naïvement fiers de la dignité de questeur qui venait de leur être conférée (on pouvait y être appelé à vingt-cinq ans), offrirent à la Colonie une magnifique statue de Vienne en argent et se firent dresser à eux-mêmes, par un affranchi, une statue en pied, dont le double piédestal nous est parvenu. Ils espéraient d'ailleurs arriver à des fonctions encore plus élevées, puisqu'ils avaient, ainsi que le remarque M. Allmer[2], laissé sur la pierre, insouciants des lois de la symétrie, un espace pour y faire graver

---

[1] Les inscriptions mentionnent plusieurs Viennois de ce titre (Allmer, t. I, p. 219; t. II, p. 192; Hirschfeld, n°⁵ 2453, 2262). Le bloc de pierre sur lequel est gravée l'inscription suivante a été trouvé à Nyon (Allmer, t. II, p. 194):

```
L·SERGIO·L·F·CORN
LVSTRO·STAIO·DOMI
TINO·OMNIBVS·HONO
RIBVS·IN·COLONIA·E
QVESTR·ET IN COL·VI
ENNENSIVM·FVNCTO
T·IVL·POMPEIVS·TER
TVLLVS·SOCERO·OP
TIMO
```

A Lucius Julius Luster Staius Domitinus, fils de Lucius, de la tribu Cornelia, parvenu à tous les honneurs dans la colonie de Nyon et dans la colonie de Vienne, Titus Julius Pompeius Tertullus à son excellent beau-père.

[2] Allmer, *Revue épigr. du midi de la France*, t. I, p. 337; Hirschfeld, n° 5864.

leurs nouveaux titres. Hélas! il n'en fut rien, soit que la mort ait tranché en même temps et leurs espérances et leur vie, soit que la faveur de leurs concitoyens leur ait fait défaut. Mais voici qu'après plus de quinze siècles d'oubli, leur désir de gloire trouve enfin satisfaction : c'est en 1883 que les piédestaux de leurs statues ont été exhumés; dans le creux des lettres, on distingue encore les traces du rouge employé, on le voit, dès l'antiquité, pour faciliter la lecture des inscriptions. Nous allons transcrire l'une de ces deux inscriptions, celle de *Canus;* l'autre, celle de son frère *Niger,* est, au cognomen près, exactement la même :

```
    SEX · COELIO · VOL · CANO
       QVAEST
    PRIMVS · LIBERT · SEVIR
HIC ET · FRATER · PROPTER · SINGVLAREM ET IN
SVOS · PIETATEM · ET · INTER · SE · CONCORDIAM
QVAM · IN CONSORTIONE · IVCVNDISSVMA
ANNVM · LXXVII · AGVNT · AB · ORDINE
DECVRIONATV · DIGNI · IVDICATI · SVNT
QVAM · DEXTERITATEM · DECVRIONVM
MVNIFICENTIA · REMVNERAVERVNT
POSITO · SIMVLACRO · VIENNAE · ARGENTEO
    HS · M · cccIↃↃↃ cccIↃↃↃ
```

A Sextus Cœlius Canus, de la tribu Voltinia, questeur..., Primus, son affranchi, sévir, a élevé cette statue.

Cœlius Canus et son frère ayant été tous deux jugés dignes du décurionat par le Conseil des décurions, tant à cause de leur insigne amour envers leurs concitoyens qu'en considération de l'admirable accord avec lequel ils vivent en commun, depuis soixante-dix-sept ans, dans une union pleine de charme, ont voulu reconnaître avec munificence la faveur si heureusement inspirée dont ils ont été l'objet, par le don d'une statue de Vienne en argent d'une valeur de 200,000 sesterces.

Les fonctions du décurionat et de la questure étaient interdites aux anciens esclaves. Mais ils pouvaient exercer le *sévirat augustal* et présider ainsi au culte des Lares, honorés dans les carrefours avec la divinité de l'Empereur. La plupart des sévirs augustaux mentionnés par les inscriptions sont des affranchis que l'exercice du commerce et de l'industrie avait enrichis [1].

Indépendamment des sévirs, il y avait à Vienne des pontifes chargés de s'occuper des intérêts religieux de la Colonie [2].

[1] Voici la liste des sévirs augustaux mentionnés sur les inscriptions du territoire de Vienne :

M. *Apronius Eutropus* (Allmer, t. II, p. 218 ; Hirschfeld, n° 1804) ;
T. *Cafatius Cosmus* (Allmer, t. II, p. 304 ; Hirschfeld, n° 1900 bis) ;
Q. *Connius Rhodochus* (Allmer, t. II, p. 306 ; Hirschfeld, n° 1880) ;
Q. *Connius Sauria* (Allmer, t. II, p. 306 ; Hirschfeld, n° 1880) ;
L. *Tajetius Chresimus* (Allmer, t. II, p. 307 ; Hirschfeld, n° 1826) ;
L. *Vibrius Eutyches* (Allmer, t. II, p. 310 ; Hirschfeld, n° 1879) ;
Sex. *Attius Carpophorus*, à Genève (Allmer, t. II, p. 320 ; Hirschfeld, n° 2612) ;
Q. *Stardius Macer*, à Genève (Allmer, t. II, p. 319 ; Hirschfeld, n° 2617) ;
C. *Stardius Pacatus*, à Genève (*ibid.*) ;
C. *Albucius Phtogenes*, à Genève (*ibid.*) ;
C. *Statius Anchiatus*, à Genève (*ibid.*) ;
C. *Novellius Amphio*, à Genève (*ibid.*) ;
P. *Cornelius Amphio*, à Genève (*ibid.*) ;
Sex. *Attius Myrosies*, à Grenoble (Allmer, t. II, p. 316 ; Hirschfeld, n° 2214) ;
C. *Cassius Hermetio*, à Grenoble (Allmer, t. II, p. 314 ; Hirschfeld, n° 2237) ;
C. *Julius Saturninus*, à Grenoble (Allmer, t. II, p. 312 ; Hirschfeld, n° 2274) ;
Sextilius Gallus, à Grenoble (Allmer, t. II, p. 315 ; Hirschfeld, n° 2247) ;
Q. *Vettius Nobilis*, à Grenoble (Allmer, t. II, p. 318 ; Hirschfeld, n° 2248) ;
C. *Betutius Hermes*, à Aoste (Allmer, t. II, p. 324 ; Hirschfeld, n° 2415) ;
D. *Titius Apolaustininus*, à Aix (Allmer, t. II, p. 322 ; Hirschfeld, n° 2457).

[2] Allmer, t. II, p. 278 ; Hirschfeld, n° 1839 :

<pre>
           ANNO
     IMP·CAES·NERVAE
       TRIANI · AVG
     GERMANICI IIII
     Q·ARTICVLEI·PAETI
           COS
      PONTIF·EX·STIPE
</pre>

L'an de l'empereur César Nerva Trajan, Auguste Germanique, consul pour la quatrième fois avec Quintus Articuleius Paetus, les pontifes du produit d'une quête.

Il est de même fait mention d'une quête dans l'inscription suivante :

<pre>
           ANNO
     C·CALPVRN PISONis
      M·VETTII·BOLANi
           COS
      PONTIF·EX·STIPe
</pre>

L'an du consulat de Caius Calpurnius Piso et de Marcus Vettius Bolanus, les pontifes du produit d'une quête.

Allmer, t. II, p. 281 ; Hirschfeld, n° 1840.

Les inscriptions nous apprennent qu'ils faisaient parfois des consécrations du produit d'une quête, *ex stipe*. Au-dessous d'eux étaient les augures [1].

Les flamines étaient des prêtres attachés au service d'une divinité particulière. Les inscriptions de Vienne mentionnent des flamines de Rome et d'Auguste ou simplement d'Auguste [2], des flamines de Mars [3], de la Jeunesse [4] et aussi de Germanicus César [5]. Il y avait également des flaminiques du

---

[1] Sur les inscriptions de Vienne relatives aux augures, voir Allmer, t. I, p. 241, 247; t. II, p. 243, 352; l'une d'elles (*ibid.*, t. I, p. 285; Hirschfeld, n° 2378) signale l'érection d'un autel du produit d'une quête :

```
        MERCVRIO
         AVGVST
       SENNIVS MA
       RTIVS ET ME
       LIVS MARTIN
       IANVS AVGVR
         EX STIPE
```

A Mercure Auguste, les augures Sennius Martius et Melius Martinianus, du produit d'une quête.

[2] Voici la liste des flamines d'Auguste mentionnés par les inscriptions de Vienne :

L. *Æmilius Tutor*, *flamen Romae et Augusti* (Allmer, t. II, p. 197; Hirschfeld, n° 2600);
C. *Contessius Laevinus*, *flamen* (Allmer, t. II, p. 219; Hirschfeld, n° 2207);
C. *Passerius Afer*, *flamen divi Augusti* (Allmer, t. II, p. 212; Hirschfeld, n° 1872);
A. *Isugius Vaturus*, *flamen Aug.* (Allmer, t. II, p. 233; Hirschfeld, n° 2349);
T. *Julius Valerianus*, *flamen Aug.* (Allmer, t. II, p. 156; Hirschfeld, n° 2608).

[3] L. *Æmilius Tutor* (Allmer, t. II, p. 196; Hirschfeld, n° 2600);
A. *Caprilius Antullus* (Allmer, t. II, p. 287; Hirschfeld, n° 2236);
Sex. Deci... (Allmer, t. II, p. 210; t. III, p. 475; Hirschfeld, n° 2430);
D. *Julius Capito* (Allmer, t. II, p. 243; Hirschfeld, n° 1869);
Sex. Julius Optatus (Allmer, t. II, p. 288; Hirschfeld, n° 2536).

[4] D. *Julius Capito* (Allmer, t. I, p. 241, 247; Hirschfeld, n°ˢ 1869, 1870, 2613);
Sex. Julius Condianus (Allmer, t. II, p. 265; Hirschfeld, n° 2245);
D. *Titius Justus* (Allmer, t. II, p. 218; Hirschfeld, n° 1902);
Q. *Valerius Macedo* (Allmer, t. II, p. 251, 255; Hirschfeld, n°ˢ 1783, 1903).

[5] C. *Passerius Afer* (Allmer, t. II, p. 212; Hirschfeld, n° 1872).

culte augustal; nous avons eu l'occasion de signaler la libéralité de l'une d'elles dans notre chapitre sur l'amphithéâtre [1]. L'importance du *flamonium augustal* devint prépondérante à cause du développement donné, dès le début, au culte de l'Empereur; aussi voit-on que le *flamen Augusti* est parfois appelé *flamen civitatis* ou simplement *flamen,* le flamine par excellence.

[1] Voir plus haut, p. 26.

Buste de Faune rieur, à l'échelle de $\frac{1}{7}$.

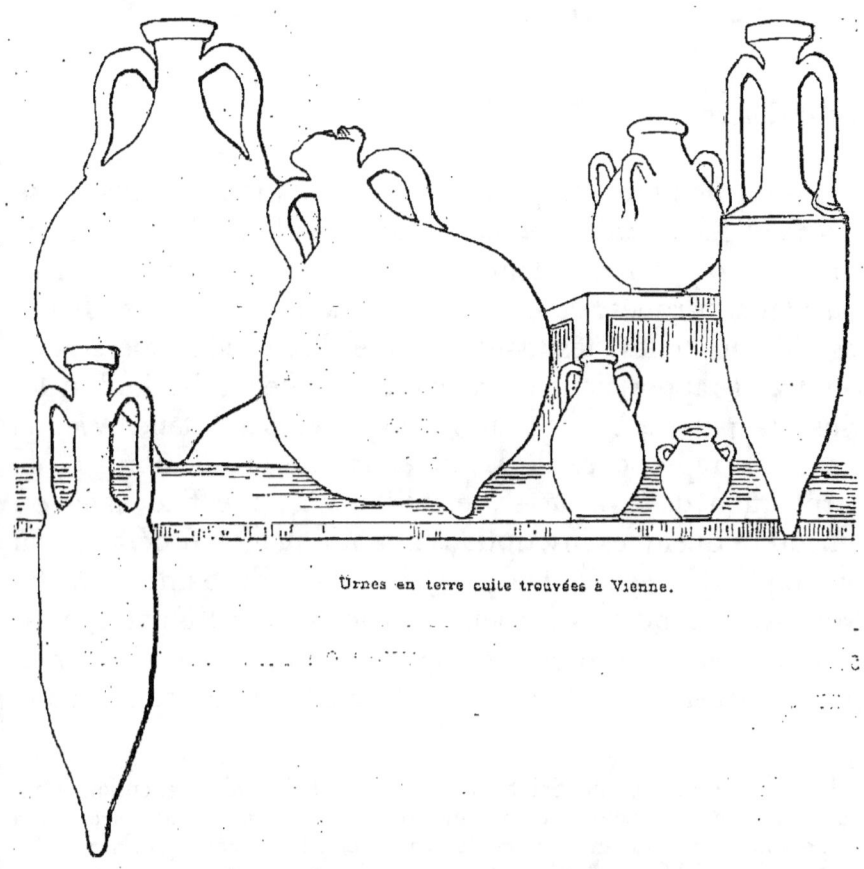
Urnes en terre cuite trouvées à Vienne.

CHAPITRE TROISIÈME.

INDUSTRIELS, COMMERÇANTS,
GENS DE PROFESSIONS DIVERSES, ÉTRANGERS.

Après avoir, dans le chapitre précédent, parlé des magistrats et des fonctionnaires de la colonie de Vienne, nous allons nous occuper de ceux de ses habitants dont l'activité s'exerçait dans le commerce, dans l'industrie ou bien dans quelque métier ou profession. Parmi les négociants, nous considérerons d'abord ceux qui étaient réunis en corporations ou collèges. Sans entrer ici dans le détail de l'organisation de ces associations, que des travaux récents ont fait connaître, nous rappellerons que leurs membres avaient, à l'égard de la ville où ils se trouvaient, des obligations strictes et nettement déterminées.

1. Au nombre des plus riches corporations lyonnaises se plaçaient les *Nautae Rhodanici,* qui jouissaient d'une considération en rapport avec leur grande fortune; ils transportaient dans leurs barques, de Lyon à Arles, à destination de l'Italie, les blés, les toiles, les tissus de laine, les viandes salées de la Gaule, et rapportaient en remontant le fleuve les huiles, les vins, la poterie et les marbres exportés par l'Italie. Vienne était trop rapprochée de Lyon pour que les membres de la corporation des *Nautae* s'y établissent à poste fixe; mais on rencontre quelques inscriptions honorifiques ou funéraires qui ont rapport à eux[1]. De plus, le village de Saint-Jean-de-Muzols, dépendant de Vienne au temps des Romains, possède une curieuse inscription gravée en l'honneur d'Hadrien par les *Nautae Rhodanici,* probablement en souvenir d'une

---

[1] Une inscription de Saint-Blaise, aujourd'hui perdue, mentionne un duumvir-juge de la colonie de Vienne, qui est en même temps patron de la corporation lyonnaise des nautes du Rhône et de la Saône (Allmer, t. II, p. 224; Hirschfeld, n° 2438). L'inscription suivante est gravée sur un piédestal du Musée de Lyon et désigne un personnage viennois, curateur et patron de la même corporation lyonnaise (Allmer, t. II, p. 257) :

L·HELVIO·L·FILIO
VOLTIN · FRVGI
CVRATORI · NAV
TARVM·BIS·II VIR
VIENNENSIVM
PATRONO·RHO
DANIC·ET·ARAR
N̄·RHOD·ETARA*r*
l·d·d·n·rhod·et arar

Lucius Helvius Frugi, fils de Lucius, de la tribu Voltinia, curateur pour la seconde fois de la corporation des bateliers, duumvir des Viennois. — Les bateliers du Rhône et de la Saône à leur patron. — L'emplacement donné par décret de la corporation des bateliers du Rhône et de la Saône.

Le tombeau d'un autre curateur de la corporation lyonnaise des bateliers du Rhône a été trouvé au village de Murs (Ain), qui, d'après nous, était sur le territoire de Vienne (Allmer, t. III, p. 435).

descente du fleuve, que cet empereur voyageur effectua sur leurs bateaux :

```
        IMP·CAES·DIVI
       TRAIANI·PARTHICI
       FIL·DIVI·NERVAE
       NEPOTI · TRAIANO
       HADRIANO·AVG
       PONTIF·MAX·TRIB
       POTEST·III·COS III
       N · R H O D A N I C I
        INDVLGENTISSIMO
            PRINCIPI
```

A l'empereur César Trajan Hadrien Auguste, fils du dieu Trajan Parthique, petit-fils du dieu Nerva, souverain pontife, revêtu de la puissance tribunicienne pour la troisième fois, consul trois fois, prince très bienveillant, les bateliers du Rhône [1].

On trouve de même à Saint-Jean-de-la-Porte, petit village de la Savoie, sur les bords de l'Isère, un monument élevé à Germanicus César, non plus par les *Nautae*, qui n'auraient pas pu naviguer avec leurs bateaux sur cette rivière au cours capricieux, mais par leurs compagnons, les constructeurs de radeaux : RATIARII VOLVDNIENSES [2]. La plaine qui s'étend de Saint-Jean-de-la-Porte à l'Isère s'appelle aujourd'hui encore la *Velieude*.

[1] Allmer, t. I, p. 54; Hirschfeld, n° 1797.

[2] Allmer, t. I, p. 32; Hirschfeld, n° 2331 :

```
       ▒▒CAESARI AVg
         IMP·PONT MAX
        TRIB·POTEST·COS
            RATIARI
         VOLVDNIENSES
```

A Caius César Auguste Germanicus (Caligula), empereur, souverain pontife, revêtu de la puissance tribunicienne pour la première fois, les bateliers de Voludnia.

Vienne possédait une corporation de *fabri tignuarii* [1], ou entrepreneurs de charpente, en rapports d'affaires journaliers avec les *dendrophores* [2] ou marchands de bois en grume, qui se livraient à l'exploitation des forêts et rendaient un culte particulier à Cybèle, la Mère des dieux. On trouve également une inscription relative aux *fabri* [3] ou ouvriers en bâtiment, qui étaient organisés militairement et prêtaient leur précieux concours pour l'extinction des incendies. La série des associations commerciales, dont l'épigraphie viennoise nous signale l'existence, se termine avec les *utricularii* [4]; les outres qu'ils fabriquaient avec des peaux de bouc servaient aux différents usages du transport des liquides et de la navigation.

2. Les autres négociants exerçaient le commerce pour leur

[1] Allmer, t. IV, p. 468; Hirschfeld, n° 1877 :

```
        L·AQVILINO
       L·FIL·VOLT
       SEVERIANO
          AEDILI
     II VIR·AERAR
    FABRI TIGNVARI
       VIENNENSES
       PRAeSIDISVO
```

A Lucius Aquilius Severianus, fils de Lucius, de la tribu Voltinia, édile, duumvir, trésorier, les fab *tignuarii de Vienne, à leur excellent patron.*

[2] Allmer, t. II, p. 326; t. III, p. 393; Hirschfeld, n° 1917.

[3] Allmer, t. II, p. 333; Hirschfeld, n° 1911. Il faut se garder de confondre le *magister fabrorum* de cette inscription avec le *praefectus fabrum*, fonctionnaire public d'ordre supérieur.

[4] Allmer, t. II, p. 330; Hirschfeld, n° 1815 :

```
        GENIO·ET
         HONORI
     VTRICLARIOR
          AVREL
       EVTYCHES
         ET·ANT
      PELAGIVS·IM
     MVNES·D·D·ET
    R·L·MARINVS·L·D·D·V·
```

Au génie et à l'honneur des utriculaires, autel élevé des deniers d'Aurelius Eutyches et d'Antonius Pelagius, immunes de la corporation. Rétabli par Lucius Marinus. L'emplacement donné par décret des utriculaires.

propre compte, sans être réunis en collèges : tel est celui qui se qualifie sur son épitaphe de NEGOTIATOR VINARIVS VIENNAE [1]. Il n'est pas besoin, je pense, de rappeler que les vignes étaient pour Vienne une source d'importants revenus. Le vin poissé de ses coteaux, *vinum picatum*, se payait fort cher, jusqu'à 1,000 sesterces la mesure appelée *testa* [2]. Encore fallait-il s'assurer exactement de la provenance, car les frelateurs étaient nombreux.

La fabrication des vêtements de laine était une des principales branches de l'industrie de la Gaule; ses sayons étaient renommés dans tout l'Empire. Une inscription nous apprend que Vienne avait aussi ses fabricants de sayons, SAGARII [3], et il est piquant de constater que le tissage des draps, aujourd'hui si développé sur les bords de la Gère, s'y rencontrait déjà au IIe siècle de notre ère. Les tailleurs viennois se tenaient soigneusement au courant des fluctuations de la mode dans la Capitale. Le SAGARIVS ROMANENSIS d'une de nos épitaphes [4] façonnait les sayons à la romaine, comme nous dirions maintenant à la mode de Paris.

On a trouvé, notamment dans la plaine de Sainte-Colombe, des fragments de terre cuite accumulés en si grande quantité qu'ils devaient provenir, pense-t-on, de fabriques voisines; les noms de potiers, notamment des CLARIANI et des VIRII,

---

[1] Allmer, t. II, p. 167; Hirschfeld, n° 1896.
[2] Martial, *Épigrammes*, XIII, 107.
[3] Allmer, t. III, p. 55, 268; Hirschfeld, n° 1930.
[4] Allmer, t. III, p. 41; Hirschfeld, n° 1928 :

```
        D       M
    P·VETTI·GEMELLI
    SAGARI·ROMANENS
     VIXIT·ANN·XXI
    MENSIBVS·VIII·D·X
         P·VETTIVS
      PROFVTVRVS FILIO
         PIENTISSIMO
      SIT·TIBI·TERRA
           LEVIS
```

Aux dieux Mânes de Publius Vettius Gemellus, marchand de sayons à la mode romaine, qui a vécu vingt et un ans, huit mois et dix jours. — Publius Vettius Profuturus à son excellent fils. — Que la terre te soit légère!

sont nombreux sur les débris de vases, de tuiles, d'antéfixes, de tuyaux d'hypocaustes, etc.⁽¹⁾

3. Parmi les gens qui gagnaient leur vie par un autre genre de travail, nous signalerons tout d'abord un grammairien; l'inscription qu'il fit graver sur son tombeau est assez originalement disposée :

```
              D           M
              L · M A R I N I
         G    I T A L I C E N S I S
         R    SOLLIA · ANNIA
         A
         M       CONIVGI
         M    K A R I S S I M O
         A    ET · MARINIVS
         T    CLAVDIANVS
         I       PATRI
              P I E N T I S S I M
              ET · SVB · A · DED
```

Aux dieux Mânes de Lucius Marinius Italicensis; Sollia Annia à son époux chéri et Marinius Claudianus à son excellent père, ont élevé ce tombeau et l'ont dédié sous l'ascia. — Grammairien⁽²⁾.

Il faudrait se garder d'ailleurs de prendre L. Marinius Italicensis pour un simple maître d'école. Les grammairiens de ce temps expliquaient les poètes, les historiens, enseignaient l'éloquence, et le renom qu'ils en acquéraient les désignait parfois pour occuper des postes importants auprès des princes.

Il y avait à Vienne des médecins; on se souvient qu'il a déjà été question de l'un d'eux, qui était en même temps prêtre de Mithra⁽³⁾; une inscription grecque malheureusement fruste désigne probablement un collège de médecins⁽⁴⁾. Une inscription latine de Limony, dans le département de l'Ardèche, a rapport à un médecin qui se dit de l'école

---

[1] Allmer, t. IV, p. 227; Hirschfeld, n° 5679.
[2] Allmer, t. II, p. 537; Hirschfeld, n° 1921.
[3] Voir plus haut, p. 88.
[4] Allmer, t. III, p. 66.

d'Asclépias[1], probablement un maître en renom. On a trouvé à la Balme une dédicace faite à Apollon par un médecin et par sa mère[2]. Citons enfin, pour clore cette liste des médecins gallo-romains, l'oculiste Publius Helius Facilis; il nous est connu par son cachet[3] : c'est une petite tablette

[1] Allmer, t. II, p. 323; Hirschfeld, n° 1604 :

M · APRONIO
EVTROPO
MEDICO · ASCLEPI
ADIO IIIII VIR
AVG · ET
CLODIAE · EIVS
APRONIA · CLODILL
PARENTIB · OPTIM

A Marcus Apronius Eutropus, médecin Asclépiadien, sévir augustal, et à Claudia, sa femme. Apronia Clodilla à ses excellents parents.

[2] Allmer, t. III, p. 193; Hirschfeld, n° 2374 :

aPOLLINI AVG SACrum
////COMINIVS GRATVS MEdicus et
////CENSA MATER EX · voto

A Apollon, Cominius Gratus, médecin, et... Censa, sa mère, en accomplissement de leur vœu.

[3] Nous reproduisons l'inscription de ce cachet, gravée sur les quatre tranches : la plus longue mesurant 0 m. 054; la moins longue, 0 m. 035; l'épaisseur, 0 m. 01 (Allmer, t. III, p. 67; Hirschfeld, n° 5691,5) :

a. P · HELI · FACILIS · CROCOD
ES · AD ASPRITVDINEM

Collyre safrané de Publius Helius Facilis, contre les trachomes ou granulations des paupières.

b. P HELI FACILIS DI
AMISVS AT CICATR

Collyre de misy de Publius Helius Facilis, pour la guérison des cicatrices de la cornée transparente.

c. P HELI FACILIS DIASMVR
NES POST IMPETVM DRoM

Collyre de myrrhe de Publius Helius Facilis, à employer après la violence (de l'ophtalmie).

d. P HELI FACILIS ST
ACTVM OPOBALS////

Collyre au baume de Judée de Publius Helius Facilis, à instiller dans les yeux (pour éclaircir la vue).

rectangulaire en jade, portant sur chacune de ses tranches latérales une inscription en creux, pour timbrer les petits pains d'onguent. De ces quatre médicaments, l'un était un collyre safrané contre les granulations des paupières; l'autre servait dans le traitement des déchirures de la cornée; le troisième était un tonique qui éclaircissait la vue; le dernier enfin s'employait comme sédatif dans la période aiguë de l'ophtalmie.

4. Dans la série des gens qui faisaient profession de se donner en spectacle, nous citerons, avec le gladiateur thrace dont il a déjà été parlé [1], un bestiaire [2], un citharède [3], un pantomime et une troupe de comédiens. Le pantomime se nommait HELLAS [4]; il mourut à quatorze ans; sa jeunesse ne doit pas nous étonner; les Romains aimaient à faire figurer des adolescents dans leurs pièces mimées, qui étaient le plus souvent d'une moralité douteuse. Les comédiens portaient le titre de SCAENICI ASIATICIANI, probablement en l'honneur d'un riche Viennois, D. Valerius Asiaticus, qui exerça à Rome une grande influence sous les empereurs Caligula et Claude, et qui, pour être agréable à ses concitoyens, leur envoya une troupe d'esclaves instruits dans l'art des représentations scéniques. Ces pauvres gens s'étaient réunis dans le but d'assurer un asile à leurs cendres; ils admettaient d'ailleurs dans leur *columbarium* tous les membres de la corporation des artistes.

---

[1] Voir plus haut, p. 29.
[2] Allmer, t. III, p. 397.
[3] Allmer, t. II, p. 544; Hirschfeld, n° 1923.
[4] Allmer, t. II, p. 510; Hirschfeld, n° 1916 :

```
         HELLAS
        PANTOMIM
       HIC QVIESCIT
         ANN XIIII
       SOTERICVS FIL
         PII▨▨▨▨▨
         ▨▨▨▨▨▨
```

Ici gît Hellas, pantomime, mort à quatorze ans. Sotericus, à son excellent fils...

Voici l'inscription que la forme des lettres désigne comme étant d'une bonne époque, peut-être même du Ier siècle :

```
       SCAENICI
       ASIATICIA
         NI·ET
       QVI·IN·EO
       DEM·COR
       PORE·SVNT
      VIVI·SIBI·FE
        CERVNT
```

Tombeau des comédiens Asiaticiens et des agrégés à leur corporation; fait de leur vivant[1].

5. Nous venons de parcourir les principales inscriptions relatives aux professions et métiers exercés dans Vienne gallo-romain; elles nous apportent une preuve de plus de la rapidité avec laquelle s'était opérée la romanisation du pays : au contact d'une civilisation supérieure, les Allobroges avaient modifié leurs mœurs et leurs habitudes; mais le fond ancien de population gauloise s'était naturellement maintenu et la forme particulière des noms de plusieurs inscriptions témoigne de la persistance de l'élément indigène. Il n'est pas douteux par exemple que la famille mentionnée par cette double épitaphe ne soit allobrogique :

```
a.   DVBNACVS
     COBROVILLI·F
     FECIT VIVS·SIBI
     ET·BITVNAE TRO
     VCETIS·F·CONIVGI·SVAe
```

Dubnacus, fils de Cobrovillus, à lui-même de son vivant et à sa femme Bituna, fille de Troucetes.

```
b.      NAMA
     VERVCI FILIAE
     CAVPIVS·VIR
        DAT
```

A Nama, fille de Verucus, Caupius, son mari, donne ce tombeau[2].

---

[1] Allmer, t. II, p. 335; Hirschfeld, n° 1929.
[2] Allmer, t. III, p. 184; Hirschfeld, n° 2356.

Voici d'ailleurs la série des noms de forme gauloise que l'on rencontre dans les inscriptions de Vienne [1] :

ANDEBROCIRIX, BECCUS, BETULTUS, BOUTIUS, CINTUSMUS, CONDIANUS, COUXOLLIUS, CRAXSIUS, DIVIXTUS, DONNIUS, FROUCILES, GIAMILLIUS, ILIOMARUS ou ITIOMARUS, NAMMIUS, RUITTACUS, SENORIX, TROUCETEIUS, VEPUS, VERTERUS, CASSATA, CINTUSMA, COCCA, GAINIA, NAMIMA, REBRICA.

La vue de nombreux surnoms de forme grecque qui se trouvent dans les inscriptions de Vienne a pu faire croire que l'influence hellénique s'était exercée dans le pays. La raison que l'on invoque n'est pas suffisante : ces surnoms grecs appartiennent à des affranchis ou à des esclaves, et il n'y a rien à en inférer relativement à l'origine orientale de leurs possesseurs.

Les inscriptions grecques sont rares à Vienne [2]. La suivante est celle d'un étranger de Tralles, qui de Lydie était venu faire du commerce en Gaule :

```
    Δ         M
  ΚΡΑΤΗC . ΤΡΑΛ
  ΛΙΑΝΟC · ΤΟ
    ΜΝΗΜΑ Ε
   ΠΟΙΗCΕΝ
    ΕΥΤΥΧΙΑ
  ΤΗ · ΙΔΙΑ · ΑΠΕ
    ΛΕΥΘΕΡΑ
  ευΤΥΧΙΑ ΧΡΗC
   τη ΧΑΙΡΕ
```

Aux dieux Mânes, Cratès de Tralles a élevé ce tombeau à Eutychia, son affranchie. — Excellente Eutychia, adieu [3] !

Cratès était, on le voit, un marchand étranger, qui se faisait accompagner par des serviteurs de son pays. Dans une de ses tournées, il eut le malheur de perdre son affranchie, et c'est l'expression de ses regrets dans sa langue nationale que la pierre nous a transmise, sans que nous soyons autorisé pour cela à en tirer une conclusion sur l'hellénisation de Vienne.

---

[1] Allmer, t. IV, p. 536.
[2] Bœckh, *C. I. G.*, t. III, 6781-6783.
[3] Allmer, t. II, p. 494.

CHAPITRE QUATRIÈME.

LA FAMILLE.

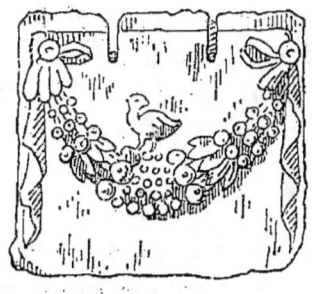

Petit côté d'un sarcophage d'enfant, à l'échelle de $\frac{1}{20}$.

Nous allons essayer dans ce chapitre de recueillir quelques renseignements sur le caractère et les habitudes familiales des Viennois. Leur portrait sera forcément flatté; on ne peut ajouter une confiance absolue aux éloges mentionnés sur les épitaphes. De tout temps, la mort a eu le privilège de doter des qualités les plus précieuses ceux dont elle a fermé les yeux. N'importe : une courte promenade à travers les monuments funéraires du territoire de Vienne peut ne pas manquer d'un certain intérêt pour le lecteur.

1. Les ménages, à considérer les inscriptions, devaient être très unis : la femme appelle son mari *très cher* [1], *très méritant* [2], *excellent* [3] ou bien encore *incomparable* [4]; le mari emploie envers sa femme les mêmes qualificatifs et ne tarit pas d'éloges sur sa douceur [5], sa prévenance [6] et sa vertu [7]. A côté de ces formules, qui sont d'un emploi habituel, on a

---

[1] Allmer, t. I, p. 257, 337; t. II, p. 304, 337; t. III, p. 138.
[2] *Ibid.*, t. II, p. 356, 470.
[3] *Ibid.*, t. III, p. 36.
[4] *Ibid.*, t. I, p. 337.
[5] *Ibid.*, t. III, p. 182, 207.
[6] *Ibid.*, t. III, p. 40, 394, 491.
[7] *Ibid.*, t. II, p. 488, 490.

trouvé sur le territoire de Vienne certaines épitaphes qui échappent à la banalité ordinaire :

```
q · ARS · MARCIANO · OP
tiMO IVVENI · ET · PIENTIS
SIMO · OFFICIO INTER CON
VICANOS · SVOS · FVNC
TO · AEDIL · HVNC MIHI
INIQVE · INIMICA · MANVS AB
TVLIT · CONIVGEM · CARVM
ET PARENTIBVS · INFELICISSI
MIS POST · CETEROS · VNI
cum · NATVM · ATIS MARIA CONIVGI · AMANTI
SSIMO ET MERENTISSIMO
```

A Arsius Marcianus, excellent jeune homme, qui a rempli dans ce vicus (de Genève), son pays, les fonctions de l'édilité. — Une main ennemie a ravi injustement, à moi, mon époux chéri, et à ses parents infortunés, un fils resté, après la perte de plusieurs autres, leur unique enfant [1].

L'inscription suivante mentionne un mari et une femme qui ont quitté la vie en même temps, et dont les cendres furent réunies dans le même tombeau :

```
D              M
   M · ANTONII
  EVDAEMONIS · ET
  VIreiaE · grATINAE
    CONIugi · ejuS
   ANtoniae graTI
  nula · ET graTa · fil
  PaREntibus pientis
   SIMis vita func
    tis ac sepultis
```

Aux dieux Mânes de Marcus Antonius Eudæmon, et à Vireia Gratina, sa femme; leurs filles Antonia Gratinula et Antonia Grata, à leurs parents, morts et ensevelis ensemble [2].

Cette communauté, qui se continue même au delà de la vie, nous fait songer à un autre Viennois, qui voulut lui aussi

---

[1] Allmer, t. II, p. 356; Hirschfeld, n° 2611.
[2] Allmer, t. III, p. 136; Hirschfeld, n° 2258.

demeurer uni dans l'éternel repos à celle qui avait été sa compagne fidèle :

> HILARIAE QVINTILLAE FLAMINIAE
> SEX·ATTIVS MIROSES IIIIII VIR AVG
> CONIVGI KARISSIMAE QVAE VIXIT
> MECVM EX VIRGINITATE ANNOS
> XXXV MES·II D·XI ET SIBI VIVVS
> FECIT ET SVB ASCIA DEDICAVIT

A Hilaria Quintilla... Sextus Attius Miroses, sévir augustal, à son épouse chérie, qui, depuis sa jeunesse, a vécu avec lui trente-cinq ans, deux mois, onze jours; et à lui-même, de son vivant, a fait élever ce tombeau et l'a dédié sous l'ascia [1].

Voici deux inscriptions qui témoignent de la cordialité des rapports entre un gendre et ses belles-gens :

> D   M
> SEX·IVLI·SEX·FIL
> PALATIN·HELI
> TITVS·CASSIVS
> MYSTICVS SOCER
> IIIIII VIR·AVG
> LVG·ET·VIENNAE
> GENERO
> SIBI·REVEREN
> TISSIMO····

Aux dieux Mânes de Sextus Julius Hélius, fils de Sextus, de la tribu Palatina; son beau-père Titus Cassius Mysticus, sévir augustal de Lyon et de Vienne, à son gendre très respectueux [2]...

> D   M
> PALLADIO
> POLITICE·SOCERA
> GENERO PIENTISSIMO

Aux dieux Mânes, à Palladius; Politice, sa belle-mère, a élevé ce tombeau à son gendre très respectueux [3].

---

[1] Allmer, t. II, p. 316; Hirschfeld, n° 2444.
[2] Allmer, t. II, p. 311. — Il s'agit d'un sévir augustal de Lyon et de Vienne, mais l'inscription est lyonnaise.
[3] Allmer, t. III, p. 269; Hirschfeld, n° 2630.

2. Plus émouvante est la manifestation de la douleur de parents à qui la mort vient de ravir leur enfant; celui-ci est tantôt un jeune homme :

```
       D·M·ET MISERA
       MORTAE PERE
       GRAE INTERCE
       PTO RVFFIO RV
       FFIANO ANNO
       RVM XX VEST
       IARIO PerER
       VDITO RuFI
       IVS·RVFFINVS
       FILIO CARI P C
```

Aux dieux Mânes et à Ruffius Ruffianus, mort, loin de son pays, misérablement, à l'âge de vingt ans, gladiateur bestiaire d'une habileté consommée; Ruffius Ruffianus, à son fils très cher, a élevé ce tombeau[1].

Tantôt le défunt est un enfant en bas âge :

```
        D                    M
     MEMORIAE·AETERNAE
     SOCCHIAE·ENNEANIS
     DVLCISSIM·ET·SVPER·AE
     TATEM·INGENIO·NOBI
     LISSIMO·QVI·VIXIT·AN
     ···MENSES·VIII·D·XXIIII
     L·BOCONIVS·PHOLINVS PA
     TER·ET·ALPIA·CASTINA·MA
     TER·PARENTES·INFELICIS
     SIMA·REPENTINA·HVIVS·A
     MISSIONE·ORBATI·FILIO
     KARISSIMO·VNICO·PRAE
     CL·P·S·AETATEM·SIBI·EREPTO
     ET·SIBI·VIVI·POSTERISQVE
     SVIS·PO·ET·SVB·ASCIA
         DEDICAVERVNT
```

Aux dieux Mânes, à l'éternelle mémoire de Boconius Albinus, enfant charmant, doué d'un esprit merveilleux, supérieur à son âge; mort à... (ici, un éclat de pierre) *huit mois et vingt-quatre jours;*

---

[1] Allmer, t. III, p. 397.

— *Lucius Boconius Photinus et Albia Castina, ses père et mère infortunés, privés par la perte soudaine de leur fils unique et chéri du trésor de ses qualités précoces, ravi prématurément à leur tendresse, ont élevé ce tombeau pour lui, pour eux-mêmes de leur vivant et pour leurs descendants* [1].

A sa naissance, la petite Julia avait reçu le nom de *Felicissima*, «très heureuse». Plus tard son charmant caractère, son air souriant, lui avaient valu le surnom d'ΙΛΑΡΗΣ, «joyeuse»; voici son épitaphe :

```
IVLIAE · FELICISSIMAE
SCHOLASTICAE ΙΛΑΡΕΙ
QVAE · VIXIT · ANN · VII · M · VI
P · IVL · P · F  GAL · FELIX · ET · IVL
NOVELLA · PARENTES · FIL
DVLCISSIMAE · ET · SIBI · VIVI
FECERVNT · ET · SVB · ASCIA · DEdiCAVERVNT
```

A Julia Felicissima «la rieuse» ΙΛΑΡΕΙ, *qui a vécu sept ans et six mois; Publius Julius Felix, fils de Publius, de la tribu Galeria, et Julia Novella, à leur fille chérie et à eux-mêmes de leur vivant ont élevé ce tombeau et l'ont dédié sous l'ascia* [2].

On sent gronder un sombre désespoir dans l'expression laconique de la douleur de ce père et de cette mère qui, peut-être à la suite de quelque ravage épidémique, ont perdu coup sur coup trois enfants :

```
EGO PATER VITALINVS ET MATER
MARTINA SCRIBSIMVS NON GRAN
DEM GLORIAM SED DOLVM FILIO
RVM TRES FILIOS IN DIEBVS XXVII
HIC POSVIMVS SAPAVDVM FILIVM
QVI VIXIT ANNOS · VII · ET DIES XXVI
RVSTICAM FILIAM QVI VIXIT ANNOS
IIII ET DIES XX · EA · RVSTICVLA FILIA QVI
VIXIT ANNOS · III · ET · DIES XXXIII
```

Moi, Vitalinus, et Martina, père et mère frustrés de ce qui

---

[1] Allmer, t. II, p. 476; Hirschfeld, n° 1941.
[2] Allmer, t. II, p. 513; Hirschfeld, n° 1918.

aisait notre gloire, avons consigné sur ce marbre la perte de nos enfants. Trois enfants en vingt-sept jours ont été déposés ici par nous : notre fils Sapaudus, qui a vécu sept ans et vingt-six jours, et nos deux filles : Rustica, morte à quatre ans et vingt jours, et Rusticula, à trois ans et trente-trois jours* [1].

3. Nous venons de constater dans les inscriptions précédentes l'expression souvent touchante des sentiments familiaux. La bienveillance et l'amitié ont aussi des manifestations multiples, que l'on remarque tout d'abord au sujet des *alumni*, les enfants trouvés, qui, légalement, étaient dans la condition d'esclavage par rapport à ceux qui les adoptaient. Plusieurs trouvaient chez leurs maîtres une vive affection :

```
      D · M
  GRAECI · DEF
  ANNOR · XXII
  DONNIA · MO
     DESTA
    ALVMNO
```

Aux dieux Mânes de Græcus, mort à l'âge de vingt-deux ans; Donnia Modesta à son alumnus [2].

La petite fille dont voici l'épitaphe avait été affranchie par ses bienfaiteurs :

```
     D        M
  CONTESS · MARTINAE
  DEF · ANN · V · M · III
  C · TITIVS · SEDVLVS
     ET · CONTESSIA
        SEVERINA
       PATRONI
    ALVMNAE DVLCISS
```

Aux dieux Mânes de Contessia Martina, morte à l'âge de cinq ans et trois mois; ses patrons Caius Titius Sedulus et Contessia Severina, à leur alumna *chérie* [3].

---

[1] Allmer, t. IV, p. 418; Hirschfeld, n° 2033.
[2] Allmer, t. II, p. 506; Hirschfeld, n° 1962.
[3] Allmer, t. III, p. 460; Hirschfeld, n° 1805.

L'inscription suivante manifeste plus expressément encore la bienveillance d'une patronne envers son *alumnus* :

. . . .
ICISSIMAQV
QVEM VICE FILI EDVCAVIT ET STVDIS LIBERALIBVS
PRODVXIT SED INIQVA STELLA ET GENESIS MALA
QVI SE NON EST FRVNITVS NEC QVOD ILLI DESTI
NATVM ERAT·SED QVOD POTVIT MVLIER INFELIX
ET SIBI VIVA CVM EO POSVIT ET SVB ASCIA DEDIC

…*excellent jeune homme; je l'avais élevé comme mon fils et fait instruire dans les études libérales. Fatalité de l'astre funeste qui a présidé à sa naissance! Il ne lui a pas été donné de jouir de lui-même, ni de l'avenir qui lui était préparé, mais seulement de ce tombeau, qu'une femme bien malheureuse de sa perte lui a élevé en même temps qu'à elle-même, et qu'elle a dédié sous l'ascia* [1].

4. On aurait tort d'interpréter dans un sens malicieux l'inscription suivante :

*t*ERENTIAE MARTIAE
*se*X·ATTIVS FLAVIV*s*
*a*MICAE·ET ANIMA*e*
*i*NCONPARABIL*i*
SIBI VIVVS
et sub ASc*i dd*

A Terentia Martia, Sextus Attius Flavius à son amie et âme très pure, amicæ et animæ sanctissimæ, *et à lui-même de son vivant a élevé ce tombeau et l'a dédié sous l'ascia* [2].

M. Allmer fait remarquer avec raison que l'épithète de *sanctissima*, par laquelle Terentia Martia est désignée, montre clairement que le titre d'*amica*, qui lui est donné en même temps, n'a rien ici que de très respectable.

[1] Allmer, t. III, p. 50; Hirschfeld, n° 2039.
[2] Allmer, t. III, p. 19; Hirschfeld, n° 2010.

Le sobriquet de *Valeria Attica* lui est donné par son mari :

```
    VALERIAE ATTICAE
    SIGNO · AMANTIAE
D L · TERTINIVS · SEXTVS M
    CONIVGI ET · S · A · D
```

Aux dieux Mânes de Valeria Attica, appelée par sobriquet l'amoureuse; Lucius Tertinius Sextus, à son épouse; tombeau dédié sous l'ascia[1].

Il n'est pas rare de voir des maîtres se marier avec leur affranchie :

```
      D       M
    quIETI AETERNAE
    maNSVETINIAE · IV
    · · · NAE · LIBERTAE
    kaRISSIMAE · ET · CON
    i u g i · INCOMPARA
    bili FEMINAE · SAN
    ctiSSIMAE · C · MA
    nsVETINIVS · PA
    terNVS · PATRO
           NVS
```

Aux dieux Mânes et au repos éternel de Mansuetinia Justina, femme vertueuse, affranchie et épouse chérie et incomparable, Caius Mansuetinius Paternus, son patron[2].

Il est à remarquer que Paternus, en prenant le titre de *patron*, plutôt que celui de *mari*, a conservé le sentiment de sa supériorité à l'endroit de son ancienne esclave. Cette nuance ne s'observe pas dans l'inscription suivante du même genre :

```
         D · M
    LABENIAE · NEME
    SIAE OPTIMAE · ET
    PIISSIMAE  · LIB
    ET      CONIVGI
    P · LABENIVS · TRo
    PHIMVS · MERI
    TIS  EIVS  SIBI
         KAR
```

Aux dieux Mânes, à Labenia Nemesia, Publius Labenius

---

[1] Allmer, t. III, p. 28; Hirschfeld, n° 2021.
[2] Allmer, t. III, p. 267; Hirschfeld, n° 2628.

Trophimus, à son affranchie et épouse excellente, chérie et pleine de mérite [1].

Citons enfin en terminant cette inscription que des maîtres bienveillants avaient fait graver sur leur mausolée, à la cohabitation duquel étaient admis leurs affranchis :

<pre>
        D   M
     C · VALERI SYMPHORI
    ET THRIPIENI · CONI
    LIBERTIS LIBERTABVS
    QVE POSTERISQVE
           EORVM
</pre>

Aux dieux Mânes de Caius Valerius Symphorius et à (Valeria) Threpte, son épouse, ainsi qu'à leurs affranchis et leurs affranchies et les descendants de leurs affranchis et affranchiés [2].

[1] Allmer, t. II, p. 524; Hirschfeld, n° 1973.
[2] Allmer, t. III, p. 35; Hirschfeld, n° 2019.

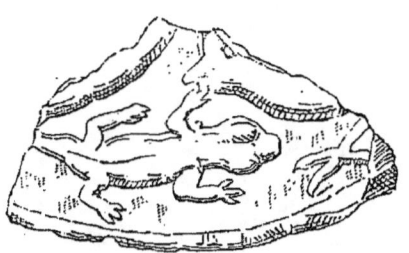

Fragment de pelte, à l'échelle de $\frac{1}{5}$.

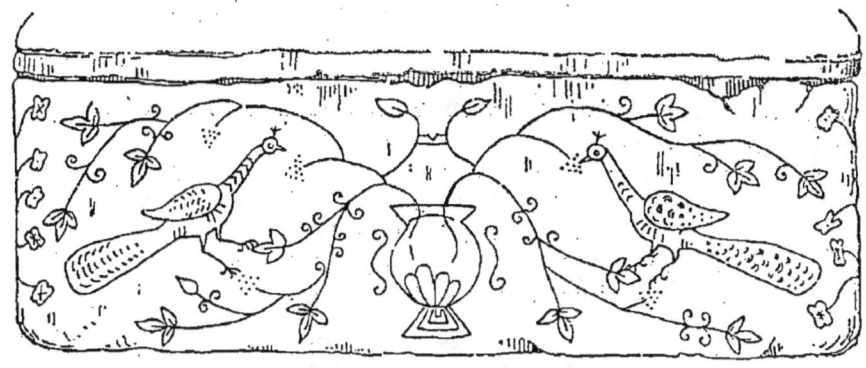

Sarcophage chrétien, à l'échelle de $\frac{1}{20}$.

CHAPITRE CINQUIÈME.

LE PROBLÈME DE LA MORT. — PAÏENS ET CHRÉTIENS.

1. On sait, et nous en avons vu au cours des chapitres précédents les multiples témoignages, que c'était dans l'antiquité une grave préoccupation que d'assurer à soi-même et à ceux que l'on aimait l'éternel repos à l'abri d'un monument funéraire. On spécifiait par testament que l'on voulait un tombeau. La mention *ex testamento* se rencontre à chaque pas; quelquefois celle de *ex formula testamenti* [1], ou *juxta judicium ipsius*. Mis en garde contre l'indifférence et l'oubli des héritiers, il arrivait souvent que l'on se faisait construire de son vivant sa dernière demeure : la formule *vivus sibi posuit* se trouve très fréquemment dans les épitaphes [2]. Par surcroît de précaution, on indiquait que le tombeau ne faisait pas partie de l'héritage : *Hoc monumentum heredes non sequitur* [3]. Des particuliers s'associaient entre eux pour assurer la perpétuité des sacrifices aux Mânes et formaient un collège funéraire, comme celui des *scaenici asiaticiani*, dont il a déjà été question [4]; les

---

[1] Allmer, t. II, p. 283.
[2] *Ibid.*, t. III, p. 6.
[3] *Ibid.*, t. III, p. 213, 435.
[4] Voir plus haut, p. 110.

corporations industrielles avaient elles aussi des devoirs envers leurs membres défunts, comme le constate nettement l'inscription suivante :

```
. . . . . . . . . . .
▓▓▓▓IAM · MAgistri
FABRORVM · Amici
SVI · ID EST · ATTIus
SATVRNINO · Et
CASSI · ▓▓▓▓TIAN
QVO · ILLe · dEFVNC
TVS EST · EO · QVOD
FRAVDEM · EIVSDE
m · FVNENERIS · FEC
er · ARAM · PONENd
· · · · · DECREVERunt
```

... à la mémoire duquel les magistri *de la corporation des* fabri, *c'est-à-dire Attius Saturnino et Cassius ...tianus, ses amis, ont décidé, en réparation de l'omission de ses funérailles, d'élever ce tombeau, à la place où il est mort.*

Une autre inscription offre un curieux exemple des précautions minutieuses que l'on prenait pour procurer à ses cendres un culte ininterrompu :

```
MEMORIAE
AETERNAE
RVFIVS CATVLVS
CVRATORNRRH VIVVS
SIBI ET RVFFIANO · ET · RVF · PVPAE
ET RVFIAE SAGIRIATAE FIL · DEFVNCTAE · ANNOR XXII
AEDICLAM CVM VINEA ET MVRIS AD OPVS
CONSVMMANDVM ET TVTELAM EIVS ET AD CENAM
OMNIBVS RHODNTIS PONENDAM HS · N · X IN PERPET
SICVTI ET RVDICAM PROVT · CONSVMATVR HOC OPVS
SVB ASCIA EST
HAEC · O · S · L · H · N · S ·
```

A la mémoire éternelle. — Rufius Catulus, curateur de la corporation des bateliers du Rhône, a, de son vivant, pour lui-même et Rufius Ruffianus, Rufia Pupa et Rufia Sagiriata, sa fille, morte à vingt-deux ans, élevé ce tombeau auquel est adjointe cette vigne avec ses murs, et, pour l'achèvement de l'œuvre et pour son entretien, ainsi que pour un repas à donner à tous les membres de la corporation des bateliers du Rhône, et aussi pour le renouvellement des échalas, à mesure de leur usure, il a affecté par son testament un legs de 10,000 sesterces à perpétuité. Ce tombeau a été dédié sous l'ascia. Qu'il pèse légèrement sur nos cendres! Il ne passe pas à nos héritiers* [1].

2. Cette importance que les anciens attachaient à la conservation de leur sépulture n'est que la conséquence de leurs croyances sur la mort. Pour eux, l'âme associée au corps ne s'en séparait jamais, mais s'enfermait avec lui dans le tombeau; et le défunt, dans cette vie souterraine, qui était très réelle quoique moins active, prenait plaisir à recevoir les offrandes des vivants. Aussi les cippes funéraires ressemblent-ils exactement à des autels; ils en portent même quelquefois le nom, comme on a pu le constater dans une inscription précédente et comme on le voit dans la suivante :

```
      D        M
    S E R V I l i o
    S E V E R I n o
        CASSIA
     MISERA MATER
     FILIO INCON
     PARABILI·AN
     XXIIII ARAM PO
     SVIT·ET·SVB·A·D
```

Aux dieux Mânes. — *A Servilius Severinus, Cassia sa mère infortunée à son fils incomparable a dressé cet autel* (aram) *et l'a dédié sous l'ascia* [2].

Les dieux Mânes auxquels sont dédiées les tombes païennes ne sont donc pas autre chose, on le voit, que les cendres des morts divinisées. D'après une autre croyance de cette époque, les Mânes dont on violait la sépulture devenaient des ombres

---

[1] Allmer, t. III, p. 435.
[2] Allmer, t. III, p. 4; Hirschfeld, n° 1964.

errantes, ballottées au gré des vents et faisant entendre pendant les nuits de tempête de sourds gémissements. C'est l'origine des formules de nos monuments funéraires : QVIETI AETERNAE, SECVRITATI AETERNAE ou PERPETVAE, *Au repos éternel, à la sécurité éternelle* ou *perpétuelle.*

Quant à la formule MEMORIAE AETERNAE, *A la mémoire éternelle*, elle semblerait correspondre à des dispositions d'esprit différentes, à un affaiblissement des croyances primitives, puisque le mort n'y est plus considéré comme un être réel, et qu'on lui souhaite seulement de vivre éternellement dans le souvenir des hommes.

Mais il est d'autres épitaphes où le scepticisme se manifeste avec beaucoup plus de netteté; la mort y est envisagée comme une nécessité inéluctable, et chacun la considère avec plus ou moins de tristesse, suivant son caractère ou ses dispositions d'esprit. Ici c'est la note gaie qui domine :

<pre>
         D   M
       M · M A G I V S
        S O T E R I C V S
           S I G N O
           H I L A R I
        A M I C O R V M
          A M A T O R
        vI V V S · S I B I
        fE C I T · V T
            E S S E T
        M E M O R I A E
        bO N V M · I T E R
        vocIBVS FELICITER
</pre>

Magius Sotericus, surnommé facétieusement par ses amis l'Amoureux, s'est élevé à lui-même, de son vivant, ce tombeau, afin que sa mémoire fît bon voyage aux cris répétés de feliciter [1].

Feliciter était le terme habituel d'heureux souhaits et de joie; il retentissait dans les cérémonies des mariages et les jours de victoire.

---

[1] Allmer, t. II, p. 532; Hirschfeld, n° 1982.

Cette autre épitaphe semble avoir été rédigée, en dehors de toute préoccupation religieuse, par un épicurien qui se retire satisfait en somme de sa part de vie :

```
HIC REQVIESCIT IN
PACE MERCASTO QVI
FLORENTEM AEVVM
EXEGIT PER ANNOS
IVCVNDAM VI
TAM HAEC PER TEM
PORA DVXIT
```

Ici repose en paix Mercasto, qui a vécu soixante ans en santé florissante, et, pendant ce temps, a mené une existence agréable [1].

L'inscription suivante est empreinte de calme et de résignation :

```
     D                    M
POMPEIVS OCTAVIANVS PArt
ENOPEI CONIVGI DVLCISSIME
QVE VIXIT ANNIS·XXVIII·M·V
D·V·ANIMO FORTE SANCTISI
MA OMINES MORTALES SVMVS
```

Aux dieux Mânes — Pompeius Octavianus à Parthenope, son épouse chérie, qui a vécu vingt-huit ans, cinq mois et cinq jours. — Femme forte de caractère et vertueuse, nous sommes tous mortels [2].

Signalons en terminant cette épitaphe absolument matérialiste ; la forme des lettres la désigne comme étant du IVe siècle :

```
AETHERIVS MORIENS DIXIT
  HIC CONDITE CORPVS
   TERRA MATER RERVM
QVOD DEDIT IPSA TEGAT
```

Paroles d'Ætherius mourant : «*Déposez ici mon corps. Que la terre, mère des choses, recouvre ce qu'elle-même a donné* [3].»

---

[1] Allmer, t. IV, p. 400 ; Hirschfeld, n° 2130.
[2] Allmer, t. III, p. 182 ; Hirschfeld, n° 2366.
[3] Allmer, *Sainte-Colombe à l'époque romaine,* dans *Guide-Annuaire de la ville de Vienne* (Vienne, 1877).

3. Telles sont les formules funéraires et les épitaphes les plus curieuses de Vienne païen. Le Christianisme apporta dans le monde des idées nouvelles[1]. Une de celles qui, au point de vue social, eurent certainement le plus de conséquences heureuses, c'est la croyance à la résurrection dans une vie meilleure, à laquelle la vie présente ne serait qu'une préparation. Cette pensée consolante se rencontre à chaque pas sur les tombeaux. Elle se trouve sur la plus ancienne inscription chrétienne avec date que possède Vienne; celle-ci est d'ailleurs d'époque assez tardive, puisqu'elle appartient au règne de Valentinien III, à l'année 441. Elle est écrite en langue grecque; la voici :

```
ΟΙΡΗΝΗ Ζ· ΕΤΗ
ΤΕϹϹΕΡΑΚΟΝ
ΤΑ ΚΑΙ ΩΚΤΩ ΤΕ
ΛΕΥΤΑ ΜΕΤΑ ΤΗΝ
ΥΠΑΤΙΑΝ ΤΩΝ
ΔΕϹΠΟΤΩΝ
ΗΜΩΝ ΒΑΛΕΝ
ΤΙΝΙΑΝΟΥ ΤΟ
ΠΕΜΤΟΝ ΚΑΙ ΑΝΑ
ΤΑΛΙΟΥ ΤΟΥ ΛΑΜΠ
ΠΡΟΤΑΤΟΥ ΕΝΙΟ
ΝΙ ΠΕΡΙΤΙΟΥ ΕΚΤΗ
ΚΑΙ ΤΗ ΕΒΔΟΜΗΕΤΑ
ΦΗ ΗΜΕΡΑ ΠΑΡΑϹ
ΚΕΥ ΚΑΙ ΑΝΑϹΤΑ
ΕΝ ΤΗ ΗΜΕΡΑ ΧΡΙϹ
ΤΟΥ ΕΡΧΟΜΕΝΟΥ
```

Irène, morte à l'âge de quarante-huit ans, l'année après le consulat de nos maîtres Valentinien pour la cinquième fois, et Anatole, clarissime, le 6 du mois de Péritius. Elle a été ensevelie le 7 du même mois, le jour de la Parascève. Elle ressuscitera le jour de la venue du Christ[2].

---

[1] On ne saurait en effet confondre l'Élysée, dont les habitants regrettent tous la vie terrestre, avec le Paradis que les martyrs ne pensaient pas acheter trop cher au prix des plus cruels supplices et qui faisait l'objet de l'unique préoccupation des premiers Chrétiens.

[2] Allmer, t. IV, p. 249; E. Le Blant, *Inscriptions chrétiennes de la Gaule*, t. III, p. 77.

Les deux épitaphes suivantes, qui ne portent pas de date, sont probablement antérieures à la précédente :

> HIC REQVIESCIT IN
> PACE ARMENTA
> RIA QVAE VIXIT
> ANN IIII MENS·VI
> SVRRICTVRA·CVM
> dies DNI ADVENERIT

Ici repose en paix Armentaria, morte à l'âge de quatre ans et six mois; elle ressuscitera quand viendra le jour du Seigneur [1].

> HIC PAVSAT EVFRA
> SIVS BENEDICTVS IN
> PACE QVI VIXIT AN
> L^{xx} MENS II DIES VII
> SVRRS·DIE CAELO CVM
> VENERIT AVCTOR

Ici repose en paix Euphrasius, bien nommé (benedictus, pour certifier les qualités exprimées par le nom grec Euphrasius), mort à l'âge de soixante-dix ans, deux mois et sept jours, pour ressusciter le jour où l'Auteur viendra du ciel [2].

A mesure que l'on s'éloigne des premiers siècles, les inscriptions deviennent plus verbeuses; elles n'en sont que plus intéressantes pour nous :

> IN HOC TOMOLO QVIESCIT IN PACE
> BONAE MEMORIAE FAMOLA DEI
> DVLCITIA SANC·MOREBVS OPTIMIS
> VOLVNTATE DIFF··SA CHARITATE
> LARGISSIMA QVAE VIXIT PLVS
> MENVS ANN·XXXV·OBIIT
> IN PACE NON·KAL·MAIAS
> X... P·C·BASILI·V·C·CONS
> INDICTIONE QVARTA DECIMA

Dans ce tombeau repose en paix une servante de Dieu, Dulcitia, de bonne mémoire, sainte par l'excellence de ses mœurs, par sa bienveillance étendue à tous, par sa charité sans bornes. Elle est

---

[1] Le Blant, t. II, p. 47, pl. 283; Allmer, t. IV, p. 359; Hirschfeld, n° 2104.
[2] Le Blant, t. II, p. 43, pl. 287; Allmer, t. IV, p. 420; Hirschfeld, n° 2111.

morte en paix à l'âge de trente-cinq ans, plus ou moins, le 9 des calendes de mai, ...ans après le consulat de Basile, clarissime, indiction quatorzième [1].

La femme que désigne l'épitaphe suivante parvint à un âge bien plus avancé :

```
  in hoc  TVMOLO
  requiESCIT
  in  pACE BONE
MEMORIAE · VENERA
BELIS MARIA RELGI
OSA ET TIMENS
D̄N̄M QVAE VIXIT
ANNVS PLVS
MENVS LXXXV
. . . . . . . . . .
```

Ici repose dans la paix vénérable dame Maria, de bonne mémoire, femme religieuse et craignant le Seigneur; morte dans le Christ, à l'âge de quatre-vingt-cinq ans [2]...

L'appellation de *religiosa* qui est donnée à cette chrétienne du VIᵉ siècle signale simplement sa piété, sans qu'il faille en conclure qu'elle fût entrée dans les ordres. Eusebia avait au contraire embrassé la vie monacale :

```
HIC REQVIESCIT IN PACE
BEATAE MEMORIAE
EVSEBIA SACRA D̄D̄
PVELLA CVIVS PROBA
BILIS VITA INSTAR
SAPIENTIVM PVELLA
RVM SPONSVM EME
RVIT HABERE X̄P̄M
CVM QVO REsurget
```

Ici repose en paix Eusebia, d'heureuse mémoire, vierge consacrée à Dieu; la pureté de sa vie lui a mérité d'avoir, à l'exemple des Vierges sages, le Christ pour époux, avec qui elle ressuscitera [3].

---

[1] Le Blant, t. II, p. 58; Allmer, t. IV, p. 322; Hirschfeld, n° 2090.
[2] Le Blant, t. II, p. 583; Allmer, t. IV, p. 308; Hirschfeld, n° 2081.
[3] Le Blant, t. II, p. 32, pl. 276; Allmer, t. IV, p. 436; Hirschfeld, n° 2408.

La jeune fille dont voici l'épitaphe s'était également consacrée au Seigneur :

```
    HIC REQVIESCIT IN PA
    CE AISBERGA PVELLA
    DEO PLACITA QVE VIR
    GENALES ACTVS OMNI
    ONESTE   CVSTODIENS
    VIXET ANNIS XXIV TR
    ANSIET·D·IIII·K·DEC
    IND·XV·OLIBRIQ·IVNI
       O  RE  CV  NS
```

Ici repose en paix Aisberga, vierge agréable à Dieu, vertueuse, pleine de chasteté dans toutes ses actions. Elle est morte à l'âge de vingt-quatre ans, le 4 des calendes de décembre, indiction quinzième, sous le consulat d'Olibrius junior, clarissime[1]...

L'inscription suivante nous signale un curieux trait de mœurs de cette époque naïve et pleine de foi :

```
          NO
IN XPI MENE IN HVC LOCo requiescunt
IN PACE FEDELIS FAMVLus Dei Ampeliu
SET SINGENIA QVI VIXERVNT in conju
GALI ADFECTV ET CARITAte
ANNIS CIRCITER LXX AVT Annos eosdem Cont
IN (VO) SIN PACE DOMINICA Perman
SERVNT QVORVM VITA TALIS FVIT ut lin
QVENS CONIVX MARITVM XX ANnos
EXCEDENS IN CASTITATE PERPEtua
PERDVRARET
OBIET VENERABILIS MEMORIAE AMPElius
SVB DIE XVI KL DECEMBRIS FISTO ET
MARCIANO           CON S S
TRANSIET BONE RECORDACIONIS Singenia
SVBDIE ··XVI KL IANVARIAS P VIATORis v·c·c·
     IN XPI NOMINE
```

Au nom du Christ. Ici repose Ampelius, fidèle serviteur de Dieu, et Singenia, qui ont vécu dans l'affection conjugale et la tendresse, soixante-dix ans environ, et sont demeurés tout ce temps dans la paix du Seigneur. Telle fut la pureté de leur vie que, durant plus de

---

(1) Le Blant, t. II, p. 25, pl. 269; Allmer, t. IV, p. 268; Hirschfeld, n° 2384.

vingt ans, l'épouse, étrangère à son mari, persista dans l'observance d'une continuelle chasteté. — Ampelius, de vénérable mémoire, est mort le 16 des calendes de décembre, sous le consulat de Festus et de Marcianus. — Singenia, de bon souvenir, a trépassé le 8 des calendes de janvier, l'année après le consulat de Viator. Au nom du Christ[1].

Un des traits caractéristiques de la religion nouvelle, c'est l'amour du prochain; il se manifeste avec une intensité des plus vives. On dit d'une femme qu'elle est «exemplaire par sa piété, aimée de tous, compatissante pour les pauvres comme envers les esclaves. Elle n'a cessé de demander avec ferveur ce qu'elle a pu enfin obtenir : elle est morte en paix[2]....» Un vieillard de quatre-vingt-quinze ans était, d'après son épitaphe «cher à tous par sa douceur et bon envers les pauvres[3]». Citons encore cette touchante épitaphe d'un autre chrétien :

```
IN HOC TOMO
LO REQVIESCIT
BONAE MEMO
RIAE VILIARIC
PATER PAVPERO
RVM QVI VIXIT
ANNVS LXXXV OBI
IT IN PACE X CLS
FEBS IND OCVA
```

Dans ce tombeau repose Villiaricus, de bonne mémoire, qui fut

---

[1] Le Blant, t. II, p. 30, pl. 275; Allmer, t. IV, p. 253; Hirschfeld, n° 1724 bis.

[2] Le Blant, t. II, p. 122, pl. 323; Allmer, t. IV, p. 336; Hirschfeld, n° 2091 :

```
. . . . . . . . fide precEpua
o m n IBVS      CA
RA PAVPEREBVS PIA
MANCIPIIS·BENIG
NA ORAVIT SEMPER
QVOD OPTENERE MERVIT
QVAE VIXIT ANNVS PLVS
MENVS L$^{xv}$ OBIIT IN PACE
. . . . . . . . .
```

[3] Le Blant, t. II, p. 132, pl. 358; Allmer, t. IV, p. 414 :

```
FVET AMATVS Pauperi
bus DELECTVS AB omnibus
```

père des pauvres. Il est mort en paix à l'âge de quatre-vingt-cinq ans, le 10 des calendes de février, indiction huitième [1].

On voit que cet amour du prochain, proclamé par le Christ comme étant la première loi de la religion nouvelle, se manifeste sous des formes diverses. Ce n'était pas d'ailleurs seulement pour les Chrétiens une obligation de conscience; ils savaient que bonté et charité étaient pour le pécheur un des moyens les plus efficaces de racheter ses fautes; aussi des âmes pieuses voulaient-elles que leur comparution au tribunal de Dieu coïncidât avec l'affranchissement d'un ou de plusieurs esclaves :

> HIC REQVIESCET
> IN PACE BONAE
> MEMORIAE ARENBERGA
> QVI VIXIT ANNOS XXVIII
> OBIET IN PACE VIII
> KALENDAS MAIAS
> AVIENO VERO CLA
> RISSIMO CONSOLE
> HIC RELIQVIT
> LEVERTO PVERO
> NOMINE MANNONE
> PRO REDEMTIONEM
> ANIMAE SVAE

Ici repose Arenberga, de bonne mémoire, morte en paix le 8 des calendes de mai, sous le consulat d'Avienus, clarissime. Elle a laissé, pour la rédemption de son âme, l'affranchissement à un esclave du nom de Mannon [2]...

Notre étude sur l'épigraphie viennoise est terminée. Nous avons successivement passé en revue les inscriptions relatives aux divinités, celles qui concernent les magistrats, les fonctionnaires, les industriels et les commerçants, en un mot la

---

[1] Le Blant, t. II, p. 143, pl. 360; Allmer, t. IV, p. 428; Hirschfeld, n° 2150.
[2] Le Blant, t. II, p. 6, pl. 261; Allmer, t. IV, p. 275. — Le Blant, t. II, p. 16, et Allmer, t. IV, p. 262 : il est question d'un homme qui affranchit six esclaves.

population de la ville antique; nous avons parlé de la vie de famille et des croyances sur la mort. Il nous reste, pour achever notre œuvre, à dire quelques mots du développement artistique de Vienne pendant la même période. C'est ce que nous allons faire, au cours de notre troisième partie, dans une visite au Musée archéologique.

Revers de la pelte de la page 121.

TROISIÈME PARTIE.
LE MUSÉE ARCHÉOLOGIQUE.

FRAGMENTS ARCHITECTURAUX.

AUTELS ET TOMBEAUX.

LES STATUES. — LES BRONZES.

DÉCORATION DES MAISONS. — MOSAÏQUES ET FRESQUES.

OBJET EN BOIS SCULPTÉ. — CÉRAMIQUE.

Tête de Faune, en marbre,
à l'échelle de $\frac{1}{4}$.

Mosaïque à l'échelle de $\frac{1}{70}$.

TROISIÈME PARTIE.
LE MUSÉE ARCHÉOLOGIQUE.

AVANT-PROPOS.

Le Musée des antiques de Vienne a été fondé il y a cent ans environ par Schneyder. Depuis lors, grâce au zèle de la Commission archéologique et des différents conservateurs qui se sont succédé dans l'administration du Musée, ces collections se sont considérablement augmentées, bien que, faute de fonds suffisants, beaucoup d'objets précieux aient été acquis au dehors.

Dans ce complément de notre étude, nous n'avons pas la prétention de rendre compte de tout ce qui se trouve au Musée, mais seulement de ce qu'il renferme de plus important. Ce n'est pas ici un catalogue. Le coup d'œil jeté sur les différents objets exhumés du sol de Vienne donnera au lecteur une idée du caractère artistique et du degré de romanisation de cette ville, pendant la période qui nous occupe.

Dispute d'enfants,
groupe en marbre à l'échelle de $\frac{1}{10}$.

Base de colonnette à l'échelle de $\frac{1}{10}$, les chapiteaux de $\frac{1}{20}$.

CHAPITRE PREMIER.
FRAGMENTS ARCHITECTURAUX.

1. CHAPITEAUX DE COLONNES DE DIFFÉRENTS ORDRES.

La plupart sont corinthiens[1]; on ne trouve aucun spécimen du sévère dorien; l'ionique est représenté par un seul chapiteau aux volutes chargées d'ornements, au tailloir de grandeur démesurée; peu de chapiteaux composites; parmi ceux que l'on a trouvés, il en est un qui peut compter parmi les modèles du genre[2]. A signaler, mais seulement pour sa rareté, un chapiteau de forme ronde.

2. CHAPITEAUX DE COLONNES FIGURÉS.

Les sujets en sont assez variés : ici on voit des dauphins

---

[1] Delorme, *Description du Musée*, n°⁵ 42, 106, 125, 151, 175, 234, 256, 272.
[2] Delorme, *op. cit.*, n° 79. Le chapiteau placé sous le n° 247 est composite, mais il n'en existe plus qu'un fragment.

affrontés dont la queue recourbée forme les volutes [1]; là des guirlandes de fruits soutenues par des bucranes; ailleurs ce sont des enroulements de serpents autour d'un trépied, surmonté d'une tête de Méduse [2]. — Sur un autre, qui est tout en marbre blanc et mesure plus de 1 mètre de hauteur, des figures de divinités sont sculptées aux angles : d'un côté, un buste de femme couronnée de tours, la tunique collée au corps, la chlamyde sur l'épaule; de l'autre, un dieu à longue barbe, au front ridé, aux yeux saillants; tout autour, des bouquets de feuilles d'acanthe, ciselées à jour, qui partent de la base et projettent en avant, à une longueur de plus de 0 m. 20, des tiges et des caulicoles d'une étonnante hardiesse d'exécution [3].

3. GRANDS CHAPITEAUX DE PILASTRES [4].

Ils sont ornés sur leurs faces principales de sujets en relief, et, sur les côtés, de feuilles d'acanthe. Ils sont au nombre de trois. Hauteur : 0 m. 93.

Sur le premier est représenté Ganymède qu'un aigle gigantesque enlève dans ses serres puissantes. Le jeune berger tient le *pedum* à la main; son chien aboie vainement après l'oiseau ravisseur. Sur l'autre face, on voit le trépied pythique entre deux griffons femelles affrontés.

Sur le second, un cep de vigne et un pommier brisé dont un ours dévore les fruits; on aperçoit dans le lointain un paysan aux formes trapues, une lourde pierre à la main. Il se dispose à la lancer contre l'animal malfaisant. Sur le revers du chapiteau, des animaux fuient effrayés devant un lion; celui-ci enfonce ses griffes dans les chairs d'un cheval qui, arrêté dans sa course, détourne la tête et hennit de douleur.

Sur le troisième et dernier chapiteau est figuré d'un côté le combat d'un aigle contre un immense serpent. De l'autre,

---

[1] Delorme, *op. cit.*, n° 190.
[2] E. Babelon, *Chapiteaux historiés de Vienne*, dans *Gazette archéol.*, 1880, p. 216, pl. XXXV et XXXVI.
[3] Allmer, t. II, p. 412.
[4] E. Babelon, *Chapiteaux historiés de Vienne*, dans *Gazette archéol.*; Delorme, *op. cit.*, n°s 2, 248, 258.

c'est encore un combat, mais bien moins dangereux : un coq et un jeune chien se disputent une grappe de raisin; le roquet aboie, son adversaire hérisse ses plumes.

Ces groupes pittoresques sont d'une facture qui ne manque ni d'élégance ni d'énergie, bien que la matière molle du calcaire n'ait pas conservé, comme le marbre, la netteté du coup de ciseau.

4. FRAGMENTS D'ENTABLEMENTS.

Il y en a de très beaux; mais, par leurs dessins ornementaux, ils échappent à une description précise. La décoration en est souvent fastueuse : tout est ciselé, jusqu'à la face du larmier [1]; les bandes de l'architrave sont séparées par des oves ou des perles; les soffites sont tantôt ornés sur toute leur étendue de feuilles de chêne, tantôt décorés de thyrses en relief, reliés par des bandelettes flottantes [2].

Mais c'est surtout dans l'ornementation des frises que l'imagination des artistes s'est donné carrière [3]. Ici ce sont des guirlandes de fruits en très haut relief, là des branches de laurier, ailleurs des représentations d'oiseaux ou de petits animaux qui se mêlent au feuillage : écureuil qui grignote une noix, passereau qui s'envole à tire-d'aile, colombes qui s'abreuvent à la même coupe, etc. Un des plus jolis sujets est celui où des Génies, dans des attitudes variées, portent des guirlandes de fleurs trop pesantes pour leurs faibles épaules. (Cette frise est reproduite p. 19.)

5. FÛTS DE COLONNES [4].

Beaucoup sont en brèche violette et n'ont pas moins de 1 mètre de diamètre; d'autres en marbre blanc, en bleu turquin ou en granit d'Égypte; d'autres encore en briques

---

[1] Le nombre des fragments de corniche qui sont conservés au Musée est considérable. Voir Delorme, *op. cit.*, nos 3, 15, 16, 22, 29, 30, 39, 54, 73, 96, 99, 126, 128, 133, 137, 145, 146, 173, 269.
[2] *Ibid.*, nos 140, 141.
[3] *Ibid.*, nos 4, 23, 36, 45, 46, 58, 69, 75, 91, 95, 136, 147, 180, 183, 201, 202, 225, 245.
[4] *Ibid.*, nos 14, 31, 49, 238.

semi-circulaires[1], jointes deux à deux et liées ensemble par un solide mortier; une couche épaisse de stuc les recouvre extérieurement et présente une surface parfaitement unie et peinte en pourpre. Les fûts en marbres précieux ont été vendus au dehors ou employés à un usage moderne. Le magnifique autel de la cathédrale Saint-Maurice a été taillé dans des colonnes en vert et en jaune antiques. A signaler deux petits fûts en calcaire[2] ornés sur toute leur hauteur d'entrelacs et d'un filet de rubans dans les mailles duquel apparaissent en relief des fleurs ou des masques scéniques. Plusieurs bases de colonnes sont intéressantes au point de vue architectural[3].

6. PIÉDESTAL DE COLONNETTE.

Il est en forme de cube allongé; le tore supérieur figure une couronne de petites fleurs. Trois faces sont sculptées : sur celle du milieu sont représentés deux Génies ailés, dont l'un joue avec un bouc, tandis que l'autre puise dans une corbeille placée devant lui; un vase monumental, aux anses relevées, occupe la partie centrale de ce mystérieux tableau. — Sur la seconde face, un personnage, qui est probablement un berger, est assis au pied d'un arbre; il a devant lui une chèvre; dans le lointain se dresse un temple. — La troisième face n'est pas la moins curieuse : elle représente la scène de Léda et du cygne (reproduite p. 139) : la fille de Tyndare, nue et mollement étendue, frémit sous les baisers du cygne divin. Cupidon décoche une flèche sur le couple amoureux[4]. — Hauteur du piédestal : 0 m. 43.

7. PANNEAUX SCULPTÉS.

Il y en a un assez grand nombre au Musée; les uns en marbre, les autres en pierre tendre : ils devaient décorer l'in-

---

[1] Delorme, *op. cit.*, n° 111.
[2] *Ibid.*, n° 20.
[3] *Ibid.*, n°ˢ 24, 27, 51, 66, 152, 232, 239.
[4] Sur les représentations de Léda, voir Otto Iahn, *Archaeologische Beiträge*, p. 1, et *Archaeologischer Zeitung*, 1858; Benndorf, *Archaeologischer Anzeiger*, 1865. Le même sujet se trouve sur des sarcophages d'Aix, d'Arles et de Bordeaux.

térieur des édifices publics, des temples, ou bien encore les faces des arcs de triomphe.

A cette dernière catégorie appartenaient les représentations d'armures, les groupes de soldats ou de personnages à coiffure étrangère. A l'autre catégorie se rattachent les fragments de bas-reliefs où l'on voit le corps d'un dieu-fleuve étendu sur le sol; le torse d'un jeune homme nu de modelé si suave qu'il fait songer aux sculptures d'Athènes; un personnage assis au pied d'un figuier, ayant devant lui une chèvre.

Les plus beaux panneaux en marbre sculpté de Vienne sont celui de la *Femme à demi nue* et celui d'*Apollon*.

A. Une *Femme à demi nue* est assise sur un siège à dossier orné (ci-dessous, p. 166); un ample manteau descend de ses épaules et laisse à découvert le torse et les bras, pour former de larges plis sur les jambes [1]. Malgré quelques légers défauts, cette figure est de grand air et témoigne de l'habileté de l'artiste qui l'a sculptée. La tête manque et les avant-bras sont brisés. — Hauteur du fragment : 1 m. 20; largeur : 0 m. 86.

B. *Apollon* [2] est représenté le front couronné de rayons, descendant dans le sein de la mer et tenant le flambeau avec lequel il éclaire le monde. Il est calme et souriant; sa légère chlamyde flotte sur ses épaules, agitée par la brise. C'est un excellent morceau de sculpture. — Hauteur du fragment : 0 m. 55; largeur : 0 m. 80.

8. CLYPEI ET PELTES.

Ce sont des plaques de marbre, les unes en forme de boucliers ronds ou *clypei*, les autres taillées en forme de boucliers semi-lunaires : de là leur nom de *peltes* [3]. Elles étaient décorées sur les deux faces de bas-reliefs variés et étaient sus-

---

[1] Delorme, *op. cit.*, n° 176; J. Leblanc, *Bas-relief du Musée de Vienne*, dans *Gazette archéol.*, 1879, p. 76, pl. XII.
[2] Delorme, *op. cit.*, n° 86.
[3] Welcker, *Alte Denkmäler, Bacchisches Marmoreund*, dans *Basreliefe und geschnittne Steine*, Gottingen, 1850, p. 146.

pendues dans les entre-colonnements des édifices publics et des maisons particulières [1].

A. Le *clypeus* (nous l'avons reproduit sur ses deux faces) est en partie brisé, mais le sujet en est facile à déterminer. Dans une couronne de feuilles d'olivier est représentée une danseuse à tunique courte, dont la coiffure ressemble à une corbeille tressée [2]; les mains, ramenées sur la poitrine et tournées extérieurement, font saillir les coudes; debout sur la pointe des pieds, elle paraît emportée par un mouvement circulaire rapide, indiqué par la direction des plis de sa jupe; le corps, penché en arrière avec des ondulations sensuelles, se

Fragment de clypéus, à l'échelle de 1/7.

dessine gracieux sous la transparence de l'étoffe.

Le revers du *clypeus* représente une femme aux formes très robustes, aux larges épaules; sa tunique à manches courtes est recouverte d'une chlamyde qui passe sous les bras et fait le tour du corps, pour retomber ensuite sur le côté. Quoique masquée, elle tient de la main droite un masque barbu, tandis que la main gauche serre le *pedum*, symbole de la comédie. C'est sans doute Thalie, la muse qui conduisait dans le *comos* les chœurs en l'honneur de Bacchus.

Revers du même clypéus.

— Diamètre du disque : 0 m. 35; épaisseur : 0 m. 045.

[1] On a trouvé dans le sol de Vienne nombre de ces *clypei*. L'un d'eux est actuellement au Musée de Lyon.
[2] Sur les danseuses péloponésiennes à coiffures en osier, voir de Clarac, t. I, pl. 61, et t. II, pl. 167-168.

B. *Peltes*. — Sur la première sont figurés en relief, d'un côté un lézard posé à plat et un oiseau dont il ne reste plus qu'une partie (p. 121), de l'autre un oiseau occupé à becqueter un fruit (p. 134). Si notre tentative de restitution est exacte, cette pelte devait avoir un diamètre de o m. 30 environ.

De la seconde il ne reste qu'un des compartiments : d'un côté, on voit une baleine qui se recourbe fortement et semble bondir au sommet des vagues; sur le revers est dessinée une tête d'homme, aux cheveux hérissés, à la bouche entr'ouverte, aux oreilles pointues (voir ci-dessous, p. 146), qui n'est pas sans analogie avec le bas-relief de l'autel de Nîmes consacré à Vulcain et aux Vents [1]. C'est peut-être la représentation d'un Vent, Notus ou Borée. — Longueur du fragment : o m. 11.

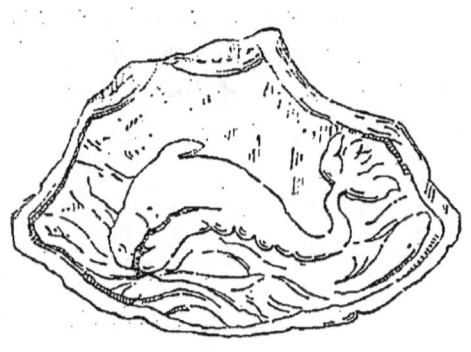

Fragment de pa.te à l'échelle de 1/3.

9. LARVES.

Ces représentations funéraires étaient souvent employées comme antéfixes dans la décoration des mausolées [2]. Leur dos, de forme arrondie, était ainsi disposé en vue de l'écoulement des eaux pluviales. Sur le devant est généralement sculptée une tête grimaçante, aux traits contractés, à la bouche plissée, à l'expression douloureuse. Tel est le caractère commun aux trois larves que possède le Musée.

A. La première représente la tête d'un homme jeune

---

[1] Bazin, *Nîmes gallo-romain*, p. 225.
[2] Peut-être servaient-elles à éloigner les profanateurs des tombeaux. Peut-être aussi que, symbolisant une idée religieuse, elles rappelaient à la fois le dieu créateur de la tragédie et le grand initiateur des mystères. A ce compte, le pampre et le lierre, chers à Bacchus, les fruits comme la pomme et la grenade sont bien à leur place sur le front du masque funéraire que nous avons dessiné (p. 160).

encore[1]; la pupille profondément creusée communique au regard une fixité effrayante. — Hauteur : o m. 65.

B. La seconde ressemblerait plutôt à un masque tragique, avec sa grande perruque bouclée, traversée par un voile. — Hauteur : o m. 66.

C. La troisième, d'aspect plus monumental encore, repose sur une sorte de piédestal; elle est couronnée de lierre, de pampre et de différents fruits[2] (elle est reproduite ci-dessous, p. 160). — Hauteur, y compris le piédestal : o m. 80.

[1] Delorme, *ov. cit.*, n° 193.
[2] *Ibid.*, n° 171.

Revers de la pelte de la page 145

Bas-relief mithriaque à l'échelle de $\frac{1}{12}$.

CHAPITRE DEUXIÈME.

AUTELS ET TOMBEAUX.

1. AUTEL AUX MÈRES AUGUSTES.

Ces divinités sont représentées en bas-relief[1] et, comme toujours, au nombre de trois : celle du milieu est assise et tient dans les plis de sa robe une corbeille de fruits; ses deux compagnes, debout, sont vêtues d'une tunique et d'un grand manteau qui est ramené jusque sur la tête. Hauteur : 0 m. 74. — Nous avons déjà dit que le culte des Mères Augustes était répandu à Vienne. Il y a encore au Musée un autre de leurs autels, sans représentation de personnages, mais avec une inscription en lettres monumentales, enfermée dans un cadre en moulures[2]. — Hauteur : 1 m. 30.

[1] Delorme, *op. cit.*, n° 216.
[2] Allmer, t. II, p. 446.

2. BAS-RELIEF MITHRIAQUE.

Il a été trouvé en place, on s'en souvient, dans le *sacellum* même, à la décoration duquel il contribuait (il est reproduit en tête de ce chapitre, p. 147).

Il représente un personnage à tête de lion, debout, nu, le corps entouré d'un serpent, la tête du reptile venant s'appliquer sous la gueule même du monstre [1]. Cet être fantastique tient de la main droite une clef, de la main gauche une règle; il a les pieds armés de griffes, et ses quatre ailes l'emporteraient au gré de ses désirs à travers l'espace. C'est *Ævum*, la force immuable du Temps. L'autel enflammé que l'on voit à sa droite, la grotte profonde que l'on aperçoit à sa gauche, symbolisent l'opposition de la lumière et de la nuit, un des thèmes favoris de la religion mithriaque. C'est la même idée qui est exprimée par les Dioscures, figurés à l'arrière-plan : l'un, Phosphorus, l'étoile du matin; l'autre, Hesperus, l'étoile du soir. — Il mesure 0 m. 80 de côté.

Peut-être pourrait-on rattacher aux représentations mithriaques les chapiteaux symboliques dont il a été question plus haut, où est figurée la face hideuse de Méduse sur le trépied pythique, enveloppé par deux serpents monstrueux. Des savants ont en effet établi un rapprochement qui paraît évident entre le dieu persan et l'Apollon des Mystères [2].

3. LES TOMBEAUX PAÏENS.

Considérés au point de vue de la forme et des figurations, ils sont loin d'avoir le caractère décoratif de ceux d'Arles et de Nîmes, ni même la masse imposante de ceux de Lyon : pas de ces bordures où se mêlent agréablement les fleurs et les fruits; pas de bustes de défunts, pas de représentations d'insignes de fonctions, pas de ces bas-reliefs dont les sujets sont empruntés à la mythologie ou à la vie privée des anciens.

---

[1] Allmer, t. II, p. 455; Lajard, *Recherches sur le culte de Mithra*, p. 17.
[2] Robiou, *Mithra et l'Apollon des Mystères*, dans *Gazette archéol.* 1883, p. 182.

Ils sont généralement taillés dans la pierre de Seyssel, qui s'enlève par éclats et se prête mal à un travail de sculpture quelque peu délicat. Aussi ne trouve-t-on sur les stèles que des figurations fort simples, telles que le croissant de la lune[1], l'étoile à six rayons ou la pomme de pin chère à Cybèle[2]. Les cippes, également très peu ornés, se composent d'une base, d'un dé et d'une corniche avec couronnement; ce dernier se relève de chaque côté en forme de volutes, pour laisser à sa partie centrale un espace tantôt uni, tantôt légèrement creusé comme une patère, tantôt présentant une cavité assez profonde pour y loger l'urne funéraire, tantôt au contraire dressant au-dessus des volutes un cône ou une pyramide. Quant aux sarcophages, ils n'ont également en général d'autre décoration que l'inscription qui se développe sur l'un des grands panneaux; elle est parfois entourée d'un cadre en moulures avec queues d'aronde, portant à l'intérieur les deux lettres traditionnelles : D·M (*Dis Manibus*). Seuls parmi les sarcophages du Musée, celui de Nigidia Aureliana[3] et celui de Sextus Sollius Demosthenianus[4] portent l'image de deux Génies ailés, sculptée à droite et à gauche du cadre qui renferme l'inscription[5]. — A signaler encore le sarcophage d'enfant, sur le petit côté duquel est figurée une guirlande avec une colombe au milieu (il est représenté p. 113).

4. LES TOMBEAUX CHRÉTIENS.

Les Chrétiens ne brûlaient pas leurs morts, et on ne trouve parmi leurs monuments funéraires ni stèles, ni cippes, mais seulement des sarcophages[6]. Les figurations de ceux-ci sont assez nombreuses et assez variées. On y voit le calice

---

[1] Allmer, t. II, p. 338.
[2] *Ibid.*, t. IV, p. 29; atlas, n° 122.
[3] *Ibid.*, t. II, p. 546; atlas, n° 66.
[4] *Ibid.*, t. III, p. 100; atlas, n° 111.
[5] A signaler encore le sarcophage de Julia Brundisina où deux couronnes sont grossièrement figurées sur la face antérieure (Allmer, t. II, p. 511; atlas, n° 132, 11; *ibid.*, t. II, p. 483; atlas, n° 132, 10).
[6] Voir à leur sujet Edmond Le Blant, *Les sarcophages chrétiens de la Gaule* (Paris, 1886, p. 20).

accosté de deux colombes, gracieuse image de l'âme chrétienne en adoration devant l'Eucharistie [1]; le calice donne parfois naissance à des pampres chargés de raisins [2].

La chair de paon passait pour incorruptible aux yeux des anciens; c'est le motif pour lequel cet oiseau au brillant plumage fut adopté par les premiers Chrétiens pour symboliser les promesses d'immortalité [3]. Il est représenté sur les tombeaux de Vienne (voir plus haut, p. 123). On y rencontre aussi, mais une fois seulement, le phénix [4], qui toujours renaît de ses cendres, ainsi que le dauphin [5], par allusion au poisson mystique, signe de reconnaissance des Chrétiens persécutés.

Mentionnons encore le chrisme, devenu d'un usage général chez les fidèles, depuis que Constantin l'avait fait broder sur ses étendards [6].

A peine est-il besoin de faire observer que ces figurations sont en général d'exécution assez imparfaite. Elles appartiennent en effet par leur date à cette période où la dureté des temps ne laissait que peu de place aux préoccupations artistiques.

---

[1] Allmer, t. IV, p. 264, 272, 307, 311, 323, 324, 328, 329, 359, 371, 379, 395, 398, 403, 406.
[2] Allmer, t. IV, p. 378. Pour plus de détails, voir *ibid.*, p. 549.
[3] Allmer, t. IV, p. 270.
[4] *Ibid.*, t. IV, p. 420.
[5] *Ibid.*
[6] Sur les nombreuses représentations du *chrisme*, voir Allmer, t. IV, p. 549. A signaler encore, sur les tombeaux chrétiens de Vienne, la croix, l'*alpha* et l'*oméga*, l'épi, la palme.

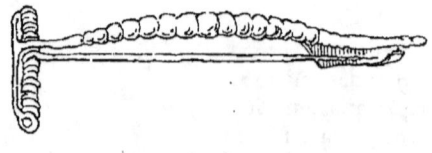

CHAPITRE TROISIÈME.

LES STATUES.

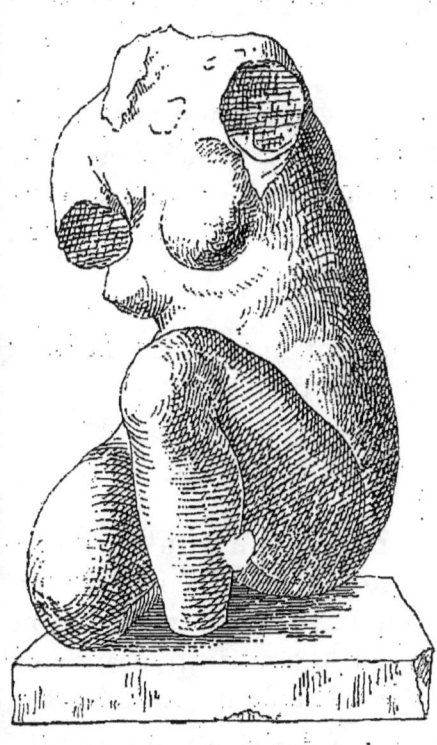

Femme nue accroupie, à l'échelle de $\frac{1}{17}$.

Beaucoup ont disparu, soit qu'elles aient été emportées au dehors, soit que des gens ignorant leur valeur les aient détruites : un des plus beaux torses du Musée (p. 153) aurait certainement été scié en plaquettes, si Delorme ne fût arrivé à temps pour l'arracher des mains du marbrier qui commençait à le débiter. Le Louvre s'est rendu acquéreur de deux de nos plus précieuses statues, la Vénus accroupie et le Faune, dont le Musée de Vienne possède des moulages. Ce n'est également que d'après un moulage que nous pourrons connaître le groupe de la *Dispute d'enfants;* l'original en marbre a malheureusement été consumé dans un récent incendie.

I. FRAGMENTS DE STATUES COLOSSALES.

A. *Tête mutilée* d'une statue qui devait avoir primitivement près de 9 mètres de hauteur. Elle n'a pas été achevée : le cou n'est qu'épannelé avec un ciseau rond; ni la chevelure, ni la barbe ne sont fouillées; le front, le nez et la lèvre ont été brisés; il en résulte pour cette tête un air maussade et disgracieux qui lui a fait donner le nom de la *bobe*[1], ce qui veut dire «la moue», dans le langage populaire du pays. — La portion de tête qui subsiste mesure 0 m. 70 de hauteur.

B. *Main de femme* de très grande dimension qui serre l'extrémité d'une corne d'abondance[2]; le travail en est excellent, la morbidesse de la chair est admirablement rendue. — Longueur du fragment : 0 m. 33.

C. *Bras d'homme* à peu près de mêmes proportions, mais de moins bon style[3]; il porte à son extrémité, au point d'attache du poignet, un tenon en queue d'aronde. C'est ainsi que se reliaient entre elles les différentes parties de ces colossales statues.

D. *Pied chaussé d'un malleus,* où sont figurées de délicates broderies. — Longueur du fragment : 0 m. 18.

2. TORSE COLOSSAL DE FEMME DRAPÉE.

Il est en marbre blanc, plus grand que nature[4], et rappelle par sa facture et son caractère les chefs-d'œuvre de l'art grec. Quelque dégradée que soit la statue, il y a dans ce qui reste tant de naturel et de vérité, tant de puissance de vie, une telle ampleur d'exécution et une si grande sûreté de main, que l'on se sent pénétré d'un irrésistible sentiment d'admiration. La femme, ou plutôt la déesse, porte le double *chiton* ionien, et la draperie a cette légèreté et cette souplesse qui font songer au groupe des Parques du fronton du Parthénon. — Hauteur du fragment : 1 m. 25.

---

[1] Delorme, *op. cit.*, n° 196.
[2] *Ibid.*, n° 171.
[3] *Ibid.*, n° 240.
[4] H. Houssaye, *Torse de femme du Musée de Vienne,* dans *Gazette archéol.*, 1878, p. 177, pl. XXXI.

3. TORSE DE JEUNE HOMME NU.

Le mouvement du corps ainsi que la mollesse et la délicatesse des chairs sont admirablement rendus. L'artiste fait légèrement sentir les muscles sous l'épaisseur de la peau, marquant leur saillie avec une vérité qui dénote, indépendamment de ses connaissances anatomiques, un sentiment profond de l'art. Disons cependant que ni la pose du personnage, ni le soin avec lequel les moindres détails ont été rendus, ne manquent d'une certaine recherche. Un sculpteur de la grande époque serait arrivé à moins de frais à faire naître en nous l'impression que produisent les chefs-d'œuvre. Non content de mettre son personnage hors d'aplomb, en faisant porter sur une seule jambe tout le poids du corps, l'artiste lui donne encore l'appui du coude droit, ce qui remonte l'épaule, arrondit la boîte thoracique et rompt absolument la correspondance entre les deux parties parallèles du dos et de la poitrine. L'autre bras, à en juger par l'absence de contraction des muscles, retombait le long du corps, et la tête, aujourd'hui brisée, était penchée en avant avec une inflexion marquée vers la gauche. Est-ce Bacchus qui prend quelquefois la forme d'un adolescent à la séduisante beauté ? Est-ce Narcisse qui, arrivé un jour auprès d'une fontaine, tomba amoureux de sa propre image, consumé d'amour, languissant, incapable de s'arracher à sa folle passion ! Une de ces statues de Narcisse, du palais Ruspigliosi à Rome, n'est pas sans rapport avec celle de notre torse. Apollonios de Rhodes, dont la période d'activité peut être placée entre 85 et 60 avant J.-C., avait manifesté, dans sa manière de traiter le nu, des qualités précisément analogues à celles dont nous trouvons l'expression dans ce torse de Vienne. — Hauteur du fragment : 0 m. 55.

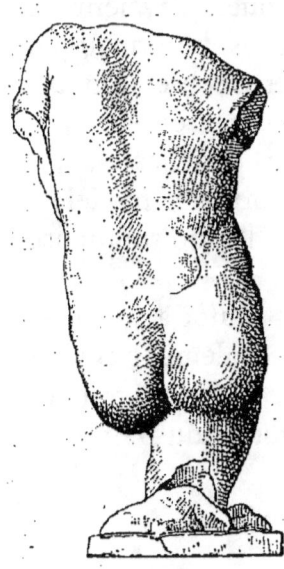

Torse de jeune homme nu, à l'échelle de $\frac{1}{10}$.

4. TORSE D'HOMME NU.

En marbre blanc, de style pur et élevé, d'une belle et franche exécution. La tête, les bras et les jambes manquent; mais les muscles de la poitrine et du dos se dessinent avec beaucoup de vérité et avec une vigueur exempte d'exagération. Les sculpteurs primitifs, désireux de manifester surtout la force dans le corps nu de leurs athlètes, élargissaient les épaules, cambraient les reins et donnaient à toutes les parties que les exercices gymnastiques n'avaient pas spécialement développées une maigreur affectée. Ici, les saillies osseuses ont une couverture suffisante de chair et les parties molles sont traitées avec délicatesse; le ventre notamment est fort bien modelé et le passage d'un plan à l'autre soigneusement observé.

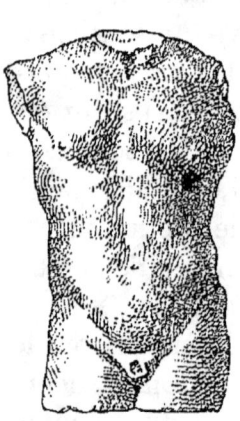

Torse d'homme nu, à l'échelle de $\frac{1}{15}$.

On en a fait un Éros; nous inclinerions plutôt à y voir un pentathle dont les membres puissants ont également été fortifiés par les différentes luttes de l'arène. C'est en tout cas l'œuvre d'un artiste de grand talent. — Hauteur du fragment : 0 m. 60.

5. LA FEMME NUE ACCROUPIE.

Nous avons dit que l'original est au Louvre[1]. Si réussi qu'il soit, le moulage du Musée de Vienne ne produit pas, à beaucoup près, l'impression du marbre, qui donne presque l'illusion de la chair vivante. Voici en quels termes M. Ravaisson le décrit[2] : «Le fragment de Vienne consiste,

---

[1] E. de Chanot, *La Vénus accroupie de Vienne*, dans *Gazette archéol.*, 1878, p. 68, pl. XIII et XIV.

[2] Ravaisson, *Académie des inscriptions*, 6 juin 1879. — Cf. *Gazette des beaux-arts*, 1879, t. XIX, p. 401. — Rayet, *Monuments de l'art antique*. — Mérimée, p. 127 : «Le statuaire a fait respirer son marbre et l'on s'étonne quand on le touche qu'il ne cède pas sous les doigts, mollement, trop mollement comme les muscles de son modèle.»

dit-il, dans un corps de jeune femme nue, accroupie sur le talon droit et un peu penchée en avant, le pied gauche portant sur le sol. Il manque les bras et la tête; mais on voit sur la cuisse droite les restes des extrémités des doigts de la main gauche qui venaient s'y appuyer. D'autres restes, sur le côté gauche de la poitrine et sur la cuisse gauche, montrent que la déesse, en même temps qu'elle se courbait un peu sur elle-même, se voilait de ses bras et de ses mains... On voit par l'attache du cou que la Vénus tournait la tête et l'inclinait un peu vers la droite; c'est que de ce côté se trouvait un Amour vers lequel devaient se diriger ses regards. On voit en effet sur le dos de la déesse un débris d'une main d'enfant qui s'y appuie...» Nous avons donc devant les yeux, conclut M. Ravaisson, Vénus sortant du bain, accompagnée de l'Amour. — Cette opinion n'a pas rallié tous les suffrages : le caractère essentiellement réaliste de la sculpture, la beauté toute humaine et personnelle de cette femme, ses formes charnues très éloignées de l'idéal, l'ont fait considérer par d'autres comme le portrait d'après nature de quelque courtisane célèbre. Qu'importe d'ailleurs! Nous ne sommes plus au temps où, pour admirer une œuvre d'art, il fallait lui donner d'abord une étiquette. Déesse ou simple mortelle, la *Femme accroupie* de Vienne doit être regardée comme une des plus belles manifestations de l'art grec, dans cette période où il s'attachait à la représentation d'une réalité qui n'est pas toujours exempte de sensualisme (elle est reproduite en tête de ce chapitre, p. 151). — Hauteur du fragment : 0 m. 98.

6. APOLLON PYTHIEN.

Cette statue, propriété de M. Jouffray (voir plus haut, p. 75), n'est pas encore au Musée, mais elle est destinée certainement à y venir un jour. Son ensemble est de proportions harmonieuses, les formes idéales de la sculpture manifestent le ciseau d'un artiste grec et peut-être ne serait-on pas trop osé en considérant ce marbre aux contours délicats comme un parent de l'Apollon Sauroctone. Le dieu, debout, s'appuie sur un tronc d'arbre; sa pose est pleine d'abandon; d'une main il tient son arc; l'autre bras est ramené derrière la tête; son regard souriant fixe le serpent qui se dresse à ses pieds. — Hauteur : 1 m. 05.

7. L'ENFANT À L'URNE.

Cette statue décorait peut-être la *spina* du cirque; elle a été découverte dans les travaux de la route d'Avignon, sur l'emplacement de la gare actuelle des marchandises. Elle représente un enfant nu, un peu plus petit que nature, portant sur l'épaule une urne, dont il semble verser le contenu devant lui. Le bras droit est levé, le bras gauche est appuyé sur la hanche; le jeu des muscles est soigneusement observé, mais l'artiste a trop servilement copié la nature. Cet enfant, aux joues bouffies, au ventre proéminent, manque absolument de grâce. — Hauteur : 0 m. 78.

8. DISPUTE D'ENFANTS.

Ils sont nus et avec ces formes potelées qui caractérisent leur âge. L'aîné tient un oiseau dans sa main et fait mine de vouloir l'emporter. Furieux, son frère lui saisit le bras droit et le lui mord à pleines dents. La souffrance du pauvre petit est des plus vives; son front est douloureusement contracté, mais la bonté fait taire chez lui le sentiment bien naturel de la vengeance et il supporte cette attaque sans que son regard s'allume de fureur (groupe reproduit p. 138). — On a longuement discuté sur la signification symbolique de cette scène [1]. Les uns y ont vu la lutte du bon et du mauvais Génie; les autres, celle d'Éros et d'Antéros; nous inclinerions plutôt à n'y voir qu'un sujet de genre. Le groupe est expressif, mais n'est pas exempt de certains défauts : il manque notamment de modelé. (L'original de marbre a été brûlé dans l'incendie de la Bibliothèque de Vienne, où il était déposé; on n'en possède plus que le moulage.) — Hauteur : 0 m. 56.

---

[1] Delorme, *op. cit.*, n° 231.

VIENNE ANTIQUE.

9. LÉVRIER EN MARBRE.

Il est étendu, les pattes allongées, et tourne la tête vers son petit qui devait être couché à côté de lui et dont il ne reste plus que des points d'attache [1]. Ce chien, à la tête effilée, aux flancs amaigris, découvert au milieu des débris de constructions d'une riche villa, compte au nombre des meilleures représentations d'animaux que l'antiquité nous ait léguées (il est reproduit p. 71). — Hauteur : 0 m. 40; largeur : 0 m. 75.

10. REPRÉSENTATIONS DE FAUNES.

Il y en a à Vienne un assez grand nombre. Dans leur amour pour le nu, les sculpteurs antiques devaient placer parmi leurs sujets favoris ces sauvages habitants des bois, dont le caractère à la fois bienveillant et enjoué, l'humeur vagabonde, la vigueur physique, offraient à leur ciseau des modèles particulièrement favorables. De statues entières il n'en reste malheureusement pas, mais on conserve encore quelques têtes de Faunes, intéressantes à des points de vue différents.

A. Une des plus belles statues de Faunes que l'on connaisse a été trouvée à Vienne, en 1820, dans une salle richement décorée; elle était brisée en plusieurs morceaux et on n'en a conservé que le buste (voir plus haut, p. 101). Le Louvre l'a acheté; le Musée de Vienne en possède un moulage; M. Frœhner [2] le décrit en ces termes : «La gaieté folâtre du suivant de Bacchus est, dit-il, exprimée avec tant de bonheur et de vérité qu'il semble difficile, pour ne pas dire impossible, d'atteindre à un plus haut degré de perfection. Le Faune sourit en montrant deux rangées de dents; ses cheveux sont peints en rouge, ce qui rappelle l'usage qu'avaient les anciens de mettre de la couleur écarlate sur les idoles de Bacchus et de son cortège.» — Hauteur du buste : 0 m. 467.

---

[1] Dans *Gazette archéol.*, 1880, p. 79, pl. X.
[2] Frœhner, *Musée de sculpture du Louvre*, p. 278.

B. La moins belle de celles qui nous restent devait faire partie d'un bas-relief. Il ne semble pas d'ailleurs que, dans le vaste panneau qu'il décorait, le personnage occupât la place principale; il devait y figurer à titre de compagnon de Bacchus. Son visage rend bien l'expression de bestialité de ces êtres intermédiaires entre l'homme et l'animal : le regard est oblique, la lèvre lippue, le profil large, les oreilles longues. La chevelure est ceinte d'une couronne d'aspect étrange, faite d'épis de blé, d'extrémités de branches de pin ou de feuilles de jonc. — Hauteur du fragment : 0 m. 26; largeur : 0 m. 21.

C. La troisième tête, de grandeur naturelle (elle est reproduite p. 135), est la propriété de M. Louvier, qui l'a trouvée dans sa terre de Sainte-Colombe. Avec ses yeux légèrement relevés, son nez aquilin, ses grosses lèvres qui s'entr'ouvrent pour laisser passer l'extrémité de la langue, ce Faune a l'air passablement rustaud, mais sa figure s'illumine par un bon rire.

D. Plus mutilée, mais d'un beau style est la tête de Faune à laquelle il manque le nez et une partie de la lèvre supérieure. Les chairs sont rendues avec une étonnante perfection. Elles ont, j'allais dire cette coloration, en tout cas cette fermeté que l'air vif des champs communique. Le travail en est soigné, la chevelure rendue avec beaucoup de finesse, et une couronne de lierre délicatement ciselée étale sur elle ses feuilles découpées et les grappes de ses fruits. Le Faune a des oreilles pointues et des cornes naissantes; sa bonne face s'épanouit : il est tout entier à la joie de sauter et de bondir.

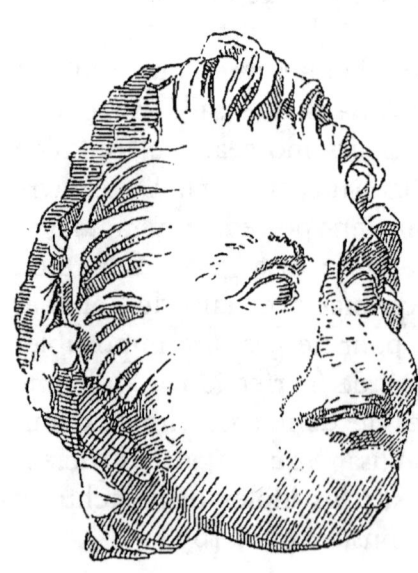

Tête de Faune, à l'échelle de $\frac{1}{5}$.

E. Au contraire, la sensualité se manifeste avec une étonnante netteté dans l'expression du visage du dieu Pan. Son front fuyant est si étroit qu'il en devient presque triangulaire;

Tête de Pan, à l'échelle de 1/5.

sa moustache ne garnit que les extrémités de ses lèvres; ses joues sont nues et ne se couvrent qu'à la partie inférieure des poils longs et ondulés de la barbe des boucs; la bouche s'élargit dans un rictus bestial, découvrant une double rangée de dents, non plus fines comme celles des Faunes, mais des dents à couronne arrondie, comme en ont seuls les herbivores; les yeux surtout manifestent la passion violente et non assouvie dont Pan est agité; sa prunelle est enflammée; les veines de son front se gonflent tellement qu'on les dirait prêtes à éclater. — Hauteur : 0 m. 22.

11. TÊTES DE STATUES DIVERSES.

Il y en a beaucoup au Musée. Nous ne signalerons que les mieux conservées et les plus intéressantes.

A. La première (elle est reproduite p. 43), en marbre, de grandeur naturelle, est celle d'une femme aux cheveux noués par derrière et ceints du strophion[1]. L'artiste a admirablement rendu la grâce juvénile de la vierge; c'est une œuvre grecque, digne des meilleurs maîtres et que l'on croirait volontiers apportée par quelque voyageur d'Athènes ou de Syracuse. — Hauteur : 0 m. 21.

---

[1] Liénard, *Tête de marbre du Musée de Vienne*, dans *Gazette archéol.*, 1880, p. 108, pl. XVIII.

B. Autre *Tête de femme*, à l'air aimable et souriant; elle se distingue par sa coiffure d'apparence métallique, semblable au pétase de Mercure[1]. — Hauteur : 0 m. 28.

C. *Tête d'adolescent*, légèrement inclinée à droite; elle est pleine d'abandon et de tristesse, et fait songer à Bacchus jeune ou à Narcisse; le front est large et proéminent, mais peu découvert. — Hauteur : 0 m. 22.

D. *Tête de Jupiter* ou *de Neptune*. — Les longues boucles de cheveux du dieu retombent sur ses épaules[2]; son regard paraît habitué à commander aux éléments. — Hauteur : 0 m. 28.

E. Il existe au Musée d'autres têtes que leur caractère individuel désigne comme des portraits. Mentionnons en passant celle d'*Auguste* couronné de lauriers (figurée p. 40); elle est de bon travail et reproduit fidèlement les traits bien connus de l'Empereur. — Hauteur : 0 m. 21.

---

[1] A rapprocher d'une Cérès colossale ou plutôt d'une Clio, dessinée par Bouillon, t. I : «La tête de cette figure est, dit-il, ornée de cette coiffe étroite, attribut particulièrement affecté aux Muses, appelé en grec ὀπισθοφένδονη.» Il faisait également partie, croit-on, de l'ajustement des personnages de femme dans les comédies.

[2] Cf. Longpérier, *Les dieux fleuves*, dans *Revue de numismatique*, 1866, p. 268.

Larve funéraire, à l'échelle de $\frac{1}{10}$.

CHAPITRE QUATRIÈME.

LES BRONZES.

Il y a au Musée de Vienne très peu de bronzes antiques, comparativement au nombre de ceux qui ont été trouvés dans le pays. Cela tient à la facilité avec laquelle les ouvriers peuvent dissimuler et vendre des objets qui, sous un petit volume, représentent une grande valeur; mais cela provient surtout des faibles ressources allouées à l'administration du Musée, qui voit souvent avec tristesse des antiquités locales du plus haut intérêt enrichir des collections voisines et quelquefois même étrangères. C'est à Lyon, par exemple, qu'il faut aller admirer la célèbre tête de déesse[1] en bronze argenté, un des chefs-d'œuvre de la statuaire antique, le grand *foculus* portatif[2] qui n'a son pareil qu'au Musée de Naples, le Silène criophore[3], de caractère archaïque, trouvé au palais du Miroir, ainsi que les trois bustes d'applique de Jupiter, Neptune et Mars. Le Musée national de Saint-Germain[4] possède, entre autres choses, un beau buste de jeune homme de demi-grandeur et des ornements de bronze finement ciselés appartenant à un meuble[5]. M. Thiers avait dans sa collection les têtes d'ânes couronnés de fleurs, qui avaient rapport aux fêtes des Lupercales[6]. Le magnifique vase d'argent, avec

---

[1] Martin Daussigny, *Tête de Junon reine*, dans *Gazette archéol.*, 1876, pl. I.
[2] Martin Daussigny, le *Foculus de Vienne*, dans *Gazette archéol.*, 1876, p. 52, pl. XVII.
[3] E. de Chanot, *Silène criophore*, dans *Gaz. archéol.*, 1878, p. 17, pl. VI.
[4] *Catalogue sommaire des Musées de la ville de Lyon*, Lyon, 1887, p. 146.
[5] De Laurière, *Objets d'art provenant de Vienne*, dans *Congrès archéol. de France*, XLVIe session tenue à Vienne, p. 340.
[6] *Gazette des beaux-arts*, 1866, t. XX, p. 180. — Le même recueil artistique a publié le 1er novembre 1869 le buste drapé d'un esclave arabe, la bouche entr'ouverte, le front chauve, les traits presque grotesques; cette belle pièce faisait partie de la collection Gréau.

représentation des quatre Saisons assises sur des panthères,

L'Hercule romain,
statuette en bronze, à l'échelle de $\frac{1}{2}$.

trouvé au village de Tourdan, est aujourd'hui en Angleterre⁽¹⁾. C'est le Musée du Vatican qui a fait l'acquisition des deux grandes statuettes de l'Hercule romain (reproduit à la p. 162) et de l'Hercule gallo-romain⁽²⁾. Un architecte de talent de la ville de Vienne, M. Bizot, possède une jolie collection de bronzes, dont quelques-uns de travail excellent.

Nous allons rapidement passer en revue les bronzes que le Musée municipal a reçus en don ou qu'il a pu acquérir.

I. STATUE PLUS GRANDE QUE NATURE DE PACATIANUS.

Elle est en plusieurs fragments assez mal rejoints⁽³⁾. Mais on possède le buste tout entier (reproduit p. 91) et une grande partie de la draperie de la toge. La statue est belle en elle-même, mais la valeur en est augmentée parce qu'elle nous a conservé l'image d'un Viennois parvenu aux plus hautes fonctions publiques, administrateur distingué, qui avait su se concilier l'estime et la sympathie des populations dont il avait le gouvernement. On voit assez fréquemment, dans les musées, des piédestaux en pierre ou en marbre, avec inscriptions dédiées à des hauts personnages par des cités reconnaissantes. Au contraire, il est extrêmement rare de trouver les statues auxquelles ils servaient de base. Vienne possède le portrait authentique d'un de ses enfants, qui vivait sous les règnes de Septime Sévère et de Caracalla. Pacatianus avait la figure longue, le nez aquilin, le front moyennement découvert, la barbe courte et la moustache coupée en brosse, suivant la mode du temps ; l'ensemble de ses traits respire une mâle énergie. Bien qu'il soit représenté ici en costume civil, on a gravé sur la plaque de bronze où sont énumérés ses titres les décorations qu'il obtint au cours de ses campagnes. Elles sont en forme de médaillon ; la première est intérieurement bordée par une couronne de feuillage dans le champ de laquelle est figurée une Victoire ailée, tenant une palme à la main.

⁽¹⁾ *Archaeologischer Zeitung*, t. IV, p. 358.
⁽²⁾ H. Bazin, *L'Hercule romain et l'Hercule gallo-romain*, dans *Gazette archéol.*, 1887. — M. Flouest considère cette représentation comme celle de Dispater : *Le dieu gaulois au marteau*, dans *Gazette archéol.*, 1887.
⁽³⁾ Allmer, t. IV, p. 449.

La seconde est plus sommairement dessinée; on aperçoit à sa partie supérieure l'anneau qui servait à la suspendre. — Hauteur de la portion de statue qui a été reconstituée à l'aide de fragments : 1 m. 60.

2. DAUPHINS DE BRONZE.

Ils ont été trouvés sur les bords du Rhône, au milieu des débris d'un fronton dont ils décoraient probablement le tympan[1]. Ils sont d'un dessin excellent et d'une grande souplesse : on croirait les voir jouer à la surface des ondes. Le travail du bronze ne laisse rien non plus à désirer : aux endroits où des soufflures inévitables pour des pièces de cette grandeur se sont produites, l'artiste a appliqué une mince pièce de métal, adroitement fixée à l'aide d'un clou, dont la tête a été ensuite rivée (on les a représentés dans le Frontispice, en tête de la présente étude). — Longueur : 1 m. 20.

3. STATUETTES.

A. *Femme debout,* la taille élancée, vêtue de la tunique et du péplum et coiffée d'une couronne murale. Elle a deux grandes ailes; l'une est malheureusement brisée; l'autre est surmontée du buste d'un personnage barbu, avec bonnet conique : c'est un des Dioscures. Pour restituer à notre figurine[2] les attributs qu'elle a perdus, il faut se reporter à une autre statuette de même modèle en argent, trouvée à Mâcon et aujourd'hui au Musée britannique. Sur ses ailes se dressent les bustes des Dioscures; une bande de bronze, en forme de croissant, s'étend de l'une à l'autre et porte les divinités des sept jours de la semaine; elle tient à la main une corne d'abondance. C'est le Génie de Rome considéré comme protecteur de la cité. — Hauteur : 1 m. 195.

B. *Femme nue,* dans l'attitude consacrée de la Vénus pu-

---

[1] Delorme, *op. cit.*, n° 170.
[2] Sur cette figurine en bronze ailée du Musée de Vienne, voir Héron de Villefosse, *Les divinités des sept jours de la semaine,* dans *Gaz. arch.*, 1879, p. 1.

dique. Appuyée sur la jambe gauche, la déesse plie légèrement la jambe droite et le corps en prend une gracieuse courbure; ses cheveux, coquettement relevés, forment un chignon sur lequel est posée une touffe de fleurs. La patine verte qui la recouvre contribue à faire ressortir ses mérites de finesse et de distinction. Elle est placée sur un socle creux[1] avec fente transversale, une sorte de tronc, où les dévots venaient déposer leur offrande, en même temps qu'ils adressaient leur prière à la charmante hôtesse du laraire. — Hauteur : 0 m. 18.

C. *Personnage à la longue barbe et à l'opulente chevelure,* le genou gauche posé en terre, la jambe droite pliée; les bras sont levés en l'air et retiennent les extrémités d'un voile qui est comme gonflé par le vent. Le travail de cette statuette est médiocre, mais la figuration assez rare; c'est une curieuse réplique de la statue de Pluton ou Uranus de l'Antiquarium de Berlin[2]. — Hauteur : 0 m. 15.

D. *Échanson* à tunique courte, la tête couronnée de fleurs, dans l'attitude de la marche; il est plein de mouvement et de vie. — Hauteur : 0 m. 19.

E. *Nain grotesque,* à la tête chauve, au nez retroussé, à l'air souriant, légèrement plié sur ses jambes; la jambe gauche est malheureusement brisée ainsi que le bras droit; c'est une œuvre de bon style. — Hauteur : 0 m. 11.

F. *Bustes de femmes.* — L'une est Tutela, la tête couronnée de tours. Saint Jérôme[3] nous apprend que de son temps, au IVe siècle, on brûlait des lampes devant ces Génies protecteurs de la cité et de la famille. — Hauteur : 0 m. 15.
L'autre buste n'a pas d'attributs qui nous permettent de

---

[1] Cette même particularité d'un socle servant de tronc se rencontre dans une statuette trouvée à Meyzieu et représentant le génie des bronziers de Diaru, Allmer, *Inscr. de Vienne,* appendice.
[2] *Archaeologischer Zeitung,* t. XXII, p. 304.
[3] Saint Jérôme, *In Isaiam,* LVII, 7.

lui donner un nom; la femme a l'air noble et gracieux; la poitrine se projette en avant et les seins se dessinent nettement sous la tunique qui les recouvre; les cheveux relevés forment derrière le dos de la déesse une natte serrée. — Hauteur : 0 m. 09.

Bas-relief en marbre blanc,
à l'échelle de $\frac{1}{25}$.

CHAPITRE CINQUIÈME.

DÉCORATION DES MAISONS. — MOSAÏQUES ET FRESQUES.
OBJET EN BOIS SCULPTÉ. — CÉRAMIQUE.

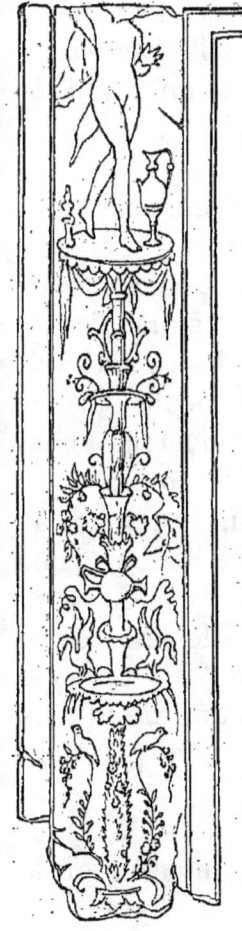

Bande de peintures murales, à l'échelle de $\frac{1}{30}$.

1. Quand il s'agit de statues de marbre ou de bronze, on hésite toujours à les considérer comme étant d'origine locale; on est naturellement porté à refuser à la province les caractères de beauté artistique à laquelle la Grèce et Rome paraissent seules pouvoir arriver. Il n'en est pas de même pour les mosaïques qui ont été forcément composées à la place même où on les a trouvées et qui pourraient peut-être, à défaut d'autres renseignements, servir à mesurer le degré de goût sinon des artistes, du moins de ceux qui faisaient appel à leur talent.

A ce titre, Vienne mériterait certainement d'être placée au premier rang : aucune ville du Sud-Est ne possède des mosaïques en aussi grand nombre ni si belles [1]. Nous n'en finirions pas si nous voulions seulement rendre compte de l'étonnante variété des motifs ornementaux que l'imagination des artistes a inventés : courses et combats d'animaux, oiseaux au plumage éclatant voltigeant au milieu d'un parterre de fleurs, poissons et crustacés faisant cortège à une divinité de la mer, etc. La représentation des

---

[1] Sur les mosaïques de Vienne, voir *Archaeologischer Zeitung*, t. XVI, p. 157; t. XXI, p. 6; t. XXIII, p. 7.

quatre Saisons s'y est rencontrée à différentes reprises. Tantôt elles sont symbolisées par des oiseaux[1] : le Printemps par une perdrix qui becquette des cerises, l'Été par une pintade qui picore une figue, l'Automne par un étourneau devant une noix, l'Hiver enfin par un pic qui soulève l'écorce d'une branche desséchée. Ailleurs les Saisons sont figurées par des bustes de personnages au gracieux visage : le Printemps tient le *pedum* des bergers, l'Été une faucille, l'Automne une palme, l'Hiver un roseau, chacun avec sa couronne distinctive de feuillage, de pampre ou de pin. Ailleurs encore les Saisons se montrent sous l'aspect de petits Génies; l'Hiver est le seul qui soit vêtu; il est encapuchonné et porte un hoyau sur l'épaule.

2. A la même catégorie appartiennent encore les deux mosaïques récemment découvertes[2], avec figurations d'oiseaux aux angles, et, dans le champ, une magnifique couronne de feuillage ou de fruits encadrant le médaillon central, ici un buste de personnage (plus haut, p. 137), là des canards (ci-après, p. 175). Il en est de plus précieuses encore où sont représentées des scènes à personnages, dont quelques-unes donnent l'illusion de véritables tableaux de peinture.

Telle est la mosaïque où l'on voit, dans un gracieux paysage, la lutte d'Éros et de Pan, symbolisation d'une haute idée morale; telle est celle où Orphée[3], le regard levé vers le ciel, la bouche entr'ouverte, mêle les accords de sa voix aux sons harmonieux de la lyre; les sauvages habitants des bois accourent et bondissent autour de lui; les oiseaux ne songent plus à s'envoler, les arbres se penchent pour mieux l'entendre.

La mosaïque d'Achille chez les filles de Lycomède mesurait 20 mètres de côté. L'artiste a choisi le moment où le héros vient d'apercevoir les armes que le rusé Ulysse, tra-

---

[1] Héron de Villefosse, dans *Gazette archéol.*, 1879, p. 1.
[2] Cornillon, *Notice sur la mosaïque découverte à Vienne en 1881*, Vienne, 1890.
[3] Allmer, t. II, p. 545, et Florian Vallentin, *Rapport sur les découvertes archéologiques faites en Dauphiné pendant l'année 1879*, p. 33; extrait du *Bulletin de l'Acad. delphinale*, 3ᵉ série, t. XV, 1879.

vesti en marchand, a malicieusement placées sous des étoffes et des parures ; son regard s'enflamme d'une ardeur guerrière et, oubliant son rôle et son déguisement, il brandit un javelot ; les filles, ses compagnes, s'enfuient épouvantées. On aperçoit dans le lointain le camp des Grecs et un guerrier sonnant de la trompette.

Cette magnifique mosaïque n'existe plus. Exaspéré par les visites fréquentes qu'on lui faisait, le propriétaire du champ où elle fut découverte s'arma une nuit de sa pioche et, dans l'espace de quelques heures, la détruisit complètement. On en avait heureusement pris un bon dessin.

3. On a pu au contraire préserver et transporter au Musée, au moins en partie, la mosaïque de Ganymède (reproduite p. 9) ; nous en empruntons la description à la plume expressive de M. Allmer[1] : «L'acte mythologique, dit-il, est rendu avec une merveilleuse entente de l'art. L'aigle tient le bel adolescent par une mèche de ses cheveux passée dans son bec et par les flancs entre ses serres, mais si délicatement qu'on ne saurait comprendre qu'il lui fît le moindre mal. Nul indice n'exprime la violence du rapt. Le jeune berger du mont Ida, son bâton pastoral à la main, son manteau de pourpre flottant derrière lui, les cheveux légèrement soulevés par l'air, semble s'élever lui-même plutôt que d'être emporté par son ravisseur. Tandis qu'il franchit l'espace, un doux contentement resplendit sur ses traits et dans son regard dirigé vers le ciel où il monte... Rien de charmant comme le contraste de ce beau corps juvénile blanc, arrondi, du plus beau garçon qui jamais ait paru parmi les mortels, et le plumage fauve, rude, hérissé, des ailes éployées du rapide oiseau. Cet aigle, c'est facile à voir, n'est autre que Jupiter lui-même. Ce grand œil bleu rempli d'une amoureuse passion, ces lignes de feu qui brillent sur son aigrette touffue et courent sur ses plumes comme un reflet de la foudre, trahissent, dans son déguisement, le maître du tonnerre...»

---

[1] Allmer, *Sainte-Colombe à l'époque romaine*, dans *Annuaire de la ville de Vienne*, 1877, p. 136.

Avec toutes les ressources de sa palette et son pinceau délicat, un peintre ferait-il mieux que notre artiste avec ses petits cubes de marbre ? Nous avions donc raison de prétendre que l'art du mosaïste avait été porté à Vienne à un haut degré de perfection.

4. On pourrait en dire autant des peintures à fresque ; mais on n'en a conservé qu'un bien petit nombre : il est malaisé de les détacher des murs qu'elles décoraient et le climat humide de Vienne a promptement altéré celles que l'on avait pu recueillir. Elles n'étaient cependant pas indignes des peintures d'Herculanum et de Pompéi. M. Boussigues[1], qui en a publié plusieurs dans la *Gazette archéologique,* fait remarquer avec raison l'heureux choix et l'harmonie des teintes (on en a dessiné un fragment, p. 167, en tête du présent chapitre) : le fond en est vert très clair avec un encadrement rouge ; le centre est d'un noir intense. C'est sur cette bande médiane que sont dessinés, avec beaucoup de finesse et de sûreté de main, de gracieuses arabesques, des festons de fleurs, des pampres aux feuilles roussies et aux grappes transparentes, des branches de cerisier garnies de fruits appétissants. Comme effet de contraste, le pinceau de l'artiste avait représenté des statues aux tons métalliques : ici un Bacchant, là une Victoire, dont le pied repose sur un globe de cristal.

5. Comme se rattachant à la décoration des maisons gallo-romaines, nous signalerons en terminant une curieuse tête en bois trouvée à Vienne[2]. On a justement fait remarquer sa valeur exceptionnelle. Les sculptures en bois sont en effet très rares dans les musées.

Les *ex-voto* gaulois trouvés soit à Saint-Bernard, en Ven-

---

[1] M. Boussigues, *Peintures murales de Vienne,* dans *Gazette archeol.,* 1878, p. 156, pl. XXVIII.
[2] De Laurière, *Note sur une sculpture en bois de l'époque romaine découverte à Vienne (Isère),* dans *Congrès archéol. de France,* XLVIe session tenue à Vienne, 1879. — Cette tête en bois dont l'administration du Musée avait refusé de se défaire, malgré les offres les plus séduisantes, a été dérobée il y a quelques mois par d'audacieux malfaiteurs, dans le but évident de la vendre un bon prix à quelque collectionneur étranger.

dée, soit à Luxeuil, dans la Haute-Saône, si intéressants à d'autres points de vue, sont loin d'avoir le même caractère artistique. Les bustes de style romain figurés en haut relief sur panneaux de bois, que possède le Louvre, proviennent d'Égypte et se rattachent à la série nombreuse des objets que le sable de ce pays conserve intacts pendant des milliers d'années. Seuls les statuettes de bois et les cadres de miroirs, trouvés dans les fouilles célèbres exécutées à Kertsch, près de l'ancien Bosphore Cimmérien, et actuellement au Musée de l'Ermitage de Saint-Pétersbourg, peuvent lui être comparés.

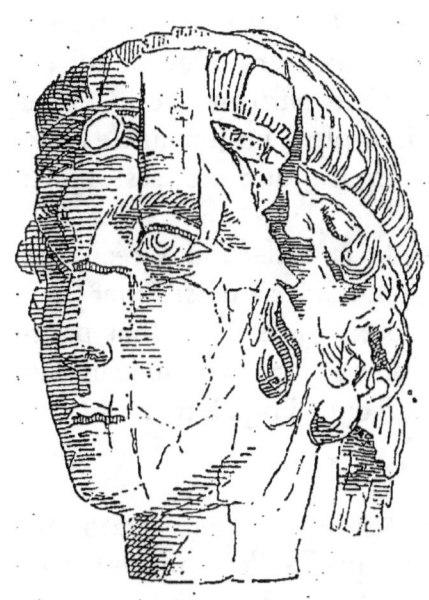

Coffret en bois, sculpté en forme de tête, à l'échelle de $\frac{2}{5}$.

La tête de Vienne a été découverte en 1878 sur la mosaïque d'un appartement romain, au milieu de beaucoup d'autres débris. Elle a la forme d'une boîte et est fermée en bas par une planchette glissant entre deux rainures. Mais cette cassette est en même temps une œuvre d'art de haute valeur. Elle représente une tête de femme ou de déesse à la physionomie souriante; le style en est excellent; les cheveux, rendus avec soin, sont retenus par un triple bandeau et portent par devant un ornement en forme de camée. C'est un objet précieux entre tous. — Hauteur : 0 m. 15.

6. Nous ne saurions terminer ce chapitre sans dire quelques mots sur la céramique viennoise. Vienne paraît en effet avoir été un centre de fabrication important, à en juger par les traces d'ateliers de potiers que l'on a rencontrées sur différents points de son territoire, notamment dans le quartier de Sainte-Colombe. On a même découvert des moules en terre cuite. L'un d'eux est décrit en ces termes par M. Héron

de Villefosse : «Il était probablement destiné, dit-il[1], à former un médaillon de vase. Il représente Mercure assis sur un rocher, dans la pose ordinaire d'un Mercure assis, la jambe droite légèrement repliée. Il tient le caducée de la main droite, de la main gauche il s'appuie sur le rocher; il porte les talonnières; un coq est au pied du rocher. Le pied gauche du dieu repose sur un tabouret; une chlamyde rejetée en arrière laisse tout son corps à découvert. Devant lui un autel sur lequel un homme drapé vient offrir un sacrifice. Au pied de l'autel, un bélier. A l'arrière-plan, un joueur de flûte. Mercure semble barbu. Il a une figure satirique, ses oreilles paraissent pointues.»

Ce moule, qui faisait partie de la collection Gréau, est très important, on le comprend, pour aider à déterminer l'origine de la céramique de Vienne en général, et tout particulièrement des vases dont la panse était ornée de médaillons. Plusieurs de ces derniers sont parvenus jusqu'à nous. On en signalera quelques-uns :

A. *Cérès assise sur un siège d'honneur,* la tête couronnée d'épis, tient à la main une gerbe qu'elle élève au-dessus de l'enfant Triptolème. Celui-ci, debout, lui présente à son tour un bouquet d'épis. En exergue CERA, très rare pour CERES[2].

B. *Deux fragments :* Sur l'un, le buste de Jupiter, avec le foudre, son attribut, et l'inscription OPTIMVS MAXIMVS[3]; sur l'autre, la tête de Mercure avec le pétase ailé, le caducée et l'épigraphe MERCVRIVS FELIX[4].

C. *Thésée, Ariadne et le Minotaure.* — La fille de Minos, assise, lève un regard plein d'admiration sur le jeune héros, debout devant elle, dans une attitude pleine de fierté; il tient

---

[1] Dans les comptes rendus des *Séances du Congrès archéologique de France*, tenu à Vienne en 1879, XLVIe session, p. 340.
[2] Allmer, t. II, p. 430; atlas, n° 199.
[3] *Ibid.*, t. II, p. 425; atlas, n°s 205 à 209.
[4] *Ibid.*, t. II, p. 438; atlas, n°s 205 à 210.

d'une main le sceptre et tend l'autre vers son amante qui lui donne le fil conducteur [1]. A la partie supérieure du tableau on aperçoit le Minotaure qui s'enfuit éperdu, tandis que le vainqueur le saisit par les cornes, prêt à l'assommer d'un coup de sa formidable massue.

D. *Entrevue de Mars et d'Ilia.* — La fille de Numitor est assise au pied d'un arbre [2]. Le dieu de la guerre, bien reconnaissable à son casque, à son bouclier et à sa lance, s'approche vers celle qui donnera bientôt naissance à Romulus et à Rémus.

E. *Ulysse et Scylla.* — Le sujet de ce médaillon, s'il pouvait prêter à quelque doute, serait au besoin désigné par l'inscription :

SCYLLA PHORCINA CANIGERA

Scylla, fille de Phorcus, aux flancs garnis de chiens [3].

Le vaisseau d'Ulysse est arrivé vers les terribles rochers de Sicile. Scylla, représentée sous l'aspect d'une femme de grandeur surhumaine, avec sa ceinture de chiens, saisit l'un après l'autre les malheureux matelots qu'elle précipite dans la mer, où ils sont immédiatement dévorés. Ulysse s'avance contre le monstre, couvert d'un bouclier rond et brandissant son javelot.

F. *Trois fragments* trouvés à Sainte-Colombe : Sur l'un, on voit Antée, en face duquel se trouvait probablement Hercule; sur l'autre, Ganymède enlevé par l'aigle divin; sur le troisième, qui est très incomplet, on lit le mot IASON; le héros devait recevoir le philtre magique des mains de Médée.

G. *Autre fragment,* avec l'inscription VIENNA FELIX; le

---

[1] Allmer, t. III, p. 74; atlas, n°⁸ 205 à 212.
[2] *Ibid.*, t. II, p. 431; atlas, n°⁸ 205 à 207.
[3] *Ibid.*, t. III, p. 77; atlas, n°⁸ 205 à 214.

personnage n'existe malheureusement plus; à certains indices M. Allmer [1] a cru reconnaître, non sans beaucoup de vraisemblance, que ce devait être la représentation de la ville de Vienne.

Plusieurs des médaillons dont il vient d'être parlé appartiennent à des collections particulières. Le Musée de Vienne possède une intéressante collection d'antéfixes, ces ornements en terre cuite que les anciens plaçaient au bord des toitures de leurs monuments, pour cacher l'extrémité des tuiles faîtières. Les dessins qui y sont figurés en bas-relief sont des plus gracieux; ils empruntent pour la plupart leurs motifs au règne végétal et, par leur variété même, échappent à une description détaillée.

Les dessus de lampes ont assez souvent des représentations d'hommes et d'animaux; plusieurs sont de caractère érotique.

Nous arrêterons ici notre étude sur les collections archéologiques de Vienne. Elle eût pu être plus complète; nous l'avons limitée à dessein. Il nous suffit d'avoir montré le luxe et la magnificence de cette ville, le goût artistique de sa population, le raffinement de sa civilisation qui tenait par tant de côtés à celle de l'Italie. Ce témoignage, ajouté à celui que nous avaient déjà apporté les monuments et les inscriptions, manifeste la pénétration profonde de l'élément romain dans le pays. «Vienne fournissait, écrit M. Camille Jullian [2], des membres au Sénat et des consuls à la République. Elle avait ses jeux, ses comédiens, ses pantomimes. La vie y était riche, active, turbulente, semblable à celle de Pompéi ou de Pouzzoles... Un demi-siècle à peine après la concession du titre de *colonie* à la ville de Vienne, le nom des Allobroges n'existe plus qu'à l'état de souvenir et Vienne romanisée avait à son tour romanisé toutes les villes de l'Isère. C'est là assu-

---

[1] Allmer, t. III, p. 438.
[2] C. Jullian, *Inscriptiones Galliæ Narbonensis latinæ*, article du *Journal des Savants*, février 1889, p. 121.

rément la transformation la plus complète et la plus rapide que nous offre la Gaule narbonnaise : en deux générations, un État celtique puissant, tenace, redouté, est devenu une immense commune romaine, laborieuse, prospère, joyeuse de ne vivre qu'à la romaine. »

Mosaïque, à l'échelle de $\frac{1}{12}$.

LÉGENDE.

Sont désignées par de gros caractères les antiquités actuellement encore apparentes.

—. Limite de l'enceinte romaine (rive gauche).
.. Limite des constructions romaines (rive droite).

A CITADELLE DE PIPET.
AMPHITHÉÂTRE.
...héâtre (Angle des chemins de Saint-Marcel et de Beaumur).
'emple de Mars (Cimetière actuel).
...portantes substructions antiques (Collège).
SSISES MONUMENTALES, traces des thermes (Cour du théâtre).
...ragments architecturaux employés en remblais (Terrasse de l'Archevêché).
TEMPLE D'AUGUSTE ET DE LIVIE.
...OUBLE ARCADE DU FORUM.
...rc de triomphe (Avenue Victor-Hugo).
...difice et riches habitations romaines (Jardins de l'Hospice).
'emple de Mithra (Ancienne Halle).
...agasin du bronzier (Cloître Saint-Maurice).
...abitations romaines (Cours Romestang).
...osaïque d'Orphée (Champ de Mars).
...tatue d'Apollon, mosaïque de l'Océan (Maison Jouffray).
...tatue de Pacatianus (Propriété Pététin).
...META DU CIRQUE (Aiguille ou la Pyramide).
...radins du cirque (Propriété Contamin).
...rontan de marbre et dauphins de bronze (Quai Pajot).
...agments architecturaux (Ancienne église Saint-Sévère).
...lle du Faune (Au nord de l'ancienne église Saint-Sévère).
...osaïque et fragments divers (Rue des Colonnes).
...c de triomphe (Pont tubulaire du chemin de fer).
...ULÉE DU PONT ROMAIN.
...scription de la *Fossa publica* (Chemin du cimetière).
...lles mosaïques (Quartier Saint-Jean).
...INES DU PALAIS DU MIROIR.
...ifice à colonnes (Tranchée du chemin de fer).
...emple des Mères Augustes (*ibid.*).

Voies romaines et chemins pavés.

Voie d'Italie (Chemin de Saint-Marcel).
Autre voie d'Italie (Rue de Pont-Évêque).
Voie du Nord (Rues d'Arpot et de Lyon).
Voie abrégée de Lyon à Vienne (Chemin de la Plaine).
Voie d'Arles (Rue de Vimaine).
Voie des Helves (Chemin vicinal de Saint-Cyr).
Chemin pavé (Grande-rue).
Chemin pavé (Rue Ponsard).

Chemins pavés (Sainte-Colombe, propriétés particulières).

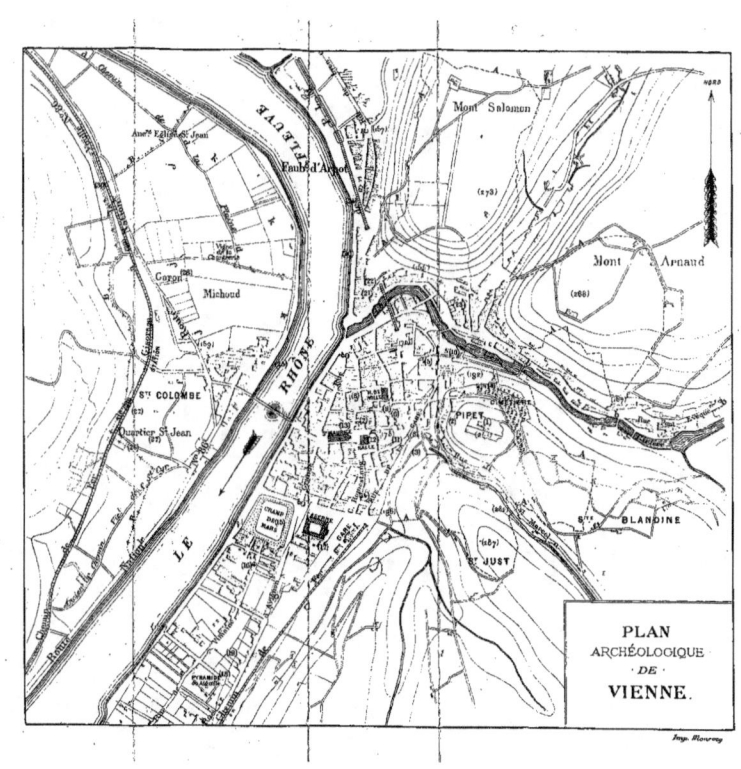

PLAN ARCHÉOLOGIQUE DE VIENNE

LYON
ANTIQUE

Autel de Rome et d'Auguste

LYON ANTIQUE.

AVANT-PROPOS.

Exceptionnellement bien situé au point de vue géographique, habité par une population à la fois très réfléchie et très active, Lyon est en progrès continu, alors que beaucoup de villes antiques ne sont plus grandes que par le souvenir. Les deux fleuves qui le traversent entre des quais majestueux, les lignes régulières de ses belles maisons dans les quartiers nouvellement construits, l'échelonnement pittoresque de la vieille ville sur les coteaux de Fourvières et de la Croix-Rousse, tout cela lui communique un véritable caractère d'originalité. Le commerce et l'industrie y sont des plus prospères : on y trafique avec les pays les plus lointains; mais Lyon est surtout célèbre par l'incontestable supériorité de ses soieries : finesse et solidité du tissu, choix heureux des couleurs, variété des dessins, tout se réunit pour donner à ces étoffes, aux reflets chatoyants, une supériorité que la concurrence étrangère s'efforce vainement d'atteindre.

Lyon est encore un centre intellectuel des plus importants : on y cultive les sciences, les lettres et les arts; on y aime à se tenir au courant du mouvement des idées, en même temps que l'on y est très attaché aux traditions : les Lyonnais sont fiers de l'antiquité de leur ville et de sa gloire à travers les âges. Ils ont d'ailleurs toutes raisons pour cela : il est peu de centres de population plus intéressants au point de vue de l'étude de nos origines nationales.

Destiné par Auguste à devenir la capitale d'une partie de l'Empire, Lyon fut le siège administratif d'une circonscription qui comprenait tantôt la Lyonnaise et l'Aquitaine, tantôt la Lyonnaise, l'Aquitaine et la Belgique, tantôt toute la Gaule. L'Autel de Rome et d'Auguste, élevé au siège de l'Association des soixante cités de la Gaule, se dressait dans son voisinage immédiat : chaque année, au mois d'août, les délégués, choisis parmi les membres de l'aristocratie gauloise, en se rendant à l'autel pour sacrifier, venaient demander à la grande ville ses produits manufacturés, ses distractions et ses plaisirs. Pour ces causes diverses, Lyon devint en peu de temps une des plus importantes cités de l'Occident latin, placée, après Rome, sur le même pied que Carthage.

Il est difficile de se rendre compte actuellement de la splendeur de ses monuments antiques, dont il ne reste ici et là que quelques substructions. Par contre, Lyon possède un grand nombre d'inscriptions funéraires ou honorifiques, abondantes en renseignements curieux sur les mœurs et le caractère des habitants. Les collections du Musée sont très belles. A côté d'objets, les uns de provenance étrangère qui ne nous intéressent pas et que nous laisserons de côté, il en est un certain nombre qui ont été trouvés dans la vallée du Rhône, et beaucoup d'origine locale, qui compléteront heureusement nos connaissances sur les goûts artistiques des Lyonnais de cette époque.

A l'aide de ces divers documents, nous allons pouvoir esquisser la physionomie de la ville gallo-romaine. Dans cette résurrection du passé, nous n'avons pas été laissé à nos seules forces. Les antiquités de Lyon ont, par leur richesse même, attiré de tout temps l'attention des historiens et des archéologues. Au XVI⁰ siècle, nous rencontrons les noms de S. Champier[1], de Morien Pierchan[2], de Milæus[3], de Paradin[4]; au XVII⁰ siècle, c'est Ruby[5], Menestrier[6] et Spon[7]; au XVIII⁰ siècle, le jésuite Colonia[8], le président Brossette[9] et Clapisson[10]. Au XIX⁰ siècle l'archéologie romaine de Lyon donne lieu à de nombreux travaux. Le manuscrit d'Artaud[11] sur *Lyon souterrain* est

[1] S. Champier, *De origine et commendatione civitatis lugdunensis*, dans son livre *De triplici disciplina*, 1508, in-8°. Reproduit dans *Galliae celticae campus*, 1537, in-4°. — *Discours de l'antique origine et noblesse de la cité de Lyon*, 1579, in-8°.

[2] Morien Pierchan (pseudonyme de Théodore du Mas), *Galliae celticae et antiquitatis lugdunensis, quae est caput Celtarum campus*, etc., 1537. Petit in-folio.

[3] C. Milæus, *De primordiis Lugduni*, 1545, in-4°.

[4] G. Paradin, *Mémoire pour l'histoire de Lyon, ensemble des inscriptions antiques, tumulus*, etc., 1573, in-fol.

[5] C. de Rubys, *Histoire véritable de la ville de Lyon*, 1604, in-fol.

[6] Cl.-Fr. de Menestrier, *Éloge historique de la ville de Lyon*, 1669, in-4°.

[7] J. Spon, *Recherche des antiquités et curiosités de la ville de Lyon*, 1675. Autre édition, 1676. Nouvelle édition, par J.-B. Monfalcon, 1859, in-8°.

[8] D. de Colonia, *Antiquités profanes et sacrées de la ville de Lyon*, 1701, in-4°, avec planches. Deuxième édition, 1733 et 1738, 2 vol. in-12. — *Histoire littéraire de la ville de Lyon*, 1728-1730, 2 vol. in-4°.

[9] Brossette, *Éloge historique de la ville de Lyon*, 1711, in-4°.

[10] A. Clapisson, *Histoire et description de la ville de Lyon, de ses antiquités*, etc., 1761, in-8°.

[11] F. Artaud, *Notice des antiquités et des tableaux du Musée de Lyon*, 1808 et années suivantes jusqu'en 1823, in-8°. — *Cabinet des antiques du Musée de Lyon*, 1816, in-8°. — *Notice des inscriptions du Musée de Lyon*, 1816, in-8°. — *Musée lapidaire de Lyon*, 1827, in-4°. — *Lyon souterrain ou Observations archéologiques et géologiques faites dans cette ville depuis 1794 jusqu'en 1836*, manuscrit in-fol. de 210 pages, à l'Académie de Lyon. Imprimé dans la *Collection des bibliophiles lyonnais*, 1846, in-8°.

un livre plein de renseignements précieux; Artaud a publié en outre plusieurs catalogues des Musées. Bien plus considérables sont les deux in-4° de Commarmond[1] sur le Musée lapidaire et sur celui des antiques. J.-B. Monfalcon[2] a également abordé l'étude des antiquités de la ville dont il a raconté l'histoire. Un jurisconsulte distingué, passionné d'archéologie, de Boissieu[3], a reproduit avec beaucoup de soin et de luxe même les textes épigraphiques de Lyon.

Mais il est maintenant de beaucoup distancé par l'ouvrage magistral de MM. Allmer et Dissard[4], sur les inscriptions antiques du Musée de Lyon. Publié sous les auspices et aux frais de la ville, ce livre honore la science française : M. Allmer y montre avec plus de force encore les solides qualités que nous avions admirées dans les *Inscriptions antiques de Vienne* et qui se manifestaient également dans son livre de *Trion*[5].

[1] A. Commarmond, *Description du Musée lapidaire de la ville de Lyon, Épigraphie antique du département du Rhône*, 1846-1854, grand in-4°, 19 planches. — *Notice du Musée lapidaire de la ville de Lyon*, 1855, in-18. — *Description des antiquités et objets d'art contenus dans les salles du palais des Arts de la ville de Lyon*, 1855-1857, in-4°.

[2] J.-B. Monfalcon, *Histoire de la ville de Lyon*, 1846-1847, 3 vol. in-8°. — *Lugudunensis historiae monumenta*, 1855-1860, 5 vol. grand in-4°. — *Le nouveau Spon, manuel du bibliophile et de l'archéologue lyonnais*, 1855, in-8°. — *Musée lapidaire de la ville de Lyon* (sans date), in-8° avec planches. — *Histoire monumentale de la ville de Lyon*, 1865-1869, 9 vol. grand in-4°.

[3] A. de Boissieu, *Inscriptions antiques de Lyon*, 1846-1854, in-4°.

[4] A. Allmer et P. Dissard, *Musée de Lyon, Inscriptions antiques*, 3 vol. in-8°, 1888-1890. Un quatrième volume, relatif aux textes chrétiens, est en préparation.

[5] A. Allmer et P. Dissard, *Trion, Antiquités découvertes en 1885, 1886 et antérieurement, au quartier de Lyon dit de Trion*, 2 vol. in-8°, 1887. Extrait des *Mémoires de l'Académie des sciences, belles-lettres et arts de Lyon*, Classe des lettres, volume XXV, 2ᵉ partie.

Non seulement les textes sont reproduits avec sûreté, classés avec méthode, traduits avec rigueur, expliqués avec une netteté qui ne laisse rien à désirer, mais l'auteur étudie encore l'histoire, la topographie, les monuments de Lyon, à la clarté d'une critique judicieuse qui rejette les hypothèses, détruit les opinions préconçues et ne se détermine que par de fortes raisons.

Après un ouvrage aussi parfait en tous points, y avait-il place pour une esquisse comme la nôtre! Il nous a paru que oui. En véritable savant, M. Allmer approfondit, argumente, discute, insiste sur les points contestés, éclaire tous les coins obscurs, s'entoure de l'appareil scientifique en rapport avec le recueil qu'il a entrepris. Ce livre, de plus de 1,800 pages, est un véritable régal de savants, mais il est difficilement abordable à ceux qui ne s'occupent pas tout spécialement d'épigraphie. Le nôtre s'adresse à un plus grand nombre de lecteurs : tous nos efforts ont tendu à le faire court, à lui donner une allure dégagée, à ne choisir que les documents essentiels, à tracer un tableau vrai, mais non chargé en détails, et susceptible d'être embrassé d'un coup d'œil. Nous avons consacré plusieurs années à cette entreprise. Nous ne regretterons pas notre peine si nous avons pu contribuer, pour notre modeste part, à faire connaître les antiquités d'une ville importante entre toutes, où nous avons longtemps vécu et dont nous avons gardé le meilleur souvenir.

Monnaies de la colonie de Lyon [1].

INTRODUCTION HISTORIQUE.

Fondation de la colonie romaine. — Munatius Plancus. — Marc-Antoine. — Octavien. — Auguste et Agrippa. — L'Autel de Rome. — Lyon sous les Empereurs. — Septime Sévère et Albin. — Décadence de Lyon gallo-romain.

Sur l'emplacement de Lyon moderne s'élevaient deux villes antiques, l'une romaine, l'autre gauloise, séparées par la Saône qui, sur ce point, servait de frontière à deux pays

[1] A l'arrière-plan, la colline de Fourvières, sa chapelle et sa basilique, bâties sur l'emplacement du forum romain; en avant, les deux faces des médailles lyonnaises à l'Autel de Rome et d'Auguste; à gauche du lecteur, la scène de la fondation de Lyon, figurée sur un médaillon de terre cuite; au-dessous, la statuette en bronze, à l'échelle de $\frac{1}{4}$, de la Victoire trouvée à Lyon, réduction probable des statues colossales dressées de chaque côté de l'Autel.

très différents d'institutions et de mœurs. Ici, à Lugudunum, sur le coteau de Fourvières, on pouvait se croire à Rome ; là, sur le flanc de la colline de la Croix-Rousse, on foulait le sol de la Gaule, à laquelle César et Auguste avaient voulu laisser au moins une apparence de liberté. Nous nous garderons de confondre le bourg gaulois de Condate et la colonie romaine de Lugudunum, et nous exposerons successivement, dans cette Introduction, les événements qui se sont accomplis dans l'une et dans l'autre au cours des premiers siècles de notre ère. Au lieu d'entrer dans le détail des faits, nous avons préféré ne parler que des événements principaux, en les rattachant à l'histoire générale ; notre récit en offrira plus d'intérêt et nous verrons ainsi notamment l'enchaînement des circonstances qui, en très peu de temps, ont porté Lyon à un si haut degré de prospérité.

1. C'était en 43 avant J.-C. A la faveur des luttes intestines et de la confusion que l'assassinat de Jules César suscita dans la Capitale, une vive effervescence régnait sur différents points du monde romain : à Vienne, cité de droit latin et colonie honoraire, le parti national, qui n'avait pas été assez fort quelques années auparavant pour déterminer un mouvement en faveur de Vercingétorix, réussit adroitement à prendre la direction des affaires et à chasser les citoyens romains de la ville [1].

Ceux-ci n'étaient autres que les colons établis par César quelques années auparavant. Anciens soldats, ils prirent, dans les luttes civiles, parti contre les meurtriers de leur ancien général. Les Allobroges en profitèrent pour s'insurger contre eux, en se déclarant pour le Sénat. Les exilés, qui ne paraissent pas d'ailleurs avoir été autrement maltraités, se dirigèrent vers le nord, en longeant les coteaux qui bordent la rive gauche du Rhône. Ils s'arrêtèrent à 40 kilomètres environ en amont de Vienne, sur une colline qui portait déjà le nom de *Lugudunum* [2]. Voici en quels termes Sénèque dépeint le

---

[1] Sur les origines romaines de Lyon, on consultera avec profit le savant mémoire de M. Émile Jullien, *La fondation de Lyon*, Lyon, Stork, 1891.
[2] C'est-à-dire *Colline des corbeaux*, Allmer et Dissard, t. II, p. 147.

site qu'ils choisirent pour leur nouvel établissement : «C'est, dit-il [1], un coteau baigné par deux rivières; le soleil le frappe toujours de ses premiers rayons. A ses pieds coule le Rhône, aux flots très rapides; la Saône, indécise de quel côté elle se dirigera, baigne silencieusement son rivage de ses eaux endormies.»

Ce coteau était-il habité au moment où les Romains vinrent s'y établir? Il y a tout lieu de le croire. Indépendamment de la tradition légendaire qui donne comme fondateurs à la ville gauloise Momorus et Atepomarus, on se demande comment la Colonie, composée de citoyens romains, eût été appelée du nom gaulois de Lugudunum, si une localité indigène en possession de ce nom ne s'y fût pas trouvée déjà antérieurement.

En l'honneur du Sénat, les nouveaux arrivés ajoutèrent à l'appellation celtique de *Lugudunum*, le nom d'heureux augure de *Copia*, qui signifie «abondance». Il était bien choisi d'ailleurs : à une époque où la difficulté des communications était le principal obstacle aux transactions commerciales, Lyon avait une situation absolument unique, avec le Rhône qui accourait de l'est, la Saône qui descendait du nord et le Rhône, réuni à la Saône, qui le mettait en communication avec la Méditerranée et avec l'Italie.

Lorsque, du haut de la terrasse de Fourvières, par un de ces jours sereins, malheureusement trop rares à Lyon, on contemple le magnifique panorama qui se déroule devant soi, on aperçoit de tous côtés, au delà de la ville, des terres cultivées, des fermes entourées de vergers et de prairies, des villages sans nombre dont les silhouettes blanchâtres se détachent au milieu de la plaine du Dauphiné. Il n'en était pas de même dans les temps qui nous occupent. Tout cet espace était couvert de vastes forêts auxquelles l'humidité du sol était essentiellement favorable, et les huttes des Gaulois se transportaient d'endroit en endroit suivant les nécessités de l'élevage des troupeaux. La terre n'avait pour ainsi dire pas de valeur.

---

[1] Sénèque, *Apokolokyntose*, VI.

Aussi, lorsque les Romains chassés de Vienne sollicitèrent des Ségusiaves, propriétaires du sol, la permission de s'établir sur le monticule de Lugudunum, ne rencontrèrent-ils aucune opposition de la part de ces fidèles alliés de la République. A ces négociants il ne fallait pas d'ailleurs une aussi vaste étendue de territoire que s'il se fût agi de l'exploitation agricole du pays.

Cependant, pour que le nouvel établissement romain sur la colline de Lugudunum prît un caractère définitif, il était nécessaire qu'il fût en quelque sorte consacré par la mère patrie. Sans elle, on ne pouvait pas accomplir les cérémonies religieuses prescrites pour la fondation d'une ville, tracer avec la charrue l'enceinte sacrée, faire les sacrifices et distribuer des lots de terres. Il fallait aussi pourvoir aux premiers besoins et à l'installation des familles qui, habituées au bien-être d'une ville comme Vienne, se trouvaient tout d'un coup transportées en rase campagne et sans abri suffisant. Les nouveaux venus s'adressèrent donc au Sénat de Rome, et celui-ci ordonna à Munatius Plancus, qui commandait des légions dans la Narbonnaise, de venir avec ses soldats prêter son assistance aux exilés et fonder la Colonie.

2. Quel était ce Munatius Plancus! Pourquoi fut-il choisi par le Sénat!

Il ne sera peut-être pas sans intérêt d'esquisser en quelques traits la physionomie de cet homme, dont le nom est intimement lié à celui de Lugudunum. Mais pour cela il est nécessaire de rappeler brièvement les graves événements qui se passaient à Rome à cette époque.

César venait d'être assassiné, et l'on se demandait timidement si Brutus et Cassius étaient des héros vengeurs de la loi outragée ou des parricides dignes du dernier supplice; si le Sénat incarnait l'âme de la Patrie, ou bien s'il ne fallait voir dans cette assemblée que la représentation impuissante d'un ordre politique à jamais disparu! Deux hommes aspiraient à recueillir l'héritage de César : Antoine avait fait ses preuves et était évidemment le plus fort, mais son orgueil lui suscitait des ennemis et il s'était ouvertement déclaré contre le Sénat;

Octave, beaucoup plus jeune, doux, conciliant, désintéressé en apparence, avait séduit Cicéron et affectait un respect profond pour la loi.

Dans les périodes troublées, pour les ambitieux avides d'arriver aux honneurs, la justice est muette, l'intérêt commande; on est pour le succès. Or il est souvent très difficile de prévoir à qui la Fortune assurera définitivement la victoire, et le grand talent consiste à temporiser sans se compromettre.

Munatius Plancus possédait cet art au suprême degré, et il put pendant longtemps diriger assez habilement sa barque pour rester à la fois l'ami d'Antoine et de Cicéron. Avec le premier il était lié par un traité secret; le second lui écrivait en ces termes affectueux : «Si le Sénat, disait-il [1], nous rend une république où le mérite puisse obtenir le lustre qui lui convient, comptez que le vôtre sera distingué. Je vous exhorte, mon cher Plancus, à tourner toutes vos pensées à la gloire. Servez votre patrie... Vous me trouverez toujours du zèle à faire valoir vos intérêts et à favoriser votre dignité...».

Cependant le moment de se décider approchait. Antoine devenait pressant et réclamait des secours de son allié. Le Sénat, d'autre part, demandait au général qui commandait ses armées autre chose que de vaines promesses. Plancus allait-il être enfin obligé de prendre un parti! Cette fois encore il se tira d'affaire en invitant Antoine à venir le rejoindre et en écrivant au Sénat que ses troupes étaient mal disposées et qu'il ne pouvait répondre d'elles. Préférant un indifférent à un ennemi déclaré, le Sénat donna à Plancus l'ordre d'aller avec son armée fonder la colonie de Lugudunum.

Est-il besoin de dire qu'il obéit avec empressement! Il évitait encore ainsi en effet de se prononcer et avait en même temps l'honneur de présider à la fondation d'une ville à laquelle tout semblait présager un brillant avenir.

Ce titre de gloire est d'ailleurs soigneusement mentionné

---

[1] Cicéron, *Ad famil.*, X, 12.

sur l'épitaphe du tombeau de Plancus, qui existe encore à Gaëte :

Lucius Munatius Plancus, fils de Lucius, petit-fils de Lucius, consul, censeur, imperator deux fois, septemvir épulon, a triomphé des Rhètes, a construit du butin de la guerre le temple de Saturne, a fait en Italie le partage des terres de Bénévent, a fondé dans la Gaule les colonies de Lugudunum et de Raurica [1].

3. Telles sont les conditions dans lesquelles avait été établie la colonie de Lugudunum, tel est le portrait de son fondateur. On verra qu'Auguste prit une grande part au développement de la Colonie, mais le triumvir Marc-Antoine ne paraît pas non plus y avoir été absolument étranger. Sénèque appelle ironiquement l'empereur Claude, né à Lyon, «un citoyen de la ville de Marcus», et il existe des médailles d'argent portant au droit le buste ailé de la Victoire, représentée sous les traits de Fulvie, femme d'Antoine, et, au revers, un lion marchant à droite, le lion de Marc-Antoine, avec la légende LVGVDVNI. S'appuyant sur ces faits, quelques historiens ont cru pouvoir affirmer que Marc-Antoine était le fondateur de Lyon. Une saine critique fait justice de ces conclusions trop hâtives. De l'examen des faits il résulte que Lugudunum fut effectivement, avec toute la Gaule, attribué à Antoine dans le premier partage du monde romain. Sans affirmer qu'il y séjourna pendant les deux années que dura son commandement, il est certain que, ayant à faire de fortes levées de troupes et les recrutant dans la Gaule, il dut établir à Lyon son quartier général. Il est naturel dès lors de supposer que, par ses constructions et ses embellissements, il a amplement ajouté à l'œuvre de Plancus. Celui-ci ne doit pas moins conserver pour lui tout seul le titre de fondateur de Lugudunum.

---

[1] *C. I. L.*, t. X, n° 6087 :

L · MVNATIVS · L · F · L · N · L · PRON
PLANCVS · COS · CENS · IMP · ITER · VII VIR
EPVLON · TRIVMP · EX · RAETIS · AEDEM · SATVRNI
FECIT · DE · MANIBIS · AGROS · DIVISIT · IN · ITALIA
BENEVENTI · IN · GALLIA · COLONIAS · DEDVXIT
LVGVDVNVM · ET · RAVRICAM

4. Des mains d'Antoine, la Gaule passa, au traité de Brindes, dans celles d'Octavien qui lui témoigna, dès le début, beaucoup de bienveillance. «Tandis que l'Autriche-Hongrie, l'Allemagne et l'Angleterre étaient occupées militairement, écrit M. Hirschfeld[1], que d'autres pays comme la Dacie étaient soumis à une dévastation en règle, la Gaule fut progressivement amenée à accepter la loi romaine, ou plutôt il n'y eut pas soumission humiliante du plus faible devant le plus fort, mais véritablement fusion de la civilisation nationale et de la civilisation étrangère.» Quelle était la raison de cette sympathie toute particulière d'Auguste envers la Gaule? Était-ce que l'étoile de César s'y était levée et y avait brillé tout d'abord d'un vif éclat? Était-ce que sa politique clairvoyante s'était rendu compte de la richesse et de la vitalité du pays que l'on a de tout temps pu appeler sans exagération le plus beau du monde? Avait-il compris, par une intuition de génie, que l'on ne tient la Gaule que lorsqu'on en possède le cœur?

Le fait est que si le pays conquis par César n'eût pas eu au début un administrateur d'une habileté consommée, il eût pu causer à Rome les plus graves ennuis et ébranler la confiance que les peuples avaient dans son inéluctable pouvoir. Coupée par des montagnes et par des fleuves, couverte de vastes forêts, la Gaule était habitée par des hommes à l'humeur belliqueuse et qui n'aspiraient qu'après l'ivresse de la bataille. Les mœurs de nos pères étaient sauvages. Posidonius[2], qui voyagea dans leur pays cinquante ans environ avant César, nous dépeint les horreurs de leurs sacrifices humains, de leurs superstitions cruelles, la joie féroce qu'ils éprouvaient à conserver comme un trophée de victoire les crânes de leurs ennemis tués dans le combat. Les druides exerçaient sur eux une grande influence. Les dieux de l'Olympe gaulois, avec leur caractère fantastique, leur symbolisme bizarre, se prêtaient à tous les caprices de prêtres ambitieux qui les faisaient parler selon leurs désirs.

---

[1] Hirschfeld, *Lyon à l'époque romaine*, traduction d'Allmer dans *Revue épigraphique du midi de la France*, t. I, p. 81.
[2] Posidonius, dans les *Fragmenta historicorum græcorum*, édition Didot, t. III.

Auguste se rendit compte de cette situation et s'occupa d'y apporter remède. On sait qu'il vint personnellement six fois en Gaule, et, dans l'intervalle de ses voyages, il ne voulut y être suppléé par personne autre que par son gendre et ami Agrippa.

Quels moyens ces deux hommes de génie employèrent-ils pour organiser la Gaule, et dans quelle mesure se servirent-ils de Lyon pour y arriver ?

Fidèles au plan de César, ils se préoccupèrent tout d'abord de mettre le pays dans l'impossibilité de se révolter. Pour cela, une armée nombreuse, composée de plusieurs légions, campée sur les bords du Rhin, surveillait les Germains, mais, au premier signal, eût pris la Gaule à revers, tandis que les colonies de la Narbonnaise eussent en même temps envoyé des secours sur les points menacés. Pour faire face immédiatement à toutes les éventualités, Lyon reçut une garnison, comme pour la garde de l'hôtel de la Monnaie, et nous verrons qu'elle rendit de grands services dans une révolte qui éclata subitement au temps de Tibère. Il y a plus : afin d'assurer la rapidité des communications, Agrippa créa des grandes routes qui, de Lyon comme point de départ, aboutissaient l'une à Saintes sur l'Océan, l'autre à la Manche, la troisième sur le Rhin, la quatrième enfin à la Méditerranée à travers la Narbonnaise. Telle était leur importance stratégique que Strabon s'exprime ainsi en parlant de Lyon [1] : «Ainsi mis à proximité de toutes les parties du monde, aussi bien par ses routes qui divergent en tous sens que par les deux fleuves qui effectuent leur confluent à ses pieds, Lyon, situé au milieu de la Gaule, en est comme la citadelle.»

Rassuré contre la possibilité d'une insurrection, Auguste s'occupa d'établir l'assiette des impôts; car Rome attendait d'autres fruits de sa conquête que le vain honneur de commander à un grand peuple; elle comptait sur ce riche pays pour alimenter le trésor public. Un des premiers actes d'Auguste, dès son arrivée au principat, avait été d'ordonner l'estimation du territoire et des propriétés et de se rendre

---

[1] Strabon, p. 192.

ainsi compte de ce qu'on pouvait légitimement exiger de chaque cité. Ceci fait, «il procéda, nous dit M. Allmer[1], à une nouvelle division de la Gaule. Il laissa intacte la Narbonnaise qu'il allait bientôt rendre au Sénat; mais il divisa en trois provinces la conquête de César, et, tout en maintenant dans cette division le principe des nationalités, entre lesquelles il avait trouvé le pays réparti, il en corrigea les disproportions. L'Aquitaine, qui ne venait que jusqu'à la Garonne, s'accrut au nord jusqu'à la Loire; la Belgique, qui ne dépassait pas la Moselle, descendit au sud jusqu'au Rhône; le reste de la Celtique forma la Lyonnaise, ainsi dénommée du nom de la ville de Lyon qui en occupe l'extrémité méridionale. Les trois provinces prises ensemble s'appelèrent les Trois Gaules. Elles étaient délimitées de manière à être toutes trois en contact avec Lyon, qui devient la capitale de toute la Gaule, *caput Galliarum,* comme s'exprime la table de Peutinger.» C'est ainsi que plus on avance, et plus on s'aperçoit du rôle important que Lyon a joué dans le plan élaboré par Auguste.

5. Le moment est venu maintenant de parler de la ville gauloise qui n'était, disions-nous, séparée de Lugudunum que par la Saône et qui, comme siège et centre religieux de l'Association des soixante cités, c'est-à-dire des soixante centres d'administration locale reconnus par Auguste, a exercé, elle aussi, une grande influence sur la romanisation du pays.

Les réformes récemment opérées dans la Gaule n'avaient pas été, on le comprend, sans froisser des intérêts et exciter des mécontentements : le peuple y avait trouvé son profit; mais les nobles et les druides qui étaient omnipotents autrefois souffraient des restrictions apportées à leur autorité. Aussi montraient-ils une sourde opposition qui, à l'occasion, aurait été dangereuse, et devenait-il nécessaire de donner une autre direction à leurs vues ambitieuses et à leur soif de pouvoir. Il n'était pas impossible, par des mesures habiles, de venir à bout de la noblesse, mais comment triompher de l'obstination du clergé national des druides?

---

[1] Allmer et Dissard, t. II, p. 178.

Auguste eut du moins le talent, en ne les persécutant pas, d'éviter de déterminer un nouveau courant de sympathie à leur endroit. Il se contenta d'interdire les sacrifices humains et fit défense à tout citoyen romain de pratiquer la religion druidique. Un grand concile annuel avait lieu à Chartres, et l'enthousiasme et le zèle religieux s'y échauffaient dans l'excitation des prédications et des fêtes. Fut-il brusquement supprimé ou le laissa-t-on tomber lentement en désuétude! Toujours est-il que, l'an XII avant J.-C., fut instituée en apparence en dehors de toute intervention de l'Empereur, une solennité à la célébration de laquelle on fit servir toutes les séductions de la civilisation romaine. A partir de cette date, chaque année, au mois d'août, les soixante cités de la Gaule élirent des représentants, qui se réunissaient au siège de l'Association, situé au confluent du Rhône et de la Saône, sur la colline de la Croix-Rousse, pour discuter certaines questions qui leur étaient réservées et sacrifier au nom de tous sur l'autel de Rome et d'Auguste[1].

A nous autres modernes, cette institution peut paraître bizarre. Elle ne choquait pas les anciens. Pour les provinces auxquelles il assurait les bienfaits de la paix, l'Empereur était véritablement un dieu : « Aux petits despotes, nous dit M. Hirschfeld[2], se substituait un souverain devant lequel tous sans exception devaient plier le genou ; à l'inflexible arbitraire des prêtres, les bienfaits de l'humaine justice romaine ; aux incessantes guerres, la paix durable et féconde. Qu'y a-t-il d'étonnant après cela que l'idée émise en l'an XIV par Drusus, d'élever, au confluent du Rhône et de la Saône, un autel à la divinité de Rome et d'Auguste ait immédiatement été accueillie avec faveur! Les peuples adoraient, dans la personne de l'Empereur, le génie bienfaisant dont le pouvoir supérieur avait donné la paix au monde. »

Est-il besoin de faire observer avec quelle habileté l'emplacement de l'autel du nouveau dieu avait été choisi! Le confluent du Rhône et de la Saône était, par sa position

---

[1] Dion Cassius, 54, 32.
[2] Hirschfeld, *Lyon romain*, traduction d'Allmer dans *Revue épigraphique du midi de la France*, t. I, p. 90.

géographique, naturellement désigné pour être le siège d'un marché important, et les intérêts matériels trouvaient largement leur profit aux actes de piété que les Gaulois venaient y accomplir. La grande ville, avec son luxe et ses plaisirs, a toujours eu un attrait puissant sur les populations de la campagne. Les Gaulois ne manquaient pas de visiter la cité voisine, et leur respect pour Rome grandissait devant les édifices de Lugudunum, en présence des raffinements d'une civilisation vers laquelle ils s'acheminaient ainsi sans le savoir.

D'ailleurs, sur le territoire même de l'Association, pendant la période des cérémonies religieuses, on avait multiplié les fêtes et les réjouissances. Nous aurons tout à l'heure à décrire le somptueux autel où sacrifiait le grand prêtre, l'amphithéâtre où l'on donnait des jeux mêlés; on a retrouvé des vestiges des thermes et des aqueducs qui apportaient dans cette bourgade gauloise un volume d'eau considérable. Rien n'avait été négligé pour procurer aux délégués toutes les ressources du bien-être et on ne leur épargnait pas non plus les honneurs : on leur élevait à eux et aux membres de leur famille, dans l'enceinte sacrée, des statues dont quelques piédestaux ont été retrouvés. L'assemblée avait d'ailleurs certaines attributions politiques : elle concourait sinon à déterminer le chiffre des impôts, du moins à leur répartition; de plus, par son refus de voter des remerciements au gouverneur des Trois Gaules, parvenu au terme de son mandat, elle lui infligeait un blâme dont le retentissement ne pouvait manquer de parvenir aux oreilles de l'Empereur.

Pour toutes ces raisons, les fonctions de délégués étaient très recherchées, et, comme il était facile de le prévoir, ce n'étaient pas les Gaulois les moins considérables et les moins influents qui briguaient l'honneur de sacrifier sur l'autel du nouveau dieu. Le moyen de calmer le mécontentement des nobles était donc trouvé; on avait donné une autre direction à leur vanité et à leur désir de paraître, en même temps que l'obéissance au souverain divinisé et reconnu par tous était devenue une sorte d'obligation religieuse.

Telle était l'assemblée des Trois Gaules, telles étaient les vues qui en avaient déterminé l'institution; c'est certainement une des plus grandes conceptions du génie d'Auguste; elle contribua puissamment à la romanisation de la Gaule et aussi à la prospérité de la ville voisine de Lugudunum.

6. Peut-être eussions-nous pu arrêter ici cette Introduction historique préparatoire à l'étude des monuments et des inscriptions. Nous dirons cependant quelques mots des principaux événements qui se sont accomplis à Lyon sous les différents empereurs, en insistant un peu plus longuement sur le règne de Septime Sévère, qui fait époque dans les fastes de l'histoire lyonnaise, et nous nous contenterons, pour le reste, d'une simple nomenclature de faits.

L'empereur Tibère était un administrateur habile; il continua l'œuvre d'Auguste et en régularisa le fonctionnement. Sous son règne cependant une révolte éclata dans le pays de la basse Loire; le légat gouverneur de Lyon, aidé de la cohorte qu'il avait sous la main et de troupes auxiliaires, la réprima très promptement [1].

Tout autre était Caligula, ce fou couronné, qui, après avoir dissipé l'épargne laissée par son prédécesseur et ruiné l'Italie, vint en Gaule pour remplir ses coffres. Un jour que, dans une partie de jeu, la chance ne le favorisait pas, il se fait apporter les listes de recensement et donne l'ordre de mettre à mort les plus riches Gaulois : «Vous vous évertuez, dit-il à ses partenaires, à gagner péniblement quelques deniers, alors que je gagne, moi, des millions d'un seul coup [2].» Un curieux bronze du Musée d'Avignon le représente habillé en marchand de gâteaux, allusion évidente à son métier de commissaire-priseur. L'Empereur ayant fait venir à Lyon le mobilier de la vieille cour, racontent Suétone et Dion Cassius [3], le mit lui-même aux enchères en ayant soin, pour en augmenter la valeur, de rattacher chaque pièce à un événement historique : «Cet objet vient de mon père, criait-il à pleine voix aux Gaulois étonnés devant cet abaissement de la majesté impériale, cet autre a appartenu à ma mère, à mon grand-

---

[1] Tacite, *Annales*, III, 41.
[2] Dion Cassius, 59, 22.
[3] Dion Cassius, 59, 21; Suétone, 39.

père, à mon aïeul; celui-ci a servi à Antoine en Égypte; celui-là à Auguste, c'est un souvenir de sa victoire.» Une autre fois, il imagina, pour les *jeux mêlés*, des prescriptions bizarres, sur lesquelles nous aurons l'occasion de revenir en parlant de l'amphithéâtre de l'Association.

Claude, né à Lyon, en fut le bienfaiteur : il en augmenta le territoire, contribua à son embellissement et demanda au Sénat, pour les citoyens romains des Trois Gaules, l'accès aux fonctions publiques; le discours qu'il prononça à cette occasion est rapporté par Tacite[1] et gravé sur deux tables de bronze, qui sont actuellement au Musée. La bienveillance de Claude envers Lyon n'eut d'égale que celle de Néron. Sous son règne une catastrophe terrible, un incendie, dont Sénèque[2] nous a conservé le souvenir et le vivant tableau, détruisit la ville de fond en comble : «Il n'y eut que l'intervalle d'une nuit, écrivait-il, entre l'existence d'une grande cité et son anéantissement.» Les Lyonnais avaient fait parvenir l'année précédente aux incendiés de Rome un secours de 4 millions de sesterces, Néron leur envoya, de sa cassette particulière, une pareille somme[3].

On a fait ailleurs[4] le récit des événements qui s'accomplirent sous les empereurs Galba, Othon et Vitellius, et exposé la rivalité haineuse qui se manifesta entre Lyon et Vienne et qui eut pour épilogue la ruine de cette dernière cité. A partir de Vespasien, la politique romaine porta ses efforts vers l'Orient; de quelque temps, l'histoire ne parle plus de Lyon, où se déroule le sombre drame de la sanglante persécution de Marc-Aurèle[5].

7. Le règne de Septime Sévère marque la fin de la grande prospérité de Lugudunum. Avant d'être porté à l'empire, ce prince avait été gouverneur de la Lyonnaise, et, dans ces fonctions, il s'était concilié la sympathie générale. «Par son

---
[1] Tacite, *Annales*, XI, 24.
[2] Sénèque, *Epist. mor.*, 91.
[3] Tacite, *Annales*, XVI, 13.
[4] Voir plus haut, p. 15.
[5] Nous citerons plus loin, tout au long, la lettre célèbre, conservée par Eusèbe, où se trouve l'émouvant récit de cette persécution.

intégrité, dit Spartien [1], par l'éclat de la représentation dont il entoura ses fonctions, il se fit aimer des Gaulois plus que jamais aucun autre gouverneur de la province.» Mais ses sentiments changèrent du tout au tout à son avènement au pouvoir, et il montra à l'égard de la Gaule une animosité, une cruauté même dont les effets se prolongèrent bien au delà de son règne. C'est que, chez cet Oriental, la passion était maîtresse, et que, vindicatif à l'excès, il ne pouvait pardonner à ses amis d'autrefois de lui avoir préféré Albin, un rival.

Celui-ci commandait en Bretagne et allait être proclamé empereur par ses soldats, comme Didius Julianus l'avait été par les prétoriens, Niger par les légions d'Orient, et Septime Sévère lui-même par celles de Pannonie et de Germanie. L'ambitieux Sévère divisa les forces de ses ennemis et fit alliance avec Albin, auquel il donna le titre de César; mais, débarrassé de ses autres compétiteurs, il rompit ouvertement avec lui.

Albin vint en Gaule avec son armée pour se préparer à la guerre; il y reçut bon accueil. Lyon se déclara en sa faveur et, au début, la fortune lui fut favorable. Mais Septime Sévère arriva avec des forces imposantes. Une terrible bataille, sur l'emplacement de laquelle on n'est pas exactement fixé, se livra dans les environs de Lyon. «Le champ de combat, raconte Dion Cassius [2], n'est qu'un horrible monceau de cadavres de chevaux et d'hommes; le sang coule dans les deux fleuves, et le nombre des morts de part et d'autre est tellement considérable que les forces de l'empire en furent sensiblement amoindries.» Albin, prévoyant qu'il ne trouverait ni pitié ni merci auprès de son rival, se donna lui-même la mort; Lyon, qui avait embrassé son parti, devint la proie de l'armée victorieuse : il fut pillé, saccagé, livré aux flammes et ne se releva jamais du coup terrible qu'il reçut. «A partir de ce moment, ajoute M. Allmer [3], Lyon fait peu de bruit dans le monde. La ville continue à être la capitale de trois provinces, la résidence de nombreux fonctionnaires publics et de nombreux vétérans, le siège de la représentation natio-

---

[1] Spartien, *Sévère*, IV.
[2] Dion Cassius, 75, 6.
[3] Allmer et Dissard, t. II, p. 243.

nale; mais le commerce, sans s'être éteint entièrement, n'y jette plus d'éclat. Plus d'inscriptions qui rappellent ces corporations naguère si florissantes, à présent désorganisées! Peu et bientôt plus d'inscriptions de particuliers qualifiés: elles ont disparu avec l'aisance et le bien-être. Celles qu'on trouve maintenant sont des épitaphes d'agents subalternes de l'administration publique, attachés à Lyon par leur service; des épitaphes de vieux soldats qui, après leur libération, sont venus vivre à Lyon de leur retraite, ou bien des piédestaux de statues élevées à des empereurs ou à de hauts personnages à qui la crainte qu'ils inspirent fait rendre des honneurs.

«Même dans le reste de la Gaule, ce pays si libéralement doté par la nature, il semble ne plus y avoir de richesse. La splendeur du culte impérial à l'Autel national du confluent a singulièrement pâli. Trop appauvries maintenant, les cités dont les délégués sont élus à la prêtrise ou à quelqu'une des fonctions de l'Association, distinctions précédemment si pompeusement honorées, ne leur décernent plus de statues....»

Avec l'appauvrissement de Lyon, son importance administrative décroît rapidement; on sent l'approche des Barbares, et, la ligne de défense se trouvant sur le Rhin, le rôle métropolitain va passer à Trèves; puis arrivent les révoltes des paysans poussés à bout par la misère, pillant et massacrant tout sur leur passage. Dioclétien ramènera pendant un moment le calme dans le monde romain; mais, dans sa réorganisation de la Gaule, il multipliera les capitales, et Lyon en sera affaibli d'autant.

En 353, Magnence, meurtrier de Constant, le plus jeune des fils de Constantin, s'y donna la mort pour ne pas tomber vivant entre les mains du vainqueur; et, en 383, l'empereur Gratien y fut tué, dans des circonstances particulièrement tragiques, par l'usurpateur Maxime. Au commencement du Ve siècle, les Barbares ont forcé la barrière du Rhin, et, pendant plus de deux ans, la Gaule est parcourue, dévastée, incendiée dans tous les sens: «Quand tout l'Océan, dit un auteur contemporain [1], aurait inondé le pays, il n'y aurait pas

---

[1] Prosper, *Chronique*.

fait de plus terribles ravages.» Parmi les envahisseurs, il s'en trouvait de mœurs moins sauvages qui sollicitèrent des empereurs l'autorisation de coloniser le pays en promettant de le défendre. C'étaient les Burgondes : en 443, ils s'établissent dans la Séquanaise et dans la Sapaudie, en prenant successivement Genève et Vienne pour capitale; en 456, ils étendent leurs possessions jusque dans la première Lyonnaise; en 470 la cession officielle du pays leur est faite par l'empereur Anthémius, et Lyon, prédestiné à toujours jouer un rôle important, devient peu après leur capitale.

Fibule en bronze ciselé.

PREMIÈRE PARTIE.

LES MONUMENTS.

LA VILLE ROMAINE DE FOURVIÈRES.

AQUEDUCS ET TOMBEAUX.

LA VILLE GAULOISE DE LA CROIX-ROUSSE.

Bas-relief en marbre des Mères Augustes,
à l'échelle de $\frac{1}{10}$. (Ainay.)

Aqueducs de Lyon.

PREMIÈRE PARTIE.

LES MONUMENTS.

L'importance de Lyon à l'époque gallo-romaine laisserait supposer que l'on doit y trouver en grand nombre les restes de ses antiques monuments. Il n'en est rien cependant : les constructions romaines ou bien sont enfouies à une grande profondeur dans le sol, ou bien ont été détruites. En fait de ruines de caractère imposant, on chercherait vainement autre chose que les arceaux des aqueducs, dont la ligne se dessine encore, non sans agrément, sur quelques points de la campagne lyonnaise, et les mausolées récemment mis à jour en creusant dans la colline une tranchée de chemin de fer et transportés pièce par pièce sur la place voisine de Choulans.

Était-ce une raison suffisante pour ne pas parler de la topographie et des monuments lyonnais ? Nous ne l'avons pas pensé. Même à ne les considérer que comme une préparation à notre étude épigraphique et archéologique, les indications sommaires que nous fournirons sur l'assiette de la ville et l'emplacement de ses édifices ne seront pas sans intérêt. Nous entrerons ici encore dans la voie si magistralement ouverte par M. Allmer [1] : puisant ses renseignements aux sources romaines, textes, inscriptions, révélations du sol, trop négligées par ses prédécesseurs qui s'attachaient exclusivement aux traditions du moyen âge, l'auteur a redressé bien des erreurs; nous en avons profité.

Lyon occupe actuellement une superficie de beaucoup plus considérable que celle de la ville romaine : le quartier de Perrache est de création toute récente; ceux de Vaise, de la Guillotière et des Brotteaux proviennent d'agrandissements successifs et ne datent que de quelques centaines d'années. C'est sur le coteau de Fourvières, sur celui de la Croix-Rousse ou bien encore dans le quartier des Terreaux, situé entre le Rhône et la Saône, que l'on peut s'attendre à rencontrer quelques vestiges d'antiquités.

On se propose d'étudier, dans un premier chapitre, l'assiette et les monuments de la ville romaine; on parlera, dans le second, des aqueducs et des tombeaux. Il sera question, dans le troisième chapitre, des monuments que l'Association des soixante cités de la Gaule avait élevés sur son territoire.

---

[1] Allmer et Dissard, *Exposé préliminaire*, dans *Trion*, p. CIX, reproduit dans les *Inscriptions antiques du Musée de Lyon*, t. II, p. 273.

CHAPITRE PREMIER.

LA VILLE ROMAINE DE FOURVIÈRES.

I. L'ENCEINTE DE LA VILLE.

Tombeau de Primilla,
à l'échelle de $\frac{1}{13}$.

Fourvières forme dans Lyon un quartier à part, dont l'originalité n'échappe pas au visiteur : tout autour du sanctuaire vénéré de la Vierge se sont groupés des couvents, des orphelinats, des hôpitaux dont le calme et la monotonie s'harmonisent avec les impressions que recherche l'archéologue. Pour arriver sur le plateau où se dresse, à côté de la somptueuse basilique, la chapelle qui sera toujours de préférence visitée par les dévots lyonnais, on suit des rues aux pentes rapides établies sur d'anciens chemins romains ; sur plusieurs points la colline est tellement à pic, qu'on n'accède au plateau que par des escaliers. Fourvières était donc un emplacement des mieux choisis pour des gens qui pouvaient avoir à redouter l'attaque de peuplades ennemies. *Lugudunum* était d'ailleurs fortifié. Le rempart [1] commençait sur le bord de la Saône, au quartier dit de *la Quarantaine*, gravissait le coteau, puis s'inclinait à l'ouest en laissant en dehors le cimetière actuel de Loyasse, et rejoignait la rivière

---

[1] Le rempart moderne a été en grande partie construit sur la ligne des murailles romaines, dont on retrouverait en différents points les substructions.

à la hauteur du rocher de Pierre-Scize (lettres *aa* du plan). Du côté de Saint-Georges, de crainte des éboulements, on avait construit de grands murs de soutènement, qui s'élevaient à plusieurs étages en retrait les uns des autres. Par la suite, la sécurité devenant de plus en plus grande dans la Gaule pacifiée, et les besoins commerciaux plus impérieux, les Lyonnais descendaient non seulement sur le bord de la rivière, mais encore dans la presqu'île que forment le Rhône et la Saône, avant d'opérer leur jonction.

2. LE FORUM ET SES ENVIRONS.

Dans la ville ainsi délimitée, le forum occupait, comment eût-il pu en être autrement sur un terrain aussi escarpé, le plateau supérieur et médian. La vue que l'on découvrait de ce point élevé était des plus belles : alors comme aujourd'hui, on apercevait au sud, dans un lointain bleuâtre, le sommet du Pilat, presque toujours couvert de brumes; à l'ouest, le massif verdoyant du mont Izeron laissait entre lui et la chaîne du mont d'Or une fraîche vallée; à l'est enfin, la plaine du Dauphiné s'étendait à perte de vue, limitée à l'horizon par les montagnes de Grenoble et par les Alpes. A travers cet immense espace, miroitait d'un côté la traînée lumineuse du Rhône qui descend à flots pressés du lac Léman; de l'autre, serpentaient les gracieuses sinuosités de la Saône.

La nature est immuable et conserve à travers les siècles les grandes lignes de ses paysages. Au contraire, l'œuvre de l'homme est essentiellement fragile, et les somptueux monuments du forum ont disparu. Seul, le mur de soutènement de la terrasse sur laquelle il était établi subsiste encore (n° 1 du plan). Nous en empruntons la description à l'archéologue Artaud[1] : «Des personnes, dit-il, qui l'ont examinée lorsqu'on y faisait des réparations intérieures, prétendent que la muraille a 14 pieds d'épaisseur et des voûtes pour la rendre plus solide. Son massif est en moellons de roche; on y voit des ceintures de briques et des trous carrés pour les échafau-

---

[1] Artaud, *Lyon souterrain*, p. 4.

dages de sa construction. Ce grand mur de terrasse a, de distance, en distance des contreforts à moitié démolis, ainsi qu'un retour fort épais à sa gauche. Il soutient le devant d'un plateau régulier, qui a 200 pas de long, sur 80 de large, sans compter la place actuelle de Fourvières qui semble avoir toujours été fermée à l'ouest par une pente très rapide. Celle-ci a, du midi au nord, jusqu'au couvent de la Providence, une centaine de pas et 158 de l'ouest à l'est, en y comprenant les petits jardins, les maisons, l'église et la terrasse de Fourvières où devait s'élever un temple.»

Tel était l'emplacement du forum de Lyon, dont les édifices, d'après une antique chronique, auraient été détruits en 840, sous le règne de Louis le Débonnaire [1]. Ils étaient très somptueux si l'on en juge par la qualification d'*opus mirabile ac insigne*, qui leur est donnée dans la même chronique. Artaud [2] signale plusieurs riches fragments, aujourd'hui perdus, qui en provenaient. C'est également aux souvenirs des archéologues que nous emprunterons des renseignements sur les ruines exhumées, et pour la plupart remblayées ou détruites aussitôt après, aux environs du forum dans le passage Gay, le clos des Dames du Calvaire et la place de la Sarra.

Le passage Gay (n° 2 du plan), autrefois clos Billon, est un jardin particulier que l'on traverse, moyennant un droit minime de passage, pour arriver plus promptement à la chapelle de Fourvières. Dans les allées ombragées, que le voyageur traverse généralement d'un œil distrait, on rencontre çà et là quelques restes informes de substructions romaines. Au moment de leur découverte, il était plus facile d'en déterminer la destination; voici en quels termes elles sont décrites par l'archéologue Adamoli : «J'étais présent, dit-il [3], lorsque

---

[1] Ce renseignement nous est fourni par la *Chronique de saint Bénigne de Dijon*, dans le *Recueil des historiens de la Gaule et de la France*, t. VI, p. 212 : «Hoc anno (840), mirabile ac insigne opus quod Forum vetus vocabatur Lugduni corruit, eo ipso die intrantis autumni...» Le chroniqueur attribue à Trajan, gratuitement croyons-nous, la fondation de ce *forum vetus* d'où est certainement venu le nom de Fourvières, qui s'écrivait autrefois *Forviel*, *Forvièdre* ou *Forvière*.

[2] Artaud, *Lyon souterrain*, p. 3 et suiv.

[3] Adamoli, Troisième lettre, p. 40.

M. Dupont fit miner sa maison de campagne à Fourvières, pour planter des tilleuls sur une terrasse. Il y trouva des murs et des voûtes qui forment une partie des fondements de ce palais, lesquels embrassent toute la place de Fourvières, jusqu'à la maison de M. Olivier, celle qui au temps d'Artaud appartenait à l'abbé Caille, et sur l'emplacement de laquelle s'élève aujourd'hui l'observatoire Gay. Au bout de cette terrasse, est un reste de ces murs hors de terre, épais de plus de 4 pieds, construits en pierres de roche de Pierre-Scize, mêlées de grosses briques de 3 pouces d'épaisseur. On trouva dans cette fouille plusieurs pièces de monnaie à l'effigie de l'empereur Claude, des dieux pénates de pierre rousse, des lampes sépulcrales et une fourchette d'argent à deux pointes, dont le manche représentait un satyre bien travaillé.»

Artaud écrit de son côté [1] : «Lorsque M. l'abbé Caille a fait miner, pour asseoir dans une position magnifique les fondements de son pavillon, il a reconnu dans son jardin un grand espace de terrain, ou plutôt une plate-forme soutenue par des piliers énormes, qui formaient des galeries souterraines. Il a remarqué à fleur de terre les restes d'une muraille très épaisse, qui a dû faire partie d'un palais considérable, contigu aux ruines du Château d'eau... Au-dessous du pavillon du même propriétaire, on a extrait une pierre fondamentale, sous laquelle était, sans ordre, une poignée de médailles d'argent, toutes relatives au règne d'Auguste.»

Lorsqu'on se dirige de la place de Fourvières ou de l'entrée supérieure au passage Gay dans la direction de l'ouest, on passe devant la propriété (n° 3 du plan) où les Dames du Calvaire se consacrent aux soins des malades incurables et l'on arrive sur la place de la Sarra (n° 5 du plan), qui sert aux soldats de champ de manœuvre. Tout cet espace était autrefois couvert de constructions romaines. En faisant bâtir, au cours de l'année 1873, les Dames du Calvaire ont mis à jour plusieurs mosaïques, de bon travail [2]. Autrement importantes encore étaient les découvertes qui furent faites au temps

---

[1] *Lyon souterrain*, p. 9.
[2] Allmer et Dissard, *Trion*, préface, p. 127.

d'Artaud[1]. «M. Billet a trouvé, dit-il, dans sa maison de campagne, appelée autrefois *la Sarra*, des restes de constructions antiques, des aqueducs souterrains, des tronçons de colonnes de brèche violette et une tête colossale d'empereur couronnée de chêne[2]. M. Billet ne fait pas travailler une parcelle de son terrain sans qu'il y trouve des vestiges d'antiquités. Le même propriétaire nous a appris, ajoute Artaud[3], que M. de Constant, qui possédait cette campagne avant lui, avait vendu pour 12,000 francs de vieux marbres trouvés dans ce local.»

On voit, par ces quelques extraits, la richesse archéologique de cette terre, qui ne laisse d'ailleurs aujourd'hui rien paraître extérieurement en fait de constructions ou de ruines.

3. LA DOMUS JULIANA.

Elle était située sur la pente orientale du coteau de Fourvières, à l'endroit où s'élèvent les vastes bâtiments de l'hospice de l'Antiquaille[4] (n° 5 du plan).

Les aménagements modernes et le glissement des terres en ont fait disparaître en grande partie ses vestiges; il n'existe plus aujourd'hui que quelques substructions en matériaux de grand appareil. Artaud nous signale plusieurs découvertes intéressantes; mais nous avons des renseignements plus précieux encore, car ils sont plus anciens, dans la relation manuscrite que possèdent les religieuses du couvent de Notre-Dame de la Compassion et qui porte ce titre : *De ce qui s'est passé de 1628*

---

[1] Artaud, *Lyon souterrain*, p. 13.
[2] Elle est au Musée; on la considère aujourd'hui comme une tête de Jupiter.
[3] Artaud, *Lyon souterrain*, p. 15.
[4] Le couvent de l'Antiquaille, écrit Artaud, dans son *Lyon souterrain*, p. 22, a été ainsi nommé à cause des antiquités nombreuses qui y ont été trouvées. Après la Révolution il fut converti en un hospice pour les insensés... On y découvrit, selon Spon, quantité de fûts de colonnes en marbre et en pierre blanche, des chapiteaux, etc. La tradition veut que des religieuses aient fait cacher plusieurs inscriptions dans un des coins du jardin, dans la crainte d'être importunées par la visite des curieux. Il restait encore sous terre, près de la salle où l'on fait baigner les fous, une conserve d'eau, des colonnes et des mosaïques. — Aujourd'hui l'Antiquaille n'est plus une maison de fous, mais un hôpital pour les maladies d'un caractère particulier.

à *1685 au monastère de la Visitation appelé l'Antiquaille*[1]. Elle signale dans tout ce terrain «de grandes quantités de marbre, de jaspe, de porphyre, ainsi que de fourneaux, de médailles, de fragments de figures dont le clos était rempli..., d'aqueducs souterrains, de fontaines, de voûtes, de caves et de salles».

Il y avait évidemment à cet endroit des constructions importantes, peut-être un palais, peut-être le palais impérial, car, on le sait, plusieurs empereurs ou princes, Auguste, Tibère, Drusus, Claude, Germanicus, Caligula, résidèrent plus ou moins longtemps à Lyon. Ce qui est à peu près certain, c'est que le palais qui existait sur l'emplacement actuel de l'Antiquaille portait le nom de *domus Juliana*.

On y a trouvé en effet, il y a quelques années, une inscription, où il est question de la limite de «la circonscription du collège des Lares dans la maison Julienne»[2]. Cette précieuse indication ferait remonter assez haut, jusqu'à l'époque d'Auguste, la fondation de ce palais. S'il en était ainsi, il y a tout lieu de penser que les Romains avaient accumulé dans cette résidence impériale[3], qu'habitait ordinairement le gouverneur et qui était le siège des différents services administratifs[4], toutes les ressources et les séductions du luxe. Des somptueux appartements il ne reste rien. Seule la prison subsiste, peut-être celle où furent enfermés les chrétiens victimes, en 177, de la persécution de Marc-Aurèle.

La relation des religieuses de la Visitation signale, en effet,

---

[1] Nous avons pu le consulter, grâce à l'obligeance de M. l'abbé Mille, aumônier de ce couvent et économe du pensionnat des Minimes.

[2] Allmer et Dissard, t. II, p. 435 :

FINIS·COLL
LARVM
IN·DOM·IVLIAN

[3] On a trouvé dans les jardins de l'Antiquaille un autel élevé au dieu Sylvain par un des secrétaires de l'Empereur.

[4] Un coin pour la fabrication des médailles, à l'effigie de Faustine, trouvé dans le jardin du Rosaire, au-dessus de l'Antiquaille, donnerait à penser que c'est non loin de là que s'élevait l'atelier monétaire, dont l'existence à Lyon nous est prouvée par de nombreux témoignages. (Commarmond, *Découverte d'un coin romain pour la frappe d'une médaille de Faustine jeune*, etc., *trouvé à Lyon*, 1858, in-8°.)

«une chambre circulaire à pilier central, creusée dans le tuf, encore marquée du sang de ceux qui y avaient souffert, encore pourvue de quelques-uns des anneaux de fer qui garnissaient le pilier, et de la porte de fer grillée en losange qui la fermait; elle communiquait avec trois autres réduits plus affreux encore, et, par une voûte souterraine, avec le prétoire bâti au-dessus».

La piété des Lyonnais a transformé en un sanctuaire, gracieusement décoré dans le style des temples chrétiens primitifs cette prison, qui serait celle du vieil évêque Pothin, du diacre de Vienne Sanctus, du jeune noble Lyonnais Vettius Epagathus, du médecin phrygien Alexandre, d'Attale de Pergame, citoyen romain, enfin de la jeune esclave Blandine.

4. L'AMPHITHÉÂTRE ET LE THÉÂTRE.

On vient de retrouver récemment, en mars 1887, les substructions de l'amphithéâtre où ces mêmes chrétiens subirent le martyre; c'est dans la propriété Lafon, à l'intersection de la rue du Juge-de-Paix et de la rue Kléberg (n° 6 du plan). Longtemps on avait cru, sur la foi de documents qui ne remontaient pas au delà du moyen âge, que le supplice des martyrs s'était consommé dans la presqu'île d'Ainay; on avait songé également à l'amphithéâtre des Trois-Gaules, lors de sa découverte sur le penchant de la colline de la Croix-Rousse. Un examen attentif du texte que nous a conservé Eusèbe[1] eût pu préserver de cette erreur. Il y est dit en effet que les martyrs furent plusieurs fois conduits de la prison à l'amphithéâtre, sans que jamais les plus horribles souffrances aient triomphé de leur courage. Comment, avec le corps tout en lambeaux, brûlé par des plaques rougies au feu, tenaillé, déchiqueté, eussent-ils supporté de descendre la colline, de traverser le fleuve et de monter le coteau! On les eût ainsi exposés à mourir en route, et l'on eût privé le peuple du spectacle cruel dont il était si avide.

Ce n'était donc pas à Ainay qu'il fallait chercher les ruines de l'amphithéâtre arrosé par le sang des martyrs; ce n'était

---

[1] Nous le reproduisons plus loin intégralement.

pas non plus à la Croix-Rousse, au siège de l'Association des soixante cités, sur le sol gaulois, absolument indépendant de la colonie romaine. Le doute n'est d'ailleurs plus possible, depuis que, grâce aux fouilles généreusement opérées par M. Lafon, les substructions bien authentiques de l'amphithéâtre ont été ramenées à la lumière.

A l'amphithéâtre de Lugudunum se rattache encore le souvenir de deux gladiateurs qui y combattirent et dont nous possédons les monuments funéraires. Le premier s'appelait Callimorphus, probablement à cause de ses belles formes; il était *secunda rudis*, comme qui dirait prévôt d'armes [1]. L'autre, Hylas, aurait été plutôt le maître d'armes, *prima rudis* [2]. Il était à la fois *dimachaire*, armé d'un poignard dans chaque main, et *essédaire*, combattant du haut d'un char à la manière des Bretons et des Belges. On voyait encore dans l'amphithéâtre une troisième espèce de gladiateurs, les *myrmillons*, tout bardés de fer, représentés sur des médaillons de vases [3].

Les jeux sanglants étaient fréquents, on le voit, dans la capitale des Gaules; sa population de soldats retraités, d'employés italiens et d'esclaves était avide de spectacles dont les Romains faisaient leurs délices.

A moins de 100 mètres de l'amphithéâtre s'élevait le théâtre, avec ses gradins appuyés sur le flanc de la colline.

---

[1] Allmer et Dissard, t. III, p. 8; arcade XII :

```
      DEO MAR
      TI·AVG
      CALLIMO
      RPHVS
      SECVNDA
      RVDIS
      V·S·L·M
```

Au dieu Mars Auguste, Callimorphus, gladiateur, seconde lame de sa troupe, avec reconnaissance, en accomplissement de son vœu.

[2] De Boissieu, p. 460 et 621 add. Actuellement à la bibliothèque de la ville de Sens :

HYLAS DYMACHERVS SIVE ASSEDARIVS P VII RVI

Hylas, gladiateur, combattant avec deux glaives du haut d'un char, ayant combattu sept fois, première lame de sa troupe.

[3] Allmer et Dissard, *Trion*, p. 491.

Il en subsiste des restes assez importants dans le jardin des Dames cloîtrées de la Compassion (n° 7 du plan). On voyait nettement, il y a quelques années, tout l'appareil de la scène, «qui était, nous dit l'archéologue Artaud[1], disposée de telle sorte que l'on pouvait voir passer les flottilles sur la Saône, à travers les portes des décorations».

Il ajoute qu'on a trouvé à cet endroit «des marbres précieux en quantité, ainsi que des tessères d'ivoires numérotées et sculptées». Les matériaux du théâtre ont été en grande partie employés à la construction du couvent des Minimes.

5. LE CIRQUE.

On ne saurait fixer à l'aide de ses substructions l'emplacement du cirque. Mais comme, d'une part, on sait pertinemment qu'il en existait un à Lyon, et que, d'autre part, il fallait, pour lui donner un développement suffisant, une plaine d'assez vaste étendue, M. Allmer[2] a été amené à croire avec beaucoup de probabilité qu'il était situé derrière le théâtre, sur un large espace actuellement encore plat, compris entre la rue du Juge-de-Paix et le bastion Trois (n° 8 du plan). Des fouilles pratiquées à cet endroit permettront peut-être un jour de déterminer ce point intéressant. On a du moins dès aujourd'hui une série de souvenirs relatifs au cirque de Lugudunum.

Il n'y a peut-être pas témérité à supposer en effet que la belle mosaïque des *courses de chars* trouvée à Lyon, rue de Jarente, représente une des scènes du cirque de Lugudunum Nous la décrirons plus loin[3]. Remarquons seulement que la charpente des gradins est en bois, ce qui expliquerait la disparition complète du monument; les *carceres,* ou loges des chars, sont en planches également, l'estrade des juges est placée au-dessus. La *spina* en pierre formait un bassin avec sept dauphins de bronze, qui vomissaient l'eau par la gueule.

[1] Artaud, *Lyon souterrain,* p. 13.
[2] Allmer et Dissard, *Trion,* exposé préliminaire, p. CXXXVI, et *Inscriptions antiques de Lyon,* t. II, p. 301.
[3] Dans notre 3ᵉ partie, relative au Musée archéologique. Voir Artaud, *Description d'une mosaïque représentant les jeux du cirque, découverte à Lyon,* 1806, in-8°; et *La mosaïque des jeux du cirque au Musée de Lyon,* 1817, in-8°.

Les concurrents étaient tenus de faire plusieurs fois le tour de la piste; le contrôle était opéré grâce à un ingénieux système de chevilles, que l'on élevait ou que l'on abaissait à volonté. Le milieu de la *spina* était orné d'un obélisque.

Les jeux du cirque plaisaient beaucoup aux Lyonnais, et c'était leur faire un vif plaisir que de leur offrir une représentation au cirque, ou de contribuer de ses deniers à l'embellissement de l'édifice. Une inscription du Musée signale une donation de places au Cirque[1], faite par un particulier; ces places ayant été dégradées, peut-être même détruites, une corporation les rétablit de ses deniers. Une autre inscription[2]

---

[1] Allmer et Dissard, t. I, p. 123; arcade XXXIV :

CVRANTE · FVLVIO
AEMILIANO · C · V ·
LOCA · QVAE IVLIVS IANV
ARIVS · REI · P · DONAVERA
CENTONARI · SVO · IMPEN
DIO · RESTITVERVNT

Avec l'autorisation de Fulvius Æmilianus, clarissime, curateur (impérial), les centonaires ont rétabli de leurs deniers les places autrefois données à la cité par Julius Januarius.

[2] Allmer et Dissard, t. II, p. 361; arcade IX :

SEX · LIGVRIVS · SEX · FIL
GALERIA MARINVS
SVMMVS · CVRATOR C R
PROVINC · LVG · Q · II VIR ALBI
ORNAMENTIS · SVFFRAG
SANCT · ORDINIS HONO
RATVS · II VIR DESIGNATVS
EX POSTVL · POPVLI · OB · HONO
REM · PERPETVI PONTIF · DAT
CVIVS DONI · DEDICATIONE DE
CVRIONIB · X · V · ORDINI · EQVES
TRI · IIIII VIRIS · AVG · NEGOTIATO
RIB · VINARIS X III ET · OMNIB · COR
PORIB · LVG LICITE · COEVNTIBVS X II
ITEM LVDOS CIRCENSES DEDIT · L · D · D · D

Sextus Ligurius Marinus, fils de Sextus, de la tribu Galeria, curateur général des citoyens romains de la province lyonnaise, questeur honoré des ornements duumviraux, par le suffrage du sanctissime ordre, duumvir désigné à la demande du peuple, donne, en reconnaissance de sa promotion à l'honneur du pontificat perpétuel, ce monu-

rappelle qu'un magistrat municipal, en retour des honneurs qui lui avaient été décernés, fit entre autres libéralités, la dépense d'une représentation au cirque.

On pourrait trouver encore dans l'archéologie lyonnaise d'autres souvenirs relatifs aux courses de chars. Des auriges, symbolisant probablement la rapidité de la vie, étaient souvent représentés sur les sarcophages; le Musée de Lyon possède un bas-relief en marbre, représentant deux biges se poursuivant avec ardeur[1]; un char traîné par trois chevaux est figuré sur un débris de verre provenant des récentes fouilles de Trion[2].

6. CHAPELLES ET AUTELS.

Après ce coup d'œil donné aux édifices où les Lyonnais venaient satisfaire leur goût pour les spectacles, nous allons dire quelques mots des monuments religieux, dont le souvenir est parvenu jusqu'à nous.

Nous devons signaler en première ligne la chapelle de laraire de la place des Minimes (n° 9 du plan), avec l'inscription du collège des Lares de la maison Julienne dont il a été parlé ci-dessus. Au XVIe siècle on avait découvert à ce même endroit une lampe de bronze, aux chaînettes de laquelle était fixée une plaque portant le nom de celui qui l'avait offerte au laraire du carrefour[3].

Dans une des rues qui aboutissent à la place des Minimes, la rue des Farges, une ancienne voie romaine, on a vu pendant longtemps (n° 10 du plan) des fragments qui ont dû appartenir à un temple du dieu oriental Mithra; nous voulons parler de deux inscriptions aujourd'hui disparues, mais que les archéologues des siècles passés reproduisent,

---

ment, et à l'occasion de sa dédicace, aux décurions cinq deniers, à l'ordre équestre, aux sévirs augustaux, aux négociants en vins, trois deniers, et à tous les autres corps lyonnais autorisés, deux deniers. Il a donné aussi des jeux du cirque. — *L'emplacement du monument est concédé par décret des décurions.*

[1] Nous le décrirons dans notre 3e partie.
[2] Allmer et Dissard, t. II, p. 303.
[3] Allmer et Dissard, t. II, p. 304.

en précisant l'endroit où elles ont été trouvées [1]. Nous savons ainsi qu'il y avait, non loin de la porte Saint-Just, la crypte souterraine qui accompagnait les temples consacrés à Mithra [2].

On peut encore, à l'aide des inscriptions, déterminer l'emplacement de quelques autres chapelles sur le sol de Lyon gallo-romain. Tel est, par exemple, ce petit temple de la montée du Télégraphe, sur le coteau qui domine Trion. Il était consacré à Mercure et à Maia et renfermait l'image de l'empereur Tibère [3]. — Dans les bois qui bordaient à droite et à gauche la voie d'Aquitaine, un adorateur de Sylvain avait consacré à ce dieu un autel et une statue placée, dit l'inscription,

---

[1] Colonia, *Antiquités de la ville de Lyon*, p. 29 :

DEO INVICTO
MITHR·
SECVNDINVS
DAT

Au dieu invaincu Mithra, don de Secundinus.

Elle est accompagnée d'un bas-relief représentant le serpent cher à Mithra, voir Allmer et Dissard, t. II, p. 305. — L'autre inscription, sur tablette de bronze, est signalée par Paradin, dans son *Mémoire pour l'histoire de Lyon*, etc. Lyon, 1573. Cf. de Boissieu, p. 40 :

DEO INVICTO AVR SECVNDINIVS DONATVS FRVMENTARIVS...
[COMMENT·V·S·L·M

M. Allmer corrige AVR en M, abréviation de MITHRA.

[2] C'est tout près de là, dans ce même quartier, très riche en antiquités, que se trouve, dans le clos du grand séminaire, la grotte Bérelle, réservoir d'eau romain, qui est dans un excellent état de conservation (n° 11 du plan).

[3] Allmer et Dissard, t. III, p. 10; arcade LXIII :

MERCVRIO·AVGVSTO
ET MAIAE AVGVSTAE
SACRVM·EX·VOTO
M·HERENNIVS·M·L ALBANVS
AEDEM·ET·SIGNA·DVO
IMAGINE·TI·AVGVSTI
D·S·P·SOLO·PVBLIC·FECIT

A Mercure Auguste et à Maia Auguste, Marcus Herennius Albanus, affranchi de Marcus a, en accomplissement de son vœu, élevé de son argent, sur le sol public, ce temple avec leurs deux statues et l'image de Tibère Auguste.

(A. de Boissieu, *Temple votif en l'honneur de Mercure et de Maia à Saint-Just-lez-Lyon*, 1848.)

entre deux arbres⁽¹⁾. — Un autre dévot avait élevé, non loin de là, un petit temple aux divinités des Augustes et à Apollon, et l'avait entouré d'une clôture en pierres avec auvent⁽²⁾. — Les Mères augustes avaient un temple à Vaise⁽³⁾ et un autre dans l'île d'Ainay, peut-être sur l'emplacement de l'église actuelle⁽⁴⁾. — Une autre chapelle, consacrée aux Mères honorées sous le nom de *Matres eburnicae*, existait sur la rive droite du Rhône à quelques kilomètres en aval de Lyon, au village d'Ivour⁽⁵⁾.

(1) Allmer et Dissard, t. I, p. 235 ; arcade XXXVI :

```
    DEO SLVANO
        AVG
    TIB·CL·CHRES
    TVS CLAVIC
    CARC P LVG
    ARAM ET SIG
    NVM INTER
    DVOS ARBO
    RES CVM Ae
    DICVLA EX·VO
    TO·POSVIT·
```

Au dieu Sylvain Auguste, Tiberius Claudius Chrestus, porte-clefs de la prison publique de Lyon, a élevé, en accomplissement de son vœu, cet autel et la statue du dieu entre deux arbres, avec cette chapelle.

(2) Allmer et Dissard, t. III, p. 6 ; arcade LII :

```
    NVMINIB·AVGVST
    DEO APOLLINI
    C·NONIVS EVPO
    SIVS EX VOTO
    MVRO·ET·SCAN
    DVLA CINGIT
```

Aux divinités des Augustes, au dieu Apollon, Caius Nonius Euposius, en accomplissement de son vœu, a entouré ce temple d'un mur et d'un auvent en bardeaux.

(3) Allmer et Dissard, t. II, p. 318.

(4) Allmer et Dissard, t. III, p. 15. Au Musée de sculpture :

MATR·AVG·PHLEGoN MED

Aux Mères augustes, le médecin Phlegon.

Cette inscription accompagne un bas-relief où les Mères Augustes sont représentées. Il sera décrit plus loin.

(5) Dans le mur de l'ancien château ; de Boissieu, p. 62 :

MATRIS AVG·EBVRNICI·L·IVLIVS SAMM... ET ...

Aux Mères augustes d'Ivour L. Julius Sammo... et ...

7. LA VILLE BASSE.

La corporation des bateliers du Rhône et celle des bateliers de la Saône occupaient, dans la population lyonnaise, une place très importante. Pouvait-il en être autrement dans la ville des Gaules qui était de beaucoup la mieux partagée au point de vue des communications par voie fluviale? Il serait donc intéressant de déterminer à quel endroit ces deux corporations avaient leur port et leurs magasins. Le cours du Rhône était trop impétueux, et ses crues étaient trop soudaines et trop redoutables pour que les *nautae rhodanici* aient pu établir leur gare sur sa rive; au contraire, la Saône, au cours paisible, leur offrait, non loin de l'endroit ou elle se réunit au Rhône, une anse des plus favorables. On n'en est d'ailleurs pas réduit, pour la fixation de ce point, à de simples conjectures. Le Musée possède un piédestal de statue trouvé sur son lit de pose, où il est dit que l'emplacement avait été concédé par décret de la corporation des bateliers du Rhône[1]. Il en résulte que les abords de l'église Saint-Georges (n° 12 du plan), d'où provient cette inscription, devaient appartenir aux nautes du Rhône.

Le port des *nautae Ararici* doit forcément être cherché en amont de la rivière. Artaud[2] raconte qu'en 1840, en faisant les travaux nécessaires à l'établissement de la place du Change (n° 13 du plan), «on a trouvé des voûtes, des débris de fourneaux, des murs de forte maçonnerie semblables au mur

---

[1] Allmer et Dissard, t. II, p. 466; arcade XXXV:

L · D	IVLIVS SABINIANVS	DEDICATIONE
D E C	IN·HONOREM	DONI·HVIVS
N̄ · R̄	NAVTARVM·RHODANICOR	OMNIBVS
	DAT	NAVIGANTIBVS ✱ III
		DEDIT

Caius Julius Sabinianus, bateleur du Rhône, donne en l'honneur des bateliers du Rhône ce monument, pour la dédicace duquel il a donné à chacun des bateliers navigants, trois deniers. — L'emplacement a été donné par un décret des bateliers du Rhône.

[2] Artaud, *Lyon souterrain*, p. 32.

d'un quai ; ils n'avaient pas moins de 4 mètres d'épaisseur ; le devant des dalles était retenu par des pilotis à double et triple rang très serrés et garnis de fortes assises de pierres de taille». «A cet endroit, d'ailleurs, écrit M. Allmer [1], le rivage de la Saône présente un dégagement parfaitement suffisant pour l'établissement d'un port et de ses accessoires. Plus haut, la colline qui affleure au rivage ne laisse sur un long parcours aucun espace assez large pour une installation de ce genre.» Ici d'ailleurs, comme pour le port des bateliers du Rhône, la justesse des observations topographiques est confirmée par le témoignage de l'épigraphie : un piédestal de statue honorifique élevé par les nautes à leur patron, sur un emplacement concédé par la corporation même [2], a été trouvé, non loin de la place du Change, entre les ponts actuels de la Feuillée et de Saint-Vincent.

Une troisième corporation lyonnaise, non moins importante que les *nautae,* était celle des marchands de vins, *nego-*

---

[1] Allmer et Dissard, t. II, p. 319.

[2] Allmer et Dissard, t. II, p. 471; arcade XLIV :

```
        C · NOVELLIO · IANVARO
        CIVI · VANGIONI · NAVTAE
        ARARICO · CVRATORI · ET
        PATRONO · EIVSDEM · CORP
        NOVELLI · FAVS▒▒▒▒▒▒▒▒RI
              CVS · DE SE merenti
        PATRONO · indulgENTIS
           SIMO · Cuius statuAE
           DEDICAtione · dedIT
        SPORTVLAS universis nAu
        TIS · PRAESENTibus ✳ III
        L · D · D · N · ARARicorVM
        DEDICATA prid ▒▒▒ sepT
        SABINO · II et anullinO
                    COS
```

A Caius Novellius Januarius, de la cité des Vangions, batelier de la Saône, curateur et patron de la corporation. Novellius Faustus et Novellius Sotericus ont élevé à leur méritant et très généreux patron, cette statue, pour la dédicace de laquelle il a donné, à titre de sportule, à tous les bateliers présents, trois deniers. — L'emplacement a été donné par décret des bateliers de la Saône. — La dédicace a eu lieu la veille des calendes de septembre, sous le consulat de Sabinus, consul pour la deuxième fois, et d'Anullinus.

tiatores vinarii, dont il est dit dans les inscriptions qu'ils résidaient dans les *kanabae : in kanabis consistentes* [1]. C'est là que ces riches commerçants avaient leurs entrepôts de vins d'Italie et de la Narbonnaise. Deux inscriptions, gravées sur des piédestaux de statues élevées par la corporation à des patrons qu'elle voulait honorer, ont été trouvées aux environs de la place Saint-Marcel (nº 14 du plan), dans l'île d'Ainay, qui offrait au développement des *kanabae* tout l'espace nécessaire. Les *negotiatores vinarii* étaient des gens fort riches. C'est dans ce quartier d'Ainay, dans les rues de Jarente et Vaubecour (nº 16 du plan), qu'ont été trouvées les plus belles mosaïques de Lyon, notamment celle qui est dite des jeux du Cirque.

[1] Allmer et Dissard, t. II, p. 451; arcade XXI :

```
       MINTHATIO · M · FIl
       VITALI · NEGOTIAT VINARO
       LVGVD · IN KANABIS CON
       SIST CVRATVRA · EIVSDEM
       CORPOR BIS · FVNCT ITEM Q̄
       Q · NAVTAE · ARARE · NAVIG
       PATRONO  EIVSD · CORPORS
       PATRON · EQ · R · IIIIII VIR VTRI
       CLAR · FABROR · LVGVD · CON
       SIST · CVI · ORDO · SPLENDIDIS
       SIMVS · CIVITAT · ALBENSIM
           CONSENSVM · DEDIT
       NEGOTIATORES · VINAR lug
       IN · KANAB · CONSIST · PATrono
       OB · CVIVS · STATVAE · DEDica
       TIONE · SPORTVL ✕ ..sing
                 DEDIT
```

Minthatius Vitalis, fils de Marcus, négociant en vins, demeurant à Lyon, dans les Kanabæ, ayant exercé deux fois la curatelle de la corporation et aussi les fonctions de quinquennal, *batelier naviguant sur Saône et patron de la corporation, patron chevalier romain des sévirs, des utriculaires et des* fabri *qui ont leur demeure à Lyon, gratifié, par le splendidissime ordre de la cité d'Alba, du droit d'assister aux spectacles parmi les décurions de cette cité, les négociants en vins demeurant à Lyon dans les Kanabæ ont élevé à leur patron cette statue, pour la dédicace de laquelle il a donné à chacun d'eux, à titre de sportule, tant de deniers.*

Pour la seconde inscription honorifique, relative à un marchand de vin, et trouvée dans le même quartier de la ville, voir Allmer et Dissard, t. II, p. 455; arcade XXI.

Pour en finir avec ce quartier d'Ainay où l'on a trouvé, on s'en souvient, un bas-relief aux Mères Augustes (n° 15 du plan), nous signalerons d'après le P. Colonia [1], sur la place actuelle de Bellecour, l'existence d'un *ustrinum* (n° 17 du plan) pour brûler les cadavres; c'est tout près de là, dans la rue des Deux-Maisons, que fut trouvé le pied colossal en bronze d'une statue pédestre [2] et, tout à côté encore, mais dans le lit de la Saône, une jambe de cheval en bronze, qui a donné lieu à de si nombreuses discussions de la part des archéologues du temps [3].

8. VOIES ET CHEMINS ROMAINS.

Après avoir ainsi successivement passé en revue les principaux quartiers de Lyon gallo-romain, nous allons dire quelques mots des voies et chemins pavés que les fouilles ont fait découvrir sur divers points à différentes époques [4].

Ces voies ne sont naturellement plus apparentes, et il faut creuser assez profondément le sol pour en retrouver la trace; à certains endroits cependant on aperçoit encore les larges pavés romains, dans les murs de clôture, où ils ont été utilisés

---

[1] Colonia, *Antiquités de la ville de Lyon*, p. 29.
[2] Artaud, *Lyon souterrain*, p. 154.
[3] Voici la série des principaux mémoires qui ont paru à ce sujet : P. Adamoli, *Lettre (1re) à M. de Migieu, sur une découverte faite à Lyon, le 4 février 1766, d'un monument antique enseveli sous les eaux de la rivière de Saône*; 2e *Lettre, 1766*; 3e *Lettre, 1767*. — Le Père Leti, *Lettre d'un bourgeois à M. P. Ad. (Adamoli), sur la jambe de cheval, figure équestre, qu'il dit être celle de Tiberius*, 1766, in 8°. — Autres lettres concernant le rapport sur une jambe de bronze trouvée dans la Saône, en 1766, dans *Arch. histor. du Rhône*, t. IV, 1826, p. 486-496 : *Lettres adressées à M. de la Tourette par Calvet*, 17 juillet 1767; ibid., 20 juillet; à Calvet par Séguier, 3 août 1767; à de la Tourette, par le même. — F. Artaud, *Mémoire sur les recherches d'une statue équestre*, etc., 1809, in-8°. — De la Tourette, *Rapport sur un fragment de bronze représentant une jambe de cheval*, etc., 1766-1826, in-8°; ibid., *Deux notes sur la jambe de cheval*, etc., 1771-1827, in-8°. — L'abbé H. Greppo, *Découverte d'un fragment de statue équestre en bronze*. (*Revue du Lyonnais*, t. XI, 1840, p. 342.) — E.-C. Martin-Daussigny, *Mémoire pour servir à une nouvelle recherche de la statue équestre à laquelle appartenait la jambe de cheval en bronze, trouvée près du couvent de Sainte-Claire, à Ainay*, 1859, in-8°.
[4] Allmer et Dissard, t. II, p. 388. — On consultera également avec profit : Fr. de Menestrier (le père), *Dissertation sur les grands chemins de Lyon*, dans *Hist. de Lyon*, 6e diss., et E.-C. Martin-Daussigny, *Description d'une voie romaine trouvée à Lyon*, 1855, in-8°. Appendice, 1856.

comme matériaux de construction. Il en est tout particulièrement ainsi dans la montée Saint-Barthélemy ou dans la rue de l'Antiquaille. Nous allons rapidement indiquer au lecteur d'abord les grands chemins extérieurs, puis les rues de l'intérieur de la ville.

Les grandes voies de Lyon rayonnaient dans tous les sens. Celle du nord aboutissait d'un côté à *Gessoriacum*, port d'embarquement pour la Bretagne, et de l'autre aux camps de Mayence et de *Vetera*; celle du sud conduisait à la Méditerranée, à travers la Narbonnaise. On arrivait en Italie par deux chemins : l'un, plus long, passait par le pays des Ceutrons, l'autre, plus difficile, franchissait les défilés des Alpes Pennines; enfin la voie d'Aquitaine rejoignait l'Océan par Saintes, et les Pyrénées par Bordeaux.

Au sud, la voie d'Arles a été retrouvée sur différents points de l'actuelle rue des Macchabées (lettres *b b* du plan). Le chemin moderne de la Favorite est placé sur la voie romaine d'Aquitaine (lettres *c c* du plan); elle partait du carrefour de Trion (lettre *d* du plan), où aboutissait également le chemin de jonction de la voie d'Arles et de la voie d'Aquitaine (lettres *e e* du plan). Du carrefour de la place des Minimes, dont il a déjà été question, partait un chemin (lettres *h h* du plan) pour rejoindre la porte d'Arles; un autre allait à la Saône en suivant l'actuelle montée du Gourguillon[1] (lettres *i i* du plan); un autre passait par la montée Saint-Barthélemy (lettres *j j* du plan); un quatrième enfin rejoignait la porte d'Aquitaine en traversant le forum et en suivant l'actuelle rue du Juge-de-Paix ou une rue parallèle (lettres *m m* du plan).

La voie du nord remontait la Saône par le quai de Pierre-Scize (lettres *f f* du plan), elle était rejointe dans le quartier de Vaise par un chemin pavé qui, partant de la place de Fourvières, passait par la rue des Quatre-Vents (lettres *n n* du plan).

Signalons encore, sur la rive gauche, une voie romaine rencontrée dans les fouilles de la rue Mercière (lettres *o o* du

---

[1] Un chemin pavé, dont on a trouvé des traces dans les propriétés particulières, allait du carrefour des Minimes au forum de la place de Fourvières (lettres *k k* du plan).

plan), et la voie abrégée de Lyon à Vienne, qui passait par l'actuelle rue de la Vitriolerie (lettres *pp* du plan). On suppose, mais sans preuves, qu'un pont existait à peu près à l'endroit où se trouve aujourd'hui la passerelle de Saint-Vincent; il en existait probablement un autre pour réunir l'île d'Ainay à la ville. Quant au Rhône, on le traversait à l'aide d'un bac.

Tels sont, dans leurs lignes essentielles, les renseignements que l'on peut réunir sur le réseau des rues de Lyon gallo-romain. Avant de parler des tombeaux qui bordaient les grandes voies à leur sortie de la ville, nous allons dire quelques mots des aqueducs.

Apollon Citharède,
ornement d'applique en bronze
à l'échelle de $\frac{1}{2}$

CHAPITRE DEUXIÈME.

AQUEDUCS ET TOMBEAUX.

1. AQUEDUCS [1].

Un des mausolées de l'ancienne voie d'Aquitaine.

Ce sont de beaucoup les mieux conservés de France, et ils peuvent, à certains égards, rivaliser avec ceux de Rome pour leur élégante et solide construction. Il y en avait quatre : le plus ancien, celui du Mont-d'Or, souterrain sur la plus grande partie de son étendue, apportait à la ville 15,000 mètres cubes d'eau par vingt-quatre heures; celui de la Brevenne, qui venait de l'ouest et captait les eaux de

---

[1] D'intéressants mémoires ont paru sur les aqueducs de Lyon. Nous citerons parmi les principaux : G.-N. Delorme, *Recherches sur les aqueducs de Lyon construits par les Romains*, 1760. — Comte Maudet de Penhouet, *Les aqueducs des Romains à Lyon*, dans *Lettres sur l'histoire ancienne de Lyon*, 1818, in-4°. — Cochard, *Notes sur les voûtes souterraines appelées improprement aqueducs du Rhône*, 1825, in-8°. — A. Flacheron, *Mémoire sur les trois anciens aqueducs qui amenaient autrefois à Lyon les eaux du Mont-d'Or*, etc., 1840, in-8°. — De Gasparin, *Les aqueducs de Lyon*, 1854, in-8°. — Allmer et Dissard, dans *Inscriptions antiques de Lyon*, t. II, p. 274.

l'Ourgeole, lui en donnait 25,000; celui de Craponne, qui suivait à peu près la même direction, fournissait pour sa part 15,000 autres mètres cubes. De tous ces aqueducs, il n'existe que des substructions.

Le plus beau, le plus considérable, celui qui, aujourd'hui encore, fait, par la grandeur et la majesté de ses ruines, l'admiration des artistes et des archéologues, c'est celui du Pilat. Il ne parcourait pas moins de 79 kilomètres, dont 10 en travaux extérieurs. Il captait, à l'aide d'un barrage, l'eau du Gier à 480 mètres d'altitude, suivait le flanc de la montagne avec une pente uniforme, la perçait à certains endroits, ou bien se maintenait à la hauteur voulue sur un pont d'arcades. Celles-ci, au village de Soucieu, mesuraient 17 mètres d'élévation, étaient au nombre de soixante et onze, sur une longueur de 485 mètres; au village de Chaponost, il y avait, et la plupart sont encore debout, quatre-vingt-quatorze arcades de hauteur différente; leurs inflexions, qui suivent les sinuosités du terrain, sont de l'effet le plus pittoresque. L'aqueduc traversait, au sortir du réservoir de chasse, le ruisseau de l'Izeron et la vallée de Beaunan, sur une autre série d'arceaux fort bien conservés encore, et il s'engageait dans la colline de Sainte-Foy, profitant d'une sorte de col, pour gagner Fourvières. On l'aperçoit ici sur plusieurs points (n° 22 du plan), avec ses lignes de briques d'espace en espace et son parement en petits moellons carrés, l'*opus reticulatum* des anciens. Il fournissait 25,000 mètres cubes par vingt-quatre heures. Une inscription récemment trouvée à Chagnon, près de Rive-de-Gier, portait défense, au nom de l'empereur Hadrien, de *planter, semer, labourer,* sur la bande de terrain réservée à la protection de l'aqueduc[1]. Sage précaution, que notre administration des Ponts et Chaussées fait observer pour la protec-

---

[1] Allmer et Dissard, t. II, p. 280 :

EX AVCTORITATE IMPERATORIS CAESARIS
TRAIANI HADRIANI AVGVSTI NEMINI
ARANDI SERENDI PANGENDI IVS
EST INTRA SPATIVM AGRI QVOD TVTELAE
DVCTVS DESTINATVM EST

tion des travaux d'art à fleur de sol, mais qui n'est, on le voit, que renouvelée des Romains.

L'eau des aqueducs était recueillie dans de vastes réservoirs; les comptes rendus de fouilles signalent l'existence de plusieurs sur différents points de la ville. On en peut visiter un qui est fort beau, sous le jardin du grand séminaire (n° 11 du plan). Il mesure 16 mètres de long sur 14 de large et plus de 3 mètres de hauteur. La voûte est soutenue de chaque côté par deux rangs de colonnettes; le sol et les parois sont recouverts d'une couche épaisse d'un mortier dur, fait avec des débris de briques pilées. Sa couleur rouge avait trompé les archéologues du siècle dernier, qui appelaient une *conserve de vin* cet immense réservoir de 730 mètres cubes. Heureux temps où l'abondance de ce précieux liquide pouvait prêter à pareille illusion!

Les aqueducs subvenaient aux différents besoins de la population lyonnaise. Au-dessous du grand réservoir que nous venons de décrire, dans la montée du Gourguillon (lettre *i* du plan), il existait, au temps d'Artaud[1], une salle de bains dont le pavé en mosaïque a été transporté au Musée. C'est non loin de là que se trouvaient les bains d'Apollon qui sont mentionnés par une inscription :

.... Va te baigner aux bains d'Apollon, toi qui lis cette épitaphe; j'y allais souvent avec ma pauvre femme et je voudrais encore bien pouvoir le faire[2].

Ces bains paraissent avoir eu des vertus curatives; plusieurs dédicaces à Apollon, sur lesquelles nous aurons l'occasion de revenir, ont été trouvées dans leur voisinage. Rappelons encore à ce sujet la curieuse enseigne d'un hôtelier lyonnais qui, «en son nom, promettait à ses clients bonne chère et

---

[1] Artaud, *Lyon souterrain*, p. 70.

[2] Allmer et Dissard, t. II, p. 501 :

....

TV · QVI · LEGIS · VADE IN APOLINIS
LAVARI · QVOD EGO · CVM · CONIV
GE · FECI · VELIEM · SI · ADVC · POSSEM

bon gîte, au nom de Mercure, bénéfice, au nom d'Apollon, santé[1]». Il envoyait probablement ses hôtes aux bains d'Apollon.

Le souvenir d'autres bains lyonnais nous a été conservé par une inscription et par différents objets appartenant à une installation de ce genre, trouvés au nord de la ville romaine, vers les montées de la Chana et du Greillon. C'est là que l'on a déterré «des tuyaux en terre cuite s'emboîtant les uns dans les autres, chaque tuyau mesurant 16 pouces de longueur, et, tout à côté, de vastes réservoirs». C'est non loin de là aussi, sur le bord de la Saône (n° 25 du plan), qu'a été trouvée l'inscription du propriétaire des bains, Caius Ulattius Aper[2].

2. TOMBEAUX.

Jusqu'à ces dernières années, les aqueducs étaient la seule belle ruine gallo-romaine de Lyon. C'est de 1882 à 1886 que l'établissement d'une gare et d'une voie de chemin de fer à l'ouest de la ville, la ligne de Vaugneray, ayant nécessité le creusement d'une profonde tranchée (n° 18 du plan), ramena à la lumière beaucoup d'inscriptions et dix grands mausolées.

---

[1] De Boissieu, p. 418 :

MERCVRIVS HIC LVCRVM
PROMITTIT APOLLO SALVTEM
SEPTVMANVS HOSPITIVM
CVM PRANDIO·QVI VENERIT
MELIVS VTETER·POST
HOSPES VBI MANEAS PROSPICE

A qui loge ici, Mercure promet bonnes chances de gain, Apollon la santé, Septumanus le gîte et la table, le tout au meilleur marché. Après cela, voyageur, vois où tu veux aller.

[2] Allmer et Dissard, t. II, p. 64 :

IN·HIS·PRAE*diis*
C·VLATTI·APRI·SA*cerdotis*
THERMVLAE · *Salutares*
AQVA·FONT...

Domaine de Caius Ulattius Aper le prêtre, bains chauds de santé. Eau de fontaine...

Ils ne pouvaient rester à cet endroit, mais ils furent soigneusement transportés, par ordre de la Municipalité, sur la place voisine de Choulans (n° 23 du plan) où un groupement plus pittoresque que scientifique les fait servir à la décoration du lieu. En mettant de côté les questions de coup d'œil et en les replaçant exactement dans la position où on les avait trouvés, on eût pu doter Lyon d'une voie des tombeaux analogue à celle de Pompéi.

Avant d'étudier au point de vue architectural ces intéressants monuments, nous allons dire quelques mots des tombeaux qui, à différentes époques, ont été trouvés sur les grandes voies lyonnaises à leur sortie de la ville.

Commençons par la voie d'Arles : on y a trouvé, lors de l'agrandissement de l'église de Saint-Irénée (n° 21 du plan), le beau sarcophage du Triomphe de Bacchus, aujourd'hui au Musée. De plus, entre l'église actuelle de Saint-Just et le grand séminaire (n° 22 du plan), on découvrit, au temps d'Artaud, une grande pierre de 12 pieds de longueur, ayant fait partie d'un fronton. Celui-ci appartenait-il à un édifice public ou simplement à un mausolée ! Il est assez difficile de le déterminer.

Le chemin, dont il a déjà été question, qui rejoignait la voie d'Arles à la voie d'Aquitaine (lettres *e e* du plan), avait lui aussi des tombeaux, mais plus particulièrement des cippes et des stèles. C'est là que l'on a trouvé, dans un puits profond, soigneusement rangées les unes au-dessus des autres, un très grand nombre de pierres avec inscriptions, que MM. Allmer et Dissard ont publiées et qui ont enrichi le Musée de Lyon.

La voie du nord avait, elle aussi, ses monuments funéraires : sur le bord de la Saône, peu de temps après la sortie des remparts, on a conservé jusqu'à la fin du siècle dernier un ædicule, dont l'élargissement du quai a nécessité la démolition. Était-ce une chapelle de laraire, ou un mausolée ! Toujours est-il que le peuple l'appelait *le tombeau des Deux-Amants* (n° 26 du plan). D'autres tombeaux, cippes ou sarcophages, marquant le passage de la voie du nord, ont été trouvés en creusant les fondations de l'église Saint-Pierre-de-Vaise (n° 27 du plan).

Quant aux pierres funéraires servant d'enrochement à une île du Rhône, en face de la place Grôlée (n° 29 du plan), elles appartenaient peut-être à la voie abrégée de Lyon à Vienne. On ne saurait, en tout cas, avoir aucun doute au sujet du mausolée de Q. Acceptius Venustus, trouvé à l'ancienne usine de vitriol de la rue de Marseille (n° 30 du plan) : la chambre sépulcrale renfermait un magnifique sarcophage (la tête de lion dessinée p. 231 lui appartient); au-dessus s'élevait une *cella,* avec fronton soutenu par six colonnettes; dans le milieu de la *cella,* un autel, et, sur le mur, l'inscription funéraire, que nous rapporterons plus loin.

Ces monuments isolés n'offraient d'ailleurs rien de comparable comme intérêt à nos mausolées de la voie d'Aquitaine [1]. Ceux-ci sont à trois étages, comme on a pu s'en convaincre par les débris architecturaux trouvés à leur pied. Le plus bas était sans ornements, et l'on n'avait même pas pris la peine d'effacer, sur la pierre tendre, la trace de l'instrument qui avait servi à la tailler. Cette base n'était d'ailleurs pas en évidence ; elle était masquée par une muraille qui formait l'enclos où les urnes étaient déposées sous des massifs de fleurs et de verdure. Le second étage était décoré de pilastres cannelés; dans les frises de l'entablement on voyait tantôt des bucranes, tantôt de gracieux rinceaux; quelquefois, dans la face antérieure, était taillée une fausse porte, avec cadre en moulures. Dans le troisième étage du mausolée, le plus souvent à jour et en forme de lanterne, on voyait la statue du défunt, soit debout, soit couché sur un lit de parade; plusieurs fragments de ces statues ont été retrouvés. Aux angles du mausolée étaient sculptées des *larves* ou masques grimaçants, figurés peut-être comme symbole d'initiation, peut-être encore destinés à éloigner le mauvais sort ou les violateurs de sépultures. Un animal fantastique, chimère à tête de femme, avait été placé au-dessus de la porte d'un tombeau, dont il était le fidèle gardien.

Ces monuments sont de grand et bel aspect; ils sont sur-

[1] En creusant les fondations du groupe scolaire de la Favorite (n° 19 du plan), et en pratiquant des fouilles au quartier dit *des Massuts* (n° 20 du plan), on avait déjà trouvé des tombeaux de l'ancienne voie d'Aquitaine.

tout curieux comme types de l'architecture lyonnaise. L'époque de leur construction n'est pas éloignée de la fondation de la ville, ils ont une ressemblance frappante avec les tombeaux de Pompéi, et témoignent de l'opulence de leurs propriétaires, qui étaient de simples affranchis, enrichis par l'exercice du commerce et de l'industrie.

Tête de lion en haut-relief
sur un sarcophage en marbre blanc
à l'échelle de $\frac{1}{7}$.

CHAPITRE TROISIÈME.

LA VILLE GAULOISE DE LA CROIX-ROUSSE.

Diane chasseresse,
statuette en bronze,
trouvée à la Croix-Rousse,
à l'échelle de $\frac{2}{5}$.

Nous avons, dans les chapitres précédents, parlé de la topographie de Lugudunum, de ses ruines et de ses souvenirs antiques; nous allons, quittant le sol romain, passer de l'autre côté de la Saône, sur la colline de la Croix-Rousse, qui était, on se le rappelle, territoire gaulois. Là se trouvait le bourg de Condate qui appartenait primitivement aux Ségusiaves. Les soixante cités de la Gaule reconnues par Auguste s'étaient fait céder ce domaine et, sur ce territoire, propriété de leur Association, elles avaient, à frais communs, élevé de somptueux monuments, dont nous allons essayer de déterminer l'emplacement et d'esquisser l'apect.

Rien, dans ce quartier si plein de vie, où les maisons se pressent hautes et serrées, retentissant tout le jour du bruit monotone des métiers, rien ne rappelle plus le passé romain, et, si des fouilles pratiquées à différentes dates, pour des besoins d'appropriation, n'étaient pas venues fournir quelques indications aux savants, on ignorerait encore où se trouvaient et le Temple, et l'Autel, et l'Amphithéâtre et tout ce peuple de statues qui en décoraient les abords.

1. LES TABLES CLAUDIENNES ET LE TEMPLE.

En mars 1528, un paysan, en creusant sa vigne pour chercher une source sur le flanc méridional de la colline Saint-Sébastien, sur l'emplacement de la rue actuelle des Tables-Claudiennes, trouva une grande table de bronze de 1 m. 39 de hauteur, sur 1 m. 83 de largeur, partagée en deux et brisée en haut, mais intacte sur les trois autres bords. Une inscription de quatre-vingts lignes d'une écriture serrée et de forme caractéristique y était gravée. La Municipalité l'acheta au paysan pour 58 écus d'or au soleil, environ 650 francs de notre monnaie [1].

C'était le discours prononcé par l'empereur Claude, dans la curie de Rome, pour appuyer la demande faite par la Gaule Chevelue d'avoir le droit de fournir des membres au Sénat. Cette intervention personnelle de l'Empereur était, on le comprend, une marque de sa haute sympathie et de son insigne bienveillance pour les Gaulois, qui certainement n'eurent garde d'en laisser perdre le souvenir. Aussi le discours fut-il gravé *in extenso* sur une table de bronze doré, qui dut être scellée à la place d'honneur, sur le monument le plus important, au chef-lieu de l'Association des soixante cités. La table porte encore en effet latéralement les échancrures par où passaient les griffes de scellement (voir notre 3e partie). Le monument contre lequel elle était appliquée ne pouvait être que le temple de Rome et d'Auguste; de même, dans le temple d'Ancyre, les faces de la *cella* étaient couvertes par la grande inscription que l'on sait.

L'existence de ce temple nous était attestée par les textes [2]

---

[1] Voir, dans le *Bulletin épigraphique de la Gaule*, 1882, p. 298, et dans Allmer et Dissard, t. I, p. 59, la copie du procès-verbal relatif à l'acquisition de la Table de Claude par les consuls de Lyon, le 12e jour de mars 1528.

[2] Strabon, p. 92 : « Lyon est de beaucoup, après Narbonne, la ville la plus peuplée entre toutes celles de la Gaule... Un temple dédié à César Auguste par tous les Gaulois, d'un commun accord, s'élève près de la ville au confluent des fleuves. Ce temple a un autel mémorable avec une inscription sur laquelle se lisent les noms des peuples au nombre de soixante, avec l'image de chacun d'eux. Il y a aussi un autre grand autel... »

et les témoignages épigraphiques [1]; nous sommes désormais fixés avec beaucoup de probabilité sur son emplacement, du moment que nous connaissons le point précis où a été trouvée la table de Claude. Il correspond à l'angle formé, près de la place du Perron, par la rue du Commerce et celle qui est appelée, depuis quelques années, des Tables Claudiennes. Tout près de là ont été exhumés les débris d'un riche entablement en marbre [2], seuls restes de la décoration architecturale du temple [3].

2. L'AUTEL DE ROME ET D'AUGUSTE.

Son emplacement a également donné lieu à de très nombreuses discussions de la part des savants. D'après l'opinion de M. Allmer, déduite de conjectures tellement vraisemblables qu'elles peuvent tenir lieu de preuves, il s'élevait sur la déclivité dont un des versants dévale vers le Rhône, et l'autre vers la Saône, un peu en arrière de l'église de Saint-Polycarpe [4] (lettre A du plan).

---

[1] Les inscriptions distinguent nettement le temple de l'autel. Allmer et Dissard, t. II, p. 60 : *ad aram Caess nn apud templum Romae et Augusti inter confluentes Araris et Rhodani.*

[2] Arcade XXXI du Musée.

[3] L'emplacement de ces différents monuments a donné lieu à de nombreuses discussions de la part des archéologues. Voici le nom de quelques ouvrages qui y ont trait : Ms. sans nom d'auteur, *Remarque sur le temple dédié à Rome et à Auguste, construit à Lyon, proche du confluent du Rhône et de la Saône...*, 1744. (Dans les *Registres de l'Académie de Lyon.*) — L'abbé Cahour, *Recherches historiques sur l'autel tutélaire de Lyon*, etc., 1838, in-4°. — Aug. Bernard, *Mémoire sur le temple dédié à Auguste, au confluent du Rhône et de la Saône*, 1847, in-8°; idem, 1862. — E.-C. Martin-Daussigny, *Dissertation sur l'emplacement du temple d'Auguste*, 1848, gr. in-8°, 2ᵉ édit., 1853, in-8°. — De Caumont, *Note sur l'autel d'Auguste à Lyon*, 1861, in-8°. — E.-C. Martin-Daussigny, *Note sur la découverte de l'amphithéâtre antique et des restes de l'autel d'Auguste à Lugdunum*, etc., 1862, in-8°; idem, *Note sur la découverte des restes de l'autel d'Auguste à Lyon*, 1863, in-8°. — Aug. Bernard, *Le temple d'Auguste et la nationalité gauloise*, 1864, in-4°. — De Barthélemy, *Le temple d'Auguste et la nationalité gauloise. Examen des dernières publications de M. A. Bernard*, 1864, in-8°. — Alph. de Boissieu, *Ainay, son autel, son amphithéâtre, ses martyrs*, 1865, in-8°. — Martin-Daussigny, *Assemblée du mois d'août à Lugdunum*, etc., 1870. — Feautrier, *Étude sur l'autel de Rome et d'Auguste à Lyon*. (Rapport sur la Monographie de M. Martin-Daussigny, 1866, in-8°).

[4] Allmer et Dissard, t. II, p. 23 et 327.

La richesse architecturale de ce monument était extrême. On conserve au Musée quelques fragments des plaques de marbre de son revêtement. Elles n'ont pas moins de 0 m. 12 à 0 m. 15 d'épaisseur, et, détail particulier, la surface n'en est pas polie, mais finement piquée au marteau. Sur l'un de ces fragments on lit les deux lettres RO, hautes de 0 m. 28 et profondément creusées, avec des trous pour le scellement des lettres de bronze. C'est le commencement de l'inscription ROMAE ET AVGVSTO qui occupait la partie antérieure du gigantesque autel [1].

D'autres fragments avec des lettres plus petites, mais mesurant encore 0 m. 20 de hauteur, avaient probablement rapport à l'inscription du soubassement, qui rappelait la date de la fondation de l'autel [2].

On possède enfin toute une série de débris du même monument, non plus cette fois avec des lettres, mais avec de très belles sculptures représentant des guirlandes de chêne de grandes dimensions, relevées par des lemnisques, avec des haches de licteur [3].

A l'aide de ces fragments et en utilisant des renseignements fournis par les représentations des médailles frappées à Lyon [4], on peut reconstituer par la pensée (il est représenté plus haut, p. 177) le magnifique autel qui s'élevait, à mi-hauteur de la colline Saint-Sébastien, comme témoignage du respect et de la gratitude des populations gauloises envers la divinité de Rome et celle de l'Empereur. Deux gigantesques colonnes de granit gris d'Égypte l'encadraient et soutenaient à une très grande hauteur l'image dorée de la Victoire. On peut voir ces fûts, mais coupés en deux à cause de leur taille extraordinaire, dans le chœur de l'église d'Ainay [5] où, même ainsi mutilés, ils sont de fort bon aspect. Mais c'est surtout dans son ensemble que le monument devait être

---

[1] Allmer et Dissard, t. I, p. 3.
[2] Allmer et Dissard, t. I, p. 8 et 11.
[3] Arcade XXVIII.
[4] F. Artaud, *Sur les médailles d'Auguste et de Tibère au revers de l'autel de Lyon*, 1818, in-4°, 12 planches. — Feautrier, *Médailles au revers de l'autel de Lyon*, 1866, in-8°.
[5] J. Renaux, *Origine des colonnes de l'église d'Ainay*, 1841, grand in-8°.

saisissant : sa masse imposante se détachait en blanc sur le flanc des coteaux qui regardent l'Italie, et, dans l'azur du ciel, les Victoires étendaient leurs couronnes et leurs palmes d'or, comme symbole de l'irrésistible puissance de Rome.

3. L'AMPHITHÉÂTRE.

Les anciens associaient toujours des jeux à la célébration de leurs fêtes religieuses. Les Gaulois, qui venaient en août de chaque année sacrifier au Génie de l'Empereur, avaient à leur disposition, sur leur territoire, un peu au-dessous du temple du dieu, leur amphithéâtre. Celui-ci avait la forme d'une ellipse dont le grand axe mesurait 140 mètres, et le petit axe 117 mètres. Il occupe l'emplacement actuel du Jardin des plantes, et plusieurs maisons de la rue du Commerce (lettre B du plan) sont fondées sur ses gradins. Déjà, dans le cours du XVIe siècle, on en avait rencontré des substructions. Les travaux de 1858 à 1860 mirent ses assises à jour sur plusieurs points, et Martin-Daussigny, alors conservateur du Musée, put en dresser le plan [1] et constater que l'épaisseur de ce monument ne mesurait pas moins de 76 mètres à sa base. On découvrit aussi, à la même époque, l'*euripe*, ou canal carrelé, qui faisait le tour de l'arène et qui réveille le souvenir des prescriptions bizarres de Caligula. Suétone [2] raconte en effet que, pendant son séjour à Lyon, cet empereur, à la recherche de plaisirs nouveaux, ajouta des *jeux mêlés* aux spectacles habituels de l'autel du Confluent, *edidit ludos in Gallia Luguduni miscellos*. On y assistait à des concours d'éloquence grecque et latine, et les vaincus étaient condamnés à réciter l'éloge des vainqueurs. Il y a plus : les mauvais orateurs étaient condamnés à effacer leurs écrits avec la langue, ou bien à être fustigés et «jetés dans le fleuve». Or ce fleuve ne pouvait être que l'euripe; en se débattant, le méchant écrivain excitait les éclats de rire des spectateurs, qui l'apercevaient sans quitter leur place. Il n'est peut-être pas inutile d'ailleurs

---

[1] Il est reproduit dans Allmer et Dissard, t. II, p. 329.
[2] Suétone, *Caligula*, 20; Dion Cassius, 54, 22.

de rappeler à ce propos que les jeux de l'Association des Trois Gaules n'avaient pas le caractère sanglant de ceux de Lugudunum. Ici les spectateurs romains, avides d'émotions, réclamaient les combats de gladiateurs, les chasses de bêtes féroces ou le supplice des Chrétiens. Moins rassasiés de jouissances, les Gaulois préféraient les jeux à la manière des Grecs, et les inventions extravagantes de Caligula n'étaient pas sans rapport avec le genre bouffon qui caractérisait le culte des lares.

Le Musée possède plusieurs inscriptions, gravées sur le bandeau de pierre du podium, et indiquant le nombre de places réservées dans leur amphithéâtre aux délégués des soixante cités de l'Association : Bituriges-Cubes, Tricasses et autres [1].

4. LES STATUES.

Nous venons de passer en revue les trois principaux monuments de l'Association des Gaules. Aux alentours se trouvaient un bois sacré [2] et des jardins (lettre F du plan) dans lesquels deux aqueducs amenaient de l'eau en telle abondance qu'elle y formait des rivières [3]. Celui de Condrieu avait son point de départ à Sainte-Croix, à une hauteur suffisante pour arriver au niveau de l'amphithéâtre. Quant aux parties basses, elles étaient arrosées par l'aqueduc de Miribel, qui dérivait

---

[1] Allmer et Dissard, p. 33 et suiv.; arcade XXX. Fragments divers :

....·ARV· | BIT·C· | BIT·C· | BIT·C·....
Aux Arvernes, aux Bituriges-Cubes.

...TRI | TRI | ...
Aux Tricassins.

....NI | DES | LOCA | N·XX...
places réservées au nombre de vingt.

[2] Il y avait toujours dans l'antiquité, à côté des temples, un bois sacré. L'existence de celui-ci est confirmée par le texte de Strabon (p. 192) que M. Hirschfeld (*Mém. de l'Acad. de Berlin*, 1888, t. XXXV, *Le culte des empereurs romains*) corrige avec beaucoup de vraisemblance de ἄλλος en ἄλσος.

[3] Allmer et Dissard, t. II, p. 285.

le Rhône à 13 kilomètres en amont et apportait 65,000 mètres cubes d'eau par 24 heures. Les jardins étaient ornés de statues en bronze doré représentant les prêtres de l'Autel et les administrateurs de la caisse des Gaules. Le nombre en était considérable, car les riches Gaulois tenaient beaucoup à cet honneur et n'épargnaient rien pour y arriver. Ils usaient largement aussi du droit de faire placer dans l'enceinte sacrée la statue de différents membres de leur famille. Ces statues honorifiques ont disparu, mais plusieurs piédestaux ont été retrouvés. Nous allons donner, d'après M. Allmer, la série de ceux qui sont conservés au Musée [1].

5. LE BOURG GAULOIS DE CONDATE.

Rappelons encore une fois que cet ensemble de monuments et cette décoration magnifique ne se trouvaient pas sur le sol

---

[1] 1. Statue d'un Ségusiave, prêtre à l'autel de deux princes régnants, près le temple de Rome et d'Auguste, le premier qui ait eu cet honneur (Allmer et Dissard, t. II, p. 59; arcade XIII);
2. Statue d'un Ségusiave, père d'un prêtre de l'autel (*ibid.*, p. 62; arcade XIII);
3. Statue d'un Éduen, prêtre au temple de Rome et d'Auguste (*ibid.*, p. 66; arcade XXVII);
4. Monument votif en l'honneur de la famille impériale, décoré des statues de Mars, de Vesta et de Vulcain et de celles d'un Sénonais, prêtre à l'autel du confluent, et de plusieurs de ses proches (*ibid.*, p. 69; arcade XI);
5. Statue d'un Tricassin, prêtre à l'autel de Rome et des trois Augustes (*ibid.*, p. 75; arcade XXIX);
6. Statue d'un Carnute, prêtre à l'autel de Rome et des Augustes (*ibid.*, p. 77; arcade XLVIII);
7. Statue d'un Arverne, prêtre au temple de Rome et des Augustes (*ibid.*, p. 85; arcade XXXIV);
8. Statue d'un Cadurque, juge de la caisse des Gaules (*ibid.*, p. 87; arcade XII);
9. Statues d'un fils et petit-fils, d'une petite-fille et arrière petite-fille de deux Pétrocores, prêtres des Gaules (*ibid.*, p. 89; arcade VIII);
10. Statue de deux Lémovices, dont l'un probablement prêtre (*ibid.*, p. 92; arcade LIX);
11. Statue d'un Lémovice, prêtre à l'autel, à l'âge de vingt-deux ans (*ibid.*, p. 93; arcade XLVI);
12. Autre statue du même (*ibid.*, p. 94; arcade L);

romain, mais sur un territoire qui était la propriété des soixante cités de la Gaule, dans le *pagus* de Condate, auquel on avait eu soin de laisser son nom gaulois et son administration gauloise.

L'étendue de ce *pagus* était assez considérable, à en juger par le parcours de ses aqueducs qui vraisemblablement ne devaient pas sortir de son territoire : à ce compte, ils se prolongeaient au moins jusqu'à 22 kilomètres en amont du confluent[1]. Le chef-lieu du *pagus* était au bord de la Saône, au bas des rochers que dominait l'amphithéâtre. On y a trouvé à différentes reprises des souvenirs antiques, notamment des autels : rue Pareille, un autel à Maia Auguste (lettre D du plan), représentée assise et tenant des fleurs sur ses genoux; rue du Jardin-des-Plantes, un autel aux déesses Mères[2]

13. Statue d'un Pictave, inquisiteur des Trois Gaules (Allmer et Dissard, t. II, p. 96; arcade XXVI);
14. Statue d'un Biturige-Cube, juge de la caisse des Gaules (*ibid.*, p. 97; arcade LIX);
15. Statue d'une femme biturige, très probablement l'épouse d'un prêtre (*ibid.*, p. 99; arcade XIII);
16. Statue d'un Séquane, inquisiteur des Gaules (*ibid.*, p. 105; arcade XIV);
17. Statue d'un Suession, inquisiteur des Gaules (*ibid.*, p. 107; arcade XXI);
18. Statue d'un Viromanduen, *allector* de la caisse des Gaules (*ibid.*, p. 108; arcade XIII);
19. Statue d'un prêtre à l'autel des Trois Gaules (*ibid.*, p. 115; arcade XLVI);
20. Statue d'un prêtre au temple de Rome et des Augustes, au confluent de la Saône et du Rhône (*ibid.*, p. 118; arcade XLIII);
21. Statue d'un prêtre à l'autel du confluent de la Saône et du Rhône (*ibid.*, p. 120; arcade XXXIII);
22. Statue de la femme et d'un proche parent d'un personnage probablement prêtre (*ibid.*, p. 121; arcade XLVIII);
23. Statue du fils d'un prêtre (*ibid.*, p. 124; arcade XXXIII);
24. Statue d'un juge de la caisse des Gaules (*ibid.*, p. 125; arcade XXXI);
25. Statue du frère d'un prêtre ou d'un fonctionnaire de l'Association (*ibid.*, p. 127; arcade LII).

---

[1] Le domaine des Trois Gaules et le *pagus* de Condate, dans Allmer et Dissard, t. II, p. 43.

[2] Nous en parlerons dans notre 3ᵉ partie.

(lettre C du plan), dans une niche en forme de coquille [1] ; rue de la Vieille, un autel consacré à Diane par le bourg de Condate (lettre E du plan) [2].

Le siège de l'Association des Trois Gaules avait, comme Lugudunum, ses chemins pavés : on a trouvé les traces de deux d'entre eux, l'un passant à droite (lettre G du plan), l'autre à gauche de l'amphithéâtre (lettre H du plan). Au pied de ce dernier, au lieu dit *de la Déserte*, il y avait des thermes [3] qui étaient alimentés par l'eau des aqueducs. On y a trouvé des hypocaustes, des mosaïques, des fragments de statues et notamment deux bustes de marbre actuellement au Musée.

Tels sont les principaux souvenirs que nous a transmis, jusqu'à ce jour, le sol de l'Association des Trois Gaules. Nous aurons d'ailleurs à revenir, dans les chapitres suivants, sur plusieurs points qui n'ont été qu'effleurés ici. A mesure que nous avancerons, les traits de notre esquisse paraîtront plus distincts, et le lecteur qui voudra bien nous suivre jusqu'au bout aura, nous l'espérons, une idée assez nette de ce qu'était Lyon aux premiers siècles de notre ère.

---

[1] Ce curieux monument se trouve au Musée, dans la salle de sculpture.

[2] Allmer et Dissard, t. II, p. 47; arcade XLIV :

```
       diANAE AVG · SACRVM
       IN·HONOR·PAGI·CONDAT
       C · GENTIVS · OLILLVS
       MAGISTER·PAGI BIS
       CVIVS DEDICATIONE·HONO
       RATIS · PRAESENTIB · DEDIT
           EPVLI ·  ✳  II
         L · D · D · P · COND
```

A Diane Auguste, en l'honneur du pagus *de Condate,* C. Gentius Olillus, magister *du* pagus *pour la seconde fois, a élevé cet autel et donné, à l'occasion de la dédicace, deux deniers, au lieu d'un repas, à chacun des honorats présents. — L'emplacement a été donné par décret des* pagani *de Condate.*

[3] Artaud, *Lyon souterrain*, p. 95.

DEUXIÈME PARTIE.
LES INSCRIPTIONS.

CHEFS DE SERVICE, EMPLOYÉS ET MAGISTRATS.
LES CORPORATIONS LYONNAISES,
ASSOCIATIONS COMMERCIALES.
BOUTIQUIERS,
GENS DE MÉTIERS ET DE PROFESSIONS DIVERSES.
TYPES LYONNAIS. — TRAITS DE MŒURS ET DE CARACTÈRE.
LYON VILLE COSMOPOLITE. — LES DIFFÉRENTS CULTES.
LE CHRISTIANISME.

Tutela, applique en bronze
à l'échelle de $\frac{1}{4}$.

Cour intérieure du palais des Arts. — Musée épigraphique de la ville de Lyon

DEUXIÈME PARTIE.
LES INSCRIPTIONS.

LA POPULATION LYONNAISE À L'ÉPOQUE GALLO-ROMAINE.

Le Musée épigraphique de la ville de Lyon est un des plus riches qui existent. Quand on pénètre dans la vaste cour de l'ancienne abbaye [1] transformée en palais des Arts, on est

[1] Les bâtiments actuels de l'abbaye des Dames Bénédictines de Saint-Pierre ont été construits au milieu du XVIIe siècle, mais l'origine du monastère

étonné de la quantité considérable de monuments antiques, piédestaux de statues, cippes ou stèles funéraires rangés sous les portiques dont le développement ne mesure pas moins de 350 mètres. Le promeneur passe souvent indifférent devant ces multiples témoins d'une époque depuis longtemps disparue; l'archéologue, au contraire, les examine avec soin et par sa persévérante attention les force à livrer leurs secrets.

Grâce à eux, nous allons pouvoir faire connaissance avec la population lyonnaise de la période gallo-romaine : ce ne sont pas les grands personnages, ni ceux qui ont joué dans l'histoire un rôle important, que nous aurons le plus de plaisir à rencontrer, mais la foule des fonctionnaires, négociants, industriels, gens de professions ou de métiers divers, dont le souvenir, conservé par la pierre, a bravé l'effort de quinze siècles.

Pour Lyon, comme pour Vienne, nous avons largement mis à profit le savant ouvrage de M. Allmer[1], catalogue descriptif et raisonné du Musée, où nous avons trouvé tous les éléments de cette modeste étude, et jusqu'à la traduction à la fois exacte et élégante des textes épigraphiques.

---

remonte à une époque bien plus reculée. Aux termes d'un diplôme daté de la vingt-sixième année du règne de Gontran, il aurait été fondé par Godegisèle, fille d'un roi des Burgondes, vers la fin du Ve siècle.

[1] *Musée de Lyon, inscriptions antiques*, par A. Allmer et P. Dissard, Lyon, imprimerie Léon Delacroix, 1888, 1889, 1890. Trois volumes ont déjà paru; un quatrième reste à paraître.

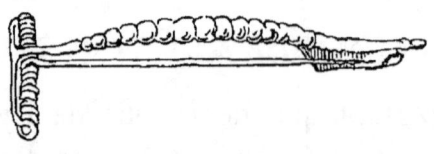

CHAPITRE PREMIER.

CHEFS DE SERVICE, EMPLOYÉS ET MAGISTRATS.

Masque funèbre d'homme barbu, à l'échelle de $\frac{1}{18}$.

Avec le rôle important qui était dévolu à Lyon dans l'administration de la Gaule, il n'est pas étonnant de rencontrer dans les galeries du Musée un grand nombre d'inscriptions funéraires et honorifiques relatives à des fonctionnaires publics.

Le premier de tous était le légat impérial, sorte de vice-roi ne relevant que de César, sénateur romain de rang prétorien, qui marchait précédé de cinq licteurs et étendait son autorité sur toute la Lyonnaise [1].

---

[1] Voici, d'après M. Allmer (*Inscript. antiques de Lyon*, t. I, p. 141), la liste des procurateurs de la Lyonnaise que signalent les textes et les inscriptions :

Sous Tibère : *Acilius Aviola* (Tacite, *Ann.*, III, 41);

Sous Néron : *C. Julius Vindex* (Suétone, *Nero*, 40; Tacite, *Hist.*, I, 16);

Sous Othon et Vitellius : *Junius Blaesus* (Tacite, *Hist.*, I, 59; II, 59; III, 39);

Sous Vespasien : *L. Tettienus Serenus* (inscription de Carouge, près Genève; Mommsen, *Inscript. helv.*, 78);

Sous Domitien : *Cornelius Gallicanus* (*ibid.*); — *L. Minicius Rufus* (*ibid.*);

Sous Trajan : Anonyme (inscription d'Avenches; Mommsen, *Inscript. helv.*, 175);

A côté de lui, le procurateur provincial, son inférieur en dignité, son supérieur par les bénéfices qu'il réalisait dans l'administration financière de deux et quelquefois de trois provinces [1], sortait du rang des chevaliers [2]. C'était une sorte de directeur général des finances. Il se contenta rarement de son traitement annuel de 200,000 sesterces, équivalant à 50,000 francs de notre monnaie.

A un rang inférieur, les uns sous ses ordres, les autres sous la dépendance directe de l'Empereur, d'autres procurateurs se partageaient les différents services administratifs de la Gaule.

Sous Hadrien : *T. Vitrasius Pollio* (inscription au Musée de Nîmes; Spon, *Miscell.*, p. 253); — *Tib. Claudius Quartinus* (inscription de Lyon perdue; de Boissieu, p. 284);

Sous Antonin le Pieux : *L. Æmilius Front...* (au Musée, arcade XXXIII);

Sous Commode : *Septime Sévère,* le futur empereur (Spartius, *Sev.*, 4; Capitolin., *Ant.*, 5);

Sous Septime Sévère, Caracalla et Géta : *T. Flavius Secundus Philippianus* (au Musée, arcade XXXV);

Sous Sévère Alexandre : *Claudius Paulinus* (inscription de Thorigny; voir de Boissieu, p. 262); — *Ædinius Julianus* (*ibid.*);

Époque indéterminée : Anonyme. (Inscription de Rome; *C. I. L.*, t. VI, n° 1560.)

[1] L'Aquitaine et la Lyonnaise se trouvaient généralement réunies dans la même procuratelle.

[2] Le Musée possède plusieurs piédestaux de statues élevées à des procurateurs, en reconnaissance de leur bonne administration ou de leur haut patronage. Ce sont les suivantes :

1. *Caius Julius Celsus,* chevalier romain, pourvu, entre autres fonctions, de la procuratelle des provinces de Lyonnaise et d'Aquitaine sous Antonin le Pieux (arcade VI; Allmer et Dissard, t. I, p. 149);

2. *Lucius Marius Perpetuus,* procurateur des provinces de Lyonnaise et d'Aquitaine. Statue élevée par un employé de ses bureaux (arcade LI; Allmer et Dissard, t. I, p. 156);

3. *Tiberius Antistius Marcianus,* procurateur de la Lyonnaise, censiteur de la même province. Statue équestre, élevée par l'assemblée des Trois Gaules (arcade LIII; Allmer et Dissard, t. I, p. 161);

4. *Caius Furius Sabinius Aquila Timesitheus,* procurateur des provinces de Lyonnaise et d'Aquitaine. Statue élevée par des citoyens de la cité des Arvernes et des Médiomatriques dont il avait le patronage. (Arcade XXVI; Allmer et Dissard, t. I, p. 166.)

C'était d'abord le procurateur de la monnaie [1]. L'atelier de Lyon était le premier après Rome; Auguste l'avait particulièrement favorisé. On y convertissait en pièces à l'effigie de l'Empereur l'ancienne monnaie gauloise, et l'on y a frappé également l'or, l'argent et le bronze; on a au Musée le coin en fer d'un *aureus* à l'effigie de Faustine, femme de Marc-Aurèle. A la garde de l'hôtel des monnaies était préposée une cohorte dont l'épigraphie fait plusieurs fois mention [2].

Le procurateur de l'impôt du Quarantième des Gaules avait peut-être sa résidence à Lyon; les droits de douane se percevaient à la frontière [3]. Un fonctionnaire était spécialement chargé de régler les contestations entre le public et les

---

[1] Un des procurateurs de la Lyonnaise, dont il a été question tout à l'heure, *Lucius Marius Perpetuus*, avant d'arriver à cette haute dignité, avait été *procurateur de la monnaie*.

[2] 1. *Lucius Fufius Equester*, soldat de la cohorte VIIe *Luguduniensis*, préposée à la garde de l'hôtel de la monnaie. Cippe trouvé à Vichy; il en existe un moulage au dépôt du Musée (Allmer et Dissard, t. I, p. 432);

2. *Sextus Cossutius Primus*, rengagé et porte-enseigne de la cohorte XIIIe *Urbana* (arcade VI; Allmer et Dissard, t. I, p. 435);

3. *Marcus Aquinius Verinus*, sous-officier préposé à la prison de la cohorte XIIIe *Urbana*, et *Bononius Gordus*, médecin à la même cohorte (arcade XLII; Allmer et Dissard, t. I, p. 437);

4. *Publius Sextilius Secundus*, rengagé, et *Manilius Quintinus*, soldat de la cohorte XIIIe *Urbana* (arcade X; Allmer et Dissard, t. I, p. 439);

5. *Titus Julius Virilis*, vétéran de la cohorte XIIIe *Urbana*, libéré avec le congé honorable (arcade I; Allmer et Dissard, t. I, p. 442);

6. *Caius Magilius Albinus*, soldat de la cohorte XIIIe *Urbana* (arcade XIV; Allmer et Dissard, t. I, p. 443);

7. *Publius Octavius Primus*, soldat de la cohorte XIIIe *Urbana* (arcade VI; Allmer et Dissard, t. I, p. 445);

8. *Marcus Curvelius Robustus*, soldat de la cohorte XIIIe *Urbana*. (Arcade IX; Allmer et Dissard, t. I, p. 447.)

[3] Les inscriptions relatives aux procurateurs du Quarantième des Gaules ont toutes été trouvées en dehors du sol lyonnais. Telle est celle de *Priscus*, affranchi de l'Empereur, procurateur du XXXXe des Gaules, découverte à Antium (Wilmanns, n° 1242); celle encore de *Caius Attius Alcimus Felicianus*, vice-procurateur du XXXXe des Gaules, qui provient de Tunisie. (Wilmanns, n° 1295.)

fermiers; une inscription nous l'apprend [1]; d'autre part, les plombs de douane, trouvés dans la Saône en si grande quantité, avaient sans nul doute été apposés, à l'entrée en Gaule, sur des ballots expédiés à Lyon en exemption de droit, pour être soumis, en présence des parties intéressées, au juge compétent en matière d'impôts.

Le trésor impérial tirait également profit du produit des mines, que l'on trouvait en assez petite quantité dans la Lyonnaise, mais en abondance dans l'Aquitaine [2]. A date fixe, on apportait au procurateur de Lyon, sous forme de lingots, l'impôt en nature, proportionnel à la quantité de métal extrait; ces lingots étaient pesés à leur arrivée, et le hasard nous a conservé un des poids correspondants à la redevance d'un des centres miniers. C'est un bloc de marbre de forme conique, avec cette inscription : «Poids matrice contrôlé, à l'usage de la splendidissime exploitation de la mine de fer de Memmia Sosandris, clarissime personne [3].»

Citons encore, parmi les hauts fonctionnaires de Lyon gallo-romain, le procurateur du vingtième des successions pour la Lyonnaise, la Belgique et les deux Germanies [4], ainsi que le directeur du service des Postes [5], chargé d'assurer aux courriers de l'Empereur leurs relais et leur subsistance [6].

---

[1] Son titre était *procurator inter mancipes XL Galliarum et negotiatores*. Il s'appelait *Sextius Martialis*. Cette curieuse inscription est d'Afrique. (*Bulletin épigraphique de la Gaule*, 1884, p. 155.)

[2] Une inscription qui n'est pas entrée au Musée, mais qui est à Lyon, engagée dans le mur de l'abside de l'église Saint-Jean, mentionne un *Attius Alcimus*, procurateur des mines de fer. Le Musée (arcade XXX) possède l'épitaphe d'*Aurelius Caecilianus*, préposé à la comptabilité des mines de fer. (Allmer et Dissard, t. I, p. 179.)

[3] Allmer et Dissard, t. I, p. 190.

[4] Le même *Lucius Marius Perpetuus*, dont il a déjà été parlé comme procurateur provincial et procurateur de la monnaie, avait été également procurateur du vingtième des successions. (Allmer et Dissard, t. I, p. 157.) *Tiberius Claudius Candidus* nous est connu par une inscription de Tarragone. (*C. I. L.*, t. II, n° 4114.)

[5] *Lucius Mussius Æmilianus*, dont le titre officiel était *praefectus vehiculorum trium provinciarum Lugdunensis, Narbonensis et Aquitanicae*, est nommé sur une inscription de Rome. (*C. I. L.*, t. VI, n° 1624.) Une autre inscription de Rome également (*C. I. L.*, t. VI, n° 1641) mentionne un *praefectus vehiculorum per Gallias*.

[6] Un procurateur d'un autre genre, signalé par une inscription d'Ancyre (*C. I. L.*, t. III, n° 249), était chargé du recrutement des gladiateurs, sous le

L'intendant payeur du fisc des Gaules était chargé non plus des recettes, mais des dépenses [1]. C'était un esclave de l'Empereur; cette dénomination, qui nous paraît humiliante, ne doit d'ailleurs pas faire illusion sur son importance. C'était un très haut personnage, qui avait un grand train de maison. Nous en connaissons un [2] qui voyageait avec une suite de quinze personnes : un acheteur, un dépensier, trois secrétaires, un médecin, deux argentiers, deux valets de chambre, deux valets de pied, deux cuisiniers et... une femme qui, sur l'inscription, ne porte aucun titre, probablement la compagne de l'opulent esclave.

Tels étaient les principaux chefs de service de l'administration des Gaules. Parmi les employés subalternes nous trouvons des teneurs de livres [3], des archivistes [4], des gref-

---

titre de *procurator familiae gladiatoriae per Gallias, Britannias, Hispanias*; celui-ci s'appelait *Lucius Didius Marinus*.

[1] L'épitaphe de *Faustus*, esclave impérial de la catégorie des payeurs, a été découverte dans les fouilles récentes de Trion; elle est au Musée, contre le pilastre, entre les arcades LVI et LVII. (Allmer et Dissard, t. I, p. 201.)

[2] De Boissieu, p. 611; Vilmanns, n° 386. Il s'intitulait : *Tiberii Caesaris Augusti (servus), dispensator ad fiscum gallicum provinciae Lugdunensis*.

[3] 1. *Marcus Ulpius Fortunatus*, affranchi d'un empereur, probablement de Trajan, était teneur de livres; l'inscription brisée ne nous permet pas de savoir dans quel service (arcade XXXI; Allmer et Dissard, t. I, p. 232);

2. *Marcus Ulpius Gresianus*, esclave d'Auguste, était teneur de livres à la comptabilité des provinces de Lyonnaise et d'Aquitaine, *tabularius provinciarum Lugudunensis et Aquitanicae* (C. I. L., t. II, n° 3235);

3. *Quinctius*, affranchi d'Auguste, était teneur de livres à la comptabilité du Quarantième des Gaules, *librarius tabularius XXXX Galliarum* (inscription perdue; de Boissieu, p. 275);

4. *Firmanus* exerçait les mêmes fonctions (inscription perdue; de Boissieu, p. 255);

5. *Rufus*, esclave impérial, était teneur de livres au grand bureau, *librarius in tabulario majori* (inscription perdue; de Boissieu, p. 460);

6. *Aurelius Hermes*, affranchi des Empereurs, probablement Septime Sévère et Caracalla, était teneur de livres à une comptabilité non désignée, *tabularius*. (Inscription perdue; de Boissieu, p. 255.)

[4] *Marcus Aurelius...*, employé aux écritures du procurateur de la Lyonnaise et de l'Aquitaine : *proximus a memoria it(em) a co(mmentariis) procuratoris fisci Asiatici, procuratoris provinciarum Lugudun(ensis) et Aquitanicae*. (Inscription perdue; de Boissieu, p. 252.)

fiers[1], des agents des mines[2], de la douane[3], de la monnaie[4], de la prison[5], des aqueducs[6] et de la poste[7].

[1] 1. ...*nius Quartus*, «entré au service, dit son épitaphe, à l'âge de vingt ans, y est resté pendant dix-huit ans, et a été *centurion hastat* dans la légion I° *Minervia*; il a obtenu ensuite l'emploi de greffier du procurateur des deux provinces de Lyonnaise et d'Aquitaine» (arcade IV; Allmer, t. I, p. 222);

2. Anonyme; «il avait, dit le fragment d'inscription, fait son service, et, après avoir obtenu son congé, il était devenu greffier du procurateur des deux provinces de Lyonnaise et d'Aquitaine», *et post honestam missionem, factus est ex actis procuratoris provinciarum duarum Lugdunensis et Aquitanicae*. (Inscription encastrée dans le mur d'une petite chapelle, près de l'hospice de Bron, à Lyon; Allmer et Dissard, t. I, p. 237.)

Le même auteur signale deux inscriptions de greffiers, mais très fragmentées et sans intérêt particulier.

[2] Il a été parlé plus haut (p. 250) d'un affranchi impérial, préposé à la comptabilité des mines de fer, *tabularius ferrariarum*.

[3] Les employés dans les bureaux du service de la douane ou du Quarantième des Gaules figurent en assez grand nombre dans l'épigraphie lyonnaise. Ce sont :

1. *Ælius Festus*, affranchi des deux Empereurs, préposé à la comptabilité du Quarantième des Gaules, *tabul(arius) XL Galliarum* (arcade XXXVII; Allmer et Dissard, p. 226);

2. *Vitalis*, esclave de la société de l'impôt du Quarantième, *socior(um) publ(ici) XXXX ser(vus)* (arcade VI; Allmer et Dissard, t. I, p. 228);

3. *Quinctius*, affranchi impérial, teneur de livres de la comptabilité du Quarantième des Gaules, *tabularius XXXX Gal(liarum)* (inscription perdue; de Boissieu, p. 275);

4. *Firmanus*, teneur de livres à la même comptabilité, *XL Galliarum tabularius* (inscription perdue; de Boissieu, p. 255);

5. *Pudens*, esclave de la société du Quarantième des Gaules, contrôleur dans les Alpes Cottiennes, ensuite caissier à Lyon, *sociorum publici XL servus, contrascriptor finibus Cottii, arcarius Luguduni*. (Inscription d'Avigliana [Alpes Cottiennes]; C. I. L., t. V, n° 7213.)

[4] *Nobilis*, esclave de l'empereur Tibère, ajusteur, *aequator monetae*. (Inscription perdue; de Boissieu, p. 281.)

[5] *Tiberius Claudius Chrestus*, porte-clefs de la prison publique de Lyon, *clavicularius carceris publici Luguduni*. (Arcade XXXVI; Allmer et Dissard, t. I, p. 236.)

[6] Le fragment d'inscription rapporté par de Boissieu, p. 529, signale un esclave impérial ingénieur hydraulicien, (*l*)*ibrator aquarum*.

[7] *Marcus Cornelius Rufinus*, citoyen lyonnais, courrier de la cité de Lyon, *civis lugudunensis, tabellarius ejusd(em) civitatis*. (Inscription des environs de Lyon; Allmer, *Revue épigraphique*, t. II, p. 228.)

Citons encore les bénéficiaires [1], que les officiers supérieurs et les procurateurs des provinces se choisissaient, en nombre déterminé, parmi les soldats ou les vétérans, ainsi que les corniculaires [2], soldats de cavalerie, attachés comme auxiliaires à des officiers ou à des fonctionnaires civils supérieurs. En voyant ce nombre considérable d'employés en sous-ordre, on songe involontairement à la foule des commis, huissiers et appariteurs de nos ministères, à ce monde de gens de bureaux, qui, alors comme aujourd'hui, formaient les multiples rouages de l'administration gouvernementale.

Lyon ne possède pas beaucoup d'inscriptions relatives à ses magistrats municipaux [3]. Le peu qui subsiste suffit néanmoins pour constater l'existence d'un conseil de décurions [4],

---

[1] On a trouvé en 1885, dans les fouilles de Trion, la représentation de l'insigne des bénéficiaires; il est gravé sur l'ornement faîtier d'un cippe; il est reproduit dans Allmer et Dissard, t. I, p. 214. Voici ceux des bénéficiaires, dont les monuments funéraires sont conservés au Musée :

1. *Marcus Pontius Gemellus*, vétéran de la légion I^e *Minervia Pia Fidelis*, libéré avec le congé honorable, bénéficiaire du procurateur (arcade XLI; Allmer et Dissard, t. I, p. 209);
2. *Titus Flavius Florus*, vétéran de la légion I^e *Minervia Pia Fidelis*, ancien bénéficiaire du procurateur (contre le pilier, entre les arcades XVIII et XIX; Allmer et Dissard, t. I, p. 217);
3. *Gaius Mansuetius Tertius*, vétéran de la légion XXIIe *Primigenia Pia Fidelis*, libéré avec le congé honorable, ancien bénéficiaire du procurateur (contre le pilier, entre les arcades XLV et XLVI; Allmer et Dissard, t. I, p. 220);
4. *Julius Superinius Victor*, bénéficiaire du procurateur. (Arcade IX; Allmer et Dissard, t. I, p. 206.)

[2] *Quintus Marcius Donatianus*, était cavalier corniculaire, *eques cornicularius*, d'un procurateur de la Lyonnaise et de l'Aquitaine. (Arcade LI; Allmer et Dissard, t. I, p. 156.)

[3] Quelques auteurs ont cru que Lyon, centre de nombreux services administratifs, aurait, jusqu'à l'époque des Antonins, été administré directement par l'État. (Allmer, t. II, p. 354.)

[4] Il est appelé sur les titres épigraphiques : Ordre très saint, *sanctissimus ordo*. Les décurions, ainsi qu'on peut le constater par les inscriptions lyonnaises (Allmer, t. I, p. 350), avaient, entre autres privilèges, ceux de donner par décret l'emplacement nécessaire à l'érection des autels tauroboliques ainsi que des statues élevées par la Colonie à des citoyens méritants. La situation de ces magistrats était très élevée, plus haute même que celle des chevaliers romains, ainsi que nous allons avoir l'occasion de le voir par l'inscription de Sextus Ligurius Marinus, féconde en intéressants renseignements.

sorte de sénat de la Colonie[1]. Les membres du pouvoir exécutif étaient les duumvirs, les questeurs et les édiles[2]. Ces fonctions furent pendant longtemps très recherchées. Alors comme aujourd'hui, on aimait à couronner une carrière bien remplie par la considération qu'apportent avec eux les suffrages de ses concitoyens. Une inscription nous a conservé l'expression de la vive satisfaction éprouvée par Sextus Ligurius Marinus, pour son élévation successive à la questure, au duumvirat honoraire et au titre de duumvir désigné et de pontife perpétuel. A cette occasion, les décurions reçurent de lui chacun 5 deniers; aux chevaliers, aux sévirs et aux négociants en vins il en distribua 3; les membres des corporations reconnues en eurent 2; enfin il fit, en faveur du peuple, les frais d'une représentation au cirque. Il avait été élu, à la demande du peuple, *ex postulatione populi*[3].

---

[1] Après l'empereur Claude, bienfaiteur de Lyon, le nom officiel de la Colonie fut *Colonia Copia Claudia Augusta Lugudunensium*, que l'on trouve écrit en abrégé sous cette forme : C·C·C·AVG·LVG. Les Lyonnais, citoyens romains, étaient inscrits dans la tribu *Galeria*.

[2] Les fonctions de ces magistrats sont assez connues pour qu'il n'y ait pas lieu de les rappeler ici. Les inscriptions qui s'y rapportent n'ont d'ailleurs pas d'intérêt spécial.

[3] Cette inscription a été reproduite plus haut, p. 214, à propos du cirque de Lugudunum.

Ornement du vêtement
de l'Aphrodite marseillaise.

CHAPITRE DEUXIÈME.

LES CORPORATIONS LYONNAISES,
ASSOCIATIONS COMMERCIALES.

Le génie des bronziers
de Diara,
statuette en bronze,
à l'échelle de ⅓.

Nous avons parlé, dans le chapitre précédent, des fonctionnaires et des magistrats qui administraient Lugudunum, nous allons nous occuper ici des négociants dont le commerce et l'industrie contribuaient puissamment à la grandeur et à la prospérité de la ville, et tout particulièrement de ceux qui étaient réunis en corporations. Il y avait en effet, dès cette époque, pour les entreprises importantes nécessitant l'emploi de puissants capitaux, des corporations qui émettaient des actions, et qui même, par un ingénieux système, assuraient leurs associés contre les risques auxquels ils étaient exposés [1].

Une des corporations les plus puissantes de Lugudunum était celle des *nautae* [2]. Ils naviguaient sur le Rhône et sur la Saône et, indépendamment de leurs opérations commerciales, ils avaient la charge officielle des

---

[1] L'organisation des corporations ou collèges dans leurs rapports avec l'administration municipale, a été étudiée et mise en lumière par M. Hirschfeld, dans un des savants articles publiés dans les *Mémoires de l'Académie de Vienne*, sous le titre commun de *Gallische Studien*, 3ᵉ fascicule, 1884.

[2] L'épigraphie nous fournit les noms de plusieurs dignitaires ou membres de la corporation des bateliers lyonnais :

1. *Quintus Julius Severinus*, patron de la splendidissime corporation des bateliers du Rhône et de la Saône, *patronis splendidissimi corporis n(au-*

transports de l'État. Avec la transformation opérée de nos jours par la multiplication à l'infini des routes, et surtout par l'établissement des chemins de fer, on se rend difficilement compte de l'activité qui régnait alors sur les voies fluviales.

tarum) rhodanicor(um) et arar(icorum); il était Séquane d'origine, avait été promu dans sa cité à tous les honneurs; avait été, en témoignage de son intégrité, honoré de deux statues par le conseil des décurions de sa cité, était *inquisitor* des Gaules (arcade XIV; Allmer et Dissard, t. II, p. 105);

2. *Lucius Besius Superior*, patron des bateliers de la Saône et du Rhône, *patronus nautar(um) araricor(um) et rhodanicor(um)*; il était de la cité des Viromanduens, où il avait obtenu tous les honneurs; il était également chevalier romain et *adlector* de la caisse des Gaules (arcade XIII; Allmer et Dissard, t. II, p. 109);

3. *Tontius Incitatus*, batelier de la Saône, *nauta araricus;* il était en même temps sévir augustal de Lyon, centonaire demeurant à Lyon, promu aux honneurs de la corporation, négociant marchand de blé (arcade LVIII; Allmer et Dissard, t. II, p. 415);

4. *Caius Primius Secundus*, batelier du Rhône, et préfet de la corporation, *n(auta) [r]hod(anicus), praef(ectus) [ejus]d(em) cor(poris)*; il était en même temps sévir augustal, charpentier demeurant à Lyon, promu à tous les honneurs et patron de la corporation (arcade LIX; Allmer et Dissard, t. II, p. 420);

5. *Marcus Primius Secundianus*, batelier du Rhône naviguant sur Saône, *nauta rhodanic(us) Arare navigans;* il était en même temps curateur des sévirs augustaux de Lyon, membre de la corporation des charpentiers, et négociant marchand de saumure (arcade XXXVI; Allmer et Dissard, t. II, p. 423);

6. *Caius Apronius Raptor*, batelier de la Saône et patron de la corporation, *n(auta) araricus, patronus ejusdem corporis;* il était décurion de la cité de Trèves son pays, patron des négociants en vins demeurant à Lyon (arcade XXI; Allmer et Dissard, t. II, p. 455);

7. *Lucius Tauricius Florens*, patron des bateliers de la Saône et de la Loire, *patronus nautarum araricorum et ligericorum;* il était de la cité des Vénètes et *allector* de la caisse des Gaules (dans un égout de l'Hôpital; de Boissieu, p. 259);

8. *Caius Sentius Regulianus*, batelier de la Saône, patron de la même corporation, *nauta araricus, patronus ejusdem corporis*. Chevalier romain, il était *diffusor olearius ex Baetica*, et curateur de la corporation, négociant marchand de vin à Lyon, domicilié aux *canabae*, curateur et patron de la corporation, patron des sévirs augustaux de Lyon (inscription de Rome; de Boissieu, p. 207);

9. *Rufius Catulus*, curateur des bateliers du Rhône, *curator n(autarum) r(hodanicorum)*. (Inscription trouvée aux Marches, département de l'Ain; Allmer, *Inscriptions de Vienne*, t. III, p. 435.)

Pour plus de détails sur ces inscriptions honorifiques ou funéraires, on devra se reporter aux textes et aux commentaires de M. Allmer.

Elle était considérable, et le Rhône et la Saône mettaient directement en communication les pays du nord avec la Méditerranée : un service de transbordement était organisé entre la Saône et la Seine et aussi entre la Saône et la Moselle, pour aboutir au Rhin; le même service existait entre la Saône et la Loire[1]. Telle est la raison de la haute considération dont jouissaient les bateliers qui, dans les inscriptions, prennent le titre d'Ordre splendidissime, SPLENDIDISSIMVS ORDO, et qui, dans certaines villes, à Nîmes par exemple, avaient des places réservées dans les spectacles publics[2]. Les bateaux des *nautae rhodanici* étaient solidement construits pour résister à l'impétuosité du fleuve, et naviguaient à l'occasion sur la Saône. Les *nautae ararici*, probablement moins bien organisés, ne pouvaient affronter le terrible courant et se cantonnaient sur la rivière. Mais les deux corporations avaient entre elles des rapports intimes; elles se confondirent même quelquefois. Le port d'abri de leurs bateaux était à toutes deux, nous l'avons vu, sur la Saône, pour ceux-ci en amont, vers le pont du Change, pour ceux-là en aval, plus près du confluent[3]. Aux bateliers il faut rattacher peut-être les *condeates* ou *arcarii*[4].

Les dendrophores qui figurent dans l'épigraphie lyonnaise[5] avaient le double caractère de corporation ouvrière et de soda-

---

[1] Voir ci-dessus, p. 256, note.
[2] Inscription gravée sur le rebord arrondi du mur du podium de l'amphithéâtre de Nîmes : N(*autis*) RHOD(*anicis*) ET ARAR(*icis*) XL D(*ata*) D(*ecreto*) D(*ecurionum*) N(*emausensium*). (Germer-Durand et Allmer, *Collections épigraphiques de Nîmes*, n° 422.)
[3] Voir plus haut, p. 218.
[4] *Lucius Besius Superior*, dont il a déjà été question plus haut, est désigné comme *patronus cond(eatiu)m et arcarior(um) Lugud(uni) consistentium*. (Arcade XIII; Allmer et Dissard, t. II, p. 108.)

[5] 1. *Lucius Æmilius Carpus*, auteur du taurobole pour la conservation de l'empereur Antonin le Pieux, était à la fois sévir augustal et dendrophore, *sevir augustalis, item dendrophorus* (salle de sculpture; Allmer et Dissard, t. I, p. 15);
2. *Claudius Silvanus*, désigné sur le taurobole offert par les dendrophores siégeant à Lyon, *dendrophori Luguduni consistentes*, comme quinquennal perpétuel, *perpetuus quinquennalis* (arcade XIX; Allmer et Dissard, t. I, p. 26);
3. Anonyme, dendrophore et sévir augustal, auteur d'une libéralité à

lité religieuse : bûcherons, ils allaient dans la forêt abattre les pins et les chênes; prêtres de la déesse Cybèle, ils portaient dans les processions les jeunes pins enguirlandés, l'arbre préféré de la mère des dieux. Leur influence s'accrut beaucoup avec le progrès des cultes orientaux en Occident, et leur industrie devait forcément prospérer, dans une ville dont l'extension nécessitait un emploi considérable de bois de constructions. Ces derniers étaient utilisés par les *tignuarii*, entrepreneurs charpentiers [1], associés avec les *tectores* [2] ou artistes stucateurs.

l'amphithéâtre des Trois Gaules (fragment, arcade LVII; Allmer et Dissard, t. II, p. 38);

4. *Egnatius Felix*, dendrophore augustal de Lyon, patron de la corporation, *dendrophorus aug(ustalis) lug(udunensis) ejusdemq(ue) corporis curat(or)*; il était en même temps curateur de la corporation des sévirs augustaux et patron des centonaires lyonnais (arcade XLIII; Allmer et Dissard, t. II, p. 426);

5. *Lucius Sabinius Cassianus*, dendrophore augustal, questeur de la corporation, admis du consentement de tous les membres au privilège de la double part, parvenu dans la même corporation à tous les honneurs, *dendrophoro augustali, q(uaestori) corporis ejusd(em), duplicario consensu universorum, omnibus honoribus apud eosd(em) functo.* (Arcade XIX; Allmer et Dissard, t. II, p. 439.)

[1] 1. *Vireius Vitalis*, membre de la corporation des entrepreneurs lyonnais, *corporatus inter fabros tign(uarios) lugud(unenses)*; c'était un jeune homme d'une habileté consommée dans l'art de travailler le fer (arcade XXIV; Allmer et Dissard, t. II, p. 498);

2. *Claudius Myron* et un anonyme, qui tous deux s'intitulent *clientes*, offrent un autel au Génie de la splendidissime corporation des entrepreneurs charpentiers et des artistes stucateurs : *genio splendidissimi corporis fabrorum tign(uariorum) (it)emque artificum tectorum* (fragment, arcade VII; Allmer et Dissard, t. II, p. 501);

3. *Pompeius Catussa*, artiste stucateur, *tector*, était Séquanais d'origine (arcade LIII; Allmer et Dissard, t. II, p. 504);

4. *Marcus Primius Secundianus*, membre de la corporation des charpentiers, demeurant à Lyon, *corporat(us) inter fabros tign(uarios) Lug(uduni) consist(entes)* nous est déjà connu comme batelier du Rhône naviguant sur la Saône;

5. *Caius Primius Secundus*, membre de la corporation des ouvriers charpentiers en résidence à Lyon, promu par eux à tous les honneurs, *faber tignuarius Luguduni consistens, omnibus honoribus apud eos functus.* Il en a déjà été parlé.

[2] Le *tector* n'est pas le couvreur de maisons auquel on pourrait songer tout d'abord; c'est le stucateur, qui revêtait d'un enduit souvent très élégant l'intérieur des maisons romaines.

Les *centonarii*[1] étaient des fabricants de couvertures grossières faites de vieux morceaux d'étoffes cousus ensemble et dont l'emploi ordinaire était de préserver les marchandises de la pluie et les machines de guerre contre les traits de l'ennemi. On se servait aussi de ces tissus épais et de peu de valeur pour l'extinction des incendies, et les centonaires étaient alors secondés par des corps de métier habitués à des travaux dangereux.

Nous avons une tendance naturelle, nous autres modernes, à nous considérer comme les inventeurs de bien des choses. A mesure que l'on connaît mieux l'antiquité, on devient moins présomptueux. Les anciens avaient, par exemple, de véritables compagnies de sapeurs-pompiers; M. O. Hirschfeld l'a prouvé[2] et a réuni à ce sujet un certain nombre d'indications bien curieuses : il signale, par exemple, la centurie de miliciens pourvus de centons, de haches et d'échelles, d'une inscription de Côme[3], ainsi qu'un *dolabrarius* d'Aquilée, représenté sur son tombeau, tenant de la main droite une hache, et de la gauche un objet dans lequel on a cru reconnaître un centon[4].

Une organisation de secours contre l'incendie existait dans la plupart des villes importantes. Lyon avait, en l'an 65, été

---

[1] Leur corporation prit à sa charge, nous dit une inscription du Musée dont il a déjà été plusieurs fois question, les frais du rétablissement des places autrefois données à la cité par Julius Januarius : *Loca quae Julius Januarius rei p(ublicae) donaverat centonari suo impenso restituerunt*. On sait, par une inscription aujourd'hui perdue, que c'étaient des places au cirque et qu'il y en avait cinq cents. (Arcade XXXIV; Allmer et Dissard, t. I, p. 123.) Voici les noms de quelques centonaires lyonnais :

Caius Rusonius Myron était promu aux honneurs de la corporation des centonaires, *centonarius honoratus*; il était de même honorat des sévirs augustaux de Lyon et membre de la corporation des fabricants de sayons (arcade XLVI; Allmer et Dissard, t. II, p. 432);

Egnatius Felix, patron des centonaires demeurant à Lyon et promu dans la corporation à tous les honneurs, *patronus centonarior(um) Lug(uduni) consist(entium), omnib(us) honorib(us) apud eos f(unctus)*. Il a déjà été question de ce personnage plus haut, à propos des dendrophores dont il était curateur. (Arcade XLIII; Allmer et Dissard, t. II, p. 419.)

[2] Hirschfeld, *Gallische Studien*, 3e fascicule, 1884.
[3] C.I.L., t. V, n° 5446.
[4] C.I.L., t. V, n° 908.

consumé par un terrible incendie : «Notre Liberalis, écrivait Sénèque [1], est aujourd'hui fort triste. Il vient de recevoir la nouvelle d'un incendie qui a consumé la colonie de Lyon... Qui le croira! On cherche ce qu'est devenue une ville que l'on montrait avec orgueil dans la Gaule... Entre l'existence d'une grande cité et son anéantissement il n'y a eu que l'intervalle d'une nuit.» C'est peut-être à la suite de ce désastre que Lyon voulut avoir une organisation de secours contre l'incendie plus perfectionnée que celle des centonaires et des *fabri* [2]. L'inscription d'un *praefectus vigilum* [3], très probablement Lyonnais, nous montre qu'elle avait une milice spécialement chargée de veiller la nuit à la sécurité publique [4].

Aucune corporation n'égalait en importance et en richesse celle des négociants en vins, *negotiatores vinarii*. La culture de la vigne était une des sources de revenu les plus considérables pour la Gaule. Voici ce que M. Allmer écrit à ce sujet [5] : «Dès avant la fin du Ier siècle de l'ère chrétienne, la vigne était cultivée, non seulement dans toute la Narbonnaise, mais jusque chez les Arvernes et les Séquanes [6]. Les

---

[1] Sénèque, *Épist. mor.*, 91. — Néron fit don en cette circonstance aux Lyonnais de 4 millions de sesterces pour la reconstruction des édifices publics. (Tacite, *Annales*, XVI, 13.)

[2] L'épigraphie lyonnaise ne renferme que deux inscriptions relatives aux *fabri* ou ouvriers en bâtiments :

> *Apriclius Priscianus*, admis dans le collège des *fabri* avec exemption de la somme honoraire due pour la questure, *pertinens ad collegium fabrorum, redemptos honores quaestorios*. Il était de son métier fabricant de poterie (arcade LI; Allmer et Dissard, t. II, p. 446);
>
> *Minthatius Vitalis*, dont il sera question tout à l'heure à propos des négociants en vins, était patron de plusieurs corporations, y compris celle qui nous occupe : *patron(us) fabror(um)*. (Arcade XXI; Allmer et Dissard, t. II, p. 452.)

[3] *Titus Flavius Latinianus*, préfet des vigiles, *praefectus vigilum*. (Arcade XLIII; Allmer et Dissard, t. I, p. 450.)

[4] Il y avait de même à Rome une milice composée de sept cohortes de vigiles, sous le commandement d'un préfet. Elle envoyait des détachements dans les ports d'Ostie et de Pouzzoles, où se trouvaient de grands approvisionnements pour la capitale. Plusieurs inscriptions de Nîmes mentionnent un *praefectus vigilum et armorum*.

[5] Allmer et Dissard, t. II, p. 450.

[6] Pline, XIV, 1, 2.

vins du littoral, excepté ceux de Béziers qui avaient une certaine réputation locale, étaient peu estimés. Ils étaient d'ailleurs habituellement frelatés, et ils se consommaient dans la Gaule. Il n'en était pas de même de ceux du pays des Helves, et surtout de ceux de Vienne [1]... L'estime que l'on faisait en général du vin de la Gaule en Italie est certifiée par Pline [2]. Mais, à côté de cela, une jalouse partialité du gouvernement en faveur de l'Italie n'avait pas permis à la culture de la vigne de prendre dans la Narbonnaise tout son développement : elle y était seulement tolérée et en même temps soumise à des mesures restrictives, qui livraient sans concurrence aux vins italiens le marché de la Gaule [3].

«Lyon était le grand entrepôt des vins de la Narbonnaise et de la vallée du Rhône, ainsi que des vins fournis par l'Italie en quantité considérable. Ils étaient de là transportés dans toutes les directions par les voies de terre qui rayonnaient de ce point central et encore plus par les voies fluviales.»

Les négociants en vins avaient leurs entrepôts dans la ville basse, dans la partie ouest et nord de l'île d'Ainay. C'est là que se trouvaient leurs baraques, *canabae*. Leur richesse leur donnait une considération très grande [4]; ils venaient immé-

---

[1] Il en a été question plus haut, p. 107.
[2] Pline, XIV, 3.
[3] Mommsen, *Hist.*, V, p. 98.

[4] Voici une liste de *negotiatores vinarii* mentionnés par l'épigraphie lyonnaise :

1. *Minthatius Vitalis*, négociant en vins, demeurant à Lyon dans les *kanabae*, ayant exercé deux fois la curatelle de la corporation, et aussi les fonctions de quinquennal : negotiat(ori) vinario lugud(unensi) in kanabis consist(enti), curatura ejusdem corpor(is) bis funct(o), item q(uin)q(uennali); il était en même temps, on s'en souvient, batelier naviguant sur Saône, et patron, chevalier romain, des sévirs, des utriculaires et des *fabri* (arcade XXI; Allmer et Dissard, t. II, p. 451);

2. *Caius Apronius Raptor*, patron de la corporation des négociants en vins demeurant à Lyon qui lui élevèrent une statue : *negotiatores vinarii Lugud(uni) consistentes bene de se merenti patrono*. Il était décurion de la cité de Trèves, sa ville natale, et patron de la corporation des bateliers de la Saône (arcade XXI; Allmer et Dissard, t. II, p. 455);

3. ...*ranius V*..., négociant en vins, *negotiator vinarius*, originaire de Trèves, était en même temps marchand de poterie de terre (arcade XLV; Allmer et Dissard, t. II, p. 458);

diatement après les décurions, sur pied d'égalité avec les chevaliers et les sévirs augustaux[1].

On les trouve assez souvent, sur les inscriptions, associés aux bateliers du Rhône et de la Saône ainsi qu'aux utriculaires, les fabricants d'outres[2].

Ceux-ci étaient à leur tour en relation d'affaires avec les

> 4. *Caius Sentius Regulianus*, négociant en vins, en résidence à Lyon dans les *kanabae*, curateur et patron de la même corporation : *negot(iator) vinarius Lugudun(i) in Canabis consisten(s), curator et patronus ejusdem corporis*. Il était en même temps patron des bateliers de la Saône et faisait le commerce des huiles de la Bétique; il en a déjà été question. (Inscription de Rome; de Boissieu, p. 207.)

[1] Voir à ce sujet l'inscription rapportée plus haut, p. 214, de Sextus Ligurius Marinus.

[2] Quelques archéologues ont cru que les utriculaires étaient des bateliers qui voyageaient sur des outres, dans les cours d'eau d'une faible profondeur. Sans contester l'usage antique d'alléger les radeaux en les entourant d'une ceinture d'outres gonflées d'air, M. Allmer (*Inscr. antiques du Musée de Lyon*, t. II, p. 48) a montré que les utriculaires n'étaient pas des bateliers, mais des fabricants d'outres en peau, utilisées pour différents usages. Les utriculaires signalés par les inscriptions de Lyon sont les suivants :

> 1. Anonyme, appartenant à la corporation des utriculaires et promu parmi eux aux honneurs. *Adpertinen(s et) honoratus co(rporis) utriclario(rum)*. Il était de la nation des Séquanes, citoyen romain et marchand ou fabricant d'étoffes de laine à long poil (arcade XXI; Allmer et Dissard, t. II, p. 490);
>
> 2. *Minthatius Vitalis*, patron des utriculaires, *patronus utriclariorum*, était en même temps, on s'en souvient, sévir augustal, membre des *fabri* lyonnais; etc. (arcade XXI; Allmer et Dissard, t. II, p. 451);
>
> 3. *Caius Marius Ma...*, patron des utriculaires, *pat(ronus)... utriclarior(um)*, était en même temps, ainsi qu'il a été dit plus haut, patron des bateliers du Rhône, naviguant sur Saône (arcade IV; Allmer et Dissard, t. II, p. 468);
>
> 4. *Gaius Libertius Decimanus*, fabricant d'outres, résidant à Lyon, *utriclariarius Luguduni consistens*. Citoyen viennois, il était en même temps *honorat* des bateliers de la Saône (arcade XLIII; Allmer et Dissard, t. II, p. 474);
>
> 5. *Caius Catius Driburo*, de la corporation des utriculaires en résidence à Lyon, *corporis utriclariorum Luguduni consistentium* (inscription perdue; de Boissieu, p. 403);
>
> 6. *Caius Victorius Tauricus*, citoyen lyonnais, admis dans la corporation des utriculaires en résidence à Lyon, *civ(is) Lug(udunensis) corporatus inter utriclar(ios) Lug(uduni) consistentes*. (Transportée à l'île Barbe, près Lyon; de Boissieu, p. 402.)

marchands d'huile de la Bétique [1] et aussi avec la corporation autrement importante des négociants cisalpins et transalpins.

La riche vallée du Rhône et la plaine fertile du Piémont ont de tout temps été très productives. Mais la barrière des Alpes mettait, faute de routes commodes, un très sérieux obstacle aux communications. Pour faire passer à travers les cols les convois de marchandises, il fallait une organisation spéciale, des chariots, des mulets, tout un personnel d'employés familiarisés avec les dangers de la montagne. Les négociants cisalpins et transalpins avaient cette entreprise [2]. Leur siège social était à Lyon et à Milan : de ces deux centres d'opération ils faisaient un très grand trafic à la fois avec les produits du sol, et cette poterie rouge si répandue dont ils inondaient les pays du nord.

Quand nous aurons parlé des fabricants de sayons, *sagarii* [3], nous aurons épuisé la liste des corporations que mentionne l'épigraphie lyonnaise. Le *sagum*, ou grand manteau de laine, retenu au cou par une fibule et descendant jusqu'au genou, était porté non seulement en Gaule, mais en Espagne, en Ligurie et en Germanie; les Romains, qui le trouvaient commode, l'avaient adopté pour l'armée. *Esse in sagis* était synonyme d'être sous les armes; cette pluralité d'emplois avait créé à cette marchandise un grand nombre de débouchés et en avait rendu l'industrie très prospère. Les fabricants de sayons lyonnais étaient réunis en collège.

[1] Le souvenir de cette corporation nous est conservé par une inscription de Rome, dont il a déjà été question à propos des *negotiatores vinarii* (voir plus haut, p. 261). C'est l'épitaphe de *Caius Sentius Regulianus*, placeur d'huile de la Bétique et curateur de la corporation, *diffus(ori) oleario ex Baetica, curatori ejusdem corporis*. (De Boissieu, p. 207.)

[2] L'épitaphe d'un des préfets de cette association nous a été conservée :

Marcus Sennius Metilius, membre de la splendidissime corporation des négociants cisalpins et transalpins, préfet de cette même corporation, *negotiator corporis splendidissimi Cisalpinorum et Transalpinorum, ejusdem corporis praefectus*. Il était en même temps maître charpentier, entrepreneur lyonnais. (Arcade XVI; Allmer et Dissard, t. II, p. 508.)

[3] *Caius Latinius Reginus*, fabricant de sayons lyonnais, *sagarius lugud(u-nensis)*, avait peut-être apporté à Lyon cette industrie de la cité des Rèmes, son pays.

On voit par ce rapide exposé que nous avions raison de signaler, au début de ce chapitre, le nombre et l'importance des corporations industrielles et commerciales de Lyon. «Leur organisation, écrit M. Allmer[1], était en petit celles des curies municipales. Elles avaient chacune leur conseil qui rendait des décrets relativement à des constructions à faire en commun, à des emplacements à concéder pour des monuments religieux ou honorifiques, à des allections, à des immunités, à des privilèges, à des honneurs à accorder ; elles avaient leur série de fonctionnaires et leurs dignitaires, parmi lesquels on trouve des questeurs, des curateurs, des *quinquennales*, c'est-à-dire des censeurs, des préfets, des *honorati* ou *omnibus honoribus functi*, des patrons. Chacune d'elles avait une fortune propre et sa caisse particulière. Quelques-unes avaient leur quartier particulier, comme les *vinarii in kanabis consistentes*, ou leur cimetière particulier, exclusivement réservé à leurs membres, comme celle des *fabri tignuarii* et des *artifices tectores.*»

[1] Allmer et Dissard, t. II, p. 438.

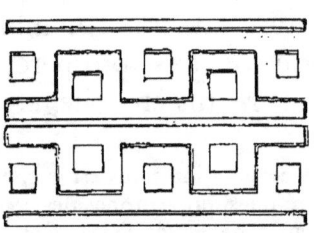

Autre ornement du vêtement
de l'Aphrodite marseillaise.

CHAPITRE TROISIÈME.

BOUTIQUIERS,

GENS DE MÉTIERS ET DE PROFESSIONS DIVERSES.

Tombeau du fabricant de poteries, à l'échelle de $\frac{1}{9}$.

Riche en inscriptions relatives aux corporations, l'épigraphie lyonnaise nous fournit encore d'intéressants renseignements sur le commerce et l'industrie exercés en dehors de toute association, ainsi que sur les métiers et professions. Parmi les inscriptions qui sont, sous ce rapport, les plus caractéristiques et les plus curieuses, nous citerons en première ligne celle du marchand de comestibles, *negotiator artis macellariæ*[1].

Lyon est, on le sait, renommé pour sa bonne chère : la vie matérielle y est facile; on y rencontre les produits alimentaires les plus variés et les meilleurs. Il en devait être déjà ainsi à l'époque gallo-romaine; retenons en tout cas ce point, que notre marchand prend, sur son épitaphe, le titre «d'homme d'une extrême probité».

[1] *Marcus Attonius Restitutus*, négociant marchand de comestibles, homme d'une extrême probité, *negotiator artis macellariae, hominis probissimi*. (Arcade 1; Allmer et Dissard, t. III, p. 72.)

Le *macellum* était un magasin où l'on trouvait toutes les ressources de l'art culinaire, viande de boucherie, poissons, légumes, friandises. Un curieux bas-relief de la villa Albani représente une de ces boutiques : la marchande, assise devant son étal, montre du doigt une volaille; une autre femme, un panier à la main, semble lui en demander le prix; contre les murs sont pendues différentes espèces d'animaux morts : un veau éventré, un porc, un lièvre, de grands oiseaux. C'était une boutique en renom, avec une belle enseigne, où la marchande avait fait graver, en se les appropriant sans fausse modestie, ces vers de Virgile :

> In freta dum fluvii current, dum montibus umbræ
> Lustrabunt, convexa polus dum sidera pascet,
> Semper honos nomenque tuum laudesque manebunt.

Une autre boutique fréquentée par les ménagères lyonnaises était celle du *muriarius* [1]. Il y vendait plusieurs espèces de saumures : le maquereau fournissait la plus estimée; mais les gourmets appréciaient également celle de thon qui était fabriquée à Antibes. Le *neg(otiator) laudecenarius* d'une autre inscription [2] vendait tout ce qui concerne le luxe de la table.

L'épigraphie ne mentionne pas de boulangers, bouchers, charcutiers, pâtissiers, comme on en rencontre à Narbonne; mais on trouve un négociant en blé, *negotiator frumentarius* [3], et un marchand de farine, *negotiator artis alicariae* [4].

L'industrie qui fait aujourd'hui la célébrité de Lyon, la soierie, existait déjà au IIe siècle de notre ère. Les dernières

---

[1] *Marcus Primius Secundianus*, marchand de saumure, *negotiator muriarius*, était en même temps curateur de la corporation des sévirs augustaux, membre de la corporation des bateliers du Rhône naviguant sur Saône et de celle des charpentiers demeurant à Lyon. Il en a déjà été question plus haut. (Arcade XXXVI; Allmer et Dissard, t. II, p. 423.)

[2] Elle est aujourd'hui perdue. (De Boissieu, p. 513.)

[3] *Tontius Incitatus*, marchand de blé, *negotiator frumentarius*, était en même temps, nous l'avons vu, sévir augustal de Lyon, batelier de la Saône, *honorat* des centonaires demeurant à Lyon. (Arcade VIII; Allmer et Dissard, t. II, p. 415.)

[4] ... *Martialis*, négociant farinier, *negotiator art(is) alicari(ae)*. Il était parvenu à tous les honneurs de la corporation des sévirs augustaux de Lyon. (Fragment, arcade XXXIII; Allmer et Dissard, t. II, p. 416.)

fouilles de Trion ont tiré de l'oubli où il dormait depuis des centaines d'années le barbaricaire Constantinius Æqualis [1]. Avant de le proclamer l'ancêtre des tisseurs lyonnais, il y a eu parmi les archéologues un moment d'hésitation; mais l'enquête sévère à laquelle ils se sont livrés a démontré avec évidence qu'il ne s'agissait pas ici, comme d'aucuns le prétendaient, du travail d'incrustation de métal sur métal, mais de broderie ou plutôt de brochage d'étoffes précieuses. Non seulement on a le nom de l'ouvrier, on a même retrouvé la navette du barbaricaire; elle fait aujourd'hui partie de la collection de M. Lépaulle. C'est un instrument en bronze, artistement ciselé, et qui réunit les qualités de légèreté et d'élégance. Il représente extérieurement un oiseau, dont le cou recourbé forme la poignée; dans l'intérieur des ailes très étroites et repliées, passait le fil que l'ouvrier introduisait entre les lices. Constantinius avait acquis par son travail une situation très honorable et faisait partie des sévirs augustaux.

Les inscriptions mentionnent encore un fabricant d'étoffes de lin [2], et un autre d'étoffes de laine [3]. Il a déjà été question plus haut des *sagarii* [4] ou marchands de sayons réunis en corporation.

L'industrie des métaux était exercée en premier lieu par les *argentarii* [5], qui travaillaient l'argent; la division du travail paraît avoir été pratiquée pour cette fabrication : les uns coulaient l'argent, les autres le ciselaient ou le repoussaient au marteau [6], et de leurs mains sortaient de gracieux objets plus

---

[1] *Constantinius Aequalis*, exerçant la profession de barbaricaire, *artis barbaricariae*, sévir augustal de Lyon, était citoyen de Germanicia. (Arcade XVI; Allmer et Dissard, t. II, p. 401.)

[2] *Illiomarius Aper*, marchand toilier, *lintiarius*; il était de la cité des Véliocasses, admis au nombre des colons de Lyon, membre de la corporation des utriculaires. (Arcade LIX; Allmer et Dissard, t. II, p. 487.)

[3] *Terentius Popillus*, marchand d'étoffes de laine à long poil, *negotiator artis prossariae*, était Séquane d'origine, citoyen lyonnais et *honorat* des utriculaires; il en a déjà été question. (Arcade XXI; Allmer et Dissard, t. II, p. 490.)

[4] Ci-dessus, p. 263.

[5] *Caius Flavius Januarius*, orfèvre argentier, *argentarius*, en même temps sévir augustal de Lyon. (Arcade VII; Allmer et Dissard, t. II, p. 413.)

[6] *Potitius Romulus*, artiste argentier, fabricant de vases, *arti(fici) arge(ntario) exclussor(i)*. (Arcade VI; Allmer et Dissard, t. III, p. 57.)

précieux encore par la finesse de l'exécution que par la richesse matérielle.

Une autre inscription signale un «jeune homme d'une habileté incomparable dans le travail du fer[1]».

Le Musée ne possède pas de monument funéraire de bronzier. Mais on sait que cette industrie existait à Lyon; ils avaient leurs ateliers aux environs, à côté de Meyzieu et de Décines; c'est là qu'on a trouvé, en bien plus grand nombre que partout ailleurs, des objets en bronze dont plusieurs sont aujourd'hui au Musée[2] : une Vesta plaquée d'argent, des têtes de clou ciselées, différents petits animaux, coqs, boucs, etc., et aussi des casseroles et patères de même métal avec l'estampille : DRACCIVS F(ecit), le nom du fabricant. Peut-être possédons-nous même le lare protecteur de cette industrie : nous voulons parler de cette jolie statuette de Meyzieu, représentant un Génie et dressée sur un piédestal circulaire où est gravée cette inscription : GENIO AERAR· DIARENSIVM, «au Génie des ouvriers bronziers de Diara[3].» (Elle est dessinée à la page 235.) Détail curieux, le socle est percé d'une fente, pratiquée transversalement devant les pieds du personnage, pour appeler l'offrande des dévots. C'était un véritable tronc ou, si l'on aime mieux, une tire-lire.

La ciselure du métal nous amène à parler de la gravure sur pierre. L'*ars caracteraria*[4] exigeait, de la part de celui qui l'exerçait, plus que de l'habileté de mains, certaines connaissances littéraires; car il lui arrivait certainement plus d'une fois d'intervenir dans la rédaction des épitaphes qu'on venait lui commander; c'est dire qu'il a sa part de responsabilité dans les incorrections non seulement grammaticales, mais souvent orthographiques, de beaucoup de nos inscriptions lyonnaises.

---

[1] *Vireius Vitalis, juvenis incomparabilis ingenii artis fabricae ferrariae;* il faisait partie de la corporation des *fabri tignuarii;* il mourut à dix-huit ans et vierge; *cujus aetas talis fuit ut virgo defunctus sit.* (Arcade XXIV; Allmer et Dissard, t. II, p. 497.)
[2] Il en sera question plus loin, dans la 3ᵉ partie de cette étude.
[3] Allmer, t. II, p. 325.
[4] *Aurelius Leons*, exerçant la profession de graveur de lettres, *artis caracterariae.* (Arcade XXXVI; Allmer et Dissard, t. III, p. 59.)

A en juger par les nombreux débris de verres de toutes couleurs découverts dans la nécropole de Trion [1], l'art du verrier, que mentionne une inscription [2], était porté à Lyon à une grande perfection. On y faisait de beaux vases avec reliefs, et des imitations si heureuses de pierres précieuses, qu'aujourd'hui encore les nuances vives et délicates de ces fausses perles trompent l'œil le plus exercé.

Un *negotiator artis cretariae*, dont le monument funéraire est au Musée (nous l'avons reproduit p. 265), a fait sculpter, en tête de sa stèle, des vases de différentes sortes, produits de son industrie [3]. Malgré cela, on l'a qualifié quelquefois de *marchand de craie*, au lieu de lui donner son vrai titre de négociant en produits argileux.

Les vases, lampes, objets céramiques divers, recueillis en grande quantité dans les fouilles, les fours de potiers découverts sur différents points de la ville et de ses environs devraient, à ce qu'il semble, faire considérer Lyon comme un centre de fabrication. Il ne faut cependant pas trop précipiter son jugement. Non seulement la Gaule cisalpine répandait à profusion ses poteries dans les pays voisins, elle y envoyait encore des équipes d'ouvriers, qui s'installaient partout où ils trouvaient une argile favorable, et qui marquaient leurs produits à l'estampille de leur patron. De là la diffusion des mêmes marques de potiers dans les régions les plus diverses et sur des objets de terre très différente.

---

[1] Allmer et Dissard, *Trion*, p. 530.

[2] *Julius Alexsander*, artiste verrier, *opifex artis vitriae*, était Africain de naissance et citoyen de Carthage. (Arcade I; Allmer et Dissard, t. III, p. 53.)

[3] Un éclat de la pierre a fait disparaître une grande partie du nom: ...*ranius Ma*..., marchand de poterie de terre, *negotiator artis cretariae*, nous est déjà connu comme marchand de vin de Lyon; il était de Trèves (arcade XLV; Allmer et Dissard, t. II, p. 458);

Apriclius Priscianus, exerçait le métier de potier, *exercens artem cretariam*; il avait été admis dans le collège des *fabri* avec exemption de la somme honoraire pour la questure; il en a déjà été question plus haut (arcade LI; Allmer et Dissard, t. II, p. 446);

Vitalinus Felix, négociant potier lyonnais, *negotiatior lugdunensis artis cretariae*, était vétéran de la légion I^e *Minervia* et, dit son épitaphe, «plein de sagesse et de loyauté». (Arcade XXXVI; Allmer et Dissard, t. II, p. 273.)

Les dernières découvertes de Trion nous ont, avec l'épitaphe d'un négociant savonnier [1], *negociator artis saponariae*, révélé l'existence d'une industrie que nous ne soupçonnions pas. «Le savon, écrivait Pline [2], est une invention gauloise pour teindre les cheveux et leur donner une couleur blonde tirant sur le rouge. C'est un composé de graisse et de cendre. Le meilleur est fait avec de la cendre de hêtre et de la graisse de chèvre....» Ce cosmétique, à l'usage des élégants et élégantes d'il y a dix-sept siècles, faisait, on le voit, passer les cheveux du noir au rouge.

L'épigraphie fournit encore les noms de deux négociants lyonnais, mais sans indiquer leur genre de commerce [3]; une troisième épitaphe désigne un Syrien de Canotha comme négociant à Lyon et dans la province d'Aquitaine [4] : l'inscription est écrite en grec et en latin et dit que «Thaïm, surnommé *Julien*, fils de Saad, est venu en ce pays pour faire du commerce. Il avait à Lyon une boutique fournie de marchandises d'Aquitaine. L'irrésistible destinée lui a fait trouver la mort sur la terre étrangère.» Parmi ces marchandises tirées de l'Aquitaine, devaient figurer en première ligne les tissus de lin de Cahors et les serges de Saintes.

Avec le mouvement de fonds occasionné par un pareil développement du commerce et de l'industrie, il serait surprenant qu'il n'y eût pas de banquiers à Lyon; on a trouvé deux inscriptions les concernant. L'une d'elles est d'une prolixité particulièrement intéressante : Tiberius Claudius Maturinus Effrons mourut jeune; il tenait beaucoup à la vie.

---

[1] *Septimius Julianus*, négociant savonnier lyonnais, *negotiator lugdunensis artis saponariae*. (Pilastre entre les arcades XXXV et XXXVI; Allmer et Dissard, t. III, p. 76.)

[2] Pline, XXVIII, 12.

[3] Ce sont :

> *Lucius Privatius Eutyches*, négociant lyonnais, *negotiator lugudunensis* (arcade XII; Allmer et Dissard, t. III, p. 64);
>
> *Caius Ursinius Italicus*, négociant, *negotiator*. (Inscription perdue; de Boissieu, p. 458.)

[4] *Thaemius Julianus*, négociant à Lyon et dans la province d'Aquitaine, *negotiator Luguduni et provincia Aquitanica*. (Allmer et Dissard, t. III, p. 66.)

Frappé d'un mal qui le consumait, il demandait la santé à tous les dieux. Supplications vaines! L'impitoyable destin se montra sourd à ses prières et l'enleva à 28 ans[1].

Quintus Capitonius Probatus, senior, armateur, était venu se fixer à Lyon[2] : tout préoccupé de son commerce, il dirigeait constamment sa pensée vers la mer, source de sa fortune, et il avait donné à ses deux affranchis le nom des divinités marines *Palaemon* et *Nereus*. Espérait-il se concilier par ce moyen les bonnes grâces des Génies qui procurent une heureuse navigation aux navires ? Il est permis de le supposer.

L'épigraphie nous a conservé le souvenir de deux médecins, l'un civil[3], l'autre militaire[4], et d'une femme médecin[5]. Quand nous aurons parlé d'un intendant de domaines[6] et de deux gladiateurs[7], nous aurons à peu près épuisé la série des inscriptions lyonnaises relatives aux gens de professions ou de métiers divers.

[1] *Tiberius Claudius Maturinus Effrons*, banquier, *nummularius*, *juvenis modestissimus, qui prope impletum vicesimum et octavum aetatis annum excessit; omnium numinum frustra cultor, qui hac aetate obiit*. — Cette curieuse inscription est chez M. le marquis de Ruolz, à Francheville, près Lyon. (De Boissieu, p. 421.) — L'autre inscription est perdue. *Lucius Baebius Lepidus*, banquier, *nummularius*. (De Boissieu, p. 421.)

[2] *Quintus Capitonius Probatus*, senior, armateur, *navularius marinus*, était né à Rome, et sévir augustal de Lyon et de Pouzzoles. (Arcade XLII; Allmer et Dissard, t. II, p. 399.)

[3] *Phlegon*, médecin, *medicus*, dédie un autel aux Mères Augustes. (Au Musée, salle de sculpture; Allmer et Dissard, t. III, p. 15.)

[4] *Bononius Gordus*, médecin du camp, *medicus castrensis*. Il était évidemment médecin de la cohorte XIIIe *Urbana*, en garnison à Lyon. (Marquardt, t. II, 2e édit., p. 555, note 5; arcade XLII; Allmer et Dissard, t. I, p. 437.)

[5] *Metilia Donata*, femme médecin, *medica*, fait, de son argent, don d'un monument. (Arcade LII; Allmer et Dissard, t. III, p. 78.)

[6] *Primitivus*, intendant de ce domaine, *actor praediorum horum*. (Arcade LIII; Allmer et Dissard, t, III, p. 79.)

[7] *Callimorphus*, gladiateur, seconde lame de sa troupe, *secunda rudis*, avait élevé un autel à Mars. Le nom de ce gladiateur «aux belles formes» rappelle la faveur dont ces sortes de gens, d'après Juvénal (*Sat.*, VI), jouissaient auprès des dames romaines. (Arcade XI; Allmer et Dissard, t. III, p. 8.) — L'autre inscription est actuellement au Musée de Sens. (Allmer et Dissard, t. III, p. 88.) Il s'agit d'un gladiateur qui combattait avec deux glaives du haut d'un char, *dymacherus sive assidarius p(ugnarum) VII, ru(de) I*; il avait soutenu sept fois la lutte et était première épée.

CHAPITRE QUATRIÈME.

TYPES LYONNAIS. — TRAITS DE MŒURS ET DE CARACTÈRE.

Tombeau à deux bustes, à l'échelle de $\frac{1}{10}$.

Nous avons, dans les chapitres précédents, parlé des différentes conditions sociales des habitants de Lugudunum, et passé en revue, avec les fonctionnaires et les magistrats municipaux, les négociants, industriels et commerçants. Nous allons maintenant demander à l'épigraphie de fournir quelques renseignements sur les mœurs et le caractère des Lyonnais gallo-romains.

Si l'on en croit les épitaphes, l'accord le plus parfait régnait dans tous les ménages, les jeunes gens se montraient pleins de réserve et de modestie, les vieillards arrivaient à la fin de leur carrière sans avoir jamais mérité aucun reproche.

Les éloges posthumes sont généralement suspects. On aurait tort cependant de se priver d'étudier, au point de vue qui nous occupe, les inscriptions funéraires; l'expression même de la douleur peut servir à juger les hommes.

Un des caractères particuliers de l'épigraphie lyonnaise, c'est d'être assez souvent anecdotique : alors que, dans d'autres villes, les épitaphes sont brèves et concises, elles nous fournissent ici des détails qui, à quinze siècles de distance, ne manquent ni d'originalité ni d'intérêt.

Ici il est question d'une pauvre femme qui est tombée sous les coups de son cruel mari [1]. Une autre a été enlevée par le Destin sous les yeux de son époux et de ses enfants [2]; une

[1] Allmer et Dissard, t. III, p. 280 :

```
            D                           M
    ET · QVIETI · AETERNAE
    IVLIAE · MAIANAE · FEMI
    NAE · SANCTISSIMAE · MANV
    MARITI · CRVDELLISSIM · INTER
    FECT · QVAE · ANTE · OBIT · QVAM · FATM
    DEDIT · CVM · QVO · VIX · ANN · XXVIII · EX
    QVO · LIBER · PROCREAV · DVOS · PVERM
    ANN · XVIIII · PVELLAM · ANNOR · XVIII
    O · FIDES · O · PIETAS · IVL · MAIOR · FRA
    TER · SOROR · DVLCIISS · F · GENVINVS
    IANVARIVS · FIL E · VS · P · c · et · sVB · A · D
```

Aux dieux Mânes et au repos éternel de Julia Maiana, femme vertueuse, morte avant le terme fixé par le destin, assassinée par la main d'un cruel mari. Elle a vécu avec lui vingt-huit ans, et a eu de lui deux enfants : un garçon, âgé maintenant de dix-neuf ans, et une fille, âgée maintenant de dix-huit ans; Julius Major à sa sœur bien-aimée et Marcus Genuinus Januarius à sa mère, ont élevé ce tombeau et l'ont dédié sous l'ascia.

[2] Allmer et Dissard, t. III, p. 236; arcade LIV :

```
        D           ET              M
    memORIae        AETERNAE
    ▓▓▓ICIAE CORINThAE CONNius
    PRISCinus SIBI · VIVVS POSVT Quae
    vixit ANNIS XXXIII E MECVM ANNIS
    ▓▓▓▓▓pOTVIT  aNNIS▓▓▓▓▓
    PRIMVLI▓▓S·I▓▓▓INAPERE▓▓▓
    CVm ME INTeRFuERuN CVM▓▓▓
    ▓▓▓CESSIT  SVBITA▓▓I▓▓IVS▓▓
    ▓▓▓▓S NATIS CVM G▓▓▓
    ▓▓▓▓ SI ▓▓▓▓▓▓▓▓
```

Aux dieux Mânes et à la mémoire éternelle de ...icia Corintha, Connius Priscinus a, de son vivant, élevé ce tombeau pour lui-même et à sa femme morte à trente-trois ans d'âge et à ... de mariage, pendant lesquels elle a eu plusieurs enfants, Primulus, ...ina, Perennis, témoins avec moi de la mort subite que l'injuste destin...

autre encore a péri victime d'une mort subite[1]. Nous assistons, dans l'inscription qui suit[2], aux émouvantes péripéties

[1] Allmer et Dissard, t. III, p. 273; arcade XXIII :

```
         D                        M
           ET    MEMORIAE
         I·ANICETI·MARITI·IN
         COMPARABILIS  ▓▓▓▓▓▓▓▓▓▓
         MORTE · DECEPTI · ITEM · IV
         LIAE·ANICETAE·FILIAE
         IVLIA·GRAECA·MATER
         FILIAE·DVLCISSIMAE·ET
         MARITO·CARISSIMO·ET
         SIBI·VIVA·POSTERIS·QVE
         SVIS·PONENDVM·CVR
         AVIT·ET·S·ASC·DEDICAVIT
```

Aux dieux Mânes et à la mémoire de Julius Anicetus, mari incomparable, surpris par une mort subite, et de Julia Aniceta, sa fille ; Julia Graeca, à sa fille bien-aimée et à son mari très cher, et pour elle-même et ses descendants, a, de son vivant, élevé ce tombeau et l'a dédié sous l'ascia.

[2] Allmer et Dissard, t. III, p. 123 :

```
         d                         m
           ET · MEMORIAE · AETERN
         L · SECVNDI · OCTAVI · TREVERI
         ACERBISSIMA · MORTE · DE
         FVNCTI · QVI · CVM · EX · INCEN
         DIO · SEMINVDVS · EFFVGIS
         SET · POSTHABITA · CVRA · SALVTS
         DVM · ALIQVIT · FLAMMIS · ERI
         PERE·CONATVR·RVINA·PARIE
         TIS · OPPRESSVS · NATVRAE · SOCIA
         LEM · SPIRITVM · CORPVSQVE · ORI
         GINI · REDDIDIT · CVIVS · EXCES
         SV · GRAVIORE · DAMNO · QVAM
         REI · AMISSIONE · ADFLICTI
         ROMANIVS · SOLLEMNIS · ET · SECVN
         DI · IANVARIVS · ET · ANTIOCHVS
         CONLIBERTI · MERITA · EIVS
         ERGA · SE · OMNIBVS · EXEMPLIS
         NOBILISSIMA · TITVLO · SEPVL
         CHRI · SACRAVERVNT · ET
         EROPHILVS · IN · MODVM · FRATER
         NAE · ADFECtIONIS · ET · AB · IN
         EVNTE · AETAte · CONDISCIPV
         LATV · ET · OMNIB · BONIS · ARTIBVS
         COPVLATISSIMVS · AMICVS · ET
         SVB · ASCIA · DEDICAVERVN
```

Aux dieux Mânes et à la mémoire éternelle de Lucius Secundius Octavius, natif de

d'un incendie. Secundius Octavus, échappé une première fois au danger, a été dévoré par les flammes qu'il voulait combattre. Il périt écrasé par la chute d'une muraille; ses compagnons ont été plus affligés de son malheureux trépas que de la perte de leur fortune.

Les appels du défunt à la pitié du voyageur, les paroles d'heureux augure qui réjouissent les cendres des morts ne manquent pas non plus sur les inscriptions des tombeaux. Nous en rencontrerons plusieurs au cours de ce chapitre; nous nous contenterons d'en signaler ici quelques-unes : « Vis heureux et joyeux, passant qui liras ces lignes[1] »; ou bien encore : « Bon aller! bon retour! Prospérité aux braves

Trèves, dont la mort a été des plus malheureuses. Échappé demi-nu d'un incendie, et voulant, au risque de sa vie, arracher quelque chose aux flammes, il périt écrasé par la chute d'un mur et rendit à la nature l'âme qu'elle lui avait associée et son corps à son origine. Plus affligés du malheur de son trépas que de la perte de leur fortune, Romanius Sollemnis, Secundius Januarius et Secundius Antiochus, ses co-affranchis, ont consacré par cette épitaphe ses mérites ennoblis par tous ses bons exemples; Érophilus, son frère en quelque sorte par l'affection qu'il lui portait, son condisciple dans leur jeune âge et depuis lors son ami étroitement lié par d'excellents rapports de toutes sortes, s'est joint à eux, et ils ont dédié ce tombeau sous l'ascia.

[1] Allmer et Dissard, t. II, p. 415; arcade LVIII :

```
D   ET·QVIETI·AEERNAE   M
 ·TOVTI·INCITATI·IIIIII·VIR
 AVG·LVG·ET·NAVT·ARAR·IEM
 CENTONARIO·LVG·CONSIS
 ENT·HONORATO·NEGOTIA
 TORI·FRVMENTARIO
 ·TOVTIVS·MARCELLVS·LIB
pATRONO·PIISSIMO·E·SIBI·VI
us posVIT·ET·SVB·ASCIA·DEDICA
opto·FELIX·ET·HILARIS·VIVAS·QVI
legERIS·ET·MANIBVS·MEIS  BE
     NE · OPTAVERIS·
```

Aux dieux Mânes et au repos éternel de ... Toutius Incitatus, sévir augustal de Lyon, batelier de la Saône, centonaire demeurant à Lyon, promu aux honneurs de la corporation, négociant marchand de blé... Toutius Marcellus, son affranchi, à son excellent patron, et pour lui-même a, de son vivant, élevé ce tombeau et l'a dédié sous l'ascia. Vis heureux et joyeux, passant qui liras ces lignes et souhaiteras du bien à mes Mânes!

gens (1) ! » La curiosité du voyageur était parfois piquée par un mot quelque peu mystérieux, comme le ΧΑΙΡΕ ΒΕΝΑΓΙ, ΧΑΙΡΕ ΕΥΨΥΧΙ du tombeau d'un centurion (2).

Ce caractère anecdotique de l'épigraphie lyonnaise nous promet, on le voit, une ample moisson de renseignements. Pour établir une classification, nous examinerons successivement les épitaphes des enfants et des jeunes gens, puis celles des époux, celles enfin de ceux qui ont disparu après avoir fourni une longue carrière.

---

(1) Allmer et Dissard, t. I, p. 259; arcade V :

	D · ET · QVIETI · AETERNAE M	
	SERTORIAE·FESTAE·FAB·ROM·FILIAE	
SALVI	SERTORI·FORTVNATI · → · LEG·III·CYR	SALVI
REDEATIS	ANTONINIANAE·QVAE·VIX·ANN·XVII	EATIS
B	D XXII·TI·CL·FAB·ROM·FELIX → LEG I·M·	B
	ANTONINIANAE CONIVG · SANCTSS	
	PONEND·CVRAVIT·ET·SVB·ASC·DEDC	

Aux dieux Mânes et au repos éternel de Sertoria Festa, de la tribu Fabia, native de Rome, fille de Sertorius Fortunatus, centurion de la légion IIIe Cyrenaica Antoniniana; morte à l'âge de dix-sept ans et vingt-deux jours; Tiberius Claudius Felix, de la tribu Fabia, natif de Rome, centurion de la légion I^e Minervia Antoniniana, à son épouse très vertueuse a élevé ce tombeau et l'a dédié sous l'ascia. Allez saufs, revenez saufs. Bien advienne aux bons!

(2) Allmer et Dissard, t. I, p. 408; arcade LVII :

	MEMORIAE · AETERNAE · EXOMNI	
	PATERNIANI·QVONDAM·CENTVRI	
	ONIS·LEGIONARI·IDEMQ·MEMORI	
	AE DVLCISSIMAE·QVONDAM·PA	
	TERNIAE · PATERNIANE · FILIAE · EIVS	
ΑΙΡΕ ΒΕΝΑΤΙ (*ascia*)	TERTINIA · VICTORINA (*ascia*)	ΥΓΙΑΙΝΕ ΒΕΝ
ΑΙΡΕ ΕΥΨΥΧΙ	MATER · INFELICISSIMA MARITO	ΥΓΙΑΙΝΕ ΕΥΨΥΧΙ
	ET · FILIAE	
	ET PATERNIA · VICTORINA	
	PATRI ET · SORORI	
	PONENDVM · CVRAVIT · E · SVB	
	ASCIA · DEDICAVERVNT	

A la mémoire éternelle d'Exomnius Paternianus, de son vivant centurion légionnaire, et à la mémoire très chère de Paternia Paterniana, sa fille; Tertinia Victorina, mère infortunée, a élevé ce tombeau à son mari et à sa fille et Paternia Victorina à son père et à sa sœur, et elles l'ont dédié sous l'ascia. Adieu Benagus, adieu! Adieu, Eupsychus, adieu!

Une pieuse croyance du Christianisme place au ciel, avec les anges, les âmes des enfants. Les Romains disaient d'eux, qu'ils avaient été ravis par les dieux : telle est l'origine des nombreuses représentations de Ganymède, et aussi du mot *arpagi,* l'analogue de *rapte,* de deux inscriptions lyonnaises. Un petit enfant de neuf ans demandait au Destin de le prendre et d'épargner ses parents ; la mort cruelle l'a exaucé et la mère en pleurs termine ainsi l'épitaphe de son fils : « Longue vie à celui qui dira : *arpagi,* enfant enlevé par les dieux, que la terre te soit légère [1] ! »

Le tombeau de Claudia Victoria [2], fillette de dix ans, renfermait ses jouets, une poupée en ivoire articulée, des épingles, des aiguilles, et, objet rare, le moule en plâtre de son visage [3]. Avant de se séparer d'elle à jamais, la mère

---

[1] Allmer et Dissard, t. III, p. 181 ; arcade LIII :

```
        DD                     MM
    ET · MEMORIAE · AETERNAE
    M · AVRELI · INFANTIS · DVLCIS
    SIMI · ET · INCOMPARABILI · QVI
    VIXIT · ANNIS · VIIII · M · II · D · XIII
    QVI · SIBI · ANTE   MORTEM · RO
    GAVIT  ·  QVAM  ·  PARENTIBVS
    SVIS · C · IVL · MAXIMVS · FILIAS
    TRO · ET · AVRELIA · FAVSTINA
    MATER · VNICO · FILIO · DESO
    LAT · P · C · ET · SVB · ASCIA · DEDI
    CAVERVNT · MVLTIS · ANNIS
    VIVAT · QVI · DIXERIT · ARPAGI
       TIBI  ·  TERRAM  ·  LEVEM
```

Aux dieux Mânes et à la mémoire éternelle de Macius Aurelius Faustinus, enfant tendrement aimé et incomparable, mort à l'âge de neuf ans deux mois et treize jours, ayant demandé de mourir avant ses parents. Caius Julius Maximus à son filiâtre, et Aurelia Faustina à son fils unique, ses parents désolés ont élevé ce tombeau et l'ont dédié sous l'ascia. Vive de longues années celui qui te souhaitera, enfant trop tôt ravi, la terre légère.

Une autre inscription trouvée à Trion, aujourd'hui perdue, était celle d'un enfant du nom d'*Arpagius.* (Allmer et Dissard, t. III, p. 447.)

[2] Allmer et Dissard, t. III, p. 228.

[3] H. Thédenat, *Sur deux masques d'enfants de l'époque romaine trouvés à Lyon et à Paris,* Paris, H. Champion, 1886.

avait voulu conserver au moins l'image fidèle des traits de son enfant; après avoir tiré parti du moule, elle l'avait confié à la terre.

Ailleurs, c'est l'épitaphe d'un jeune garçon de onze ans six mois et vingt-six jours, Q. Acceptius Venustus [1]. Il faisait ses études et montrait les dispositions les plus heureuses : «Enfant charmant, non donné mais montré seulement, et prématurément enlevé par l'injustice des destins. Il était cher à tous par sa gentillesse enfantine, non moins que par sa piété filiale. Il a fait voir dans le court espace de sa vie, l'espérance d'un fruit glorieux et a laissé à ses parents une douleur éternelle.»

La communauté d'études créait déjà alors des liens durables : un Trévère meurt à Lyon, loin de sa patrie; mais près de lui se trouvaient deux anciens condisciples, qui pourvoient aux soins de sa sépulture et lui élèvent un tombeau, en

---

[1] Allmer et Dissard, t. II, p. 356; arcade XXIV :

T · MEMORIAE · AETERNAE M
CEPTI·VENVSTI·DEC·C·C·AVG LVG PVERI·DVLCISSIMI·QVEM
NSVM·NOn DATVM·INIQVITAS FATI·PRAEMATVRA·MORTE·PARENTIB
VIT·VIXIT·ANNIS·XI·MENSIB·VI·DIEB·XXVI QVO·TEMPORE·FLORVIT·AT·STV
I · LIBERALIVM · LITTERARVM · ET · BLANDA PVERILI · ADFECTIO · INGENIO
· PIETATE · CONTENDIT · PROPTER · QVAE · OMNIBVS · KARVS · SPEM DE SE
TVS · GLORIOSI · BREVI · CVRSV · AETATIS OSTENDIT LONGI · TEMPORIS
OREM · PARENTIBVS·RELIQVIT·ET·Q·ACCEPTI·firmINI·QVI·VIXIT
VM MENSES·III·D·III·ET·SATRIAE·FIRMINAE·QVAE·VIXIT ANNVM·M·II·D·XXVI
OLACIVM·PRAEcEDENTIS ORBITATS NVTRITI GRAVI·SVORVM·DOLORE·DEFVNCTI·
EPTIVS·FIRMINVS DEC·C·C·AVG LVG·II VIR·ET·SATRIA VENVSTA·PAREN
INFELICISSIMI FACIEND·CVRAVER·ET·SIBI·VIVI·SVB·ASC·DEDICAVERVN

Aux dieux Mânes et à la mémoire éternelle de Quintus Acceptius Venustus, décurion de la colonie Copia Claudia Augusta de Lyon, charmant enfant seulement montré non donné, que l'injustice du Destin a enlevé à ses parents par une mort prématurée. Il a vécu onze ans six mois et vingt-six jours, brillant déjà dans l'étude des lettres et cher à tous par sa gentillesse enfantine, non moins que par sa piété filiale; montrant dans cette courte durée de sa vie l'espérance d'un fruit glorieux et laissant à ses parents une douleur sans fin; — et de Quintus Acceptius Firminus qui a vécu un an trois mois et trois jours, et de Satria Firmina, qui a vécu un an deux mois et vingt-six jours, tous deux élevés en consolation de la perte précédente et morts au grand chagrin des leurs; Quintus Acceptius Firminus, décurion de la colonie Copia Claudia Augusta de Lyon, duumvir, et Satria Venusta, leurs parents infortunés, ont élevé ce tombeau préparé de leur vivant, aussi pour eux-mêmes, et l'ont dédié sous l'ascia.

témoignage de leur affection fraternelle et de la solide amitié qu'ils avaient contractée au collège [1].

D'après les inscriptions des tombeaux, il n'était pas rare de voir à Lyon des jeunes gens échapper aux séductions de l'âge, aux emportements du caractère et pratiquer la vertu. L'un d'eux, Varenius Lupus, citoyen de Cologne, mort à vingt et un ans sept mois et quinze jours, était « plein de réserve et de modestie; rompue dans sa fleur par les destins, sa jeunesse repose ici à l'ombre de cette inscription [2] ». Un autre est appelé « fils très doux, très pieux, très sage et très respectueux; il a vécu vierge, dix-huit ans un mois et quatre jours ». Cette même mention s'est rencontrée déjà, on s'en souvient, sur la tombe d'un jeune homme « d'une habileté consommée dans l'art de travailler le fer; à dix-neuf ans, il a emporté au tombeau sa virginité; par sa sagesse il faisait l'admiration

---

[1] Nous avons reproduit l'inscription plus haut, p. 273.

[2] Allmer et Dissard, t. III, p. 90; arcade XXIX :

```
        D              M
     E · MEMORIAE · AE
     TERNAE · VARENI
     LVPI · CIVIS · AGRI
     PINEN  ·  IVVENIS
     VERECVNDISSI
     QVI · VIXIT · ANN . XXI
     M · VII · D · XV · I▨▨▨
     IVVENTA · ▨▨▨▨
     ERVPTV · IN · ▨▨▨
     RE · SVB · TECT▨▨▨
     TITVLI · FECIT · FRA
     TER · VARENIVS · TAV
     rus  pROVINCIA
     lis . . . . . . . . . . . . . . . curavit
```

Aux dieux Mânes et à la mémoire éternelle de Varenius Lupus, citoyen de Cologne, jeune homme plein de réserve et de modestie, mort à l'âge de vingt et un ans sept mois et quinze jours. Rompue dans sa fleur par les Destins, sa jeunesse repose ici sous l'abri de cette épitaphe. Son père Varenius Taurus a élevé ce tombeau par les soins de Provincialis.

de ses amis et de ses parents. La mort s'est méprise sur son âge [1] ».

Les adieux que s'adressent l'un à l'autre les époux respirent parfois un parfum de vive et suave affection.

[1] Allmer et Dissard, t. II, p. 497 :

```
         D         ET          M
      MEMORIAE · AETERNAE
     VALERIAE · LEVCADIAE INFANTIS
     DVLCISSIMAE · QVAE · VIXIT · ANNIS
            · VI · D · XXX · ET
     VIREI · VITALIS · IVVENIIS · INCOMPA
     RABILIS · INGENI · ARTIS · FABRICAE
     FERRARIAE · FRATRIS · EIVSDEM · LEV
     CADIAE · QVORVM · MORTEM · SOLI
     XXX · DIES · INTERFVERVNT · CORPO
     RATO · INTER · FABROS · TIGN · LVGVD
     QVI · VIXIT · ANN · XVIIII · M · X · D · VIIII
     CVIVS · AETAS · TALIS · FVIT · VT · VIRGO
     DEFVNCTVS SIT · CVIIVSQVE · SAPIEN
     TIA · OMNIBVS · AMICIS · ET · PARENTIbus
     ADMIRABILIS · FVIT · HVIVS · DE · AETAte
        MORS · INIQVE · IVDICAVIT
     VAL · MAXIMVS · VITRICVS · QVI · EVM
     SIBI · FILIVM · ADOPTAVERAT · ET · ARTE
     EDVCAVERAT · IN · QVO · SPEM · AETA
     TIS · SVAE · CONLOCAVERAT · ET · IV
     LIA SECVNDINA · MATER · INFELI
     CISSIMA · QVI SIBI AB EIS ID FIERI SPE
              RAVERANT ET
     VIREII MARINIANVS ET SECVNDI
     ANVS · ET · VAL · SECVNDINVS · FRA
     TRES · P · C · ⌐ SIBI · VIVI · SVB · ASC · DEDIC
```

Aux dieux Mânes et à la mémoire éternelle de Valeria Leucadia, morte à l'âge de six ans et trente jours, et de Vireius Vitalis, son frère, jeune homme d'une habileté merveilleuse dans l'art de façonner le fer, membre de la corporation des entrepreneurs lyonnais, mort à trente jours d'intervalle seulement après sa sœur, à l'âge de dix-neuf ans dix mois et neuf jours. Telle est la pureté de sa jeunesse qu'il a emporté au tombeau sa virginité et que par sa sagesse il faisait l'admiration de ses amis et de ses parents. La mort s'est méprise sur son âge! — Valerius Maximus, son beau-père, qui l'avait adopté pour son fils, l'avait instruit dans son art et avait placé en lui l'espérance de ses vieux ans, et Julia Secundina, sa mère infortunée, qui tous deux avaient espéré recevoir de leurs enfants les tristes honneurs qu'ils leur rendent, et Vireius Marinianus et Vireius Secundianus et Valerius Secundinus, frères des défunts, ont élevé ce tombeau qu'ils se sont de leur vivant destiné à eux-mêmes, et l'ont dédié sous l'ascia.

282   VILLES GALLO-ROMAINES.

Ici, c'est un mari qui trouve sa femme heureuse d'être partie la première, *felix in eo quod prior occupavit*[1]; là, un vieillard devenu veuf, après trente-trois ans de mariage, se plaint que la mort soit venue briser son cœur : « Plût au ciel, dit-il, que le destin qui t'a frappée nous eût atteints tous les deux![2] » et il

[1] Allmer et Dissard, t. III, p. 310 :

```
        D                        M
    ET · MEMORIÆ · AETER
  NAE · MARCELLINAE · SO
  LICIAE · FILIAE · ANIMAE
  SANCTISSIMAE · ET · RAR
  SSIMI · EXSEMPLI · QVAe
  SIC · VIXSIT · ANNIS · XXIIII
  M · V · D · IIII · SINE · VLLA · ANI
  MI · CONIVGIS · SVI · LESI
  ONE · INTEGRO · CORDE
  FELIX · ET AM · INEO QVOD
  PRIOR · OCVPAVIT · MARTI
  NVS · MARTVS · SVAE · CARS
  SIMAE · ET SIBI · VIVS · P · C · ET SVB
      ASCIA  DEDICAVIT
```

Aux dieux Mânes et à la mémoire éternelle de Marcellina, fille de Solicia, âme très pure et du plus rare exemple, morte à l'âge de vingt-quatre ans cinq mois et quatre jours, sans jamais avoir causé à son mari la moindre peine; cœur tout dévoué, jusqu'à s'être trouvée heureuse de prendre place au tombeau la première. Martinus à son épouse très chère, et pour lui-même et de son vivant, a élevé ce tombeau et l'a dédié sous l'ascia.

[2] Allmer et Dissard, t. III, p. 316; arcade XXVI :

```
       D                       M
    ET · MEMORIAE · AET
  MATIAE · VERAE · QVAE ME
  CVM · VIX · ANN · XXXVI · M · III
  D · X · SINE VLLA · ANIMI · LAESIO
  NE · LONGVS · AMOR · PERT · DIREP
  TA · MORE · RECEPT · VTINAM · NOS
  FATVM · TEXISSE · VTROSQVE
  PVSINNON · DVBITATVS · CON
  IVG · INCOMPARAB · DE · QVA · NI
  HIL · DOLVI · NISI · MORTEM
  P · C · ET · SVB · ASCIA · DEDICAT
```

Aux dieux Mânes et à la mémoire éternelle de Matia Vera, qui a vécu avec moi trente-six ans trois mois et dix jours, sans m'avoir jamais fait aucune peine. Notre long amour a péri brisé par la mort. Plût aux dieux que le destin que tu as subi nous eût couchés tous les deux dans la tombe! — Pusinnonius Dubitatus, à mon épouse incomparable, de qui je n'ai jamais reçu d'autre chagrin que celui de sa mort, ai élevé ce tombeau et l'ai dédié sous l'ascia.

ajoute cette parole que nous retrouverons plus tard dans la bouche d'un de nos rois : « Sa mort est le premier chagrin qu'elle m'ait causé. [1] »

Un pauvre vétéran met une phraséologie embrouillée au service de sa poignante douleur [2] : « Il pleure, dit-il, une épouse très affectueuse, très chaste, qui conservait très soigneusement à son mari sa fortune présente, qui jamais en aucune manière ne lui avait fait le moindre déshonneur, ni causé aucune affliction, qui, en dix-huit ans de mariage, ne lui avait occasionné aucun mécontentement ni aucun

---

[1] Nous trouvons la même poétique expression dans l'épitaphe qu'un frère fit graver sur le tombeau de sa sœur (Allmer et Dissard, t. III, p. 204) :

```
        DIIS   ·  MANIB
     CAMILL·AVGVSTLLAE
     QVAE·VIXIT·ANNIS·XXX
     DIEB·V·DE  QVA·NEMO
     SVORVM  VMQVAM
     DOLVIT·NISI MORTEM
     SILENIVS·REGINVS
     FRATER  SORORI
     KARISSIMAE · ET · SVB
     ASCIA·DEDICAVIT
```

Aux dieux Mânes de Camillia Augustilla, morte à l'âge de trente ans et cinq jours, sans avoir jamais causé à aucun des siens d'autre chagrin que celui de sa mort; Silenius Reginus a élevé à sa sœur très chère ce tombeau, et l'a dédié sous l'ascia.

[2] Allmer et Dissard, t. I, p. 320; arcade XI :

```
D   AVE AMABILIS GESSIO   M
    TVO  KARISSIMA
ET  QVIETI AETERNAE TERTINI
GESSI·VETERANI·LEG·VIII·AVG
ET·TERTINIAE AMABILIS SIVE CYR
ilLE·NATIONE·GRAECA NICOMe
DEA CONIVGI·KARISSIMAE·ET·PIE
NTISSIMAE·CASTISSIMAE·CONSE
RVATRICI·MIHI·PIENTISSIMAE·FOR
    TVNAE PRESENTI·QVAE·MIHI
NVLLAM·CONTVMELIAM·NEC·ANI
MI·LESIONEM·FECIT·QVAE·MECVM
VIXIT IN·MATRIMONIO·ANNIS XVIII
DIEBVS XX·SINE VLLA·LAESVRA NEC·AN
MI·MEI·OFFENSIONE QVAE DVM·EGO
IN·PEREGRE·ERAM·SVBITA·MORTE DIE
TERTIO·MIHI·EREPTA·EST·IDEO·HVNC·TITV
LVM·MIHI ET·ILLIE·VIVS POSVI·ET·POSTERISQVE
     MEIS·ET·SVB·ASCIA  DEDICAVI
```

chagrin; elle lui a été enlevée de mort subite en trois jours, pendant qu'il était en voyage.»

Un autre époux désolé raconte de sa femme, « que ses vertus, sa chasteté, son activité, ses attentions pour son mari, ne peuvent pas se compter, *immensa sunt numeratione* [1]».

Un mari dit de sa jeune femme, morte à vingt-cinq ans, que, « pour être trop pieuse, elle en est devenue impie, *quae dum nimia pia fuit, facta est impia* [2]». En quoi consistait cette

---

[1] Allmer et Dissard, t. III, p. 342; pilastre entre les arcades XIX et XX :

```
      D                    M
   ET · MEMORIAE · AETER
   NAE · PRIMITIVIAE · AV
   GVSTINAE · SaNCTISSI
   MAE · FEMINAE · QVAe
   VIXIT · ANNIS · XXXXV CVIus
   FIDES · CASTITAS · PROBI
   TAS · DILIGENTIA · OBSE
   QVI · IMMENSA · FVIT
   NVMERATIONE · POPI
   LIVS · FORTVNATVS · CON
   IVGI · PER  CONTINVOS
   ANNOS · XXV  INDIVI
   DVO · AMORE · IVNC
   TVS · POSVIT · ET · SVB
   ASCIA         DEDICAVIT
```

[2] Allmer et Dissard, t. III, p. 382; arcade XI :

```
   MERVLA ET EDVCAT▓
      D                    M
      ET MEMORIAE
         AETERNAE
      SVTIA · ANTHIS
   QVAE · VIXIT · ANNIS XV
   M · IX · D▓V · QVE · DVM
   NIMIA · PIA · FVIT · FACTA
   EST · IMPIA · ET · ATTIO · PRO
   BATIOLO · CERIALIVS CA
   lLISTIO CONIVX · ET
   PATER ▓▓▓ET · SIBI
   VIVOs · PONENDVM
   CVRAVIT · ET · SVB · AS
      CIA · DEDICAVIT
```

Merula et Educatus ou Educata.
Aux dieux Mânes et à la mémoire éternelle de Sutia Anthis, morte à l'âge de vingt-cinq ans neuf mois et quatorze jours, et qui par excès de piété (*maternelle!*) a manqué de piété (*conjugale!*) et à Attius Probatiolus; Cerialius Callistio, leur époux et père a, de son vivant, élevé ce tombeau et aussi pour lui-même et l'a dédié sous l'ascia.

impiété! C'est peut-être que le cœur brisé de la mère n'a pu supporter la perte d'un enfant.

Les filles se mariaient assez jeunes, tantôt à dix-sept [1], tantôt à seize [2], tantôt même à treize ans [3].

La fidélité au souvenir d'un premier époux ne devait pas être chose très commune, puisque Æmilia Valeria est particulièrement louée de « ne s'être pas remariée à trente-six ans, par affection pour ses enfants [4] ».

N'avions-nous pas raison de dire que l'épigraphie fournit sur les familles lyonnaises des détails intéressants! Elle fait

---

[1] Allmer et Dissard, t. I, p. 260.

[2] Allmer et Dissard, t. II, p. 213.

[3] Blandinia Martiola, dont nous rapportons l'épitaphe plus loin, était morte à dix-huit ans neuf mois et cinq jours. Il est dit sur l'inscription qu'elle vécut avec son mari cinq ans six mois et dix-huit jours. Elle s'était donc mariée à treize ans et trois mois. (Allmer et Dissard, t. II, p. 504.)

[4] Allmer et Dissard, t. III, p. 159 :

```
       ET   ·   QVIETI   ·   AETERNAE
    AEMILIAE · VALERIAE · FEMINAE · SANC
    TISSIMAE · qVAE · VIXIT · ANNIS · LIIII · MEN
    SE · I · DIEBVS · XXIIII · SINE · VLLA · ANIMI · LAESI
    ONE · SVPErSTITIBVS · LIBERIS · QVINQVE · NE
    POTIBVS   CVM · QVIBVS · OB · INSIGNEM · ER
D   GA · EOS · PIeTATEM · SINE · CONIVGE · VITA · DVL       m
    CISSIMA · VIXIT · ANN · XVIII · M · III · D · I
    AEMILIA · ZOTICE · ET · SVLPICIVS · ZOTICVS
    ET · AEMILIA · LVPVLA · ET · AEMILIVS · ZOTI
    CVS · ET · aeMILIA · ZOTICA · FILI · MATRI
    PIENTISSIMAE · PONENDVM · CVRAVERVNT
          et SVB · ASCIA · DEDICAVERVNT
```

Aux dieux Mânes et au repos éternel d'Æmilia Valeria, femme très vertueuse, morte à l'âge de cinquante-quatre ans un mois et vingt-quatre jours, sans avoir jamais éprouvé de la part des siens aucune contrariété. Elle a laissé survivants cinq enfants et... petits-enfants, en la compagnie desquels, n'ayant pas voulu, par une insigne affection pour eux, se remarier, elle a vécu d'une très douce existence dix-huit ans trois mois et un jour. Æmilia Zotica, Sulpicius Zoticus, Æmilia Lupula, Æmilius Zoticus et Æmilia Zotica, ses enfants, ont élevé à leur excellente mère ce tombeau et l'ont dédié sous l'ascia.

connaître jusqu'aux petits noms d'amitié que l'on se donnait entre époux dans l'intimité : «*Ave Dulciti, Gaudentius te salutat*[1]». Gaudentius, c'est le mari, Dulcitius, c'est l'épouse. Ce nom d'homme donné à une femme surprendra tout d'abord; mais on en trouve d'autres exemples : Ausone[2] raconte que sa tante maternelle était appelée Hilarius au lieu d'Hilaria, à cause des allures de garçon qu'elle avait étant toute jeune; une femme de Mâcon[3] porte sur son inscription le sobriquet de Simplicius.

---

[1] Allmer et Dissard, t. I, p. 208; arcade XLI :

```
        D                                    M
      ET  ·  MEMORIAE  ·  AETERNAE
      PONTIAE·MARTINAE·NATIONE
      PROVINCIALIS · QVAE VIXIT · ANNS
      XXXX · MENS · II · DIES · V · M · PONTIVS
      GEMELLVS · VETERANVS · LEG · I · M · P · F
      m · H · M · EX · BF · PROC · PONTIAE · MAR
      TINAE·LIBERTAE·ET·CONIVGI
                  KARISSIMAE
      FEMINAE     ·     SANCTISSIMAE
      ET  ·  INCOMPARABILI  ·  QVAE
      VIXIT · CVM · EO · ANNIS · XXII
                MENS·II·DIEB·V
      SINE · VLLA · ANIMI · LAESIONE
      M · PONTIVS · GEMELLVS · VIVS
      SIBI·POSTERIS QVE·SVIS·FACI
      VNDVM · CVRAVIT · ET · SVB
      ASCIA        ·       DEDICAVIT
      HAVE · DVLCITI · GAVDENTIVS
              TE      SALVTAT
```

Aux dieux Mânes et à la mémoire éternelle de Pontia Martina, native de la Province, morte à l'âge de quarante ans deux mois et cinq jours, Marcus Pontius Gemellus, vétéran de la légion I^e *Minervia Pia Fidelis, libéré avec le congé honorable, ancien bénéficiaire du procurateur, à Pontia Martina, son affranchie et épouse très chère, femme vertueuse et incomparable, qui a vécu avec lui vingt-deux ans deux mois et cinq jours, sans lui avoir jamais fait le moindre chagrin. Marcus Pontius Gemellus a élevé ce tombeau, de son vivant, pour lui-même et ses descendants, et l'a dédié sous l'ascia. Adieu Dulcitius, Gaudentius te dit adieu! Bien advienne aux bons!*

[2] Ausone, *Parent.*, VI.

[3] Allmer, *Revue épigraphique du midi de la France*, t. I, p. 47.

Les qualités de bienveillance, de générosité et de dévouement des Lyonnais plongent de profondes racines jusque dans l'antiquité.

Julia Frigia, selon toute apparence, une jeune femme, qui a épousé un vieux mari, ne tarit pas de louanges à l'endroit du «bienfaiteur généreux, qui s'est imposé la charge de la nourrir, l'a aimée avec la tendresse d'un père, et a été pour elle un patron plein de bienveillance»; sa fille, Julia Lucia, est désolée de n'avoir pas pu fermer de ses petites mains les yeux éteints de son père[1].

---

[1] Allmer et Dissard, t. I, p. 266; arcade LX :

<pre>
            D   M
     IVL · AVENTINI · VET · LEG
     PRIM · MINERVAE
     QVI · VIXSIT · ANNIS · LXI
     IVLIA · FRIGIA · POSVIT
     CONIVX · QVANTVM · AD LA
     BOREB · NVTRICIO · QAN
     TVM · AD · PIETATEM · PATRI
     QANTVM · AD · BENEVOLEN
     TIAM · PATRONO · ET · IVLIA
     LVCIA · INFAS · LABORIOSIS
     SIMA · QVI · NON · LICVIT · MA
     NIBVS · SVIS · PATRIS · OCVLOS
     TEGERE · CVIVS · SPIRITVS
     AB · HOMINIBVS · MALIS · INTER
     EMTVS · EST · FRIGIA · CONIVX
     ET · LVCIA · FILIA · P · CVRAVER
     QVI · MECVM · VIXSIT · ANIS · XX
     ET · SVB · ASCIA · DEDICAVER ·
</pre>

Aux dieux Mânes de Julius Aventinus, vétéran de la légion I^e Minervia, mort à l'âge de soixante et un ans; Julia Frigia à son mari, bienfaiteur généreux qui s'est imposé la charge de la nourrir, l'a aimée avec la tendresse d'un père, a été pour elle un patron plein de bienveillance, et Julia Lucia, leur enfant désolée de n'avoir pu fermer de ses mains les yeux de son père, à qui des hommes méchants ont ôté la vie, Frigia sa femme, avec laquelle il a vécu vingt ans, et Lucia, leur fille, ont élevé ce tombeau et l'ont dédié sous l'ascia.

Julia Filemation[1] mérita de ses affranchis cette gracieuse louange que « son caractère, sa beauté, ses dons heureux étaient plus doux que le miel ».

Claudius Agathyrsus, « homme vénérable, a vécu sans tache soixante-dix ans cinq mois et dix jours[2] ».

[1] Allmer et Dissard, t. III, p. 283; entre les arcades XX et XXI :

```
        D                   M
    ET     QVIETI     AETERNae
        IVLIAE  FILEMATI
      G·COTTIVS·THEODOTVS
      ALVMNVS PATRONAE
      DVLCISSIMAE PIEN
      TISSIMAE·ET·IVLIA·ASI
      A ET·IVLIA·EVTYCHIA
      LIB·EIVS·CVIVS·FILEMA
      TI·ANIMA·ET·SPECIENs
      SIMVL·ET·AETAS·DVLCIVS
      MELLE·FVIT·QVAE·VIXT
      AN·L·M·I·D·X·SINAE·VLVS
      AN MI·LAESIONE·PONE
      ND·CVR·E·SVB·ASC·DEDICA
      VER·VAL·ANIM·DVLCISSIMA
```

Aux dieux Mânes et au repos éternel de Julia Filemation; Gaius Cottius Theodotus, son alumnus, et Julia Asia et Julia Eutychia, ses affranchies, à leur patronne excellente et bien-aimée, dont le caractère, la beauté, l'âge étaient plus doux que le miel. Elle a vécu cinquante ans un mois et dix jours, sans jamais avoir fait à personne aucune peine. Ils lui ont élevé ce tombeau et l'ont dédié sous l'ascia. — Adieu, âme chérie!

[2] Allmer et Dissard, t. III, p. 218; arcade LIV :

```
         D              M
      ET  ·  MEMORIÆ
           AETERNAE
         CL    AGATHYRSI
         hOMINIS·SANC
             TISSIMI
         QVI·VIXIT·ANNIS
         LXX·M·V·D  X
          SINE·MACVLA
         SEDATIVS AGA
         THONICVS·FILI
         VS·PATRI·DVLCIS
         SIMO·POSVIT·ET
          SVB·ASC·DED·
          EVSEBI·VALE
```

Aux dieux Mânes et à la mémoire éternelle de Claudius Agathyrsus, homme vénérable, qui a vécu sans tache soixante-dix ans cinq mois et dix jours, Sedatius Agathonicus à son père chéri a élevé ce tombeau et l'a dédié sous l'ascia. — Eusebius, adieu!

Une pauvre femme[1], presque sans ressources, a tenu cependant à élever un monument à son mari; elle l'a fait, dit-elle, «selon l'exiguïté de ses moyens, *de mediocritate sua*».

Citons encore, parmi les inscriptions relatives à la vie de famille, celle que Maspetia Silvina[2] a fait graver, en donnant

---

[1] Allmer et Dissard, t. I, p. 276; arcade LXII:

```
       D                    M
       ▨OVINIO VALEr
       iONI · VET · EX · LEg
       I · M · IVLIA · MA
       TERNA · COIVG
       I · INCOMPARA
       BILI·MEMORIAM
       POSVIT DE·MEDIO
       CRITATE SVA ET SV
       B · ASCIA DEDICAVIT
```

Aux dieux Mânes de ... Ovinius Valerio, vétéran de la légion I° Minervia, Julia Materna à son époux incomparable a élevé ce tombeau, selon la médiocrité de ses moyens, et l'a dédié sous l'ascia.

[2] Allmer et Dissard, t. III, p. 403 :

```
        D    ·   ET   ·   M
        MEMORIAE · AETERNAE
        MASPETIA · SILVINA · VALE
        RIO·MESSORI·CONIVGI
        INCOMPARABILI · QVI
        PLVS · MEREBATVR · QVAM
        FACIO · CVM · QVEM · VIXI
        ANNIS · XXIIII · QVOD · ILLE
        MI·DEBVIT· FACERE·SI·FATA
        BONA · FVISSENT · IDEM · AS
        TAT MEMORIAM·PONI
        VALERIVS·SILVICOLA·ET
        FILIA · FLVENTIS · LACRI
        MIS · ORFANITATEM · QVA
        PERDIDERVNT · PATREM
        INCOMPARABILEM · EI
        POSITA·EST·ARA·QVI·GES
        SIT · IN · CANABIS · SINE
        VLLA·MACVLA·SIC·SCRI
        PSIT·MASPETIA·SILVINA
        SI · FATI · CONDICIONEM
        REDDIDERO · VT · LICEAT
        ARAM · MERERI · ET · MEMO
        RIAM·MEAM·PONI
        PPP · CCC · SSS · AAA · DDD
```

Aux dieux Mânes et à la mémoire éternelle. Maspetia Silvina à Valerius Messor,

cours à son expansive douleur, sur le tombeau de Valerius Messor, son époux; l'incorrection littéraire du texte ajoute un charme de plus à l'expression naïve des sentiments familiaux.

Cet air d'honnêteté n'exclut pas d'ailleurs, chez les anciens Lyonnais, une certaine variété d'humeur et de caractère. Une femme peu jalouse, paraît-il, donne du fond du tombeau à son mari le conseil suivant : « Ami, chasse le chagrin, amuse-toi et viens [1]. »

Un bavard apprend à qui veut l'entendre qu'il est verrier de son état, mort à soixante-quinze ans, a vécu quarante-neuf ans

---

mon époux incomparable, qui méritait plus que je ne fais pour lui, avec qui j'ai vécu vingt-quatre ans. Ce qu'il eût dû faire pour moi, si les destins eussent été justes, c'est pour lui au contraire qu'il faut élever ce tombeau. Valerius Silvicola et sa fille, orphelins par la perte de leur père incomparable, ont avec d'abondantes larmes dressé cet autel. Il a exercé dans le quartier des Canabae *sans aucune tache. Maspetia Silvina ai fait graver cette épitaphe : c'est afin de mériter, lorsque j'aurai payé le tribut au destin, que soient aussi dressés un autel et un monument à ma mémoire. — Tous trois ont élevé ce tombeau et l'ont dédié sous l'ascia.*

[1] Allmer et Dissard, t. III, p. 367; arcade LI :

```
       HAVE · MODII
       HAVE · GEMINA
       DIIS · MANIB
       ET · MEMORIAE
     SEPTICIAE · GEMNAE
     FEMINAE · SANCTISS
       VNIVSQ · MARITAe
     L · MODIVS · ANNIANVS
       CONIVGI · KARISSME
       SVI · Q · AMANTISSIM
       QVAE · VIXIT · CVM · EO
       IN · MATRIMONIO
       ANNIS    ·    XXX
       ET · SIBI · VIVVS · FECIT
     ANICE · LVDE · IOCA
           RE · VENI
```

Adieu Modius, adieu Gemina! Aux dieux Mânes et à la mémoire de Septicia Gemina, femme très vertueuse, qui n'a connu que son mari; Lucius Modius Annianus à son épouse très chère et bien aimante, qui a vécu avec lui en mariage pendant trente ans, et pour lui-même a, de son vivant, élevé ce tombeau. — Ami, amuse-toi, égaye-toi et viens.

avec sa femme, qu'il en a eu trois fils et une fille, que tous ses enfants lui ont donné des petits-enfants, et qu'il les laisse après lui [1].

Ici un superstitieux raconte l'influence que le jour de Mars a exercée sur sa vie : «Né un mardi, il est parti pour l'armée

---

[1] Allmer et Dissard, t. III, p. 53; arcade 1 :

<pre>
            D   M
    ET · MEMORIAE · AETERNE · IVL
    I · ALEXSADRI · NATIONE · AFRI · CIVI
    CARTHAGINESI · OMINI · OPTIMO · OPIF
    ICI · ARTIS · VITRIAE · QVI · VIX · ANOS · lxxv
    MENSES · V · DIES · XIII · SENE · VLLA
    LESIONE · ANIMI · CVM · COIVGE
    SVA · VIRGINIA · CVM · QVA · VIX
    SIT · ANNIS · XXXXVIIII · EX · QVA
    CREAVIT · FILIOS · III · ET · FILIAM
    EX · QVIBVS · HIS · OMNIBVS · NE
    POTES · VIDITE · DEOS · SVPEST
    ITES · SIBI · RELIQVIT · HVNC
    TVMVLVM · PONENDVM · CV
    RAVERVNT · NVMONIA · BE
    LLIA · VXSOR ET IVLIVS AL
    EXSIVS · FILIVS · ET · IVLIVS F
    ELIX · FILIVS · ET · IVLIVS GAL
    LONIVS · FILIVS · ET · MVMo
    NIA BELLIOSA · FILLIA · ITEM
    NEPOTES · EIVS · IVLIVS · AV▓▓▓
    VS · IVLIVS · FELIX · IVLIVS · alex
    SANDER · IVLIVS · GALONIus iuli
    VS · LEONIVS · IVLIVS · GALL. . . . .
    IVLIVS · EONIVS · PVP · CYRIo et · s · a
        DEDICAVerunt
</pre>

Aux dieux Mânes et à la mémoire éternelle de Julius Alexsander, Africain de naissance, citoyen de Carthage, homme excellent, artiste verrier, mort à l'âge de soixante-quinze ans cinq mois et treize jours, après quarante-neuf ans de mariage en parfait accord avec sa femme épousée vierge et dont il a eu trois fils et une fille, qui lui ont tous donné des petits-enfants qu'il a vus et laissés survivants. Ont élevé ce tombeau : Numonia Bellia, sa femme; ses fils Julius Alexsius, Julius Felix, Julius Gallonius et sa fille Mumonia Belliosa, et aussi ses petits-fils Julius Au...us, Julius Felix, Julius Alexsander, Julius Galonius, Julius Leontius, Julius, Gallo..... Julius Eonius, et l'enfant en bas âge Cyrio, et tous l'ont dédié sous l'ascia.

un mardi, il a reçu son congé un mardi, enfin il est mort un mardi [1]. »

Florus est un joyeux garçon, chez lequel l'idée de la mort n'engendre pas la mélancolie [2] : « Ornez, dit-il, ornez de

---

[1] Allmer et Dissard, t. I, p. 273; arcade XXXVI :

```
          D                    M
    ET · MEMORIAE    AETERNae
    VITALINI · FELICIS · VET · LEG · I
    M · HOMINI · SAPIENTISSIMo
    ET · FIDELISSIMO · NEGOTIAto
    RI · LVGDVNENSI · ARTIS · Cre
    TARIAE · QVI · VIXIT · ANNIS LX
    VIIII · M · V · D · X · NATVS · EST · Die
    MARTIS · DIE · MARTIS · PROBa
    TVS · DIE · MARTIS · MSSIONEm
    PERCEPIT · DIE · MARTIS · DEFu
    NCTVS · EST · FACIENDVM · Cur
    VITALIN · FELICISSIMVS · FIli
    VS · ET · IVLIA · NICE · COMi
    VNX · ET · SVB · ASCIA · DEDI
            CAVERVNT
```

Aux dieux Mânes et à la mémoire éternelle de Vitalinius Felix, vétéran de la légion Iᵉ Minervia, homme rempli de sagesse et de loyauté, négociant potier lyonnais, mort à l'âge de soixante-neuf ans. Il est né un mardi, un mardi il est entré au service, un mardi il a reçu son congé, un mardi il est décédé. Vitalinius Felicissimus, son fils, et Julia Nice, sa femme, ont élevé ce tombeau et l'ont dédié sous l'ascia.

[2] Allmer et Dissard, t. I, p. 280; entre les arcades XXXIII et XXXIV :

```
          D                    M
    ET · MEMORIAE · AE
    TERNAE · CLAVDIAE
    FELICITATIS · COIV
    GIS SANCTISSIMAE
    ET · INCOMPARABILI
    QVAE · VIXIT · CVM · EO
    ANNIS · VI · MENSIBVS · V
    DIEBVS · XV · MESSORi
    VS · FLORVS · VETERA
    NVS · LEG · I · M · P · F ·
         HVNC · TITVLVM
    QVEM FECI · COIV
    GI · CARAE · ET · MIHI
    VIVVS · ORO · FLORBVS
    FLORVM · HILARES
    CONDECORETIS · AM
    ICI · P · C · ET · SVB · ASCIA
            DEDICAVIT
```

Aux dieux Mânes et à la mémoire éternelle de Claudia Felicitas, épouse très ver-

fleurs cette tombe que j'ai faite pour mon épouse chérie et pour moi de mon vivant, et couvrez gaiement de fleurs Florus qui a élevé ce tombeau et l'a dédié sous l'ascia. »

Ce sont là de gais épicuriens ; il y avait parmi les Lyonnais des poètes, dont l'épitaphe était rythmée[1], et des philosophes : tel est celui dont il a été question ci-dessus, qui, pour annoncer la mort de son ami, s'exprime en ces termes : « Il a rendu à la nature l'âme qu'elle lui avait associée, et son corps à son origine première[2]. »

tueuse et incomparable, qui a vécu avec moi, Messorius Florus, vétéran de la légion I^e Minervia Pia Fidelis, six ans cinq mois et quinze jours. Amis, ornez, je vous prie, cette épitaphe que j'ai faite pour mon épouse chérie et pour moi-même de mon vivant et couvrez gaiement de fleurs Florus, qui a élevé et dédié sous l'ascia ce tombeau.

[1] Allmer et Dissard, t. III, p. 224 ; arcade I :

```
           d                          m
      quieti AETERNAE · L · CL · RVFINI
      CL·HVNC · vivs · STYGIAS · RVFNVS
      AD · VMBRAS · INSTITVIT
      TITVLVM · POST · ANIMAE · REQV
      iEM · QVI TESTIS · VITAE · FATi
      SIT · LEGE · futVRus CVM · DO
      MVS · ACCIpiet · SAXEA · CORPVS · HA
         BENS · QVOQVE · MEAM
      RETINET · VOCEM · DATA · LITTE
      RA SAXO · VOce TVA VIVET
      QVISQVE · LEGEs · tituLOS
      ROTTIO · HIC · SITus · esT · IVVE
      NILI ROBORE · QVONDAM
      qVI · SIBI · MOXQ · SVae · NVTRICI
      MARCIANE ITEM VERINAE
      CONLACTIAE HAEC · MONV
      MENTA · DEDIT · ET · SVB · ASCIA
                 DEDICAVIT
      CVRANTE · CL · SEQVENTE · PATRONO
```

Aux dieux Mânes et au repos éternel de Lucius Claudius Rufinus. — Claudius Rufinus ai, de mon vivant, gravé cette épitaphe, afin que, lorsque mon âme goûtera le repos parmi les Ombres, habitantes des bords du Styx, et que mon corps, subissant la loi du destin, aura pris gîte dans cette maison faite d'un bloc de pierre, elle soit un témoin survivant de mon existence, et que ma voix, conservée par ces lignes confiées au marbre, revive par ta voix, qui que tu sois, passant qui t'arrêteras pour les lire. — Ici repose Rottio, autrefois plein de jeunesse et de vigueur. A ce tombeau, qu'il s'est préparé pour lui-même, il a joint bientôt celui de sa nourrice Marciane et ensuite celui de Verina, sa sœur de lait, et il les a dédiés sous l'ascia, par les soins de Claudius Sequens, son patron.

[2] Voir l'inscription qui a été reproduite à la page 275, note 1.

Un homme prudent et avisé nous dit que, de crainte d'erreur de la part de ses héritiers, il s'est fait construire un tombeau de son vivant, «pour l'avoir», *ut haberet*[1], ajoute-t-il.

Un étranger de Philippopolis affecte des prétentions littéraires : il fait, dans son épitaphe, un emprunt à Virgile; mais, en substituant un mot à l'autre, il rompt la mesure du vers et ne s'en aperçoit pas[2].

La correction n'est d'ailleurs pas, en général, la qualité dominante des inscriptions lyonnaises. Les fautes d'orthographe et de grammaire abondent[3]. Heureux encore quand le sens

---

[1] Allmer et Dissard, t. III, p. 347; arcade XVIII :

```
D                    M
P  ·  P R I M I V S
E G L E C T I A N V S
P · P R I M I · C V P I T i
LIB · QVI · VT · HABe
RET · VIVVS · SIBI
POSVIT · ET · SVB
A S C I A  ·  D E D I C
DOMVI · AETERNAE · LVBENS
```

Aux dieux Mânes. Publius Primius Eglectianus, affranchi de Publius Primius Cupitus. Afin d'être assuré d'avoir un tombeau, il s'est, de son vivant, élevé celui-ci, et, satisfait de sa demeure éternelle, l'a dédié sous l'ascia.

[2] Allmer et Dissard, t. I, p. 216; entre les arcades XVIII et XIX :

```
D                    M
T · FLAVIO · FLORO
DOMO · PHILIPPOL
EX · PROV · THRACIA
VETER · LEG · I · MIN · P · F ·
EX · BF · PROC · QVI · SEP
TIES · DENOS · ANIMAM
SINE · CRIMINE · PERTV
LIT · ANNOS · THREPTIVS
VAL · PRIMVS · VIPERIVS
ET · T · FL · PROTVS · HER
ET · SIBI · F · C · ET · S · A · D
```

Aux dieux Mânes, à Titus Flavius Florus, originaire de Philippopolis, de la province de Thrace, vétéran de la légion I^e Minervia Pia Fidelis, ancien bénéficiaire du procurateur, mort à l'âge de soixante-dix ans, au terme d'une vie exempte de flétrissure; Valerius Primus Viperius, son élève, et Titus Flavius Protus, tous deux ses héritiers, ont érigé ce tombeau, et aussi pour eux-mêmes, et l'ont dédié sous l'ascia.

[3] Parmi les inscriptions dont la rédaction est le plus incorrecte, il faut citer l'épitaphe de Valerius Messor qui a déjà été rapportée plus haut.

de la phrase n'en est pas dénaturé, comme dans cette épitaphe où un citoyen de Colonia Trajana, sur le Rhin (*Trajanensis*), se trouve transformé en un Troyen d'Ilion (*Trojanensis*)[1], et dans cette autre, où une bonne femme qui a élevé un monument à son mari, *memoriam instituit,* en vient à dire qu'elle a suppléé à son mari par un monument, *memoriam substituit.*

A cette énumération rapide des principaux types de Lyonnais, il manque le gamin moqueur et malin. Il n'a pas d'épitaphe, mais son souvenir est resté, et il s'annonce par un tour de son métier : voici l'inscription en lettres cursives, à l'adresse d'un de ses ennemis, qu'il a gravée à la hâte sur la pierre tendre d'un mausolée de la voie d'Aquitaine : *Septumus Closinius ficosus*[2]. Ce Septumus avait un mauvais mal, *la figue,* de là cet injurieux sobriquet.

---

[1] Allmer et Dissard, t. III, p. 115; arcade XXVII :

```
        D           M
   ET · MEMORIÆ · ÆTERNÆ
      VALERI · HONORATI
   IVVENIS · OPTIMI · QVI
   VIXIT · ANNIS · XXIII · M · I
   D · XVI · NATIONE · TROIA
      NENSIS · IANVARINIA
   IANVARIA · MATER · MOR
   TE · EIVS · ORBATA · FILIO
   PIENTISSIMO · DVLCIS
   SIMO · Q · POSTERIS · Que
      SVIS · P · C · ET · SVB
         ASC · DEdicavit
```

Aux dieux Mânes et à la mémoire éternelle de Valerius Honoratus, excellent jeune homme, né à Colonia Trajana, mort à l'âge de vingt-trois ans un mois seize jours. Januarinia Januaria, sa mère, privée d'enfants par sa mort, a élevé ce tombeau à son fils bien-aimé et à ses descendants et l'a dédié sous l'ascia.

[2] Elle a été découverte dans les dernières fouilles de Trion. (Allmer et Dissard, *Trion*, t. II, p. 379.)

CHAPITRE CINQUIÈME.

LYON VILLE COSMOPOLITE. — LES DIFFÉRENTS CULTES.

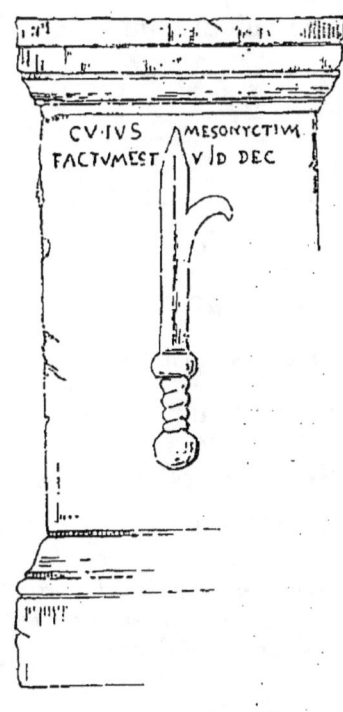

Autel tauroboliqe, face latérale, à l'échelle de $\frac{1}{19}$.

Nous avons déjà eu l'occasion de constater à quelques traits, dans le chapitre précédent, le caractère cosmopolite de Lyon : la liste serait longue si nous voulions mentionner les inscriptions de tous les étrangers qui vinrent y mourir. On y trouve en grand nombre des Gaulois : Voconces [1], Tricassins [2], Carnutes [3], Séquanes [4], Andicaves [5], Lingons [6], Éduens [7], Cadurques [8], Bituriges-Cubes [9], Bretons [10], citoyens de Cologne [11], surtout Trévères [12]. Par le Rhône, Lyon était en communication directe avec la Méditerranée, et, par elle, avec l'Orient ; aussi y rencontre-t-on également des épîtres d'Orientaux : ici c'est une femme née en

---

[1] Allmer et Dissard, t. III, p. 134.
[2] Ibid., p. 125.
[3] Ibid., p. 138.
[4] Ibid., p. 139.
[5] Ibid., p. 93.
[6] Ibid., p. 110.
[7] Ibid., p. 105.
[8] Ibid., p. 101, 103.
[9] Ibid., p. 98.
[10] Ibid., p. 99.
[11] Ibid., p. 90 et 115.
[12] Ibid., p. 113, 117, 120, 121, 122, 127, 139.

Grèce [1]; là une autre de Galatie [2]; un jeune homme se dit de nationalité grecque [3], nous avons parlé d'un Thrace de Philippopolis et d'un homme originaire de Germanica, dans la Commagène. De toutes ces inscriptions, la plus curieuse est l'épitaphe bilingue déjà mentionnée d'un marchand syrien, qui avait une propriété aux environs de Lyon [4]. Enfant vertueux et doux d'Athélé, décurion de la cité de Canotha en Syrie, il avait, dit-il, quitté sa patrie... En souvenir d'elle, il avait donné à sa villa le nom de son pays d'origine, que le village de Genay perpétue encore aujourd'hui.

[1] Allmer et Dissard, t. III, p. 107.
[2] *Ibid.*, p. 108.
[3] *Ibid.*, p. 138.

[4] Allmer et Dissard, t. III, p. 66; arcade XXVI :

ενθΑΔΕ ΚΕΙΤΑΙ ΘΑΙΜΟΣ Ο ΚΑΙ ΙΟυ
ΛΙΑΝΟΣ   ΣΑΑΔΟΥ
ἐΣΘΛΟΣ ΤΕ ΠΕΦΥΚΕ ΚΑΙ ΝΗΔΥμΟΣ
ΑΘΕΙΛΗΝΟΣ
ΒΟΥΛΕΥΤΗΣ ΠΟΛΙΗΣΤΕ ΚΑΝΩΘΑΙΥΝ ΕΠΙ
ΣΥΡΙΗΣ
ΟΣ ΠΑΤΡΑΝΤΕ ΛΕΙΠΩΝ ΗΚΕ ΤΩΔ ΕΠΙ ΧΩΡΩ
ἐΣ ϖραΣΙΝ ΕΧΩΝ εΝΠΟΡιοΝ ΑΓΟΡΑΣΜΩΝ
μεΣΤΟΝ ΕΚ ΑΚΟΥΙΤΑΝΗΣ ΩΔ ΕΠΙΑ ΛΟΥΓΟΥ
ΔΟΥΝΟΙΟ
ΩΛΕΣΕΝ · ΕΠΙ ΞΕΝΙΗΣ ΘΑΝΑΤΩ ΜΟΙΡΑ
ΚΡΑΤΑΓΗ

Ici repose Thaïm, surnommé Julien, fils de Saad, enfant vertueux et doux d'Athélé, décurion de la cité de Canotha en Syrie; lequel, ayant quitté sa patrie, vint ici en ce pays pour faire du commerce. Il avait à Lyon une boutique fournie de marchandises d'Aquitaine. L'irrésistible destin lui a fait trouver la mort sur la terre étrangère.

DIIS · MANIBVS
THAEMI · IVLIANI · SATI · *fil* · SYRI
DE VICO ATHELANI DECVRION
SEPTIMIANO · CANOTHA · NEGO
TIATORI · LVGVDVNI · ET · PROV
AQVITANACICA · · · AVIDIVS
AGRIPPA · FRATRI · PIENTISS*i*
MO · OB · MEMORIAM · EIVS
FACIENDVM · CVRAVIT · ET
SVB · ASCIA · DEDICAVIT

Aux dieux Mânes de Thaemus Julianus, fils de Satus, Syrien du vicus d'Athelanum, décurion à Septimianum Canotha, négociant à Lyon et dans la province d'Aquitaine; Avidius Agrippa a élevé à la mémoire de son excellent frère ce tombeau et l'a dédié sous l'ascia.

La population orientale de Lyon explique le caractère particulier de son épigraphie religieuse. Nous aurons, en effet, l'occasion de constater que, si les dieux romains et gallo-romains y recevaient les hommages de pieux adorateurs, les cultes orientaux y prirent aussi un grand développement. Le Christianisme y fut apporté de très bonne heure, et c'est de Lyon qu'est daté le document authentique le plus ancien relatif aux persécutions des Chrétiens en Gaule.

Nous n'avons pas l'intention d'énumérer ici tous les dieux du panthéon romain dont le souvenir a été conservé par les inscriptions lyonnaises : Jupiter, très bon et très grand[1], y est

---

[1] Allmer et Dissard, t. I, p. 450; arcade XLIII :

```
          I     O     M
       DEPVLSORI · ET
       DIIS·DEABVSQVE
          OMNIBVS·ET
          GENIO  LOCI
       T·FLAV·LATINIANVS
          PRAEFECTVS
           VIGILIVM
```

A Jupiter, très bon, très grand protecteur contre toutes les calamités, à tous les dieux et à toutes les déesses et au Génie du lieu, Titus Flavius Latinianus, préfet des vigiles.

Sur une autre inscription, Jupiter est encore honoré sous le vocable de *depulsor*, avec le Bon Esprit et la Fortune de bon retour, par un gouverneur de la Lyonnaise, à qui la protection des dieux et la faveur de Septime Sévère avaient valu la rentrée dans son emploi qu'il avait perdu (Allmer et Dissard, t. I, p. 127; arcade XXXV) :

```
       joVI      DEPulsori
       BONAE·MENTI·AC·Re
       DVCI·FORTVNAE·RED
       HIBITA · ET · SVSCEPTA
          PROVINCIA
       T · FLAVIVS · SECVNDVS · PHILIPia
       NVS V·C·LEG·AVGGG·PROV·LVGud
       ............................
       ............................
       ARAM · CONSTITVIT · AC
           DEDICAVIT
```

A Jupiter Depulsor; au Bon Esprit et à la Fortune de bon retour, en reconnaissance de sa rentrée en possession du gouvernement de la province. Titus Flavius Secundus Philippianus, clarissime, légat des trois Augustes, gouverneur de la province lyonnaise ..... a élevé et dédié cet autel.

Jupiter très bon et très grand est invoqué sur d'autres autels, et, une fois, avec la divinité des Augustes. (Allmer et Dissard, t. III, p. 2, 21 et 22.)

nommé plusieurs fois; citons l'autel où il est appelé *depulsor,* et partage avec tous les dieux, toutes les déesses et le Génie du lieu, l'honneur d'une dédicace, témoignage de la gratitude d'un préfet des vigiles, chef de la milice chargée de veiller la nuit à la tranquillité et à la sécurité de la ville.

Mars reçoit les hommages du gladiateur Callimorphus, dont il a déjà été parlé[1].

Vénus et la déesse Tutela sont associées dans l'inscription gravée, non plus sur un autel de pierre ou de marbre, mais sur le chaton d'une élégante bague en or[2]. De tout temps, on le voit, on a trouvé des accommodements entre la dévotion et la coquetterie.

Minerve, la déesse du bon conseil, n'est pas non plus délaissée : un autel lui est dédié par un commandant de la flotte de Ravenne[3].

On se rappelle que, sur le sommet qui domine Trion, il existait une chapelle consacrée à Mercure et à Maia Auguste et renfermant une statue de Tibère; elle avait été élevée, en accomplissement d'un vœu, par un affranchi, qui avait consigné ce don pieux, non sur une, mais sur quatre tables de pierre, actuellement au Musée[4].

Non content d'élever comme ici des statues aux empereurs dans les chapelles, on honorait leur divinité, *numen Augusti, numina Augustorum,* tantôt seule[5], tantôt associée à un autre dieu[6]. Nous avons rapporté plus haut l'inscription où Q. Nonius Euposius rappelle qu'il avait entouré la chapelle des

---

[1] Voir plus haut, p. 212.
[2] Elle est au Musée archéologique.

[3] De Boissieu, p. 16 :

MINERVAE
L·AEMILIVS SVLLECTINVS
PRAEFECTVS·CLASSIS RAVENNATIVM
DICAVIT

A Minerve, Lucius Æmilius Sullectinus, préfet de la flotte de Ravenne.

[4] Allmer et Dissard, t. III, p. 10; arcade LXIII; l'inscription est rapportée plus haut, à la page 216.
[5] *Ibid.*, p. 4.
[6] *Ibid.*, p. 3 et 25.

divinités Augustes et d'Apollon d'un portique avec auvent, pour servir d'abri aux pieux pèlerins [1].

Rappelons les dédicaces à Silvain [2] et mentionnons un autel à Diane Auguste [3]; un autre à la déesse Salus [4], à la Fortune [5], aux Nymphes [6], à Mars, Vesta et Vulcain réunis [7]; un autre à tous les dieux [8]. Les Lares ou divinités du foyer avaient aussi leurs adorateurs [9], ainsi que les différents Génies : Génie de la cité [10], Génie des corporations [11], Génie des simples particuliers [12].

Après ces divinités empruntées au panthéon romain par la piété des Lyonnais, nous parlerons de celles qui sont plus particulièrement d'origine celtique, et, en premier lieu, des Mères Augustes. Elles présidaient à la fertilité des campagnes et à la richesse des maisons. Dans la partie topographique de ce livre, nous avons eu l'occasion de marquer l'emplacement de trois de leurs chapelles, l'une dans le quartier d'Ainay, l'autre dans celui de Vaise [13], une autre encore au village

---

[1] Voir plus haut, p. 217. — On a trouvé à Lyon deux autres autels à Apollon. (Allmer et Dissard, t. I, p. 176; t. III, p. 21.)

[2] Voir plus haut, p. 217, et Allmer et Dissard, t. I, p. 178; arcade VIII :

SILVANO
AVGVSTO
M · AEMILIVS
LAETVS
A · STVDIIS
AVGVSTI
DICAVIT

A Silvain Auguste, Marcus Æmilius Laetus, secrétaire aux études de l'Empereur, a dédié cet autel.

[3] Allmer et Dissard, t. II, p. 47.
[4] *Ibid.*, t. III, p. 17.
[5] *Ibid.*, t. III, p. 21.
[6] *Ibid.*, t. III, p. 24.
[7] *Ibid.*, t. II, p. 70.
[8] *Ibid.*, t. III, p. 14.
[9] *Ibid.*, t. III, p. 22.
[10] *Ibid.*, t. II, p. 149, 172.
[11] *Ibid.*, t. II, p. 501.
[12] *Ibid.*, t. II, p. 503; t. III, p. 21.
[13] Voir plus haut, p. 217.

d'Ivour[1]. Mais les dédicaces qui leur sont consacrées sous les différents noms de Mères[2], de Vierges[3] ou de Matrones sont bien plus nombreuses. La plus intéressante de toutes, tant pour les détails qu'elle signale que pour les événements historiques qu'elle rapporte, est la suivante :

Pour la conservation de notre maître Lucius Septime Sévère et de toute sa famille, Tiberius Claudius Pompeianus, tribun de la légion I^e Minervia, a donné, en accomplissement de son vœu, aux Matrones aufaniennes et aux Mères des Pannoniens et des Dalmates (cet autel) sur un emplacement convenablement décoré avec un repas et un tableau [4].

Peut-être le tableau, peinture ou sculpture, dont parle le dédicant, rappelait-il la victoire remportée à Lyon par Septime Sévère sur son ennemi Albin.

A côté de ces autels ou chapelles, élevés par la piété des simples particuliers, il y avait des laraires municipaux, où les sévirs augustaux sacrifiaient au nom de la Colonie; ils étaient dressés dans les carrefours. Il en existait un, on s'en souvient, au trivium actuellement occupé par la place des Minimes[5]. Il nous est désigné par une lampe en bronze, avec chaînette, qui devait éclairer la petite chapelle, et par la curieuse

---

[1] Voir plus haut, et Allmer et Dissard, t. III, p. 15.

[2] Allmer et Dissard, t. III, p. 24. On compte jusqu'à cinq autels aux Mères Augustes trouvés sur le sol de Lyon.

[3] Allmer et Dissard, t. III, p. 18.

[4] Allmer et Dissard, t. III, p. 22 ; au village de Fontaine-sur-Saône :

```
PRO SALVTE DOMini
N IMP·L SEPT SEVEri
A/G · TOTIVSQ DOMus
eIVS AVFANIS MA
tRONS ET MATRIBVS
PANNONIORVM·ET·
DELMATARVM
ti·cl·pOMPEIANVS
trib MIL·LEG·I·MIN
loCO · EXCVLTO · CVM
discVBTOXE ET TABVLa
         V·S·
```

[5] Voir plus haut, et Allmer et Dissard, t. III, p. 22.

inscription à laquelle nous devons de connaître à la fois le nom de la *domus Juliana* et la confrérie de dévots, dite «collège des Lares».

Les cérémonies du culte des Lares étaient essentiellement simples et pacifiques. Par suite de leurs relations avec l'Orient, les Lyonnais adoptèrent de bonne heure, nous l'avons dit, les religions asiatiques aux pratiques étranges, au culte sanglant, aux initiations mystérieuses, aux régénérations bienfaisantes. Le premier sacrifice taurobolique pour la conservation de l'Empereur et la prospérité de la Colonie, date de l'an 160[1]; plusieurs autres suivirent, dont les monuments commémo-

---

[1] Allmer et Dissard, t. I, p. 15. Salle de sculpture :

TAVROBOLIO · MATRIS · D · M · I · D
QVOD · FACTVM · EST · EX · IMPERIO · MATRIS · D
DEVM
PRO · SALVTE · IMPERATORIS · CAES · T · AELI
HADRIANI · ANTONINI · AVG · PII · P · P ·
LIBERORVMQVE · EIVS ·
ET · STATVS · COLONIAE LVGVDVN
L · AEMILIVS · CARPVS · IIIIIIVIR · AVG · ITEM
DENDROPHORVS

tête de taureau

VIRES EXCEPIT · ET · A VATICANO · TRANS
TVLIT · ARA · ET · BVCRANIVM
SVO · INPENDIO · CONSACRAVIT
SA CERDOTE
Q · SAMMIO · SECVNDO · AB · XV · VIRIS
OCCABO · ET · CORONA · EXORNATO
CVI SANCTISSIMVS · ORDO · LVGVDVNENS
PERPETVITATEM · SACERDOTI · DECREVIT
APP · ANNIO · ATILIO BRADVA · T · CLOD · VIBIO
VARO COS
L   D   D   D

Sur la face latérale droite est figurée une tête de taureau et une tête de bélier; on lit encore ces mots :

CVIVS   MESONYCTIVM
FACTVM EST · V ID · DEC ·

Taurobole de la grande Mère des dieux Idéenne, fait par son ordre pour la conservation de l'empereur César Titus Ælius Hadrianus Antonin Auguste le Pieux, père de

ratifs sont parvenus jusqu'à nous [1]. Peut-être aura-t-on intérêt à connaître la manière dont s'accomplissait la cérémonie en l'honneur de la Mère des dieux. Nous en empruntons le récit au poète Prudence [2] : «Le taurobolaire, dit-il, magnifiquement vêtu, la tête couronnée d'or, descend dans la fosse, que l'on recouvre bientôt avec des planches percées de mille trous. On amène le taureau à la tête menaçante et hérissée. Dès que le farouche animal est fixé sur le lieu du sacrifice, on ouvre sa poitrine avec le couteau sacré. Le sang ruisselle de l'ample blessure, couvre le sol, et, à travers les ais mal joints du plancher se répand en sanglante rosée. Le prêtre la reçoit, et, avide de la recueillir jusqu'à la dernière goutte, en sature ses vêtements, sa tête et tout son corps... Lorsque la purification est achevée, il sort de sa retraite, horrible à voir, mais consacré; il montre avec orgueil sa face ensanglantée, sa barbe chargée de caillots, ses vêtements couverts de sang. Le peuple s'incline respectueux. La cérémonie est accomplie.»

la patrie, et pour la conservation de ses enfants et le maintien de la colonie de Lyon. — Lucius Æmilius Carpus, sévir augustal et dendrophore, a reçu et rapporté du Vatican les vires des victimes et consacré à ses frais cet autel et le bucrane. — Le prêtre officiant a été Quintus Sammius Secundus, décoré par les quindécemvirs du collier et de la couronne et gratifié, par décret du sanctissime ordre lyonnais, de la perpétuité du sacerdoce. — Sous le consulat d'Appius Annius Atilius Bradua et de Titus Clodius Vibius Varus. — L'emplacement a été donné par décret des décurions. — Le mesonyctium *a eu lieu le 5 des ides de décembre.*

[1] Le Musée de Lyon possède cinq autres autels taurobolyques :

Taurobole offert à la Mère des dieux, pour la conservation de Commode et la prospérité de la Colonie, en 190, par la confrérie des dendrophores (Allmer et Dissard, t. I, p. 27);

Taurobole offert à la Mère des dieux, pour la conservation de Septime Sévère et d'Albin et la prospérité de la Colonie, en 194, par deux femmes (Allmer et Dissard, t. I, p. 32);

Taurobole offert à la Mère des dieux, pour la conservation de Septime Sévère et de Caracalla et la prospérité de la Colonie, en 197, par deux femmes (Allmer et Dissard, t. I, p. 37);

Taurobole offert à la Mère des dieux, pour la conservation de Septime Sévère, Caracalla et Géta (Allmer et Dissard, t. I, p. 42);

Taurobole offert à la Mère des dieux, par une femme. (Allmer et Dissard, t. I, p. 46.)

[2] Prudence, *Hymn.*, 10.

Le culte de la Mère des dieux était l'adoration des forces vives de la nature; il était originaire de Pessinonte; celui de Mithra, non moins mystique et non moins sanglant, venait de Perse. Il enseignait que, pour arriver au bonheur, l'initié devait endurer la souffrance; que, pour parvenir à la lumière, il devait passer d'abord par les ténèbres. Aussi les sanctuaires du dieu étaient-ils dans les souterrains. On se rappelle celui de la porte Saint-Just, qu'un ancien archéologue prenait pour un «sépulcre[1]».

Quand nous aurons signalé une offrande à Isis, consistant en une statue de la Fortune[2], nous aurons épuisé la série des divinités orientales qui ont laissé leur souvenir dans l'épigraphie lyonnaise.

---

[1] Voir plus haut, p. 216.

[2] Allmer et Dissard, t. III, p. 16 :

```
        ISIDI·AVG
     Q·OBELLIVS·EVAN
       GELVS·SIGNVM
       FORTVNAE·V·S
        L·M·L·D·D·D
```

A Isis, Quintus Obellius Evangelus a donné avec reconnaissance, en accomplissement de son vœu, cette statuette de la Fortune. — Emplacement concédé par décret des décurions.

Ornement de la coiffure
de l'Aphrodite marseillaise

CHAPITRE SIXIÈME.

LE CHRISTIANISME.

Parallèlement au culte de la Mère des dieux, du dieu Soleil et d'Isis, il se développait à Lyon une religion venue elle aussi de l'Orient, mais d'une élévation morale autrement grande, d'une portée sociale autrement efficace, nous voulons parler du Christianisme. Il fut de très bonne heure accueilli avec faveur dans l'intelligente cité de Lugudunum.

Nous en avons pour preuve un document d'une incontestable authenticité, c'est le récit fait par des témoins oculaires de la persécution qui sévit à Lyon, en 177, sous le règne de l'empereur Marc-Aurèle et qui a été conservé par l'historien Eusèbe [1]. On y trouve une foule de détails, que l'on chercherait vainement ailleurs, sur la vie des premiers chrétiens, sur leurs idées et leurs préoccupations habituelles, sans parler de leur constance à supporter les tortures et de leur héroïsme en face de la mort. Nous reproduirons intégralement et sans commentaire ce texte précieux, qui fait revivre les grandes figures de Vettius Epagathus, l'avocat des chrétiens, d'Attale de Pergame, citoyen romain, et du diacre Sanctus, de l'évêque nonagénaire Pothin, de l'apostate repentante Biblias, de l'esclave Blandine, aussi frêle de corps qu'énergique de volonté, de son jeune compagnon Ponticus, du médecin phrygien Alexandre qui soutenait de la parole et de l'exemple le zèle de ses compagnons. Grégoire de Tours [2] disait de

---

[1] Eusèbe, *Historia ecclesiae*, V, 1. — Cf. Ruinart, *Acta primorum martyrum sincera et selecta*, 1689, p. 48, et Darras, *Histoire générale de l'église*; Paris, 1866, t. VII, p. 341. Il y a dans ce dernier ouvrage une bonne traduction de la lettre d'Eusèbe; nous la lui avons empruntée.

[2] Grégoire de Tours, *De gloria martyrum*, XLIX.

ce sublime récit que «l'esprit des martyrs y vit encore tout entier».

« Les serviteurs du Christ, habitants de Lyon et de Vienne dans les Gaules, à leurs frères d'Asie et de Phrygie qui professent la même foi et participent aux mêmes espérances de résurrection, paix, grâce et gloire en Dieu le Père et en Jésus-Christ notre Seigneur. — La violence de la persécution qui vient d'éclater ici, la fureur et la rage des gentils contre les saints, l'atrocité des tortures qu'on a infligées aux bienheureux martyrs dépassent tout ce qu'on peut concevoir, et nous renonçons à les exprimer. L'ennemi s'est rué sur nous d'un choc terrible; ces premiers préludes nous donnent une idée de ce que sera un jour son avènement dans la plénitude du triomphe. Il n'a reculé devant aucun forfait, comme pour accoutumer ses ministres à l'exercice de sa vengeance et les serviteurs de Dieu à la discipline du martyre. On ne se contenta plus de nous interdire l'entrée des maisons, des bains et du forum, on en vint à nous défendre, sous peine de mort, de nous montrer, quelque part que ce fût. Mais la grâce de Dieu a combattu pour nous; elle a écarté les plus faibles du combat, les athlètes qui parurent dans l'arène se montrèrent comme autant de colonnes inexpugnables, brisant par leur résistance héroïque tous les efforts de l'enfer. Tout d'abord, les bienheureux confesseurs eurent à subir ce qu'on peut attendre d'une populace en délire, les vociférations injurieuses, la dévastation et le pillage de leurs demeures, les blessures, les coups de pierres lancées par la foule, enfin tous les excès auxquels une multitude ameutée se livre d'ordinaire contre les victimes de sa fureur. Traînés au Forum par le tribun militaire et les magistrats de la cité, ils furent interrogés au milieu des vociférations et des clameurs du peuple. Ayant confessé qu'ils étaient chrétiens, on les jeta en prison jusqu'à l'arrivée du *praeses*.

« Le jour vint où les confesseurs furent amenés devant le tribunal de ce magistrat, qui se montra animé des sentiments les plus hostiles à leur égard. Un de nos frères, Vettius Epagathus, se trouvait en ce moment dans l'auditoire; il donna un magnifique exemple d'amour pour Dieu et de charité pour le prochain. C'était un jeune homme d'une naissance illustre et dont la vie réglée et austère faisait l'admiration de toute la ville. Son adolescence méritait l'éloge que l'Écriture a fait du vieillard Zacharie; il marchait en effet sans reproche dans la voie des commandements du Seigneur, toujours prêt pour tous les offices de la charité, plein de ferveur et de zèle pour le service de Dieu. Il ne put supporter l'injustice de la sentence qu'on prononçait contre nous, et, dans le premier mouvement de son indignation, il s'écria qu'il voulait prendre la parole pour justifier nos frères, et prouver que les accusations d'athéisme et de sacrilège, dirigées contre eux, étaient d'absurdes calomnies. Une immense clameur poussée par la multitude accueillit cette proposition. «Es-tu donc chrétien, «toi aussi!», lui demanda le gouverneur. — «Oui, je le suis», répondit-il, d'une voix qui retentit dans tout le prétoire et domina les bruits de la foule. Aussitôt le gouverneur donna l'ordre d'arrêter cet *avocat des chrétiens;* ce sont les termes mêmes dont il se servit. Dès lors, Vettius Epagathus prit rang dans la phalange des bienheureux martyrs. Il avait d'ailleurs, autant et plus même que Zacharie, l'Esprit-Saint pour avocat et pour consolateur, lui qui affronta la mort pour la défense de ses frères, et se montra le fidèle disciple du Christ, «suivant l'Agneau divin, partout où il va». — A partir de ce jour, l'épreuve commença et une distinction bien tranchée s'établit entre les chrétiens. Ceux qui avaient été arrêtés les premiers persévérèrent avec une constance admirable dans la confession de la foi. D'autres, moins préparés à la lutte, manquèrent de force pour soutenir ce choc terrible. Ils ne tardèrent pas à fournir la preuve de leur faiblesse. Une dizaine environ nous donna cet affligeant spectacle, qui eut pour effet de refroidir ceux qui, libres encore, quoique déjà soumis à la surveillance la plus rigoureuse, n'avaient pas cessé de prodiguer leurs consolations et leurs secours aux martyrs, les assistant jour et nuit dans leurs cachots. Tous alors nous étions dans de continuelles alarmes sur l'issue du combat, non pas que nous fussions épouvantés par l'horreur des supplices dont la perspective était imminente, mais nous redoutions l'apostasie de quelques-uns des nôtres. Chaque jour, on emprisonnait à nouveau des chrétiens dignes de remplacer honorablement ceux qui avaient faibli devant les tortures. Bientôt il ne resta plus à Lyon et à Vienne un seul de ceux qu'on pouvait appeler les colonnes de l'Église qui ne fût arrêté. Avec eux, on saisit quelques-uns de nos esclaves encore païens, car le gouverneur avait donné un ordre général d'emprisonner tous ceux qui se trouveraient dans les maisons chrétiennes. Ces esclaves, effrayés des tortures qu'on infligeait aux saints, et gagnés par les soldats, cédèrent à une impulsion satanique et déposèrent faussement qu'ils avaient vu parmi nous des festins homicides et anthropophages, qui rappelaient ceux de Thyeste, des assemblées où régnaient la promiscuité d'Œdipe et toutes les infamies dont le nom seul et la pensée nous font rougir. Ces dépositions mensongères se répandirent bientôt dans le public, en sorte que ceux des païens qui jusque-là avaient fait preuve envers nous d'une certaine modération, poussèrent eux-mêmes des cris de mort. La prophétie du Seigneur se réalisait pour nous : « Il y aura des jours où chacun, en vous « massacrant, croira servir la cause de Dieu. » Dès lors on fit endurer aux bienheureux martyrs des tourments que nulle expression ne saurait rendre. Satan s'acharnait pour tirer de leur bouche l'aveu des calomnies dont l'opinion publique nous chargeait.

« La fureur du peuple, du gouverneur et des soldats se porta, tout particulièrement sur le diacre viennois Sanctus, sur le courageux néophyte Maturus, sur Attalus, originaire de Pergame, et l'une des plus fermes colonnes de notre Église; enfin, sur une jeune esclave, Blandina, en la personne de laquelle le Christ daigna montrer comment il sait couvrir de gloire, devant Dieu, la condition qui semble aux yeux des hommes la plus vile et la plus méprisable. Nous tremblions tous pour cette jeune fille; sa maîtresse elle-même, qui était aussi du nombre des martyrs, craignait que cette enfant, faible et délicate, ne sût point résister à la vue des supplices. Mais Blandina montra un tel héroïsme que les bourreaux qui se relayèrent pour la torturer, depuis la première heure du jour jusqu'à la nuit, finirent par s'avouer vaincus. A leur grand étonnement, quoique tout son corps ne fût qu'une plaie, et bien qu'un seul des supplices qui lui avaient été successivement infligés fût suffisant pour lui donner la mort, la bienheureuse vierge respirait encore. On eût dit qu'elle puisait de nouvelles forces dans les tortures mêmes. Elle éprouvait, au milieu de ses souffrances, une consolation indicible, en répétant sans cesse : « Je suis chrétienne ! Il ne se passe rien de criminel dans nos assemblées ! » Le diacre Sanctus vit de même s'épuiser sur lui toute l'ingénieuse cruauté des persécuteurs. Dans l'espoir d'obtenir de sa bouche un aveu compromettant pour nous, on épuisa en sa personne toutes les ressources et tout l'art des bourreaux. Mais il déploya une telle fermeté d'âme qu'on ne put lui arracher d'autre réponse que celle-ci : « Je suis chrétien ! » A toutes les questions qu'on lui adressa sur le nom de sa patrie, de sa ville natale, de sa famille, sur sa condition d'homme libre ou d'esclave, il ne voulut jamais répondre autre chose. « Le nom de chrétien, disait-il, renferme tout cela. » Les païens n'en purent arracher une autre parole ; ce qui exaspéra tellement le gouverneur et les bourreaux, qu'après avoir inutilement essayé tous les genres de tortures, ils imaginèrent de lui appliquer, aux points les plus sensibles du corps, des lames d'airain rougies au feu. Le saint vit consumer sa chair sans même faire un mouvement. On eût dit qu'une rosée céleste tempérait pour lui l'ardeur du métal embrasé. Cependant tous ses membres, affreusement mutilés, tordus sur eux-mêmes, conservaient à peine la forme humaine. Jésus-Christ, qui souffrait avec son martyr, fit alors éclater sa gloire aux yeux des païens eux-mêmes. En effet, après quelques jours passés dans la prison, les bourreaux eurent l'idée de l'appliquer de nouveau à la torture, au moment où l'inflammation de ses plaies les rendait si douloureuses qu'il ne pouvait supporter même le plus léger attouchement. Ils se flattaient, sinon de lui arracher enfin une parole d'apostasie, au moins d'intimider tous les autres confesseurs par l'exemple de sa mort. Mais, par un prodige inouï, son corps reprit soudain sa forme première ; la trace de ses blessures précédentes disparut, et l'athlète se montra prêt à soutenir victorieusement ce nouveau combat, qui servit comme de remède au premier.

Trompé dans son attente, l'ennemi reporta sa rage sur des adversaires plus faciles à vaincre. Du nombre de ceux qui avaient eu le malheur de céder à la violence des tourments et de renier la foi du Christ, se trouvait une femme nommée Biblias. Le démon la considérait déjà comme sa proie. La faiblesse dont elle avait donné la preuve fit espérer aux persécuteurs qu'ils obtiendraient facilement d'elle l'aveu des crimes et des abominations qu'on nous reproche. On l'appliqua donc à la torture. Mais, comme si l'aiguillon d'une douleur passagère eût réveillé sa conscience endormie, et lui eût rappelé le souvenir des supplices éternels, Biblias opposa les plus énergiques dénégations à toutes les instances des persécuteurs. «Comment n'aurions-nous pas horreur de dévorer la chair des «petits enfants, s'écriait-elle, nous pour qui c'est un péché «d'user comme nourriture du sang des animaux!» Elle répara ainsi courageusement sa défection précédente, déclara qu'elle était chrétienne et obtint l'honneur d'être réintégrée au nombre des martyrs. L'inutilité des tortures ne découragea point les persécuteurs. Le démon, dont ils étaient les ministres, leur suggéra l'idée de lasser, par la prolongation des souffrances, le courage des martyrs. On les jeta dans un cachot étroit et obscur; leurs pieds furent entravés dans des ceps jusqu'au cinquième clou; on épuisa tous les raffinements de barbarie pour faire de leur vie même un intolérable supplice. Plusieurs d'entre eux moururent, suffoqués par l'infection du cachot. D'autres, parmi ceux mêmes que les tortures précédentes avaient le plus horriblement mutilés, au point qu'il leur restait à peine le souffle, ne laissèrent pas de survivre aux horreurs de cette cruelle détention. Privés de tout secours humain, ils trouvèrent une source inépuisable de consolation et de force dans le secours de la grâce divine. Leurs membres reprirent toute leur vigueur, et ils prodiguaient les secours de leur charité à leurs compagnons. Ceux qu'on arrêtait chaque jour et qu'on plongeait tout vivants dans cette prison infecte, moins habitués à la souffrance, moururent presque tous.

« Le très bienheureux Pothin, évêque de l'église de Lyon, tomba lui-même aux mains des persécuteurs. C'était un vieillard plus que nonagénaire. A la faiblesse de l'âge était venue se joindre celle d'une douloureuse maladie, en sorte qu'on fut obligé de le porter au tribunal; mais la vigueur de son esprit, et son ardeur pour le martyre, triomphaient de sa vieillesse et de ses infirmités. On eût dit que sa grande âme faisait un suprême effort pour rester dans ce corps débile, afin d'y ménager à la foi de Jésus-Christ un dernier triomphe. Les soldats le portèrent donc au tribunal. Tous les magistrats, le peuple entier, l'escortaient, au milieu des vociférations et des clameurs, comme s'il eût été le Christ en personne. — « Quel est le Dieu des chrétiens ! » lui demanda le gouverneur. — « Vous le connaîtrez si vous en êtes digne, » répondit-il. — A ces mots, sans pitié pour ses cheveux blancs, la multitude se rue sur lui, les plus proches à coups de pied et de poing, les plus éloignés lui lancent à la tête tous les projectiles qui leur tombent sous la main. Tous auraient cru commettre un sacrilège s'ils n'eussent outragé l'auguste vieillard; ils pensaient ainsi venger l'honneur de leurs dieux. Après cette explosion de violences, Pothin, couvert de plaies et à demi mort, fut jeté dans un cachot, où il expira deux jours après. On vit alors un effet singulier de la providence divine et de la miséricorde de Jésus-Christ. D'ordinaire, les apostats sont relâchés aussitôt qu'ils ont publiquement renié la foi. Ici, ils furent retenus en prison, avec les confesseurs, et soumis aux mêmes traitements. L'apostasie leur fut donc complètement inutile. Pendant que les héroïques prisonniers, qui avaient généreusement confessé leur foi, n'étaient détenus que comme chrétiens, c'était là tout leur crime, les apostats étaient retenus dans les chaînes comme convaincus, par leur propre aveu, d'homicide et de scélératesses de tout genre; ils souffraient doublement de l'horreur de leur sort. Pour les confesseurs, la sainte joie du martyre, l'espérance de la béatitude céleste, l'amour de Jésus-Christ et la grâce de l'Esprit-Saint, étaient autant de consolations inconnues aux apostats. Accablés de remords, leur conscience les tourmentait plus encore que les bourreaux. Aussi, quand ils paraissaient devant le tribunal avec leurs compagnons de captivité, le peuple les reconnaissait à la tristesse et à l'abattement de leur visage. Sur les traits des confesseurs brillaient une majesté douce et un rayon de sainte allégresse : ils semblaient ornés de leurs chaînes comme une fiancée de ses parures; ils exhalaient la suave odeur du Christ, au point que plus d'une fois les païens s'imaginèrent qu'ils se parfumaient avant d'être conduits au prétoire. Les apostats, au contraire, traînaient péniblement leurs fers, l'œil morne, le front baissé, le visage pâle. Il y avait dans l'abjection de leur démarche une harmonie parfaite avec celle de leurs vêtements sales et en lambeaux. Les païens eux-mêmes leur jetaient l'épithète de lâches et d'infâmes! C'est ainsi qu'en abjurant le nom auguste, glorieux et immortel de chrétiens, ils n'avaient réussi qu'à conquérir l'infamant surnom d'assassins. Ce contraste, remarqué par tous les assistants, raffermit le courage d'un grand nombre de frères; ceux qu'on arrêtait à nouveau se hâtaient de se déclarer chrétiens, sans laisser au démon le temps de leur suggérer la pensée de l'apostasie.

« Le temps vint où chacun des bienheureux confesseurs termina, par des supplices divers, son glorieux martyre; la couronne qu'ils offrirent à Dieu le Père fut en effet composée de toutes les variétés de fleurs; en échange, ils reçurent de la justice et de la miséricorde divines une couronne d'immortalité. Maturus, Sanctus, Blandina et Attalus furent exposés aux bêtes dans l'amphithéâtre, dans des jeux solennels qu'on organisa exprès pour repaître le peuple du carnage des chrétiens, comme d'un spectacle plus attrayant. Maturus et Sanctus, malgré les tortures auxquelles ils avaient déjà été soumis, supportèrent toutes celles qu'on leur infligea de nouveau dans l'amphithéâtre, comme s'ils n'avaient encore rien souffert, ou plutôt comme des athlètes tellement aguerris par la lutte, que le dernier effort, qui doit leur valoir la palme, ne leur coûte plus rien. Ils furent d'abord flagellés, selon la coutume, ensuite abandonnés à tous les caprices des bêtes féroces et à tous ceux de la populace qui, par des vociférations tumultueuses, réclamait à chaque instant une nouvelle insulte ou un nouveau supplice. C'est ainsi qu'on demanda de toutes parts la chaise de fer. On apporta cet instrument de torture, et, quand il fut rougi par la flamme, on y assit les martyrs. Une horrible odeur de chair brûlée se répandit dans l'amphithéâtre. La rage des spectateurs croissait avec l'héroïsme des martyrs. On ne put arracher à Sanctus d'autre parole que celle de son premier interrogatoire : « Je suis chrétien ! » Les deux soldats du Christ, donnés en spectacle, fournirent à eux seuls, pendant un jour entier, le cruel divertissement qu'on demande d'ordinaire à plusieurs couples de gladiateurs. Après tant de tourments, ils respiraient encore, le confecteur les acheva d'un coup d'épée, au milieu de l'amphithéâtre.

« Ce jour-là même, Blandina avait été suspendue à un poteau, dans l'arène, pour y être dévorée par les bêtes. Ses bras avaient été étendus en forme de croix : dans cette attitude elle priait avec ferveur ; en la contemplant, les autres martyrs retrouvaient, dans la personne de leur bienheureuse sœur, une image de Celui qui avait été crucifié pour eux. Cette pensée ranimait leur courage et leur rappelait que quiconque souffre ici-bas pour la gloire du Christ, partagera dans le Ciel le royaume du Dieu vivant. Cependant, aucune des bêtes ne toucha l'héroïque vierge, qui fut détachée du poteau et ramenée à la prison. Dieu voulait, en la réservant à de nouveaux combats, rendre son triomphe sur l'enfer plus éclatant, et donner à tous les frères, en la personne d'une faible et timide esclave, la preuve de ce que peut la force de Jésus-Christ, quand il s'agit de conquérir une palme immortelle.

« La multitude avait vingt fois demandé Attalus ; son nom était dans toutes les bouches. Il parut avec une contenance intrépide ; on lisait sur son visage cette noble fierté que donne la vertu. Profondément instruit de la doctrine chrétienne, il avait toujours été pour nous un témoin fidèle de la vérité. Il fit le tour de l'amphithéâtre, précédé d'un licteur qui portait une tablette où était tracée une inscription latine ainsi conçue : « Celui-ci est Attalus le chrétien ». A sa vue, le peuple éclata en exclamations frénétiques. Cependant le gouverneur, ayant appris qu'Attalus était citoyen romain, le fit reconduire en prison avec les autres. Il crut devoir en référer à César. Il adressa donc la liste exacte de tous les captifs chrétiens et attendit la décision impériale.

« Ce délai fut employé par les martyrs en œuvres de grâce et de salut. La miséricorde de Jésus-Christ éclata merveilleusement alors par leur ministère : les vivants ressuscitèrent les morts; les membres séparés de l'Église se rattachèrent à elle; les confesseurs obtinrent grâce pour ceux qui n'avaient pas eu le courage de l'être, et l'Église, cette mère féconde et toujours vierge, eut l'ineffable consolation de retrouver des fils dignes d'elle. Les apostats, réfugiés entre les bras des martyrs, réchauffés par la charité sur leur sein, y puisèrent une vie nouvelle et recouvrèrent, dans ce saint embrassement, la force de confesser généreusement leur foi. Revenus à la vie et réconciliés avec le Dieu qui ne veut pas la mort du pécheur, mais sa pénitence et sa conversion, ils comparurent devant le tribunal du gouverneur, pour y subir un nouvel interrogatoire. La réponse de César était arrivée dans l'intervalle. L'Empereur avait prescrit de mettre à mort ceux qui persisteraient à s'avouer chrétiens, et de renvoyer en liberté tous les autres. Pour donner à son jugement plus de solennité, le gouverneur choisit un jour où, chaque année, les marchands de toutes les provinces étrangères ont coutume de se réunir en notre ville. Ce concours d'une population immense lui parut très favorable au coup de théâtre dont il voulait donner le spectacle au peuple. Son tribunal fut dressé au milieu du forum, et les martyrs y furent amenés, au milieu des flots serrés du peuple. Tous ceux qui furent reconnus comme citoyens romains eurent sur-le-champ la tête tranchée, les autres furent réservés pour les combats des bêtes féroces dans l'amphithéâtre. Ce fut alors que les apostats, désormais réconciliés, ménagèrent un magnifique triomphe à la foi et à la gloire du Christ. On les avait mis à part, pour les interroger les derniers, parce qu'on se promettait d'avoir à les absoudre. Quelles ne furent pas la surprise et l'indignation de la multitude, quand on les entendit s'écrier qu'ils étaient chrétiens! Ils persistèrent dans leur généreuse confession, et on leur fit subir le sort des autres martyrs. Seuls, quelques fils de perdition, qui n'avaient jamais eu la moindre trace de foi, de crainte de Dieu, ni de respect pour la robe nuptiale du baptême, et qui au contraire avaient déshonoré par leur conduite la religion sainte dont ils faisaient extérieurement profession, demeurèrent exclus de cette phalange immortelle; ils persévérèrent dans leur apostasie et furent mis en liberté. Tous les autres demeurèrent invinciblement attachés à l'Église.

«Pendant qu'on les interrogeait, un médecin phrygien nommé Alexandre, depuis longtemps établi dans les Gaules, se tenait au pied du tribunal. Il était connu de toute la ville pour son zèle et pour sa charité; on savait avec quelle noble indépendance il prêchait l'évangile, car il avait reçu de l'Esprit-Saint la grâce de l'apostolat. En face des accusés, il leur faisait signe de confesser hardiment leur foi. A le voir suivre tous leurs mouvements, d'un œil plein de sollicitude et de tendresse, on eût dit une mère dans les angoisses de l'enfantement : son attitude et ses gestes n'échappèrent point au peuple déjà furieux de la rétractation des apostats. On s'en prit à lui, comme s'il eût provoqué leur conversion : «Qui «es-tu!» lui demanda le gouverneur. — «Je suis chrétien», répondit Alexandre. — Et, sur-le-champ, il fut condamné aux bêtes. Malgré son titre de citoyen romain, Attalus eut le même sort. Le gouverneur, dans son affectation de popularité, voulut offrir cette victime aux instincts féroces de la multitude.

«Le surlendemain donc, Alexandre et Attalus parurent ensemble dans l'arène. Ils passèrent successivement l'un et l'autre par la série ordinaire des tortures, jusqu'à ce que le glaive du confecteur les achevât. Alexandre ne laissa pas échapper une plainte; il ne proféra pas même une parole, absorbé qu'il était dans son union avec Dieu. Quand Attalus fut placé sur la chaise de fer rougie au feu, et que l'odeur de sa chair consumée remplissait l'arène, au point d'incommoder les spectateurs, il s'écria : «En vérité, voilà que vous mangez «de la chair humaine! Pour nous, jamais nous n'avons été «anthropophages, jamais nous n'avons commis de crimes!» — Quelqu'un lui cria : «Dis-nous le nom de ton Dieu!» — «Dieu, répondit-il, ne porte pas de nom comme un mortel.»

«De toute cette phalange de martyrs, Blandina resta la dernière avec un jeune chrétien, âgé de quinze ans, nommé Ponticus. Chaque jour on les avait amenés dans l'amphithéâtre, pour y être témoins du supplice de leurs frères. Enfin, le dernier jour réservé aux jeux solennels, on les fit prendre part au combat. Traînés en face d'un autel idolâtrique, au milieu de l'arène, on voulut les contraindre à sacrifier aux dieux; ils refusèrent avec un geste de mépris. Le peuple éclata alors en imprécations de fureur. Sans pitié pour la jeunesse de Ponticus, ni pour le sexe de Blandina, on les soumit à toutes les tortures ordinaires. De temps en temps, les bourreaux s'interrompaient, criant à ces deux héroïques victimes de jurer par le nom des dieux : ce fut en vain. Blandina exhortait elle-même Ponticus à montrer à cette foule barbare ce que la foi de Jésus-Christ peut accomplir de merveilles chez un enfant. Le jeune chrétien résista avec un courage invincible et expira dans les tortures. Enfin, Blandina la bienheureuse, comme une mère qui a vu triompher tous ses fils, et les a conduits couverts de palmes immortelles au Roi de gloire, parcourut, la dernière, ce champ ensanglanté de douleurs et de tortures. Elle semblait pressée d'aller rejoindre les siens; on eût dit qu'elle courait à un festin nuptial. Après la flagellation, l'exposition aux bêtes et le supplice de la chaise de fer, elle fut roulée dans un filet et jetée à un taureau furieux, qui la lança à plusieurs reprises dans l'arène. La sainte, tout entière à la contemplation des biens immortels qui allaient être sa récompense, entretenait son âme dans un doux colloque avec Jésus-Christ par une prière fervente; elle paraissait ne pas même sentir les tourments. Enfin, victime innocente, l'épée du confecteur lui donna le coup de la mort, et les païens eux-mêmes disaient que jamais femme n'avait tant ni si héroïquement souffert.

« Cependant la fureur contre les saints n'avait fait que s'accroître par le spectacle de leur courage. Les cadavres de ceux qui étaient morts dans la prison furent exposés sur la voie publique, pour y être dévorés par les chiens. Des soldats les gardèrent jour et nuit, afin d'écarter ceux d'entre nous qui se disposaient à recueillir ces précieuses dépouilles. On coupa d'abord en morceaux et l'on exposa au peuple les restes sanglants échappés à la dent des bêtes et aux flammes du bûcher; tous ces tronçons, que dominaient les têtes coupées par le glaive, demeurèrent plusieurs jours sans sépulture, gardés par un piquet de soldats. La foule idolâtre venait repaître ses yeux de cet horrible spectacle. Les uns frémissaient de rage et grinçaient des dents; ils eussent voulu trouver encore de nouveaux et plus cruels supplices pour ces morts. D'autres proféraient contre eux de révoltantes injures : ils applaudissaient les dieux de s'être si bien vengés de leurs ennemis. Un petit nombre manifestait quelques sentiments de modération, et semblait nous plaindre. «Pauvres gens! disaient-ils. Où est leur «Dieu! A quoi leur a servi cette religion qu'ils ont maintenue «au prix même de leur vie!» Telle était l'attitude des païens. Pour nous, l'impossibilité de donner la sépulture aux martyrs nous causait une poignante douleur. Vainement nous tentâmes de profiter des ombres de la nuit, ou de fléchir, soit à prix d'or, soit par nos prières, le cœur des bourreaux; tout fut inutile : les corps des martyrs furent gardés avec un soin jaloux; les païens croyaient tout gagner si les martyrs demeuraient sans sépulture. Après six jours de cette exhibition faite en plein air, au milieu des outrages et des insultes de la populace, les précieuses dépouilles furent placées sur un bûcher et consumées par les flammes; on jeta les cendres dans le fleuve du Rhône, afin qu'il n'en restât pas une trace sur la terre. Les idolâtres agissaient ainsi dans la pensée qu'ils montraient leur supériorité sur le Dieu des chrétiens et rendaient impossible la résurrection des martyrs. «C'est, disaient-ils, ce fol «espoir de résurrection qui inspire aux chrétiens leur fanatisme «inouï et nous vaut l'invasion de cette doctrine étrangère et «absurde. Voyons donc comment leur Dieu s'y prendra pour «les ressusciter et les arracher de nos mains!»

Cette lettre, si pleine de renseignements et de faits, si riche en détails typiques, nous dispense de citer un grand nombre de textes épigraphiques. Les plus anciens sont d'une désespérante concision; pour rencontrer quelques détails sur la population chrétienne de Lyon, il faut descendre jusqu'aux ve et vi^e siècles.

Voici deux inscriptions relatives à l'usage des chrétiens de la primitive Église de s'imposer des pénitences, soit en expiation de leurs péchés, soit en exécution d'un vœu.

Susana, morte à vingt ans, avait vécu, dit son épitaphe, dans la pénitence pendant une année[1] :

```
IN HOC TVMVO REQVIESCIT BONE MEMO
RIAE SVSANE QVAE VIXIT ANNVS
XX PENETENTIA CONSECVT·ANI
EST OBIET IN PACE SVB diAE C OC
tOBRIS  PC  CONS  ITERVM  MESALE
          V C CONS
```

Morte dans un âge bien plus avancé, à soixante ans, Carusa avait passé vingt ans dans la pieuse pratique de la pénitence. Le nom du consul Rustianus désigne l'inscription comme appartenant à l'année 520[2].

```
IN  HoC  TVMVLo  REQVIESCIT·Bo
NAE MEMORIA CARVSA·RELIGIo
SA  QVI  EGIT  PENETENTIAM
ANNVS VIGENTI ET DVOS ET VIXE
IN PACE ANNVS SEXAGENTA RVI
NRVE OBIET DIAE XIII KALEN OC
TVBRS RVSTIANO ET VITALIANo VCL
```

L'épitaphe suivante manifeste les sentiments de charité développés par la religion nouvelle :

```
✝·EPITAFIVM HVNC Q HINTVIS LECTOR
BONE RECORDATIONIS·AGAPI NEGVCI ATORIS
MEMBRA·QVIESCVNT NAM·FVIT ISTE·STACIO
MISERIS ET PORTVS · EGINIS ONNEBS · APTS
FVIT·PRAECIPVAE·LOCA·SCORVM ADSE
DVE · ET · ELEMOSINAM ET · ORACIONEM
STVDVIT·VIXIT IN PACE ANNS LXXXV·OB
VIII·KAL·APRILIS LXI PC IVSTINI INDICT·QVARTA
```

Sous l'épitaphe que tu vois, lecteur, reposent les membres du marchand Agapus, de bonne mémoire. Il fut en effet la consolation des affligés et le refuge des pauvres ; aimé de tous, il visita assidûment les sépultures des saints et pratiqua l'aumône et la prière.

---

[1] E. Le Blant, *Inscriptions chrétiennes de la Gaule*, t. I, p. 144.
[2] *Idem, ibid.*, t. II, p. 549.

Il a vécu en paix quatre-vingt-cinq ans; il est mort le huit des calendes d'avril, soixante et un ans après le consulat de Justin, dans la quatrième indiction [1].

Signalons enfin, en terminant, l'épitaphe suivante, où il est fait mention du péché originel, mais qui, par l'emploi de formules philosophiques et par le regret de la vie qu'elle manifeste, habitude toute païenne, semble se rapporter à un personnage dont la foi chrétienne n'était déjà plus très solidement assise.

PRAETERIENS HOMINVM·SORTEM MISERERE VIATOR
   DEQVE MEIS RESTENT QVAE TIBI FATA VIDE·
EN MIHI TERRA DOMVM PRAEBET CINISQVE SEPVLCRVM
   VERMIS ET EXIGVVS MEMBRA CADVCA VORAT·
CONDITOR OMNIPOTENS PARADYSI QVEM ESSE COLONVM
   IVSSERAT HANC TRIBVIT CVLPA NEFANDA VICEM·
NOMINE FELICEM ME OLIM DIXERE PARENTES
   VITA DICATA MIHI ARS MEDICINA FVIT·
AEGROS MVLTORVM POTVI RELEVARE DOLORES
   MORBVM NON POTVI VINCERE AB ARTE MEVM·

Voyageur qui passes, considère le malheureux sort des hommes, vois par le peu qui reste de moi quelle sera ta destinée à toi; la terre, la poussière, la tombe, voilà ma demeure, le ver minuscule ronge mes membres qui s'en vont. Dieu tout-puissant avait donné à l'homme le Paradis pour séjour; voilà le sort que lui a fait une faute funeste. Mes parents m'avaient jadis donné le nom de Félix; je m'adonnai à l'art de la médecine, grâce auquel je pus soulager les maux de plusieurs; mon art n'a pu triompher de ma propre maladie [2].

Le regret de la vie, l'appel à la pitié des vivants ne se rencontrent généralement pas sur les tombeaux des premiers chrétiens. Cette façon d'envisager le grand problème de l'au-delà, toute différente des habitudes païennes, caractérise nettement la religion nouvelle, et se manifeste dans les textes

---

[1] E. Le Blant, *Inscriptions chrétiennes de la Gaule*, t. I, p. 41.
[2] *Idem, ibid.*, t. II, p. 553.

épigraphiques. Avec l'autorité de son talent et sa profondeur de vues[1], M. Edmond Le Blant s'exprime ainsi à ce sujet : « Dans la première épître aux Thessaloniciens, l'Apôtre a marqué d'une façon ineffaçable la distance qui séparait l'antique société de la nouvelle, celle qui voyait les morts s'abîmer dans les ténèbres où survivaient les passions et les haines, de celle qui les plaçait dans le lieu de la paix et de la lumière éternelle. *De dormientibus non contristemini sicut alii qui spem non habent.* Le précepte de saint Paul se reflète dans ces mots d'un titulus de Lyon : BEATIOR IN D̄N̄O CONDEDIT MENTEM. Pour les fidèles, la dernière heure se dépouille de toute pensée lugubre; c'est la fin de l'exil, c'est un voyage dans le sein de Dieu, comme l'expliquent Tertullien et saint Cyprien; le jour où le chrétien quitte la terre, il naît pour le Ciel; les martyrs sont fêtés au jour où ils ont souffert, et leur fête prend le nom de *natalis.* Cérémonie funeste pour les gentils, qui l'accomplissent dans l'ombre, les funérailles des fils de l'Église se font à la face du soleil, devant une assistance qui porte des cierges et chante des hymnes, remerciant Dieu d'avoir rappelé à lui et couronné le défunt.

«Tandis que, pour les malheureux païens, la mort ne laisse aux survivants que le désespoir et les larmes, l'esprit se repose à trouver dans les épitaphes des fidèles, comme dans leurs écrits, l'idée d'allégresse et la pieuse résignation que donnent l'espérance et la foi. Écoutons parler une mère chrétienne :

```
        MAGVS PVER INNOCENS
ESSE IAM INTER INNOCENTES COEPISTI
QVAM STAVILES TIVI HAEC VITA EST
QVAM TE LETVM EXCIPET MATER ECCLESIAE DE OC
MVNDO REVERTENTEM · COMPREMATVR PECTORVM
GEMITVS STRVMATVR FLETVS OCVLORVM
```

« Pleurer les morts avec ces éclats de douleur que les «hommes du siècle apportaient aux funérailles, ce n'était «pas seulement, dit saint Cyprien à ceux qui oubliaient les «paroles de l'Apôtre, mentir à sa propre foi, c'était encore

---

[1] E. Le Blant, *Inscriptions chrétiennes de la Gaule,* t. I, p. 92.

«donner à croire aux persécuteurs que le sein de Dieu ne
«s'était pas ouvert pour les défunts. »

«Les inscriptions nous font voir les larmes, *impia pietas*,
comme parle saint Paulin, taries par l'espoir en Dieu, la
mort désormais dépouillée de tout aspect lugubre, rappelant
le fidèle de l'exil, pour le ramener au Ciel, la véritable et
radieuse patrie.»

Nous arrêtons ici notre citation qui éclaire si nettement
l'époque où fut écrite la lettre des chrétiens de Lyon et de
Vienne, et qui explique le courage héroïque avec lequel les
martyrs affrontaient les supplices.

On pourrait retirer du texte d'Eusèbe et des épitaphes
chrétiennes bien d'autres renseignements, montrer combien,
à si peu de distance de l'éclosion de la foi nouvelle, une
transformation profonde s'était opérée dans les idées. Dans la
phalange des martyrs, comme dans les inscriptions des sarcophages, les rangs et les conditions se trouvent confondus : le
citoyen romain à côté du non-citoyen, l'esclave à côté de
son maître. Le mérite ne réside plus dans la naissance, mais
dans la vertu; riches et pauvres, savants et ignorants ont les
mêmes droits à la céleste patrie; la grande loi de l'égalité
se manifeste avec un éclat dont le rayonnement illuminera
le monde.

Boucle d'oreille
de l'Aphrodite marseillaise.

TROISIÈME PARTIE.
LE MUSÉE ARCHÉOLOGIQUE.

FRAGMENTS ARCHITECTURAUX.

AUTELS ET TOMBEAUX.

LES STATUES.

LA TABLE DE CLAUDE.

LES BRONZES : STATUES ET STATUETTES.

MEUBLES, VASES, OBJETS DIVERS EN BRONZE.

MOSAÏQUES, POTERIES ET BIJOUX.

Masque funèbre,
à représentation de cyclope,
à l'échelle de $\frac{1}{18}$.

Bordure de la mosaïque des Jeux du Cirque.

Troisième partie.

LE MUSÉE ARCHÉOLOGIQUE.

AVANT-PROPOS.

Nous avons, dans les chapitres précédents, passé en revue documents épigraphiques et textes; ils nous ont fourni de nombreux renseignements sur les mœurs, les coutumes, le caractère de la population. Avec les collections archéologiques, nous nous ferons une idée, sinon de l'art des Lyonnais, du moins de leurs goûts artistiques.

Comme pour Vienne, nous établirons des catégories d'objets et nous signalerons à l'attention du visiteur, dans chacune d'elles, seulement les plus intéressants.

Le premier chapitre sera consacré à l'examen des fragments architecturaux; le second comprendra les bas-reliefs de caractère religieux et funéraire, et le troisième les statues. La table de Claude fera l'objet d'un chapitre spécial; les bronzes, très nombreux au musée de Lyon, formeront à eux seuls deux chapitres; enfin, un septième et dernier chapitre réunira ce qu'il y a de plus curieux comme mosaïques, poteries ou bijoux.

Ici se présente une difficulté que nous n'avions pas rencontrée à Vienne, dont le musée est exclusivement local. Lyon possède, outre des objets importés d'Athènes, de Rome ou d'Étrurie et dont on ne s'occupera pas, beaucoup d'antiquités, et non des moins belles, trouvées dans la vallée du Rhône.

Devions-nous les passer sous silence? Nous ne l'avons pas cru.

Dans un pays où la civilisation gallo-romaine a eu une si belle floraison, il fallait créer nécessairement des centres archéologiques [1]; Lyon est un des plus importants, notre devoir était de le constater et de ne pas passer indifférents devant des objets d'origine sinon locale, du moins régionale. Comme nous avons eu soin d'ailleurs de toujours indiquer exactement la provenance, il sera facile de distinguer entre les antiquités exhumées du sol lyonnais et celles qui proviennent de la vallée du Rhône.

[1] De ce nombre sont, sans contredit, le musée Calvet, d'Avignon, et le musée d'Arles. Le premier possède, grâce à la dotation d'un généreux fondateur, une riche collection d'antiquités trouvées dans la région, notamment dans le territoire de Vaison. Le second renferme, outre différents objets de haute valeur, débris des somptueux monuments de la cité impériale, un grand nombre de beaux sarcophages chrétiens.

Chapiteau lyonnais restauré, à l'échelle de $\frac{1}{20}$.

CHAPITRE PREMIER.

FRAGMENTS ARCHITECTURAUX.

Lyon, jadis couvert de monuments dont un seul, au dire de Sénèque[1], aurait fait la gloire d'une autre ville, possède un fort petit nombre de fragments architecturaux. Quelques-uns, de dimensions minuscules, ont été employés à la décoration du vestibule d'entrée de l'une des salles du Musée; recueillis sur différents points et rassemblés à cet endroit pour le simple plaisir des yeux, ils n'offrent que peu d'intérêt scientifique. Les fouilles de 1885, opérées sur l'emplacement de l'ancienne voie d'Aquitaine ont fait retrouver quelques spécimens authentiques de la décoration architecturale lyonnaise.

1. FRISE DU TOMBEAU DE SATRIUS.

Elle est en calcaire de Seyssel, d'ordre dorique avec triglyphes encadrant alternativement des patères ornées et des

[1] Sénèque, *Épître à Lucilius*, 91, 2.

têtes de taureau enguirlandées. Elle a été trouvée sur la face postérieure du mausolée. On peut la voir encore aujourd'hui sur la place de Choulans, où ont été transportés les tombeaux[1]. — Longueur du fragment : 1 m. 20 ; hauteur : 0 m. 43.

2. CHAPITEAUX DE PILIERS ET DE PILASTRES.

Ils ont la même provenance, et ont été recueillis en fragments assez importants pour qu'il ait été possible de restaurer complètement l'un d'entre eux. (Voir ci-dessus, p. 329.) Ce travail délicat est l'œuvre d'un habile architecte lyonnais, M. Roguiat[2] ; nous lui empruntons la description suivante :

« Le chapiteau est d'ordre corinthien, ou mieux d'une ornementation dérivée de cette ordonnance... Il a quatre faces semblables, avec volutes d'angles, supportant une abaque avec fleurons et feuilles d'acanthe. Il est formé par deux assises de pierre de Seyssel. Celle du bas, portant l'astragale, les premières feuilles d'acanthe et les pilastres d'angles du fût, est d'un seul morceau, tandis que l'assise supérieure, portant les volutes, l'abaque, les fleurons et les grandes feuilles, est en deux parties.

« L'assise inférieure mesure 0 m. 86, de l'angle d'un pilastre à l'autre, et le chapiteau, pris sur une de ses faces, dans sa plus grande longueur, n'a pas moins de 1 m. 50 de développement total. Sa hauteur, du dessous de l'astragale au-dessus de l'abaque, est de 1 mètre.

« L'ensemble sculptural de ce chapiteau est d'une grande puissance de formes. »

3. PLAQUES DE REVÊTEMENT
DE L'AUTEL DE ROME ET D'AUGUSTE.

Elles sont très fragmentées, en marbre blanc, épaisses de 0 m. 12, piquées au marteau et non polies. (Il en a déjà été

---

[1] Allmer et Dissard, *Trion*, t. II, p. 309.
[2] La photographie de ce chapiteau restauré a été publiée dans les *Annales de la Société d'architecture de Lyon*, t. IX, années 1887 et 1888, avec une notice sous ce titre : *Chapiteau trouvé dans les fouilles de Trion, à Lyon Saint-Just en 1885*.

parlé plus haut, p. 236.) Des guirlandes de chêne, relevées par des haches de licteur, sont sculptées en relief sur certains fragments. Sur d'autres sont gravées des lettres monumentales, les unes de 0 m. 38, les autres de 0 m. 20 de hauteur; à leurs extrémités on voit les mortaises avec scellements de plomb, dans lesquelles étaient fixées les lettres de bronze doré.

4. LINTEAU EN MARBRE BLANC, DE BEAUJEU.

Il devait former le dessus de porte d'une chapelle. Sa richesse décorative est extrême[1] : il est orné, sur deux de ses faces, de palmettes, d'enroulements, de feuilles d'eau ou imbriquées, de rangs d'oves ou de perles. Sur la bande antérieure se trouve un bas-relief de plus de trente personnages, qui représente la scène du *suovetaurilia*. Ce sacrifice consistait, comme son nom l'indique, dans l'immolation de porcs, de brebis et de taureaux[2]. Au centre se dresse l'autel, sur lequel un prêtre, la tête voilée, verse des libations; il a à ses côtés un assistant, un camille, un joueur de flûte et plusieurs servants. A gauche s'avance le cortège des animaux que l'on conduit à l'autel : deux taureaux, une brebis et un porc; à droite, des serviteurs emportent les victimes immolées et les vases de sang. Ce bas-relief d'excellent style peut justement être considéré comme un des plus beaux du Musée. — Longueur : 1 m. 70; hauteur : 0 m. 07; épaisseur : 0 m. 29 et 0 m. 17.

5. MASQUES FUNÉRAIRES OU LARVES.

Les fouilles de 1885, au quartier de Trion, ont amené la découverte de quatre de ces masques funéraires d'assez bon travail, mais de médiocre conservation[3]. Ils complètent la série de trois autres masques, de plus grande taille, et d'excellent style, qui étaient depuis quelque temps déjà au Musée.

Le caractère commun à ce genre de représentations, c'est d'exprimer la souffrance ou l'effroi. Au point de vue de l'exé-

---

[1] Commarmond, *Musée lapidaire*, p. 341.
[2] Sur ce genre de représentations, voir Clarac, *Musée*, pl. 221, n° 751.
[3] Allmer et Dissard, *Trion*, p. 303.

cution, elles manifestent les effets puissants auxquels peuvent parvenir les sculpteurs, en tirant parti des saillies et des ombres.

A. *Masque de vieillard barbu*[1]. — Avec son nez proéminent, ses sourcils touffus, ses yeux profondément creusés, sa grande barbe et sa chevelure épaisse, cette tête a un caractère effrayant. (Elle est représentée p. 247.) Le sculpteur a magistralement jeté en travers de l'*onkos* un voile aux larges plis. On dirait un mort gigantesque qui sort de son suaire. — Hauteur : 0 m. 90.

B. *Masque de femme*. — Les nattes ondulées de ses cheveux lui encadrent le visage, pour se réunir sous le menton. La dureté des traits de cette furie n'a d'égal que l'effarement de son regard. La bouche est grande ouverte; elle semble pousser des cris déchirants. Ses sourcils se contractent et se plissent. Ici encore le sculpteur a accusé très énergiquement les traits. — Hauteur : 0 m. 95.

C. *Masque de cyclope*[2]. — C'est la tête de ce Polyphème dont l'astucieux Ulysse tira si courageusement vengeance. Dans la représentation de ce monstre, l'artiste avait plusieurs écueils à éviter : il devait se garder de donner à cette physionomie un air trivial; il fallait que le fils de Neptune conservât quelque chose de la majesté paternelle. Aussi l'*onkos* est-il d'une grande hauteur; les boucles de la chevelure sont symétriquement rangées. Les yeux, qui n'existaient pas, sont faiblement dessinés au fond de l'arcade sourcilière. Quant à l'œil véritable du cyclope, celui qu'Ulysse a crevé, en y enfonçant un pieu enflammé, il s'ouvre avec sa plaie béante au milieu du front. Tellement est forte la souffrance du malheureux Polyphème, que sa bouche se contracte en plis douloureux, il avance sa lèvre inférieure; on croirait voir passer sur elle comme le souffle des rugissements dont il faisait retentir le rivage. (Il est dessiné p. 325.) — Hauteur : 0 m. 77.

---

[1] Commarmond, *Musée lapidaire*, p. 445.
[2] *Idem, ibid.*, p. 63.

Ces trois masques de larves peuvent compter au nombre des plus beaux spécimens de ce genre de décoration funéraire.

6. CLYPEUS, DE VIENNE.

Il est en marbre blanc, brisé en deux fragments, qui ont pu être réunis. On voit d'un côté la tête d'un personnage barbu, à coiffure étrange; de l'autre, une baleine qui bondit à la surface des flots. (Il est dessiné p. XII.) C'est une œuvre de bon style. — Diamètre : 0 m. 33.

Bas-relief des Mères Augustes, de la Croix-Rousse,
à l'échelle de $\frac{1}{12}$.

CHAPITRE DEUXIÈME.

AUTELS ET TOMBEAUX.

Autel funéraire, à l'échelle de $\frac{1}{20}$.

Il sera d'abord question des autels dressés aux divinités; les autels funéraires nous amèneront par une transition naturelle à parler des tombeaux.

1. AUTEL DIONYSIAQUE.

Il est en marbre d'Orient, cylindrique, de fortes dimensions et d'une grande richesse décorative. C'est l'œuvre d'un artiste grec, mais peut-être a-t-il été apporté à Lyon dès l'antiquité. M. F. Lenormant, qui l'a publié [1], a fait remarquer l'analogie de son ornementation avec les bases de colonnes du temple d'Apollon à Branchides.

D'élégantes moulures avec entrelacs et feuilles imbriquées ornent son couronnement et sa base. A la partie médiane sont figurées, en très haut relief, des guirlandes de grenades, de pommes de pin, de branches de laurier et de lierre; elles sont retenues par des têtes d'animaux, malheureusement mutilées, mais que l'on reconnaît comme étant celles d'un bouc, d'un faon et d'un sanglier. — Dimensions: hauteur, 0 m. 97; diamètre à la base, 0 m. 78.

---

[1] Lenormant, *Autel dionysiaque de Lyon*, dans *Gaz. archéol.*, 1876, p. 102, pl. XXVI.

2. AUTELS TAUROBOLIQUES.

On se rappelle le récit du poète Prudence relatif aux étranges purifications du culte de Cybèle[1], à ces baptêmes de sang où l'on immolait un taureau. Le souvenir de ces sacrifices nous a été conservé par des autels qui portent le nom de tauroboles, *taurobolium,* et sur les faces desquels sont tantôt sculptées les têtes du taureau et du bélier immolés, et tantôt est figuré le couteau du sacrifice à large lame, armée sur le dos d'une pointe que le sacrificateur retournait dans la plaie pour augmenter l'effusion du sang. Ce couteau est représenté ci-dessus, p. 297, sur la face latérale d'un autel taurobolique; une tête de bélier enguirlandée a été dessinée p. 74.

3. BAS-RELIEF DES MÈRES AUGUSTES, DE LYON.

Le premier, l'inscription nous l'apprend[2], fut dédié par le médecin Phlegon. Les trois déesses sont assises entre deux pilastres ornés de chapiteaux; elles sont vêtues d'une longue tunique, dans les plis de laquelle elles portent des fruits; celle du milieu tient une corne d'abondance.

Le travail de ce bas-relief en marbre tendre (dessiné p. 201) est assez négligé. Il est moins intéressant comme œuvre d'art que comme manifestation touchante d'une piété naïve. Il a été trouvé à Ainay. — Hauteur du cadre : 0 m. 35.

Le Musée possède un autre bas-relief où les Mères sont représentées dans une niche en forme de coquille cannelée; il a été trouvé sur le tombeau de l'Association des soixante cités, rue de la Déserte, à la Croix-Rousse[3]. (Il est dessiné p. 333.) — Hauteur de la coquille : 0 m. 50.

---

[1] Voir ci-dessus, p. 303.
[2] Ci-dessus, p. 217. Voir également l'article de Banier, dans les *Mémoires de l'Académie des inscriptions*, 6ᵉ vol., et Maury, Identité des *Deae Matres* des *Matronae* et des *Fatuae* ou *Fées*, article de la *Revue archéol.*, 1848, p. 363.
[3] Il en a été parlé plus haut, p. 240.

4. AUTEL FUNÉRAIRE CYLINDRIQUE.

Il est en pierre et décore actuellement un des angles de la cour intérieure du palais des Arts; il fut trouvé à l'intérieur d'un grand mausolée de la rue de la Favorite. Il est orné de guirlandes de fleurs et de fruits, relevées par des masques funèbres ou larves. (Il est figuré en tête de ce chapitre, p. 329.) — Hauteur : 1 m. 46.

5. CIPPES ET STÈLES.

C'est par centaines que l'on compte les pierres tumulaires, stèles, cippes et sarcophages rangés en groupes pittoresques sur un développement de plus de 200 mètres sous les arceaux qui bordent la cour du palais des Arts. (Voir plus haut, p. 245.) Mais, autant elles sont intéressantes au point de vue épigraphique, autant elles donnent lieu à peu d'observations sous le rapport de la forme et des figurations. Leur caractère commun est une extrême simplicité; le seul ornement que l'on y voie, encore est-il assez rare, c'est un cadre en moulures. Au lieu de rechercher l'élégance, les Lyonnais semblent n'avoir eu d'autre préoccupation que de dresser, pour perpétuer leur mémoire, des monuments de masse imposante.

Quelques-uns de ces tombeaux, en effet, sont d'un poids considérable. On doit du moins à une circonstance heureuse, d'avoir retrouvé, au cours des fouilles de Trion, dans un état de conservation parfaite, des cippes et des stèles qui nous fourniront quelques détails intéressants sur les usages funéraires de cette époque reculée.

On était presque arrivé à la fin des fouilles, lorsqu'on rencontra l'orifice d'un puits taillé dans l'argile[1]. En y pénétrant, on trouva des pierres tumulaires soigneusement rangées les unes à côté des autres. Au-dessous une couche de terre meuble, puis un autre rang de cippes, cette alternance se répétant jusqu'à une profondeur de 21 mètres. Quelle était

---

[1] Allmer et Dissard, p. 298.

la destination exacte de ce puits? Il est difficile de le préciser. Il a peut-être été creusé à un moment où, ayant besoin du terrain occupé par les tombes, on aura enterré les monuments par respect pour les morts auxquels ils étaient consacrés.

Quoi qu'il en soit, le parfait état de ces stèles et cippes permet d'y observer certaines particularités : on constate, par exemple, sur les volutes du couronnement, l'existence des trous de scellement, qui retenaient des ornements de bronze. La partie centrale de ce même couronnement est quelquefois évidée, de manière à recevoir ou bien des libations, ou bien l'urne funéraire, et quelquefois au contraire surmontée d'un cône godronné, ou d'une pyramide figurant la flamme de l'autel. D'autres fois, c'est la base qui est entaillée de manière à livrer passage au lait ou au vin que l'on voulait faire parvenir jusqu'aux cendres du mort dans les sacrifices aux Mânes.

Nous allons décrire les deux seuls tombeaux à bustes que renferme le Musée; ils proviennent des fouilles récentes de Trion :

A. *Stèle de Primilla*[1]. — Elle a été, ainsi que l'indique l'inscription, élevée à la mémoire de Primilla par son père Terentius Pritto. La jeune fille porte les cheveux relevés; elle a des boucles d'oreilles, un collier et, au-dessus de sa tunique, une mantille qui lui couvre les épaules. Elle tient à la main un coffret rempli de perles rondes. Le portrait, placé au fond d'une niche, cintrée en forme de coquille, était protégé par un grillage dont les points d'attache se voient encore nettement sur la pierre. La partie supérieure de la stèle se termine en cône godronné, et sur chaque côté est un masque funèbre. A droite, est dessiné un Génie ailé, un flambeau à la main, debout entre deux pilastres qui soutiennent un fronton triangulaire. La stèle est en calcaire de Tournus. — Hauteur de la stèle : 0 m. 70; du buste : 0 m. 47.

B. *Tombeau anonyme à deux bustes*[2]. — Ceux-ci sont sculptés

[1] Allmer et Dissard, *Trion*, p. 216.
[2] *Idem, ibid.*, p. 307.

à l'intérieur d'une niche carrée, et représentent une mère et sa fille, toutes deux vêtues d'une tunique et d'un pallium; la fille seule porte des bijoux; la coiffure caractéristique, qui couvre la nuque et cache les oreilles des deux femmes, permet d'assigner comme date au monument le commencement du IIIe siècle. Les cheveux étaient peints en rouge brun; les vêtements et le fond de la niche, en noir. La stèle est en calcaire de Tournus. — Hauteur de la stèle : 0 m. 80; des bustes : 0 m. 35.

6. SARCOPHAGES.

Les sarcophages de Lyon ne diffèrent généralement pas des stèles au point de vue de la simplicité et même de l'absence de décoration. Ce sont de grandes auges de pierre, avec couvercle en forme de toit. La face latérale porte l'inscription qui est assez souvent enfermée dans un cadre en moulures, terminé à droite et à gauche en queue d'aronde. D'ailleurs pas d'autre ornementation, ni guirlandes, ni Génies, ni têtes de bélier ou de taureau comme sur les sarcophages d'Arles[1]. Les artistes lyonnais ne paraissent pas s'être jamais mis beaucoup en frais d'imagination. Quand on voulait, pour soi ou pour sa famille, une tombe particulièrement somptueuse, on la faisait venir toute sculptée de Grèce. Telle doit être, en effet, l'origine des deux magnifiques tombeaux de marbre blanc, dont la richesse ornementale contraste singulièrement avec la nudité de ces grandes auges de pierre.

A. *Sarcophage du triomphe de Bacchus*[2]. — Il est en marbre

---

[1] L'*ascia*, l'instrument des tailleurs de pierre (voir plus haut, p. 234), se trouve représenté très souvent sur les sarcophages, comme sur les stèles ou cippes lyonnais. On a longuement discuté sur la signification de ce symbole et de l'inscription *sub ascia dedicatum*, qui l'accompagne généralement. C'est probablement une manière de marquer que le tombeau, dédié au moment même où il sortait des mains de l'ouvrier, devait être considéré comme un hommage plus affectueux et plus cordial envers le défunt.

[2] Benndorf, *Museographisches*, dans *Archaeologischer Anzeiger*, 1865, p. 71; Commarmond, *Musée lapidaire*, p. 19. — Cf. un sarcophage de Naples, signalé par Gehrard, *Antike Bildwerke*, 112, 1, et Froehner, *Musée du Louvre*, n° 397.

blanc, et a été trouvé, en 1824, dans les fondations de l'église Saint-Irénée. Les sculptures de la face principale sont exécutées en ronde bosse et profondément fouillées. Bacchus, couronné de laurier, est debout sur un char traîné par des panthères, à côté de la belle Ariadne, qui se penche amoureusement vers lui.

Les deux époux sont entourés d'une foule nombreuse de nymphes et de satyres (on compte en tout vingt-sept personnages), les uns à pied, les autres montés sur des animaux exotiques, éléphant, chameau, girafe. En tête du cortège, Hercule, ivre et prêt à tomber, est soutenu par un satyre; il tend les bras à Hébé, qui semble sourire à ses avances.

La sculpture des faces latérales est moins soignée : on voit d'un côté la danse d'une ménade et d'un satyre à pieds de bouc, devant lequel se dresse le serpent mystique; de l'autre, un faune lutine une bacchante, devant un autel enflammé, au pied d'un pin. — Dimensions du panneau principal : longueur, 2 m. 27; hauteur, 1 m. 15.

B. *Sarcophage du réveil d'Ariadne*[1]. — Il est en marbre blanc, arrondi sur les angles et a été trouvé en 1877 à Lyon, rue de Marseille, dans la chambre sépulcrale du mausolée d'Acceptius Venustus[2].

Le sujet est également emprunté au mythe de Bacchus; les sculptures sont très belles, mais malheureusement elles sont mutilées, et il manque plusieurs fragments.

Couchée au pied d'un arbre, Ariadne est entourée de pleureuses qui gémissent sur sa mort. Soudain elle se réveille; son âme est revenue sous la forme d'un minuscule Génie, et la jeune fille, appuyée sur la croupe de sa panthère familière, regarde l'étrange procession qui se déroule devant elle : c'est Bacchus sur son char, escorté de la Victoire et entouré de faunes et de satyres. — Deux superbes têtes de lion, en très forte saillie (l'une d'elles est dessinée de profil, à la page 231), marquent la séparation entre les différentes

---

[1] Il est désigné, au Musée, sous le titre de : *La mort et la résurrection de Bacchus*.
[2] L'inscription en a été reproduite, p. 279.

scènes du drame [1]. La partie postérieure est décorée de deux masques ailés de Méduse en demi-relief. Le panneau principal mesure 2 m. 24 de longueur; 1 m. 18 de hauteur.

C. *Fragment de sarcophage avec représentation de courses de chars* [2]. — C'est un sujet qui est assez fréquemment figuré sur les tombeaux. Le panneau est ici divisé en deux parties : au-dessous, des thyrses soutiennent des guirlandes de feuillage; au-dessus, on voit deux biges qui se poursuivent : l'un a dépassé les trois bornes qui se trouvaient à l'extrémité de la *spina*, le cocher rend les rênes à son attelage, tandis que son concurrent excite ses chevaux et les frappe du fouet.

Ce bas-relief a été trouvé au quartier Saint-Paul dans les travaux du chemin de fer de Lyon à Montbrison. — Longueur du fragment : 1 m. 49; hauteur, 0 m. 63.

7. OSSUAIRES EN MARBRE.

Ils servaient à renfermer les cendres du mort. Le Musée en possède une série assez nombreuse, quelques-uns de provenance italienne, d'autres trouvés dans la vallée du Rhône, notamment à Vaison. Les motifs de décoration de ces petits coffres sont assez variés : guirlandes de feuillage ou de fruits soutenues tantôt par des aigles et tantôt par des têtes de bélier, oiseaux becquetants, masques funèbres, etc. Un de ces ossuaires est fait en forme de maison; de chaque côté de la porte se tient un Génie ailé; le toit, sur lequel sont figurées les tuiles, est orné d'acrotères.

---

[1] Sur les têtes de lion séparant les différents tableaux d'un sarcophage, voir *Museo Pio Clementino*, t. IV, p. 29.

[2] Récamier, *Les courses de chars à Lugdunum*, dans *Gaz. archéol.*, 1876, p. 28, pl. X. — Sur les représentations de petits Génies conduisant des chars dans le cirque, voir *Museo Pio Clementino*, t. V, pl. XXXVII à LXIII.

CHAPITRE TROISIÈME.

LES STATUES.

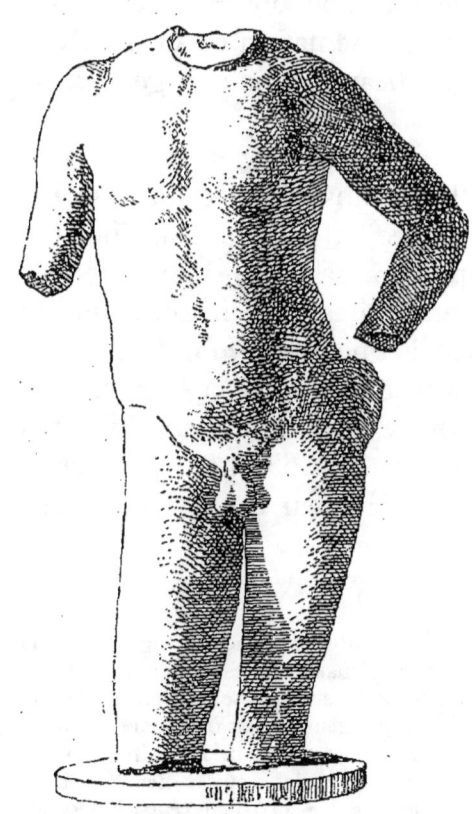

Torse de jeune homme nu,
à l'échelle de $\frac{1}{13}$.

Nous constations au début de cette étude la pauvreté du Musée en fragments architecturaux. Il en est de même, et à un plus haut degré peut-être encore, pour les statues.

Celle qui est de beaucoup la plus intéressante n'est pas d'origine lyonnaise; elle a été exhumée du sol de Marseille, où elle a peut-être été apportée d'Orient à une époque très reculée : c'est une Aphrodite; nous l'étudions en note [1], elle est dessinée à la page 347.

[1] L'APHRODITE MARSEILLAISE DU MUSÉE DE LYON. — Il manque toute la partie inférieure du corps, à partir de la ceinture; le bras gauche a disparu; le nez est légèrement endommagé à son extrémité, mais tout le reste est intact et sans aucune éraflure. C'est un des spécimens les plus précieux de l'art grec archaïque oriental. On y observe, de la part de l'artiste, la recherche naïve des procédés à l'aide desquels il parviendra à communiquer à

I. STATUES EN PIERRE DES MAUSOLÉES DE TRION.

A. *Torse d'éphèbe.* — Il a été trouvé dans la maçonnerie du tombeau de *Quintus Valerius*, où il avait été employé comme moellon, la statue ayant probablement été mise au rebut à la suite d'un accident qui lui était arrivé. Bien que la pierre de Tournus, dans laquelle le torse a été taillé, ne soit pas de grande valeur, le style de l'œuvre est excellent, et les détails anatomiques sont particulièrement bien observés. On croit reconnaître dans cet éphèbe la représentation de Ganymède, qui est assez fréquente sur les tombeaux des jeunes gens [1]. — Hauteur : 0 m. 70.

B. *Statue de Salonius.* — Elle est ainsi appelée du tombeau auprès duquel elle a été trouvée et qu'elle contribuait à décorer. Ce personnage drapé dans sa toge, dont la tête et les pieds sont malheureusement brisés, n'était autre que le défunt; son image se dressait à une assez grande hauteur dans la *cella* ouverte du mausolée. Destinée à être vue de loin, la sculpture en est négligée et la longueur du corps a été intentionnellement exagérée par l'artiste, préoccupé surtout de l'effet d'ensemble. — Hauteur de la statue dans son état actuel [2] : 1 m. 87.

---

son œuvre le mouvement et la vie : il a voulu exprimer la vigueur de la déesse; il a exagéré d'une façon démesurée l'épaisseur des muscles des bras; avec l'intention probable de donner au corps de la souplesse, il a projeté le cou en avant, et le dos décrit une convexité disgracieuse. Mais c'est dans le visage surtout que se trahit son manque d'habileté : le sculpteur ne ménage pas le passage d'un plan à l'autre; il fait le front plat, les yeux à fleur de tête, l'oreille n'est même pas à sa place. Par contre il a fort bien réussi à dessiner le sourire que l'on a l'habitude d'appeler *archaïque*. L'*Aphrodite marseillaise* donnerait lieu encore à bien d'autres remarques intéressantes, notamment à propos de la chevelure, de la coiffure, du costume en usage à cette époque reculée; elle porte, sur la manche et sur le *calathos*, des dessins qui nous renseignent sur les motifs de décoration en usage au VIe siècle avant J.-C. (Nous les avons reproduits aux pages 254, 264, 305.) La forme des boucles d'oreilles (p. 323) mérite aussi l'attention. (Pour plus de détails, voir Bazin, *L'Aphrodite marseillaise du Musée de Lyon*; Paris, Leroux, 1886.)

[1] Allmer et Dissard, *Trion*, p. 360.
[2] *Idem, ibid.*, p. 301.

c. *Chimère ailée*. — Elle appartient probablement au même monument, dont la décoration était particulièrement riche; il semble que cet animal fantastique, par suite de son aspect effrayant, ait été destiné à défendre les abords du tombeau, comme les larves dont il a déjà été question. La chimère à tête de femme, à croupe de chien, avait des ailes et, sous le corps, quatorze mamelles; il manque une partie de la tête, les bras et l'extrémité des pattes [1]. — Hauteur : o m. 95.

2. TÊTE EN MARBRE D'UNE STATUE COLOSSALE DE JUPITER DODONÉEN [2].

Malgré son état de mutilation, c'est un des plus beaux spécimens de la sculpture lyonnaise. Le front du dieu à l'épaisse chevelure, à la barbe frisée, est ceint d'une couronne de chêne, l'attribut exclusif et caractéristique de Jupiter Dodonéen, la divinité par excellence de la race pélasgique, l'inspirateur d'un des oracles les plus vénérés. — Hauteur : o m. 50.

3. DEUX BUSTES-PORTRAITS [3].

Ils sont de style assez médiocre et ne mériteraient pas d'être signalés, n'était que, trouvés au Jardin des Plantes, sur le territoire de l'Association des Trois Gaules, ils ont pour Lyon un intérêt particulier. Un de ces personnages a une barbe qui le fait ressembler à un philosophe; l'autre est chauve et ridé comme un vieillard. — Hauteur : o m. 41.

4. TORSE DE JEUNE HOMME NU.

M. Otto Benndorf [4] qualifie ce torse d'œuvre rare, dont la provenance n'est pas consignée sur les registres du Musée. Bien qu'il manque à la statue la tête et le cou, le bras droit et

---

[1] Allmer et Dissard, *Trion*, p. 302.
[2] Sur Zeus Dodonéen, couronné de chêne, voir un article de F. Lenormant, *Jupiter Ægiochos*, dans *Gaz. archéol.*, 1877, p. 96.
[3] Stark, *Staedleben, Kunst und Alterthum in Frankreich*, Jena, 1855, p. 573.
[4] Benndorf, *Museographisches*, dans *Archaeologischer Anzeiger*, 1865, p. 71.

les jambes à partir du genou, son aspect est des plus séduisants. C'est la représentation d'un jeune homme, arrivé à cet âge où les muscles ont pris leur complet développement : la saillie transversale de la clavicule est nettement indiquée, les pectoraux se dessinent puissants; le deltoïde est marqué sur le bras par une forte saillie. Les parties molles sont également traitées avec beaucoup de vérité. La pose est gracieuse : le corps s'appuie sur une jambe, tandis que l'autre, légèrement ramenée en arrière, ne touche le sol que de l'extrémité du pied. Il en résulte pour le torse une courbure qui rappelle les lignes harmonieuses de l'Apollon Sauroctone.

Quelle devait être la représentation de notre statue (elle est dessinée p. 343)? On songerait à un faune. Apollon aurait des formes plus sveltes; Bacchus, une chair plus molle et plus potelée. Peu importe d'ailleurs. Même mutilée et sans nom, la beauté a des droits imprescriptibles. — Hauteur de la statue dans son état actuel : 1 m. 05.

5. AUTRE TORSE DE JEUNE HOMME NU.

Il est en marbre également, mais de moins beau caractère; la nébride qui est attachée sur son épaule le désigne comme une représentation de faune. — Hauteur du fragment : 0 m. 60.

6. TORSE DE VÉNUS.

La déesse est nue, et retient sous son bras droit un pan de draperie. A en juger par ce fragment qui mesure 0 m. 52 de hauteur, cette statue en marbre blanc devait être de beau caractère.

7. STATUE EN MARRRE DE DIEU ASSIS.

Le dieu porte toute la barbe et a l'air majestueux d'un Jupiter. L'inscription ΑΠΟΛΛΩΝ, gravée sur le piédestal, a longtemps dérouté les archéologues. Les uns ont considéré cette figuration comme un Apollon barbu[1]; les autres y voient

---

[1] Wolf, *Annali del Instituto archeol.*, 1841.

la célèbre divinité gauloise de *Dispater;* d'après eux, la statue aurait été consacrée à Apollon [1], et l'inscription devrait se lire : ΑΠΟΛΛΩΝΙ. Explication fautive, car le jambage de l'I n'existe pas. Tout aussi mauvaise est l'interprétation donnée par le *Corpus inscriptionum graecarum* [2] qui complète ΑΠΟΛΛΩΝ en ΑΠΟΛΛΩΝΙΟΣ ΕΠΟΙΕΙ. — Nous considérons avec M. Benndorf [3] l'inscription comme apocryphe. A bien considérer les lettres, on reconnaît, en effet, à leurs jambages effilés une facture moderne. Cette difficulté supprimée, la figuration n'a plus pour nous de mystère : c'est un Jupiter assis. — Hauteur : 0 m. 625.

[1] Stark, *Staedleben. Kunst und Alterthum in Frankreich*, p. 574.
[2] Boeckh, *C. I. G.*, t. III, p. 861, n° 6139.
[3] Benndorf, *Museographiches*, dans *Archaeol. Anzeiger*, 1865, p. 71.

L'Aphrodite marseillaise,
à l'échelle de $\frac{1}{10}$.

LA
TABLE DE CLAUDE

Villes gallo-romaines, p. 349.

La Table de Claude, à l'échelle de 1/15.

CHAPITRE QUATRIÈME.

LA TABLE DE CLAUDE.

La valeur de la Table de Claude [1], au point de vue historique, archéologique et littéraire, est telle que nous n'hésitons pas à lui consacrer un chapitre spécial. M. Allmer en a fait une étude complète [2], nous lui empruntons les traits principaux de ce rapide exposé.

Voici les circonstances dans lesquelles fut prononcé le discours impérial qu'elle nous a conservé. Il s'agissait de compléter le sénat de Rome, ce qui n'avait pas été fait depuis Auguste. Les principaux habitants de la Gaule Chevelue, ceux qui appartenaient depuis longtemps à des cités pourvues de traités d'alliance et qui eux-mêmes avaient le droit de citoyens romains, sollicitaient leur admission au Sénat et aux honneurs de la carrière sénatoriale. Claude, qui était né à Lyon, on s'en souvient, prit en mains leur demande, malgré l'opposition qu'elle rencontra à Rome. Après avoir répondu en conseil privé aux principales objections, l'Empereur prononça dans la Curie un grand discours, celui-là même dont la Table nous a conservé le texte authentique. Claude ne remporta pas complètement gain de cause. Seuls les Éduens obtinrent alors le droit de siéger dans la Curie [3].

Toujours est-il que la bienveillance particulière dont l'Empereur avait honoré la Gaule était pour elle un titre de gloire dont elle ne voulut pas laisser perdre le souvenir. C'est la raison probable pour laquelle le discours impérial fut gravé sur une épaisse plaque de bronze et encastré dans la muraille du

---

[1] On dit aussi Tables Claudiennes.
[2] Allmer et Dissard, *Inscriptions antiques du musée de Lyon*, p. 58 à 109.
[3] Tacite, *Ann.*, II, p. 25.

temple de Rome et d'Auguste, au siège de l'Association des soixante cités de la Gaule[1]. Ce texte officiel a, on le voit, une grande importance au point de vue de l'histoire de notre pays. Sa valeur littéraire n'est pas moindre. Aucun des nombreux ouvrages que Suétone attribue à Claude[2] ne nous était parvenu. On peut maintenant se faire une idée du style de cet empereur érudit et analyser d'autant mieux son caractère. «On constate dans ce texte, dit M. Allmer[3], les marques non équivoques de son manque de génie, de sa timidité, de sa gaucherie oratoire, de son jugement en désordre, même de ses accès de colère subite, et jusqu'à ses manies d'antiquaire; mais on y constate aussi l'esprit bienveillant et libéral d'un prince généralement bien intentionné, qui n'était dépourvu ni de bon sens, ni de bonnes inspirations, dont les actes répréhensibles sont plutôt l'œuvre de son entourage que les siens propres.»

Cet intéressant document offre encore l'avantage de nous montrer comment les historiens latins, et notamment Tacite, mettaient souvent leurs propres pensées dans la bouche des auteurs qu'ils faisaient parler. Le discours de Claude rapporté dans les *Annales*[4], est, en effet, infiniment supérieur à l'original et comme fond, et comme argumentation, et comme forme.

Au point de vue de la technique du bronze, la Table de Claude mérite également notre attention : elle témoigne de l'habileté de ceux qui l'ont coulée[5]. La surface en est partout très unie, sauf à un coin, sur les bords, où il s'est produit quelques soufflures. Pour les corriger, on a, sur les parties bosselées préalablement enlevées, ajusté des pièces de rapport avec tant de perfection qu'il est assez malaisé de les reconnaître.

---

[1] Voir plus haut, p. 234.
[2] D'après Suétone (*Claude*, 41), l'empereur Claude aurait écrit : quarante-trois livres d'Annales, huit volumes de Mémoires sur sa propre vie, une Apologie de Cicéron, un Traité sur des questions grammaticales, une Histoire, en grec et en vingt-huit livres, des Tyrrhéniens et des Carthaginois.
[3] Allmer et Dissard, t. I, p. 89.
[4] Tacite, *Annales*, 11, 24.
[5] Sur la technique du bronze, voir Saglio, *Dictionnaire des antiquités*, article *Caelaturæ*; Rochas, *Trempe du bronze*, dans *Revue scientifique*, 1883, p. 575; *Dictionnaire des beaux-arts*, article *Bronze*.

L'épaisseur de la plaque est de 0 m. 08, sa hauteur de 1 m. 39, sa largeur totale de 1 m. 93, son poids de 222 kilogr. 500. Les lettres, de 0 m. 02 de hauteur, ont la forme caractéristique de l'époque de Claude, les courbes des jambages sont assez souvent défectueuses et traversées par des traits que produit le glissement du poinçon sur un métal aussi dur. Les traces de la dorure antique ne se sont conservées que dans quelques creux; elles étaient bien plus nombreuses, avant qu'on ait eu la malencontreuse idée de nettoyer les lettres à fond.

Il est vraisemblable que la Table de Claude a été coulée et gravée à Lyon, qui possédait, on s'en souvient, un hôtel des monnaies, ainsi que des ateliers de bronziers. Cette opinion est encore corroborée par le fait que les trois lettres ajoutées par Claude à l'alphabet, et dont l'emploi avait été rendu obligatoire à Rome par un édit, ne se rencontrent pas dans cet acte officiel. C'est donc probablement que la Table a été gravée dans une ville de province, qui doit être dès lors Lyon.

La Table de Claude donnerait encore lieu à d'autres observations; on les trouvera consignées dans la remarquable étude de M. Allmer, à qui nous empruntons la lecture et la traduction de ce document unique [1].

TABLE DE CLAUDE.

LECTURE ET TRADUCTION.

Première colonne.

....
mae rerum no[....] |s|u[...... ....

Equidem primam om[*ni*]*um illam cogitationem hominum quam maxime primam occursuram mihi provideo. Deprecor, ne quasi no-*

Oui, certes, je prévois l'objection présente à la pensée de chacun; c'est celle qui m'est à moi-même venue la première à

---

[1] Le hasard a fait découvrir en 1869, dans le Tyrol, près de Trente, un édit de l'empereur Claude en faveur de trois petits peuples voisins (*Corpus inscriptionum latinarum*, t. V, n° 5050); il est loin d'être aussi intéressant que le texte de notre Musée.

vam istam rem introduci exhorrescatis, sed illa potius cogitetis quam multa in hac civitate novata sint et quidem statim ab origine urbis nostrae in quod formas statusque résp(ublica) nostra diducta sit.

Quondam reges hanc tenuere urbem, nec tamen domesticis successoribus eam tradere contigit. Supervenere alieni et quidam externi ut Numa Romulo successerit ex Sabinis veniens, vicinus quidem, sed tunc externus; ut Anco Marcio priscus Tarquinius, propter temeratum sanguinem, — quod patre Demaratho [Co]rinthio natus erat et Tarquiniensi matre generosa sed inope ut quae tali marito necesse habuerit succumbere, cum domi repelleretur a gerendis honoribus, postquam Romam migravit regnum adeptus est. Huic quoque et filio nepotive eius, nam et hoc inter auctores discrepat insertus Servius Tullius, si nostros sequimur captiva natus Ocresia, si Tuscos Caeli quondam Vivennae sodalis fidelissimus omnisque eius casus comes; postquam varia fortuna exactus cum omnibus reliquiis Caeliani exercitus Etruria excessit montem Caelium occupavit et a duce suo Caelioita appellitatus mutatoque nomine, nam tusce Mastarna ei nomen erat, ita appellatus est ut dixi, et regnum summa cum reip(ublicae) utilitate optinuit. Deinde,

l'esprit. Je vous en prie cependant, n'allez pas vous effrayer de ma proposition comme si elle avait pour objet l'introduction d'une chose nouvelle; mais considérez plutôt combien de changements ont eu lieu dans cette cité; combien, dès sa fondation, de formes et de régimes notre République a successivement traversés.

Autrefois des rois ont gouverné cette ville; pourtant il ne leur a pas été donné de transmettre le pouvoir à des successeurs de leur maison; d'autres, quelques-uns même étrangers, sont survenus. C'est ainsi qu'à Romulus a succédé Numa, du pays des Sabins, notre voisin sans doute, mais alors un étranger pour nous. C'est ainsi également qu'à Ancus Marcius a succédé Tarquin l'Ancien; son père était Démarathe de Corinthe, sa mère une Tarquinienne, noble il est vrai, mais pauvre au point d'en avoir été réduite à subir un tel mari; exclu, dans sa patrie, à cause de la souillure de son sang, de la carrière des honneurs, il émigra à Rome et en devint roi. Entre ce prince et son fils ou son petit-fils, car les auteurs varient sur ce point, prend place Servius Tullius, fils de la captive Ocrésia d'après nos historiens, mais, si nous suivons les Étrusques, l'ami fidèle de Caelius Vivenna et le compagnon de ses vicissitudes. Poursuivi par l'inconstance de la fortune et repoussé hors de l'Étrurie avec tous les débris de

postquam Tarquinii superbi mores [in]visi civitati nostrae esse coeperunt qua ipsius qua filiorum e[ius], nempe pertaesum est mentes regni et ad consules annuos magistratus administratio rei p(ublicae) translata est.

Quid nunc commemorem dictaturae hoc ipso consulari imperium valentius, repertum apud maiores nostros quo in a[s]perioribus bellis aut in civili motu difficiliore uterentur, aut in auxilium plebis creatos tribunos plebei? Quid a consulibus ad decemviros translatum imperium, solutoque postea decemvirali regno ad consules rursus reditum? Quid in [pl]uris distributum consulare imperium tribunosque mi[litum] consulari imperio appellatos qui seni et saepe octoni crearentur? Quid communicatos postremo cum plebe honores non imper[i]i solum sed sacerdotiorum quoque? Iam si narrem bella a quibus coeperint maiores nostri et quo processerimus, vereor ne nimio insolentior esse videar et quaesisse iactationem gloriae prolati imperii ultra oceanum, sed illoc potius revertar civitatem.

l'armée caelienne, il vint occuper le mont Caelius, ainsi appelé du nom qu'en souvenir de Caelius, son chef, il lui donna alors, et, ayant lui-même échangé contre celui que je viens de dire le nom de Mastarna, qu'il avait en étrusque, il parvint au trône pour le plus grand bien de la République. Ensuite, les mœurs hautaines de Tarquin et de ses fils étant devenues odieuses à notre cité, et les esprits s'étant dégoûtés de la monarchie, l'administration de la République passa à des consuls, magistrats annuels.

Rappellerai-je maintenant la dictature, ce pouvoir plus puissant que le pouvoir consulaire même, et imaginé par nos ancêtres pour y avoir recours en cas de guerres particulièrement dangereuses ou de troubles civils extrêmement critiques; rappellerai-je les tribuns du peuple créés pour défendre les intérêts de la plèbe; le pouvoir transféré des consuls à des décemvirs et de nouveau rendu à des consuls après l'abolition du gouvernement décemviral! Rappellerai-je que le pouvoir consulaire fut partagé entre plusieurs qui furent appelés des tribuns militaires, créés au nombre de six et souvent de huit! Rappellerai-je enfin l'admission du peuple aux honneurs non seulement du pouvoir, mais aussi des sacerdoces! Je ne raconterai pas les guerres par lesquelles, depuis les débuts de nos ancêtres, nous avons progressé jusqu'au point où nous en sommes ; je craindrais de paraître en cela trop orgueilleux et de chercher à tirer vanité de la gloire d'avoir étendu notre empire au delà de l'Océan. Mais je reviendrai de préférence à notre cité.

Deuxième colonne.

....

.... [p]otest sane novo m[ore e]t divus Aug[ustus av]onc[ulus] meus et patruus Ti-[berius] Caesar omnem florem ubique coloniarum ac municipiorum bonorum scilicet virorum et locupletium in hac curia esse voluit. Quid ergo! non Italicus senator provinciali potior est! Iam vobis cum hanc partem censurae meae adprobare coepero quid de ea re sentiam rebus ostendam, sed ne provinciales quidem si modo ornare curiam poterint rej(i)ciendos puto.

Ornatissima ecce colonia valentissimaque Viennensium quam longo jam tempore senatores huic curiae confert, ex qua colonia inter paucos equestris ordinis ornamentum Vestinum familiarissime diligo et hodieque in rebus meis detineo, cujus liberi fruantur, quaeso, primo sacerdotiorum

....

Ce fut assurément une innovation du dieu Auguste, mon grand-oncle, et de Tibère César, mon oncle, d'avoir voulu que de partout la fleur des colonies et des municipes, c'est-à-dire tout ce qui s'y trouve d'hommes recommandables et riches, fût admise dans cette assemblée. Quoi ! un sénateur italien n'est-il donc pas bien préférable à un sénateur provincial ! Quand tout à l'heure j'aurai à discuter cette proposition dont l'objet rentre dans les attributions de ma censure, je vous montrerai par des faits ce que je pense sur ce point ; mais je n'estime pas qu'on doive repousser les hommes de la province qui pourraient faire honneur au Sénat.

Voici cette splendide et puissante colonie des Viennois ; combien il y a longtemps déjà qu'elle envoie des sénateurs à cette assemblée ! De cette colonie est Lucius Vestinus, rare ornement de l'Ordre équestre, pour qui j'ai une affection toute particulière et qu'en ce moment je retiens auprès de moi pour mes

gradu post modo cum annis promoturi dignitatis suae incrementa. Ut dirum nomen latronis taceam, et odi illud palaestricum prodigium quod ante in domum consulatum intulit quam colonia sua solidum civitatis Romanae beneficium consecuta est. Idem de fratre eius possum dicere miserabili quidem indignissimoque hoc casu ut vobis utilis senator esse non possit.

Tempus est jam, Ti(beri) Caesar Germanice, detegere te Patribus Conscriptis quo tendat oratio tua, jam enim ad extremos fines Galliae Narbonensis venisti.

Tot ecce insignes iuvenes quot intueor non magis sunt paenitendi senatores quam paenitet Persicum nobilissimum virum amicum meum inter imagines maiorum suorum Allobrogici nomen legere. Quod si haec ita esse consentitis quid ultra desideratis quam ut vobis digito demonstrem solum ipsum ultra fines provinciae Narbonensis iam vobis senatores mittere quando ex Luguduno habere nos nostri ordinis viros non paenitet. Timide quidem, P(atres) C(onscripti), egressus adsuetos familiaresque vobis provinciarum terminos sum, sed destricte iam comatae Galliae causa agenda

affaires privées. Que ses fils soient pourvus, je vous prie, du premier degré des sacerdoces, afin que plus tard, leurs années le permettant, ils puissent poursuivre l'avancement de leur dignité. Je veux taire comme infâme le nom de ce voleur, — que je déteste, — de ce prodige en palestrique qui apporta le consulat dans sa maison avant même que sa colonie eût obtenu le droit entier de cité romaine. Autant puis-je en dire de son frère, bien malheureux sans doute, mais devenu absolument indigne, par suite de cette circonstance, de pouvoir être parmi vous un sénateur utile.

Allons! Tibère César Germanicus, il est temps de faire connaître aux Pères Conscrits où tend ton discours, car déjà te voici arrivé aux extrêmes limites de la Gaule Narbonnaise.

Tous tant qu'ils sont, ces jeunes gens distingués, sur qui je promène mes regards, ne vous font sans doute pas plus regretter de les voir au nombre des sénateurs qu'il n'est regrettable pour Persicus, de l'élite de notre noblesse et mon ami, de lire sur des portraits de ses ancêtres le nom d'Allobrogique. Si donc vous reconnaissez avec moi qu'il en est ainsi, que vous reste-t-il à souhaiter si ce n'est que je vous fasse toucher du doigt que le sol lui-même au delà des limites de la province Narbonnaise vous envoie déjà des sénateurs,

est, in qua si quis hoc intuetur quod bello per decem annos exercuerunt divom Iulium, idem opponat centum annorum immobilem fidem obsequiumque multis trepidis rebus nostris, plus quam expertum illi patri meo Druso Germaniam subigenti tutam quiete sua securamque a tergo pacem praestiterunt, et quidem cum a (non ad) census novo tum opere et inadsueto Gallis ad bellum avocatus esset, quod opus quam arduum sit nobis nunc cum maxime, quamvis nihil ultra quam ut publice notae sint facultates nostrae exquiratur, nimis magno experimento cognoscimus.

puisque nous n'avons nullement à être fâchés de compter des Lyonnais parmi les membres de notre ordre! C'est, il est vrai, avec hésitation, Pères Conscrits, que je franchis les limites des provinces qui vous sont connues et familières; mais le moment est venu de plaider ouvertement la cause de la Gaule Chevelue. Si, dans cette cause, quelqu'un objecte que la Gaule a pendant dix ans soutenu la guerre contre le dieu Jules, qu'il oppose donc aussi cent années d'une fidélité invariable et d'un dévouement constant dans un grand nombre de circonstances critiques où nous nous sommes trouvés. De ce dévouement plus qu'éprouvé les Gaulois ont fait preuve lorsque mon père Drusus a soumis la Germanie; ils ont maintenu derrière lui une paix profonde assurée par leur propre tranquillité. Et cependant, au moment où Drusus fut appelé à cette guerre, il était occupé à faire le cens en Gaule, opération nouvelle et hors des habitudes des Gaulois. Combien cette opération est encore difficile pour nous, bien qu'il ne s'agisse de rien autre chose que d'établir publiquement l'état de nos ressources, nous ne le savons que trop par notre propre expérience.

Tel est le texte officiel du discours de Claude. Il montre, à la fois, les dispositions bienveillantes de l'Empereur à l'égard de la Gaule, et la bizarrerie d'un caractère qui se reflète dans l'incohérence du style, l'enchevêtrement des idées, l'absence complète de mesure. On avait donc raison d'annoncer au début que la Table de Claude a une importance capitale au point de vue de l'histoire de nos origines nationales et comme peinture expressive de la physionomie d'un empereur romain né en Gaule et à Lyon même.

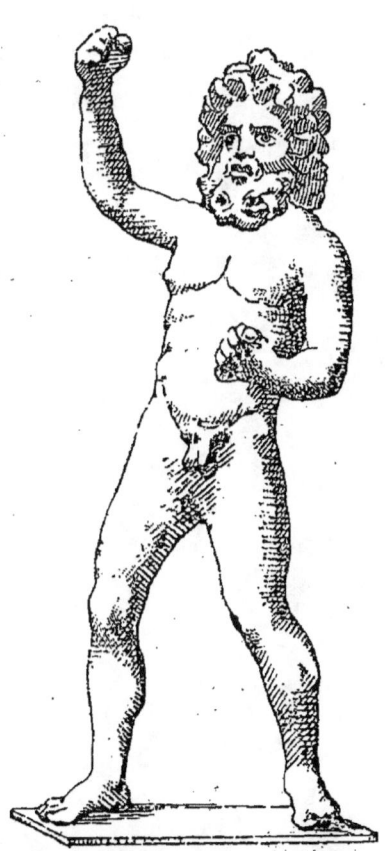

Jupiter tonnant, de Mâcon,
statuette en bronze, à l'échelle de $\frac{1}{3}$.

Bustes d'applique en bronze, de Vienne, à l'échelle de $\frac{1}{2}$.

CHAPITRE CINQUIÈME.

LES BRONZES : STATUES ET STATUETTES.

Le Musée possède une fort belle collection de bronzes, même si on laisse de côté les objets de provenance étrangère, comme les deux grandes cistes prénestines, le manche de miroir archaïque de Corinthe[1], le miroir grec représentant le Génie des combats de coqs[2], la statuette de Minerve de vieux style attique[3], le petit Amour d'Athènes, etc., qui, malgré leur haute valeur, ne sauraient trouver place dans une étude sur l'art local ou régional[4].

[1] Cf. F. Lenormand, *Note sur un miroir du British Museum*, dans *Gaz. archéol.*, 1876, p. 40; 1878, pl. 17 et 18, et *ibid.*, 1877, pl. 17; voir *Specchi*, à l'index des publications de l'Institut archéologique de Rome.
[2] Sur le Génie des combats de coqs, voir de Witte, *Revue archéol.*, 1868, p. 372 et pl. 1, et A. Dumont, *Miroirs grecs ornés de gravures au trait*, dans les *Monuments publiés par l'Association des études grecques*, 1873.
[3] *Gazette des beaux-arts*, 1866, t. I, p. 175; Gréau, *Catalogue*, n° 935.
[4] Parmi les objets les plus précieux d'origine lyonnaise, mais que le Musée n'a pas pu retenir, nous signalerons la tête en bronze d'un chef gaulois de la collection Danicourt; voir de Saulcy, dans *Gaz. archéol.*, 1880, n° 136, pl. 20 et 21.

I. STATUES.

1. FRAGMENTS DE STATUES COLOSSALES.

Nous indiquerons seulement les plus importants :

A. *Main* d'homme et *pied* chaussé du *calceus*, appartenant à une statue de 5 mètres de hauteur, trouvés quai Fulchiron.

B. *Fragment de torse* d'une statue d'homme de 13 à 14 mètres ; trouvé rue des Deux-Maisons [1].

C. *Jambes de cheval*, l'une trouvée dans la Saône, en 1766, en amont du pont d'Ainay [2] ; la seconde, en 1840, au quai Fulchiron. Autre jambe de cheval provenant du clos des Bernardines, à la Croix-Rousse [3].

L'anatomie de ces différents fragments est généralement bien étudiée, et le travail en est soigné. Ils manifestent, chez les Lyonnais, la préoccupation déjà signalée de faire grand.

D. *Aviron* en bronze, avec traces de dorures, découvert en 1823 au Jardin des Plantes à la Croix-Rousse. C'était peut-être l'attribut d'une statue colossale de Rome, représentée sous les traits de la Fortune [4].

2. STATUE EN PIED DE JUPITER OU NEPTUNE [5].

Elle est surtout remarquable par son excellente conservation, et l'exécution technique en est parfaite. Sa valeur artistique est plus contestable : l'attitude du dieu est raide ; ses membres sont grêles, sa tête petite et le cou épais ; on espérait probablement produire ainsi l'impression de la majesté et de

---

[1] Commarmond, *Antiquit.*, p. 258 et suiv., nos 193 et suiv.
[2] Voir plus haut, p. 221.
[3] Commarmond, *Antiquit.*, p. 271, nos 244 et suiv.
[4] *Idem, ibid.*, p. 274, n° 249.
[5] E. Wolf, *Statua di Jiove del Museo di Leone*, 1845.

la force. Cette statue, un peu moins grande que nature, est probablement un des produits de l'art affaibli du IVe siècle. Les traditions de travail du bronze s'étaient maintenues, mais l'inspiration manquait; la foi dans les dieux disparaissait, et l'on ne savait plus idéaliser leurs traits. Les mœurs également s'amollissaient, et l'on n'avait plus devant les yeux les formes vigoureuses et nues, dans la représentation desquelles on excellait jadis. — Hauteur de la statue : 1 m. 45.

3. TÊTE IDÉALE DE FEMME, DE VIENNE[1].

Elle a été trouvée à Serpiaize, près Vienne.

Les yeux, aujourd'hui vides, étaient jadis en émail ou en pierres précieuses; la statue était plaquée d'argent; le métal brillant a pris dans la terre, sauf sur quelques points, la teinte noire du sulfure d'argent. Mais la valeur de l'objet n'en est pas amoindrie. On ne saurait se lasser d'admirer le grand air de noblesse, la pureté de traits de ce type divin, dont le modèle ne se rencontre pas dans la nature. Son front est entouré d'un diadème à échancrures semi-lunaires, qui retient les mèches ondulées de sa luxuriante chevelure; le nom du donataire était gravé dans le champ du bandeau.

Quant à l'attribution de la statue, elle n'est rien moins que certaine. Pour les uns, c'est une déesse Mère, une Junon, l'incarnation de la beauté sévère, différente en cela de Vénus qui personnifie la grâce. D'autres se plaisent à y voir la représentation même de la colonie de Vienne, *colonia Viennensium*, dont la statue d'argent se dressait sur la place publique de la ville [2]. Elle est dessinée de profil p. VII, de face p. IX.

Quoi qu'il en soit, c'est une œuvre de haute valeur, qu'il faut hardiment placer au nombre de ce que l'antiquité nous a légué de plus beau. — Hauteur : 0 m. 30.

---

[1] Allmer, *Inscriptions de Vienne*, t. II, p. 270. — Cf. Benndorf, *Museographisches* dans *Archaeologischer Anzeiger*, 1865, p. 71, et *Bulletino dell Instituto*, 1861, p. 17; *Rev. archéol.*, 1860, p. 63, et *Archaeologischer Anzeiger*, 1860, p. 7, Anmerk 24 d et 63 d; et Martin-Daussigny, *Tête de Junon*, dans *Gaz. archéol.*, 1876; Stark, *Städtleben, Kunst und Alterthum in Frankreich*, p. 574.

[2] Voir plus haut, p. 98, l'inscription où il est question du don d'une statue de Vienne en argent, fait à la ville par deux questeurs.

II. STATUETTES.

On examinera d'abord les représentations de dieux, puis celles de déesses, enfin les sujets de genre.

1. JUPITER TONNANT, DE MÂCON.

Il est nu; le bras droit levé brandissait le foudre; le gauche replié soutenait peut-être l'aigle divin, comme sur les tétradrachmes et les monnaies de cuivre de Messénie[1]. Ce genre de figuration du maître des dieux est très rare; c'est ce qui constitue le principal mérite de cette figure, de travail assez grossier. Pour rendre la majesté du dieu, l'artiste a exagéré les proportions de sa chevelure et de sa barbe, et l'ensemble en prend un aspect quelque peu disgracieux. Il est dessiné à la page 357. — Hauteur : 0 m. 30.

2. BUSTES D'APPLIQUE DE NEPTUNE, JUPITER ET MARS, DE VIENNE.

Ils sont de très bon style et d'excellent travail. Le buste de Neptune est le plus beau. Ce n'est pas le Poséidon irrité, qui, d'un coup de son trident, fend les rochers et soulève les flots; il est calme et majestueux. On aime à se le figurer sur son char, traîné par des chevaux marins, glissant à la surface de l'humide élément; la brise le caresse de son haleine salée; il tourne la tête, et son regard suffit pour contenir les vents dans leur retraite profonde. — Hauteur : 0 m. 23.

Tout en étant d'une exécution aussi soignée, le Jupiter est d'une conception moins heureuse : l'artiste a tenu à manifester tout particulièrement la souveraine bonté du père des hommes et des dieux, et il a exagéré peut-être l'expression de ce sentiment, au détriment de la grandeur. — Hauteur : 0 m. 19.

---

[1] Chanot, *Jupiter lançant le foudre, du musée de Lyon*, dans *Gaz. archéol.*, 1880.

Le troisième buste est celui de Mars jeune : son visage sans barbe le fait ressembler à un éphèbe; mais sa vaste poitrine, sa musculature puissante, les traits énergiques de son visage laissent deviner la force dont il dispose, le vigoureux effort dont il serait, à l'occasion, capable. Le regard est profond, le nez droit, le menton fort, la chevelure abondante. L'ombre du casque grec qui la recouvre se projette sur le front du dieu, en mettant en relief le modelé large et simple des parties éclairées. — Hauteur : 0 m. 22.

3. STATUETTES DE MERCURE.

Elles sont très nombreuses au Musée : on en compte plus de trente, de valeur différente. Le culte de Mercure était très répandu en Gaule, nous disent les auteurs anciens[1] : c'était le dieu du négoce, il protégeait les voyageurs, et l'on s'adressait à lui dans les affaires délicates. Ce doit être l'origine de beaucoup de nos figurines de laraires. Nous ne parlerons que des plus belles.

A. *Statuette de Mercure*[2] trouvée en 1813 à la Croix-Rousse, sur l'emplacement du monastère des religieuses du Bleu céleste, au quartier du Jardin-des-Plantes. Les yeux et l'extrémité des seins sont incrustés d'argent. Mercure est presque nu; une chlamyde part de son épaule pour retomber par côté après s'être enroulée autour du bras; la main droite portée en avant tient une bourse, les doigts de la gauche serraient le caducée; le corps s'appuie de tout son poids sur une jambe, l'autre étant légèrement repliée; les traits du visage sont nobles, et toute la figurine est délicatement ciselée. — Hauteur : 0 m. 14.

B. *Autre statuette de Mercure*[3]. — Le dieu est vêtu d'une

---

[1] César, *B. G.*, VI, 173 : *Deum maxime Mercurium colunt; hujus sunt plurima simulacra*.
[2] Commarmond, *Antiquit.*, p. 214, n° 60 : Le plus beau Mercure trouvé à Lyon est celui que signale Braun dans *Kunstmythologie*, pl. 96.
[3] *Idem, ibid.*, p. 210, n° 48.

tunique agrafée sur l'épaule; il est coiffé du pétase, dont les ailerons ont été brisés. Bien que cette figurine ne soit pas d'un fini parfait, le style en est bon. Pour cette raison, aussi bien que pour sa taille, elle méritait d'être signalée, bien qu'étant de provenance inconnue. Patine noire. — Hauteur : 0 m. 215.

C. A remarquer encore, sur une base élégamment profilée, le groupe de Mercure, entre un bouc et un coq, les deux animaux qui lui étaient consacrés. — Hauteur : 0 m. 097.

4. HYPNOS, DIEU DU SOMMEIL.

Le musée de Lyon possède deux de ces représentations [1] La première statuette mesure 0 m. 19; elle est d'un beau caractère artistique, mais d'une conservation imparfaite; il y a tout lieu de croire qu'elle a été trouvée dans la région. La seconde, d'une belle patine vert foncé, est d'un travail moins bon. Elle provient de Neuville-sur-Ain et mesure 0 m. 14 de hauteur. Toutes deux ont les bras cassés et ont perdu leurs attributs, la corne d'abondance et la baguette ou la branche de pavots.

Une troisième représentation d'Hypnos, trouvée à Vieu (Ain), actuellement dans la collection Desjardins à Lyon, a été dessinée à la page 65.

Les figurations d'Hypnos sont assez rares. Le dieu est dans l'attitude de la course, un pied posé de pointe sur le sol, l'autre fortement ramené en arrière; on dirait qu'il cherche à étouffer le bruit de ses pas. A l'aide des bras portés l'un en avant, l'autre en arrière, il fait le contrepoids à la position excentrique de son corps. Ses tempes portent des ailes, ces ailes qu'il balance silencieusement à la manière d'un éventail près des yeux qu'il veut fermer; sa tête est penchée, ses traits fatigués, son air souriant, ses formes un peu grasses, comme celles que procure généralement un repos prolongé.

---

[1] H. Bazin, *Hypnos, dieu du sommeil, ses représentations dans les musées du sud-est*, dans *Gaz. archéol.*, 1885.

5. MASQUE D'HERCULE, DE THIZY.

Il est de très beau modelé [1], la chevelure et la barbe ont été ciselées avec un soin tout particulier. Les lèvres devaient être d'or ou d'argent; elles étaient en tout cas rapportées, et ont disparu aujourd'hui. — Hauteur : 0 m. 13.

6. PETITE STATUETTE DE MARS, DE PROVENANCE INCONNUE.

Le dieu est debout, nu, coiffé d'un casque avec un gigantesque cimier orné de dessins variés; le poids du corps porte sur une jambe, tandis que l'autre est légèrement repliée; la haste que Mars tenait à la main a disparu. — Hauteur : 0 m. 135.

7. DIANE CHASSERESSE, DE LA CROIX-ROUSSE.

Elle est en marche, en tunique courte, l'arc à la main, son chien bondissant à côté d'elle, sur une base antique décorée d'un rang d'oves et d'une couronne de laurier incrustée d'argent. Elle est dessinée à la page 233.

M. Trivier [2], qui l'a publiée, la signale comme un spécimen excellent et tout à fait caractéristique de la manière des artistes gallo-romains qui florissaient à Lugudunum vers la fin du Ier siècle de l'ère chrétienne. Comme dans toutes les œuvres de cette école provinciale, on y remarque d'étranges inégalités : les attaches des pieds de la déesse sont trop épaisses, et le chien a une forme très peu élégante, sans rapport avec la grâce que l'artiste a su communiquer à l'idéale figure de Diane. — Hauteur : 0 m. 19.

8. LA VICTOIRE, DE LYON.

Elle est à peu près dans l'attitude de celles qui encadraient

---

[1] Commarmond, *Antiquit.*, p. 250, n° 155.
[2] Trivier, *Diane chasseresse de Lyon*, dans *Gaz. archéol.*, 1876, p. 42, pl. XIII.

l'autel célèbre de Rome et d'Auguste⁽¹⁾. Il est à remarquer cependant que les Victoires des médailles (voir p. 177 et 186) sont représentées un pied levé prêtes à s'envoler, tandis que celle-ci est au repos. Le bras gauche, légèrement ployé, devait soutenir une palme; le droit, porté en avant, tenait une couronne; les doigts sont malheureusement mutilés. Elle est dessinée à la page 185.

Cette statuette est d'un grand mérite artistique. La figure souriante de la déesse est à la fois noble et douce; son abondante chevelure est maintenue par une double bandelette. La tunique talaire retombe sur les pieds avec beaucoup de naturel, et son *diploïdion,* agrafé sur les deux épaules, recouvre, sans les masquer, les grâces de son élégante poitrine. Les deux ailes à demi déployées sont très délicatement traitées. — Hauteur : 0 m. 24.

9. AUTRE VICTOIRE.

M. F. Lenormant[2], qui l'a publiée, lui assigne comme date le IIᵉ siècle de l'ère chrétienne. Le travail en est moins soigné; mais la tunique flottante de la déesse lui communique beaucoup de légèreté. Les ailes levées, elle est posée sur un globe qui devait être placé dans la main d'une statue impériale. — Hauteur : 0 m. 08.

10. LA FORTUNE, DE SAINT-GENIS-D'AOSTE (ISÈRE)[3].

Un des plus beaux spécimens de la perfection à laquelle était parvenu l'art du bronzier chez les Romains; un des types les plus accomplis de l'idéale majesté que les anciens aimaient à communiquer à leurs divinités. On a longtemps hésité sur le nom à donner à cette femme aux formes puissantes, aux traits nobles et sévères; elle est vêtue d'une tunique talaire agrafée de côté et d'un large *peplum,* qui, par-

---

[1] Martin-Daussigny, *Victoire en bronze, du musée de Lyon,* dans *Gaz. archéol.,* 1876, p. 112, pl. XXIX.
[2] F. Lenormant, *Gaz. archéol.,* 1883, p. 90, pl. X.
[3] Commarmond, *Antiquit.,* p. 236, n° 104.

tant de l'épaule gauche, fait le tour du corps pour retourner en plis serrés sur l'avant-bras du même côté; la main était entr'ouverte, et, d'après la position des doigts, devait tenir une corne d'abondance, attribut de la Fortune. Le bras droit, qui retombait le long du corps, est aujourd'hui brisé. — Hauteur : 0 m. 575.

11. FAUNE ET FAUNESSE, DE LYON [1].

Tous deux ont été trouvés dans la Saône, à la hauteur de l'île Barbe. Le premier est debout sur la jambe gauche, la droite levée et portée en avant. Le faune a les oreilles pointues; une peau de chevreau est jetée sur son épaule; ses formes sont élégantes, mais avec un peu de raideur dans la pose. Belle patine verte. — Hauteur : 0 m. 10.

La faunesse a des pieds de bouc; ses jambes velues semblent avoir hâte d'entrer en mouvement : elle se prépare à danser. Son air est souriant, son corps nu est ceint d'une guirlande de fleurs. — Hauteur : 0 m. 16.

12. CYBÈLE, DE CARPENTRAS [2].

Statuette de bon style; remarquable par le soin avec lequel ont été rendus les vêtements. La déesse porte une couronne murale, avec un long voile qui, lui couvrant le dos, est ramené sur ses genoux avec beaucoup d'élégance. Il manque la main droite et l'avant-bras gauche. Belle patine brune. — Hauteur : 0 m. 13.

13. VÉNUS, DE VAISON.

C'est une des nombreuses représentations de la Vénus pudique. De la main droite portée en avant, elle tient une pomme; la jambe gauche est légèrement pliée, le corps gracieusement infléchi. — Hauteur : 0 m. 24.

---

[1] Commarmond, *Antiquit.*, p. 221, n° 77.
[2] *Idem, ibid.*, p. 408, n° 765.

14. BUSTE DE TUTELA, DE LYON.

Cette déesse, protectrice des maisons comme des villes[1], est représentée ici vêtue, la tête couronnée de tours, et encadrée entre deux cornes d'abondance. (Elle est dessinée plus haut, p. 243.) A rapprocher d'une représentation du même sujet sur un médaillon de vase en terre cuite, au musée de Lyon, et d'une statuette en pied de Tutela, actuellement au musée de Vienne. (Voir plus haut, p. 164.) Notre buste servait probablement d'applique, il est de bon style. — Hauteur : 0 m. 143.

15. JUNON LUCINE, DE PROVENANCE INCONNUE.

Toute la partie inférieure du corps manque. La déesse est représentée nue, les bras légèrement infléchis, les mains ouvertes, prêtes à recevoir un objet de forme allongée, qui pourrait bien être un nouveau-né; elle a l'air grave et majestueux; un diadème surmonte son abondante chevelure. C'est Junon Lucine, la déesse qui présidait aux accouchements[2]; elle avait un temple à Rome sur le mont Esquilin. — Hauteur : 0 m. 22.

16. SILÈNE CRIOPHORE, DE VIENNE.

Un des plus précieux objets du palais du Miroir[3]. Le compagnon de Bacchus à la panse rebondie, au front chauve, à l'air jovial, porte un bélier sur les épaules; sa physionomie est expressive, sa pose vraie, bien qu'avec un peu de raideur. L'artiste qui l'a ciselé n'était pas en possession des procédés de travail des âges suivants; c'est un bronze hellénique, d'ancien style, antérieur à la perfection de l'art. (Il est dessiné p. 393.) Il a dû faire partie de la collection de quelque riche Gallo-Romain amateur d'antiquités. — Hauteur : 0 m. 16.

---

[1] Voir, à ce propos, Robert, *Le culte de Tutela*, dans les *Mémoires de la Société archéologique de Bordeaux*, 1880.
[2] Festus, édit. Muller, p. 343; Tibulle, 406, 13.
[3] Chanot, *Silène criophore de Vienne*, dans *Gaz. archéol.*, 1878, pl. XXXI.

17. LARE IMPÉRIAL, DE LYON.

Jeune homme dans l'attitude de la marche, vêtu d'une tunique courte, serrée à la ceinture, et d'un léger manteau. La tête est ceinte d'une couronne de laurier. Bon style et surtout grande finesse d'exécution. — Hauteur o m. 19.

18. PRÊTRE SACRIFICATEUR.

L'artiste a parfaitement rendu le caractère de noblesse et de dignité qui convenait à cette représentation. Vêtu d'une tunique, le prêtre est enveloppé d'un manteau à longs plis qui, en laissant le côté droit libre, lui couvre tout le reste du corps, y compris le derrière de la tête. D'une main il tient une boîte à parfum, et il avance l'autre comme pour laisser tomber un grain d'encens sur le brasier de l'autel. Patine vert grisâtre. Trouvé au cours du XVIe siècle à la montée Saint-Sébastien à la Croix-Rousse. — Hauteur : o m. 167.

19. HOMME BARBU ASSIS, DE VALENCE [1].

Il est coiffé d'une calotte conique sans rebord, comme en portaient les matelots et les ouvriers; son vêtement le désigne aussi comme un de ces hommes dont le genre de travail exige la liberté complète des mouvements; il porte l'*exomis,* une tunique qui, serrée à la ceinture et agrafée sur l'épaule gauche, laisse complètement à découvert le bras droit. A la position des mains, on constate qu'il tenait un objet de forme allongée. Style excellent. Patine brunâtre. — Hauteur : o m. 083.

20. ARTISTE COMIQUE, DE PROVENANCE INCONNUE [2].

Il est drapé avec beaucoup de naturel dans un manteau

---

[1] Commarmond, *Antiquit.*, p. 237, n° 105; Stark, *Staedtleben, Kunst und Alterthum in Frankreich*, p. 574.

[2] Cf. *Museo Pio Clementino*, t. III, pl. XXVIII et XXIX, et *Archaeologischer Zeitung*, 1885, pl. V; Stark, *Staedtleben, Kunst und Alterthum in Frankreich*, p. 574.

dont il retient les plis à gauche, et avance la main droite; il est dans l'attitude de la déclamation avec beaucoup de mouvement et de vie; son masque est garni d'une barbe épaisse, et la bouche, aux bords relevés, forme porte-voix. Les jambes, brisées, ont été refaites en cire. — Hauteur : 0 m. 074.

21. L'HOMME AUX VERRUES, DE NYONS [1].

Nous l'appelons ainsi à cause des excroissances de son crâne nu; sa face est hébétée. C'est un sujet de genre, dans lequel l'artiste a voulu représenter un idiot, abruti par les plaisirs. Aucune force dans ce corps énervé, qui tomberait s'il ne trouvait un point d'appui; la tête est penchée à gauche et en avant avec un air de profonde lassitude. Le visage est amaigri, le nez long et gros, les lèvres pendantes, le front ridé. Les bras sont étendus en avant, et il tient son poignet droit de la main gauche, par un geste familier aux insensés. La tunique qui lui couvre le haut du corps a beaucoup de légèreté et de souplesse. Patine verte. — Hauteur : 0 m. 178.

22. NAIN GROTESQUE, D'ARLES [2].

Tandis que la figure précédente rend avec une grande vérité d'expression l'hébêtement, celle-ci manifeste plutôt la vigueur bestiale. Les membres nerveux du nain sont pleins de force, le tronc est puissant, la tête volumineuse, le front chauve. Dans ses deux mains qu'il élève, il tient un objet impossible à déterminer. Le socle antique est rond, évidé et décoré de deux filets. Patine brune. — Hauteur : 0 m. 058.

23. REPRÉSENTATIONS D'ANIMAUX.

Elles sont toutes de petite taille, mais nombreuses : sangliers, panthères, cerfs, chèvres, béliers, chiens chassant et au repos, grenouille sur une feuille d'eau, coqs, etc. Plusieurs

---

[1] Commarmond, *Antiquit.*, p. 242, n° 122.
[2] *Idem, ibid.*, p. 241, n° 120.

proviennent de Décines [1], près Lyon. On a également trouvé dans le Rhône de grands coqs en bronze qui ont été acquis par le musée du Louvre [2].

---

[1] Commarmond, *Antiquit.*, p. 268, n° 227. — C'est de Décines également que provient une statuette de femme en bronze plaquée d'argent, de très beau caractère, debout sur un socle rond, orné de moulures et d'un rang d'oves; la tête manque malheureusement. (Commarmond, *Antiquit.*, p. 236, n° 103.)

[2] De Longpérier, *Notice sur les bronzes antiques du Louvre*, n°s 956 à 959. C'est de Meyzieu, près de Décines, que provient la jolie statuette, dessinée à la page 255, représentant le Génie des bronziers de Diara.

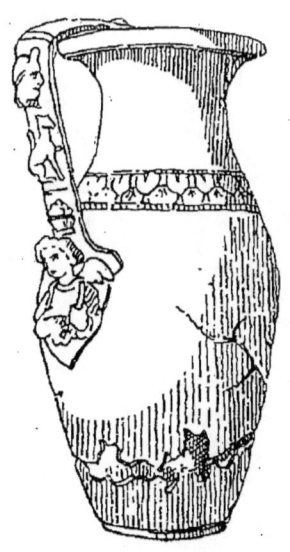

Vase en bronze, de l'île Barbe, à l'échelle de $\frac{1}{4}$.

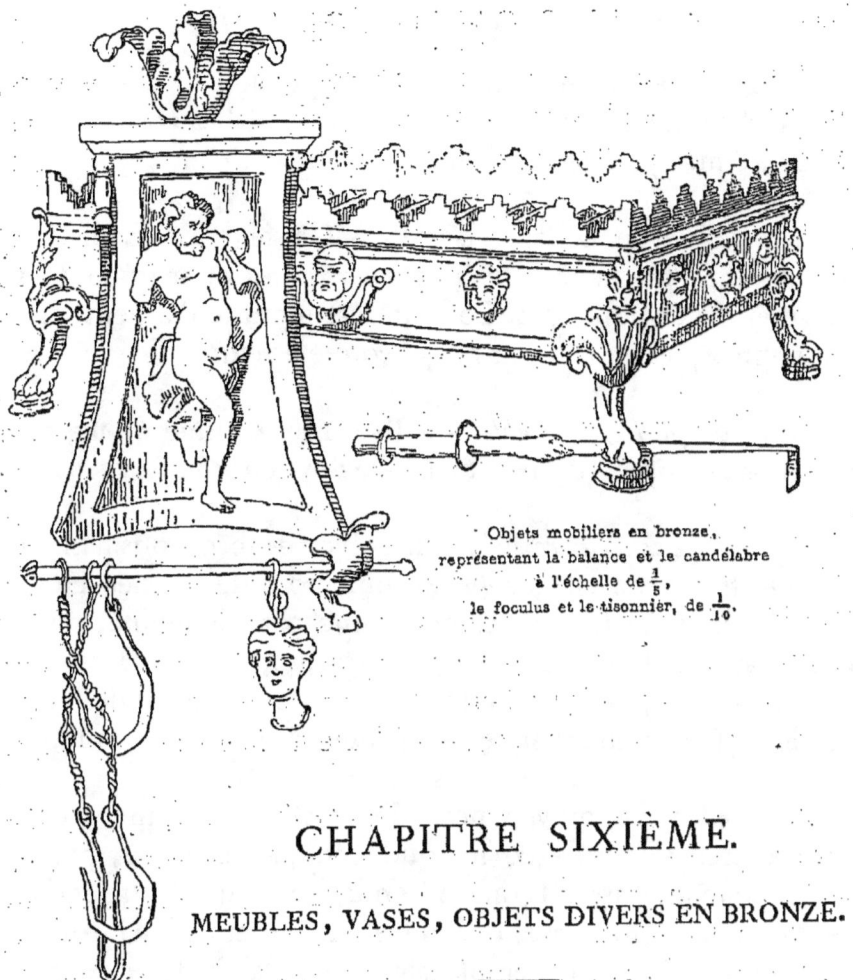

Objets mobiliers en bronze, représentant la balance et le candélabre à l'échelle de $\frac{1}{5}$, le foculus et le tisonnier, de $\frac{1}{10}$.

CHAPITRE SIXIÈME.

MEUBLES, VASES, OBJETS DIVERS EN BRONZE.

I. MEUBLES.

A. *Brasier portatif* de Vienne[1]. — Les anses en sont ciselées; les larges bandes de bronze qui l'entourent sont dentelées à leur partie supérieure, et les dents taillées en escalier. Le brasier repose sur des griffes de lion, dont le point d'attache est dissimulé sous un gracieux bouquet de feuilles. Les faces sont ornées de têtes d'homme et de femme au nombre de douze; toutes ne sont pas antiques.

---

[1] Martin-Daussigny, *Le foculus de Vienne*, dans *Gaz. archéol.*, 1876, p. 52, pl. 17. Il est dessiné ci-dessus.

On a trouvé à Herculanum et à Pompéi de pareils brasiers ; on en chercherait vainement ailleurs d'aussi beaux. — Longueur : 0 m. 75 ; largeur : 0 m. 71 ; hauteur : 0 m. 35.

B. *Bisellium* de Jailleux (Isère). — Ce siège à deux places, ou fauteuil d'honneur, servait aux personnes de marque dans les cérémonies publiques. Le nôtre est incrusté d'argent. Les différentes pièces n'en ont pas encore été réunies.

C. *Deux pieds de meuble*. — Ils sont en forme de massue à nœuds et ont été trouvés dans la Saône en 1875.

D. *Socle de candélabre* de Lyon. — Il est de forme prismatique et a été trouvé en 1859 sous les fondations de l'ancien Hôtel de ville. Il est malheureusement rongé par l'humidité, qui a donné au métal une apparence spongieuse ; les trois faces sont sculptées. On y voit un faune dansant, de beaucoup de mouvement et d'excellent style. — Hauteur du socle : 0 m. 41.

E. *Lampes* de provenances diverses[1]. — L'une d'elles est sculptée en forme de masque scénique, et laisse, par sa large bouche, passer la mèche enflammée ; une autre représente un nain grotesque ; une autre encore, et celle-ci trouvée à Lyon en 1832, sur l'emplacement du Palais de justice, est formée d'une tête à face barbue. Hauteur : 0 m. 05 ; largeur : 0 m. 95. A signaler une lampe de suspension à deux mèches (*lucerna bilychnis pensilis*), trouvée sous le Pont-au-Change, en 1843.

2. VASES D'USAGE DOMESTIQUE[2].

Le Musée est riche sous ce rapport ; on y trouve presque toutes les variétés de formes : l'*ahenum* ou chaudron, le *cacabus* ou casserole, l'*olla*[3], assez semblable à notre marmite du pot-au-feu, la *paropsis*, ce plat où l'on servait les mets les plus

---

[1] Commarmond, *Antiquit.*, p. 352, n° 549.
[2] *Idem, ibid.*, p. 330 et suiv.
[3] L'une d'elles a été trouvée à la montée des Carmélites, l'autre à l'Observance, en 1847.

délicats du repas, que l'on ne présentait qu'en une petite quantité, la *patina* ou plat ordinaire, comme qui dirait un large bol, le *labrum*[1] ou bassin aux bords recourbés en forme de lèvre, le *malluvium* ou cuvette.

3. VASES D'USAGE RELIGIEUX.

La collection en est également très complète. Signalons parmi les beaux spécimens un *praefericulum*, ou large bassin dans lequel les prêtres portaient devant eux les objets du culte; un *gutturnium*, aiguière qui servait principalement à verser l'eau sur les mains, tandis que le *guttus*, avec son col long et son étroite ouverture, ne laissait tomber le liquide qu'en très petite quantité. Avec le *simpulum*, cuillère à long manche, le prêtre puisait le vin ou le liquide destiné aux libations.

4. VASES SCULPTÉS.

Il y en a plusieurs de petite taille, l'un en forme de buste d'enfant aux cheveux frisés, l'autre creusé dans une tête de nègre aux lèvres lippues. Deux autres, un peu plus grands, ont un caractère artistique qui mérite d'appeler l'attention.

A. *Vase* de l'île Barbe (Lyon)[2]. — Il est de la catégorie de ceux que l'on nomme *capis*, c'est-à-dire que l'on peut saisir par une anse. (Il est dessiné à la page 371.) Son galbe est élégant, l'anse est particulièrement bien travaillée : on y voit le buste d'un Génie ailé, vêtu d'une tunique plissée, ouverte par devant et renfermant des fruits; sur le milieu est ciselé un chien assis; dans le haut, on voit la tête d'un personnage coiffé d'un bonnet lisse et serré. — Hauteur : o m. 22.

B. *Vase hexagonal* de Gap.[3]. — Sa forme est déjà très

---

[1] L'un d'eux a été trouvé dans une tranchée de la côte des Carmélites.
[2] Commarmond, *Antiquit.*, p. 327, n° 430. — Cf. *Rev. archéol.*, 1868, t. II, pl. 18.
[3] De Witte, *Les divinités des sept jours de la semaine*, dans *Gaz. archéol.*, 1877, p. 81, pl. 8 et 9.

originale : il est, de plus, orné d'incrustations d'argent et de cuivre rouge. Sur les faces latérales sont figurés des Génies faisant la vendange dans les branches d'une vigne chargée de raisins, ainsi que des oiseaux, parmi lesquels un coq, un aigle et un paon, et un animal fantastique, l'hippocampe. Sur le couronnement sont représentées, au milieu de festons, six divinités : Jupiter et le foudre, Saturne et la *harpe,* Apollon à la tête radiée, Diane avec le nimbe, Mars casqué, Mercure avec le pétase et le caducée. M. de Witte, qui a publié le vase, reconnaît dans ces figurations les divinités des jours de la semaine, et croit que la septième, Vénus, était représentée en pied sur le couvercle aujourd'hui perdu. L'anse mobile est fixée à deux crochets retenus chacun par un macaron à tête de faune. L'un d'eux est représenté à la page 390. — Hauteur : 0 m. 23.

5. OBJETS DIVERS.

On comprend sous cette appellation des antiquités qui sont intéressantes moins encore par leur caractère artistique que par les usages qu'ils rappellent. On se contentera d'en signaler quelques-uns.

A. *Collection de clefs gallo-romaines,* dites *laconicae.*

B. *Balances romaines* (*staterae*) avec leurs poids ou pesons, ceux-ci sculptés pour la plupart en forme d'animaux ou encore de têtes d'homme et de femme[1]. A remarquer un buste d'enfant de fort bon style, une tête de déesse couronnée, une gracieuse tête de jeune fille en cheveux, une Minerve casquée, plusieurs porcs aux formes épaisses.

C. *Pied romain* trouvé à Vaison[2].

D. *Armes de guerre.* — Agrafes de cuirasses sculptées en forme de têtes d'homme barbu, de loup, ou de sanglier;

---

[1] Commarmond, *Antiquit.,* p. 375.
[2] *Idem, ibid.,* p. 378, n° 647.

casques de différentes espèces; *digitale* ou doigtier d'arc, pour tendre la corde; *vexillum* ou guidon. L'un de ces derniers se termine à la partie supérieure par une levrette, l'autre par un sanglier courant.

E. *Tisonnier à manche sculpté.* (Il est dessiné p. 373.)

F. *Pedum sacerdotale*, ou bâton sacerdotal, en forme de crosse. Pour former la courbure, on a sculpté dans le bronze ici une Vénus nue assise, une jambe placée transversalement sur l'autre; à côté est un dauphin. Là, un autre *pedum*, terminé par un oiseau à gros bec, peut-être un corbeau, mesure 0 m. 14 de longueur.

G. *Manche de fouet* ou *flagellum*, dont la poignée est ciselée en forme de tête de cheval; l'autre extrémité est terminée par plusieurs tiges minces, qui se rejoignent en forme de paume, et à chacune desquelles était attachée une lanière de cuir. — Longueur du manche : 0 m. 43.

H. *Acus coquinarius* ou lardoir, qui ne diffère pas sensiblement, par sa forme, de ceux d'aujourd'hui.

I. *Fibules.* — Il en existe un très grand nombre de forme bien connue. (Voir plus haut, p. 246.) La plus curieuse est celle sur la face antérieure de laquelle sont représentés deux lézards qui s'entrelacent et se mordent. Elle est très finement ciselée; nous l'avons dessinée p. 200.

J. *Applique de coffret.* — C'est une plaque découpée à jour, représentant la silhouette d'Apollon nu, le carquois sur l'épaule, le coude appuyé sur sa lyre, dans une pose pleine d'abandon; à ses pieds se tient un griffon ailé. Cet excellent morceau de ciselure, dessiné p. 223, a récemment été trouvé à Lyon. — Hauteur : 0 m. 12.

L'Amour incendiaire,
Médaillon de terre cuite de grandeur naturelle

CHAPITRE SEPTIÈME.

MOSAÏQUES, POTERIES ET BIJOUX.

Ce septième et dernier chapitre comprendra l'étude des mosaïques, des poteries et bijoux.

Le Musée possède une assez belle collection de mosaïques [1], employées à la décoration des différentes salles de peinture, de sculpture ou d'archéologie. Toutes proviennent de Lyon, de Vienne ou de leurs environs [2].

---

[1] Artaud, *Histoire abrégée de la peinture en mosaïque, suivie de la description des mosaïques de Lyon et du midi de la France*, 1835, in-4°. — Cf. *Catalogue sommaire des musées de la ville de Lyon*; Lyon, Mougin-Rusand, 1887, p. 132.

[2] La mosaïque avec représentation de buste de femme en relief est seule d'origine inconnue et probablement italienne.

1. MOSAÏQUES TROUVÉES À LYON.

A. *Mosaïque des jeux du cirque.* — Au milieu d'un cadre formé de riches rinceaux et de tresses multicolores (dessiné en frontispice, p. 327), la course des chars est représentée dans sa pleine activité. On se rappelle les intéressants renseignements que nous avons retirés de l'étude de cette mosaïque[1] pour déterminer l'aspect probable du cirque de Lugudunum, avec ses loges de chars en bois, l'estrade des juges, l'ingénieux système à l'aide duquel on comptait le nombre de tours de piste faits par chaque concurrent ; le milieu de la *spina* était orné d'un obélisque, au pied duquel se tenaient deux esclaves, porteurs de la couronne et de la palme. Les cochers, en habits aux quatre couleurs traditionnelles, penchés en avant, excitent leurs coursiers. Un char s'est brisé au milieu de l'arène : les chevaux se relèvent avec peine ; l'homme est mort ou blessé.

C'est un magnifique tableau aux couleurs brillantes, dont le temps n'a pu ternir l'éclat. Cette mosaïque a été découverte en 1806, au quartier d'Ainay. — Dimensions : longueur, 4 m. 97 ; largeur, 3 mètres.

B. *Mosaïque de la lutte de l'Amour et de Pan.* — La scène se passe devant un dieu Terme ; Silène, couronné de fleurs, juge les coups et tient à la main la palme qu'il remettra au vainqueur. On a cru reconnaître dans cette représentation, qui d'ailleurs n'est pas rare, la lutte des penchants bons et mauvais. Ce médaillon central est entouré d'arabesques aux teintes brunes et grisâtres et de quatre rangs formés chacun de dix caissons à rosaces variées.

Trouvée en 1670 à Fourvières, dans le haut de la montée du Gourguillon. — Dimensions : longueur, 8 m. 57 ; largeur, 4 m. 12.

C. *Mosaïque des poissons.* — Elle ne comprend pas moins de soixante-sept figures d'animaux, dont trente et un poissons,

---

[1] Voir plus haut, p. 213.

sept dauphins, un bœuf et un griffon marins, deux oiseaux, un crabe, une crevette, quatorze coquillages et sept oursins.

Trouvée en 1843, dans la rue de Jarente. — Dimensions: longueur, 3 m. 75; largeur, 3 m. 63.

D. *Mosaïque des Saisons.* — Deux caissons seulement en ont été conservés, ceux de l'Été et de l'Automne, avec leurs attributs traditionnels.

Trouvée en 1820, place Sathonay. — Dimensions de chaque caisson : 0 m. 97 au carré.

2. MOSAÏQUES TROUVÉES À VIENNE OU DANS SES ENVIRONS.

A. *Mosaïque d'Orphée.* — Le chantre de Thrace, coiffé du bonnet phrygien, est représenté dans le médaillon central jouant de la lyre. Tout autour, dans quarante-neuf caissons, étaient figurés les animaux qu'Orphée charmait jadis par ses accords. La mosaïque ne mesurait pas moins de 7 mètres de long, sur 5 mètres de large; elle a été considérablement réduite, lorsqu'on l'a transportée à l'endroit qu'elle occupe actuellement; elle n'a plus que douze caissons avec animaux divers, chameau, tigre, oiseaux, etc.

Trouvée en 1822, à Saint-Romain-en-Gal, près Vienne. — Dimensions actuelles : 2 m. 58 au carré.

B. *Autre mosaïque du combat de l'Amour et de Pan.* — Elle est moins belle que celle du même sujet qui a été trouvée à Lyon. Le tableau central est de forme ronde; à chaque angle, dans un espace triangulaire, on voit un oiseau devant un fruit.

Découverte en 1803, à Sainte-Colombe, près Vienne; elle mesure 2 m. 91 de longueur et 2 m. 22 de largeur.

C. *Mosaïque de Bacchus.* — C'est une des plus importantes, non seulement à cause de ses dimensions et de la vérité avec laquelle est rendue, dans le tableau principal, l'ivresse du dieu du vin, mais encore à cause de la richesse décorative de ses nombreux caissons.

Trouvée en 1841, au quartier des Gargattes de Vienne. Dimensions : longueur, 19 m. 60; largeur, 4 m. 23.

D. *Mosaïque des exercices de la palestre.* — Elle représente avec les attitudes les plus variées, dans les détours d'un labyrinthe, des petits Génies s'exerçant à la lutte, au pugilat, à la chasse. — Dimensions : longueur, 4 m. 82; largeur, 3 m. 30.

3. LA CÉRAMIQUE.

Il ne saurait être question ici de la belle collection de statuettes de Tanagra et de Corinthe, des vases grecs et étrusques dont quelques-uns fort précieux, ni des figurines en terre blanchâtre de Vichy, ni des moules [1] et poupées de même provenance [2] que possède le musée de Lyon.

Nous n'entreprendrons pas non plus de considérer isolément les différentes pièces de poterie lyonnaise entières ou fragmentées; au lieu d'entrer dans les longueurs d'une énumération fastidieuse, nous donnerons sur le sujet quelques vues générales plus intéressantes pour le lecteur.

On a, dans la partie épigraphique de cette étude, eu l'occasion de parler de Lyonnais négociants en poterie [3]. Artaud, dont le témoignage nous a maintes fois déjà été utile, a découvert une fabrique de potier à l'angle des rues Saint-Joseph et Sala : «Le gisement de cette manufacture considérable a été reconnu, dit-il [4], par plusieurs amas de différentes terres rougeâtres, par des ouvrages fictiles, imprimés du sceau de ce potier, entre autres par un plat à large rebord terminé par un bec. Il est évident que ce personnage avait sa fabrique sur les bords du canal, dans la direction de la rue Sainte-Hélène; de chez lui, il pouvait embarquer sa marchandise, pour être transportée à Vienne et dans les autres villes du Midi qui bordent le Rhône.»

[1] Sur les moules de terre cuite en général, voir *Gaz. archéol.*, 1878, p. 12; 1881, p. 25; 1883, p. 69.
[2] Sur les poupées d'enfants, voir *Gazette des beaux-arts*, 1860, t. VII, p. 185.
[3] Voir plus haut, p. 269.
[4] Artaud, *Lyon souterrain*, p. 10.

Quelle était la provenance de la poterie rouge à couverte lustrée dont on rencontre de si nombreux fragments? Cette question ne pourra être résolue d'une façon définitive que lorsqu'on aura complété l'étude, déjà fort avancée, des marques imprimées par les fabricants sur leurs produits. Voici ce qu'écrit M. Dissard à ce sujet [1] : «Les vases et les innombrables débris exhumés des remblais du chantier de Trion ne diffèrent en rien de ceux qu'on a découverts sur d'autres points de la France, en Espagne, en Angleterre, dans les Pays-Bas ou en Allemagne; un simple examen montre la parfaite conformité de fabrication, de forme, de décoration et de vernissage de ces produits, qui portent fréquemment les mêmes marques et sortent des mains des même fabricants. On est bien vite amené à reconnaître, en dépit de toute objection et de toute apparence de preuves contraires, que cette poterie n'était pas ordinairement un produit de l'industrie de la région où on la découvre, mais provenait de quelque grand centre de fabrication, d'où elle s'exportait dans toutes les directions par les voies ordinaires du commerce.

«Les frais considérables de transport et les risques de tous genres firent bientôt naître des compagnies d'artisans voyageurs ou de potiers nomades, qui parcouraient les provinces en fabriquant sur place, d'après des procédés à eux propres, et dont ils gardaient le secret; nous devons à ces derniers l'établissement des nombreuses officines dont les restes ont été retrouvés dans différentes parties de notre territoire, et surtout dans les départements de la Lozère, du Puy-de-Dôme et de l'Allier.»

Nous ne nous occuperons pas ici des variétés de forme si nombreuses que présentent les poteries de Lyon, non plus que de leur décoration : les motifs empruntés au règne végétal s'y rencontrent très fréquemment. «On pourrait, dit encore M. Dissard [2], faire une étude des plus curieuses sur la botanique des anciens, en se servant seulement des tessons découverts à Trion pendant ces dernières années.» Les médaillons de vases offrent aussi une assez grande variété de sujets.

[1] Allmer et Dissard, *Trion*, p. 340.
[2] *Idem, ibid.*, p. 500.

Longtemps on s'est demandé l'origine de ces médaillons. Un vase très curieux et d'une conservation parfaite, trouvé en 1727 au quartier d'Ainay, et actuellement au Musée, peut nous fixer à cet égard[1]. Il est piriforme, à trois anses, et orné de trois médaillons en relief, dont l'un représente en buste Antonin le Pieux et Faustine, et les deux autres, des scènes de combats de gladiateurs. Les médaillons que l'on trouve en assez grand nombre dans les fouilles n'ont pas une origine différente. Nous en décrirons deux à titre de spécimens.

A. *Médaillon de la fondation de Lyon*[2]. — La ville est représentée par son Génie à la tête tourrelée, qui porte de la main droite un sceptre, et de la gauche une corne d'abondance; à ses pieds, sur un rocher, se trouve le corbeau (*lugu*) qui a donné son nom à Lugudunum. Munatius Plancus, désigné comme fondateur par la pioche placée derrière lui, tient d'une main un rouleau, probablement le rescrit du Sénat, de l'autre la patère des libations avec deux épis, par allusion au nom *copia* de la nouvelle ville. L'inscription, placée en exergue, peut se traduire ainsi : *Salut, mon très bon,* c'est Plancus qui parle, et le Génie répond : *Félicité à jamais!* (Ce médaillon a été dessiné plus haut, à la page 185.)

B. *Médaillon de l'«Incendiaire»*. — L'Incendiaire, c'est l'Amour[3]. La scène, dessinée page 379, que nous avons sous les yeux peut se diviser en trois parties : l'arrestation du coupable, le jugement, le supplice. Dans le bas du médaillon, l'Amour est conduit, les bras liés derrière le dos, par deux Génies; il est dépouillé de ses armes, l'arc, le carquois et les flambeaux, que deux autres petits Génies portent triomphalement sur leurs épaules. Dans le haut se trouve le tribunal : une déesse, Junon probablement, est entourée d'un nombreux

---

[1] Commarmond, *Antiquit.*, p. 42; Caylus, t. VI, p. 107. — Cf. A. de Barthélemy, *Vases sigillés et épigraphiques gallo-romains*, dans *Gaz. archéol.*, 1878, p. 172, pl. XXVII.
[2] De Witte, *L. Munatius Plancus et le Génie de la ville de Lyon*, dans *Gaz. archéol.*, 1884, p. 257, pl. XXXIV; Allmer et Dissard, *Trion*, p. XXXV et 598.
[3] Allmer et Dissard, *Trion*, p. 485.

cortège. Au centre, l'*Incendiaire*, ainsi désigné par l'inscription, est attaché au pilori, pendant que, sur l'ordre des juges, un autre Génie ouvre la cage de deux colombes, les prisonnières de l'Amour.

Nous aurions encore bien d'autres médaillons intéressants à signaler, les uns empruntés au cycle mythologique, les autres à des sujets historiques, aux jeux de l'amphithéâtre, etc. Il nous suffit d'avoir appelé l'attention sur ces représentations, qui témoignent souvent d'un grand talent d'invention et d'exécution de la part de leurs auteurs.

4. LES BIJOUX.

Les bijoux forment une importante série dans les collections archéologiques du musée de Lyon, et l'étude détaillée de leur technique et de leur caractère artistique serait à la fois très séduisante et très instructive : on y trouve des pierres gravées et des intailles, certains bijoux sont ciselés avec une délicatesse et un goût qu'envieraient nos joailliers modernes. Nous ne saurions, on le comprend, nous livrer à une observation minutieuse de ces objets, mais nous examinerons du moins l'écrin d'une dame romaine, le gobelet d'argent d'un soldat et la *pyxis*, ou boîte ouvragée, de Vaison.

A. *L'écrin d'une dame romaine*[1]. — Ce précieux écrin, qui remplit à lui seul toute une vitrine, nous donne une haute idée de l'opulence de celle qui avait à sa disposition une aussi belle variété de parures. On devait, à cette époque, porter un bracelet à chaque bras, car ceux-ci vont généralement par paire. Les uns sont faits de deux fils d'or, roulés de manière à ressembler à une corde, les autres de huit brins d'or, également roulés; d'autres bracelets sont formés d'une bande d'or

---

[1] Bonnemère, *Rapport sur l'écrin d'une dame romaine, découvert à Lyon, en 1841*, Lyon, 1847; cf. Bottiger, *Sabine ou la matinée d'une dame romaine*, trad. franç., 1813; Marquardt, *Romische Privatalterthumer*, 2ᵉ partie, 1867, p. 294; C. James, *Toilette d'une dame romaine au temps d'Auguste*, 3ᵉ édit., 1878; Saglio, *Dictionn. d'antiquités*, article *Coma*.

ondulée, avec médaillon; d'autres encore, intérieurement creux, ont la forme cylindrique. Pour les colliers, l'éclat de l'or était d'ordinaire rehaussé par celui des pierres précieuses : de tous ceux que nous avons sous les yeux, en effet, il n'y en a qu'un d'exclusivement composé de perles d'or; les autres sont ornés d'améthystes, de saphirs, de grenats, de corail ou de malachite. Les deux bagues de notre Lyonnaise sont : l'une en or dont il a déjà été parlé (voir plus haut, p. 300), avec cette inscription : *A Vénus et à Tutela;* l'autre est garnie d'émeraudes. Les boucles d'oreilles sont de formes également très variées; mais nous constatons avec étonnement que, dans le nombre, il s'en trouvait de décorées de faux grenats et de pâtes de verre imitant le lapis-lazuli.

Cette importante trouvaille a été faite en 1841, dans l'ancien clos des Lazaristes, montée Saint-Barthélemy, à Fourvières[1].

B. *Petite casserole en argent* de Ruffieux (Isère)[2]. — L'inscription qu'elle porte, gravée au revers du manche, la désigne comme étant la propriété de Caius Didius Secundus, soldat de la légion IIe *Augusta,* de la centurie de Marius. Elle a été trouvée par une pauvre femme, au pied d'un châtaignier, avec des médailles, dont la plupart étaient de l'époque de Gallien. Le vase est une sorte de patère un peu profonde à bords recourbés. L'anse est ornée de ciselures en relief, papillon, oiseau posé sur une fleur, tiges, et dessins ornementaux. A son point de jonction, l'anse se recourbe en forme de tête de cygne.

Ce vase est surtout intéressant comme spécimen du travail de joaillerie courante. Le soldat qui le possédait en faisait un usage journalier; il l'avait soigneusement marqué à son nom, en y ajoutant les indications qui permettaient d'en retrouver à coup sûr le propriétaire. — Dimensions : longueur du manche, 0 m. 082; diamètre du vase, 0 m. 183.

---

[1] Le Musée possède plusieurs autres bracelets en or, un entre autres de style byzantin, trouvé à Ville-sur-Jarnas, près Villefranche (Rhône).
[2] Allmer, *Inscriptions de Vienne,* t. I, p. 354; de Boissieu, *Inscriptions antiques de Lyon,* p. 311 : Trésor d'un centurion de la IIe légion, trouvé à Ruffieux (Isère).

c. *La pyxis* de Vaison [1]. — Bien qu'elle soit en bronze, nous n'avons pas hésité à la ranger dans la catégorie des bijoux, à cause de ses nombreuses incrustations d'argent et de ses filets d'or, emprisonnant une pâte d'émail noir.

Cette boîte, de forme cylindrique, est ornée, sur tout son pourtour, d'une série de personnages, représentant une scène mythologique. Vénus, à moitié nue, est assise sur un lit de parade, avec deux compagnes. Derrière elle, un jeune homme se tient debout, le coude appuyé sur une stèle; de l'autre côté, on aperçoit deux groupes, chacun de trois Amours, dans des attitudes variées. M. Allmer voit dans cette scène le dernier acte de la lutte entre Éros et Antéros. M. Héron de Villefosse l'intitule ainsi : *Les Amours au tombeau d'Adonis*, et il établit d'ingénieux rapprochements entre elle et un petit poème de Bion. Ce qui constitue le haut intérêt de cette *pyxis*, c'est sa valeur artistique, l'heureux arrangement des personnages, la pureté du dessin, la délicatesse avec laquelle sont ajustées les pièces de rapport; le travail de niellure du vêtement de Vénus est d'une grande perfection.

Le couvercle de cette jolie petite boîte est incrusté d'une couronne de feuilles de laurier en or, entre deux bordures d'argent en forme de *postes*. — Diamètre : o m. 048.

Aux bijoux nous rattacherons une série d'objets qui, pour n'être ni en or, ni en argent, n'en sont pas moins très précieux : telle cette tête d'empereur, sculptée sur chalcédoine, une décoration militaire; telle cette main phallique taillée dans un morceau de corail; telles encore ces tessères de théâtre ou de cirque, en os ou en plomb, ces deux cachets d'oculiste, en jade rose, et cette matrice à estamper de minces plaques de métal, où l'on trouve gravés en creux neuf ornements différents; telles sont encore les monnaies [2].

Dans la belle collection que possède le musée de Lyon

---

[1] A. Héron de Villefosse, *La Pyxis de Vaison*, dans *Gaz. archéol.*, 1878, p. 110, pl. XIX. — Cf. Allmer, *Bulletin de la Société départementale d'archéologie et de statistique de la Drôme*, 1876, p. 301.

[2] Voir les savantes notes de M. Dissard dans Allmer et Dissard, *Inscriptions antiques du musée de Lyon*, passim.

nous distinguerons quatre séries principales, où l'on établirait de multiples subdivisions :

1° Les monnaies gauloises à types variés, qui sont fort nombreuses au Musée;

2° Les quinaires d'argent, qu'Antoine fit frapper à Lyon, comme commandant d'armée; ils portent au droit le buste ailé de la Victoire, sous les traits de Fulvie, et, au revers, un lion marchant;

3° Monnaies frappées à partir de l'an 40 avant J.-C. et marquées au droit, tantôt à la tête de César, tantôt à celle d'Octavien ou d'Auguste, tantôt aux têtes adossées de César et d'Auguste; on voit au revers un taureau ou un aigle aux ailes éployées. Une importante émission de monnaies d'or et d'argent eut lieu à Lyon, lors du séjour qu'y fit l'empereur Auguste, de l'an 16 à l'an 14, et en l'an 10 avant J.-C.;

4° Monnaies au revers de l'Autel de Rome et d'Auguste (l'une d'elles est dessinée plus haut, p. 185), frappées à partir de l'an 14 avant J.-C. pour la circulation exclusive dans les Trois Gaules. On transformait à Lyon en monnaies de cette espèce toutes celles de la Gaule qui y étaient apportées en payement de l'impôt. Ces médailles sont à l'effigie d'Auguste, de Tibère, de Claude, de Néron, le dernier qui en fit frapper. Mais le type de l'Autel persista longtemps encore dans les imitations barbares des populations de l'Ouest et du Nord.

Notre examen des collections archéologiques de la ville de Lyon est achevé. Notre attention s'est portée, non seulement sur les objets exhumés du sol lyonnais, mais sur ceux de la vallée du Rhône que possède le Musée.

Ces derniers sont de beaucoup les plus nombreux, et Lyon n'a pas fourni une abondante moisson. Serait-ce que la splendeur artistique de cette ville n'était pas en rapport avec son importance politique et le grand rôle qu'elle a joué! Pour répondre à cette intéressante question et faire en quelque sorte le bilan archéologique de Lyon, nous ne saurions mieux faire que de placer sous les yeux du lecteur la page suivante de M. Allmer [1] :

« L'éclat artistique, dit-il, se montre à Lyon assez médiocre, mais c'est uniquement sans doute parce que rien, ou presque rien, n'a échappé aux grandes catastrophes que la ville a traversées pour venir jusqu'à nous. Il n'est, en effet, guère possible qu'une ville particulièrement affectionnée des premiers empereurs, destinée par Auguste à un grand rôle politique, et plusieurs fois et longuement visitée par lui, visitée et honorée par Caligula, gratifiée des libéralités de Claude, dont elle était le lieu de naissance et dont elle a pris le nom, privilégiée de la sollicitude de Néron, n'ait pas été décorée avec magnificence, et Sénèque dit expressément que Lyon était de son temps l'ornement des Gaules : *Civitas opulenta, ornamentumque provinciarum.* A cette première splendeur doivent avoir appartenu quelques remarquables débris d'architecture et de statuaire recueillis dans nos musées : des chapiteaux et des frises qui ont fait partie de riches édifices, une tête colossale de Jupiter Dodonéen en marbre et de la plus grande beauté, plusieurs torses de statues de marbre certainement très belles; celui d'un jeune faune vêtu d'une nébride, celui d'un athlète ou d'un héros mythologique entièrement nu; celui d'une Vénus retenant sous son bras gauche un pan de draperie, le torse en pierre d'un éphèbe nu trouvé dans l'épaisseur de la maçonnerie d'un des plus anciens tombeaux de Trion. A cette même splendeur primitive ont appartenu également les belles statues équestres en bronze doré, probablement fondues à Rome, qui, avec de nombreuses statues de marbre et de pierre, concouraient à la décoration de l'autel national des Trois Gaules. Dès le premier siècle, doivent avoir été construits à Lyon au moins un temple municipal, un forum, un palais du gouvernement, un théâtre, un amphithéâtre, un cirque, des bains, et certainement ces monuments ont en majeure partie péri dans l'incendie qui a consumé la ville cent et quelques années après sa fondation. A la suite de cet événement terrible,

---

[1] Allmer et Dissard, *Inscriptions antiques de Lyon*, t. II, p. 223.

Lyon, délaissé des faveurs impériales, est redevenu, sous le rapport de la richesse, peut-être ce qu'il était auparavant, mais non sous le rapport de la magnificence artistique, et, d'après ce que nous en pouvons juger, sa splendeur monumentale au second siècle ne répond pas à sa fortune. Le tombeau en la forme d'un petit temple, élevé à la mémoire du jeune Acceptius, fils d'un duumvir, doit surtout sa somptuosité à un sarcophage de marbre envoyé de Grèce tout sculpté; de même origine est le sarcophage découvert à Saint-Irénée, représentant la marche triomphale de Bacchus. Les sculptures en bas-relief de l'autel taurobolique d'Antonin le Pieux, d'un petit autel à Maia, de deux autels aux déesses Mères, trois bustes en ronde bosse retirés du puits de Trion,... ne sont nullement des chefs-d'œuvre. Sans aucun ornement ou sans autre ornement que de simples moulures, les tombeaux de Lyon, cippes comme sarcophages, n'étalent de richesse que par leur volume, et il est tel bloc qui ne pèse pas moins de 12,000 kilogrammes. Il y a loin de là aux tombeaux à double étage élevés le long de la voie d'Aquitaine durant la période d'Auguste à Néron, décorés de pilastres cannelés, de colonnes à brillants chapiteaux, de frises élégantes, de toits sculptés, de masques de larve, de statues allégoriques d'un puissant effet décoratif, de statues-portraits plus grandes que nature. Les mosaïques exhumées du sol lyonnais, bien qu'une d'elles soit du plus haut intérêt, ne comptent pas non plus parmi les plus belles ».

Œillet d'anse
du vase hexagonal
de Gap.

CONCLUSION.

Nous voici arrivé au terme de notre étude. Vienne et Lyon nous apparaissent maintenant sous leur véritable jour, comme d'intenses foyers de civilisation, destinés, dans la pensée de César et d'Auguste, à favoriser la romanisation du pays. Nous avons dit avec quelle rapidité s'était opérée la transformation de la première, et combien grande avait été son influence sur la Province. Le rayonnement de la seconde se fit sur un espace bien plus vaste et moins bien préparé, et les effets mirent plus longtemps à se produire, mais ils n'en furent pas moins réels. Nous avons vu l'organisation savante à l'aide de laquelle la Gaule, nouvellement conquise, fut amenée à se donner volontairement au vainqueur, et comment, par une idée de génie, l'Empereur établit à côté de Lyon, chef-lieu administratif et marché commercial considérable, un centre religieux où Rome était glorifiée et où les représentants officiels de la Gaule, venant assister chaque année à des fêtes magnifiques, retournaient chez eux comblés d'honneurs, en emportant le souvenir et l'amour d'une civilisation très supérieure.

Après ce rapide coup d'œil donné à l'histoire de Vienne et de Lyon, nous avons étudié les vestiges de leurs antiques monuments. Un bien petit nombre sont debout; rien d'étonnant à cela d'ailleurs. Sans parler des bouleversements produits par le passage et le séjour des Barbares, les couches des populations qui se succédèrent sur le sol de Lyon et de Vienne détruisirent, pour se procurer des matériaux, ou simplement pour faire place nette, des édifices qui ne correspondaient plus à leurs besoins. Dans la plaine de Provence, le tombeau des Jules, l'arc de triomphe de Saint-Rémy, se dressent dans la poésie de leur isolement et dans la fraîcheur de leur conservation, car, autour d'eux, l'espace n'a jamais manqué, et, au cours des siècles, l'assiette des villes ou bourgades voisines, a pu, sans inconvénient, être plusieurs fois déplacée. Il n'en était de même, ni pour Lyon, ni pour Vienne, villes dont la position géographique est avantageuse entre toutes, et qui n'ont jamais cessé d'être habitées à l'endroit même où elles avaient été fondées. Cependant, malgré tout, grâce à une observation attentive, en recherchant les substructions, en nous éclairant à l'aide des comptes rendus de fouilles, il nous a été possible de reconstituer plusieurs points de ces cités gallo-romaines.

Nous avons fait plus encore : dans le cadre des édifices et des maisons ainsi relevées par la pensée, nous avons replacé la population qui s'y mouvait autrefois, en mettant surtout à profit pour cela les inscriptions funéraires. Nous rappelant ce mot de Montesquieu, que «les épitaphes reproduisent le vrai parler de nos ancêtres, qu'elles nous font connaître le fond réel des sociétés, l'esprit des temps, la pensée des masses[1]», nous avons mis à profit les richesses de l'épigraphie, et nous avons pu ainsi faire connaissance avec différentes catégories de Lyonnais et de Viennois : fonctionnaires, magistrats, industriels et commerçants, gens de professions diverses; nous avons pu déterminer leurs habitudes religieuses et familiales, et surprendre même parfois des traits de leurs mœurs et de leur caractère.

Cette résurrection du passé n'est pas la partie la moins intéressante de notre livre; il a été complété par l'étude des collections archéologiques de Vienne et de Lyon. Dans le discours[2] qu'il prononça pour obtenir l'entrée des Gaulois dans la Curie, l'empereur Claude invitait les sénateurs à consommer l'union de deux peuples dont les mœurs, *les arts,* les alliances étaient communs. Claude parlait ici de la Gaule Chevelue, et cette affirmation, en ce qui concerne le développement de l'art, soulèverait quelques objections. Au con-

---

[1] Montesquieu, *Esprit des lois*, XXX, 141.
[2] Voir plus haut, p. 351.

traire, l'identité des productions artistiques de la vallée du Rhône et de l'Italie ressort nettement de l'étude des musées archéologiques de Vienne et de Lyon; si elles n'ont pas ici toute la pureté que l'on rencontre à Rome, dans la belle époque, si elles sont quelquefois entachées d'un provincialisme qui constitue précisément leur originalité, elles ont du moins tous les caractères de l'art romain, et manifestent avec évidence la pénétration profonde d'une civilisation qui, selon l'expression d'un contemporain, faisait du pays qui nous occupe comme le prolongement de l'Italie.

Silène criophore, de Vienne,
au musée de Lyon,
à l'échelle de $\frac{2}{3}$.

N. B. *Sont désignés par de gros caractères les antiquités actuellement encore apparentes.*

LA VILLE ROMAINE.

1. Mur de soutènement du Forum (Couvent de Saint-François-Régis).
2. Constructions romaines (Observatoire Gay).
3. Substructions romaines (Dames du Calvaire).
4. Autres substructions (Champ de manœuvre de la Sarra).
5. Prison de saint Pothin et substructions (Hospice de l'Antiquaille).
6. L'Amphithéâtre (Clos Lafon).
7. Le Théâtre (Clos des religieuses de la Compassion).
8. Emplacement probable du Cirque (Réservoir du service des eaux).
9. Lararium public et carrefour (Place des Minimes).
10. Temple de Mithra (Rue des Farges).
11. Réservoir romain (Grand séminaire).
12. Autres tombeaux de la voie d'Aquitaine (Commanderie de Saint-Georges).
13. Port des bateliers de la Saône (Place de Change).
14. Caveau, entrepôt des marchands de vin (Place Saint-Michel).
15. Autel des Mères Augustes (Église d'Ainay).
16. Mosaïques diverses (Îlots de Joannès et Vianbecour).
17. *Ustrinum* (Place Bellecour).
18. Tombeaux de la voie d'Aquitaine (Gare de la ligne de Vaugneray, transportés place de Choulans).
19. Autres tombeaux de la voie d'Aquitaine (Groupe scolaire de la Favorite).
20. Autres tombeaux de la voie d'Aquitaine (Chemin des Macons).
21. Sarcophage du triomphe de Bacchus (Église Saint-Irénée).
22. Substructions romaines (Emplacement de l'ancienne église de Saint-Just).
23. Jeu de Paume (Place de Choulans). On y a transporté les mausolées de la voie d'Aquitaine.
24. Restes d'aqueducs romains (Fort de Sainte-Irénée et chemin de Loyasse).
25. Thermes d'Ulatius (Montée du Gréillon).
26. Tombeau des deux Amants (Quai de Vaise).
27. Tombeaux (Église Saint-Pierre-de-Vaise).
28. Tuyaux de plomb (dans la Saône).
29. Pierres tombales (Enrochements du Rhône).
30. Tombeau d'Aneerptius (la Vitriolerie).

Voies romaines et chemins pavés.

a. Tracé de l'enceinte romaine (Coteaux des fortifications modernes).
b. Voie d'Arles (Rue des Marchabées).
c. Voie d'Aquitaine (Chemin de la Favorite).
d. *Trivium* ou carrefour (Place de Trion).
e. Chemin de jonction de la voie d'Arles à la voie d'Aquitaine (Rue de Trion).
f. Voie du Nord (Quais de Pierre-Scize et de Vaise).
g. Chemin de jonction de la voie du Nord au carrefour de Trion (Chemin de Saint-Just à Vaise).
h. Chemin pavé de la place des Minimes à la porte de Saint-Just (Rue des Farges).
i. Chemin pavé de la place des Minimes au bord de la Saône (Montée du Gourguillon).
j. Autre chemin pavé de la place des Minimes au bord de la Saône (Rue de l'Antiquaille et montée Saint-Barthélemy).
k. Chemin pavé de la place des Minimes à celle de Fourvières (Propriétés particulières).
mm. Chemin pavé de Fourvières à la porte du Trion (Rue du Juge-de-Paix).
n. Chemin pavé de la place de Fourvières à Vaise (Rue des Quatre-Vents).
o. Chemin pavé (Rue Merrière).
p. Voie abrégée de Lyon à Vienne (Rue de la Vitriolerie).

LA VILLE GAULOISE.

Autel de Rome et d'Auguste et Temple (Derrière l'église Saint-Polycarpe).
Amphithéâtre des Trois Gaules (Jardin des Plantes).
Autel des Mères Augustes (Rue du Jardin-des-Plantes).

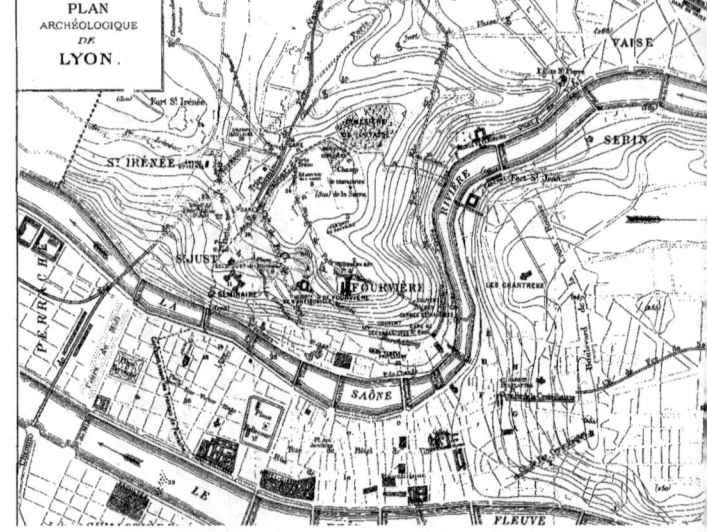

LÉGENDE

N. B. *Sont désignées par de gros caractères les antiquités actuellement encore apparentes.*

A A A. Limite de l'enceinte romaine (rive gauche).
B B B. Limite des constructions romaines (rive droite).

1. La citadelle de Pipet.
2. L'amphithéâtre.
3. Théâtre (Angle des chemins de Saint-Marcel et de Beaunier).
4. Temple de Mars (Cimetière actuel).
5. Importantes substructions antiques (Collège).
6. Assises monumentales, traces des thermes (Cour du théâtre).
7. Fragments architecturaux employés en remblais (Terrasse de l'Archevêché).
8. Temple d'Auguste et de Livie.
9. Double arcade du forum.
10. Arc de triomphe (Avenue Victor-Hugo).
11. Édifice et riches habitations romaines (Jardins de l'Hospice).
12. Temple de Mithra (Ancienne Halle).
13. Magasin du bronzier (Cloître Saint-Maurice).
14. Habitations romaines (Cours Romestaing).
15. Mosaïque d'Orphée (Champ de Mars).
16. Statue d'Apollon, mosaïque de l'Océan (Maison Jouffray).
17. Statue de Pacatianus (Propriété Pététin).
18. Meta du cirque (l'Aiguille ou la Pyramide).
19. Gradins du cirque (Propriété Contamin).
20. Fronton de marbre et dauphins de bronze (Quai Pajot).
21. Fragments architecturaux (Ancienne église Saint-Sévère).
22. Salle du Faune (Au nord de l'ancienne église Saint-Sévère).
23. Mosaïque et fragments divers (Rue des Colonnes).
24. Arc de triomphe (Pont tubulaire du chemin de fer).
25. Culée du pont romain.
26. Inscription de la *Fossa publica* (Chemin du cimetière).
27. Belles mosaïques (Quartier Saint-Jean).
28. Ruines du palais du miroir.
29. Édifice à colonnes (Tranchée du chemin de fer).
30. Temple des Mères Augustes (*Ibid.*).

Voies romaines et chemins pavés.

a a a. Voie d'Italie (Chemin de Saint-Marcel).
b b b. Autre voie d'Italie (Rue de Pont-Évêque).
c c c. Voie du Nord (Rues d'Arpot et de Lyon).
d d d. Voie abrégée de Lyon à Vienne (Chemin de la Plaine).
e e e. Voie d'Arles (Rue de Vimaine).
f f f. Voie des Helves (Chemin vicinal de Saint-Cyr).
g g g. Chemin pavé (Grande-rue).
h h h. Chemin pavé (Rue Ponsard).
i i i.
j j j. } Chemins pavés (Sainte-Colombe, propriétés particulières).
k k k.

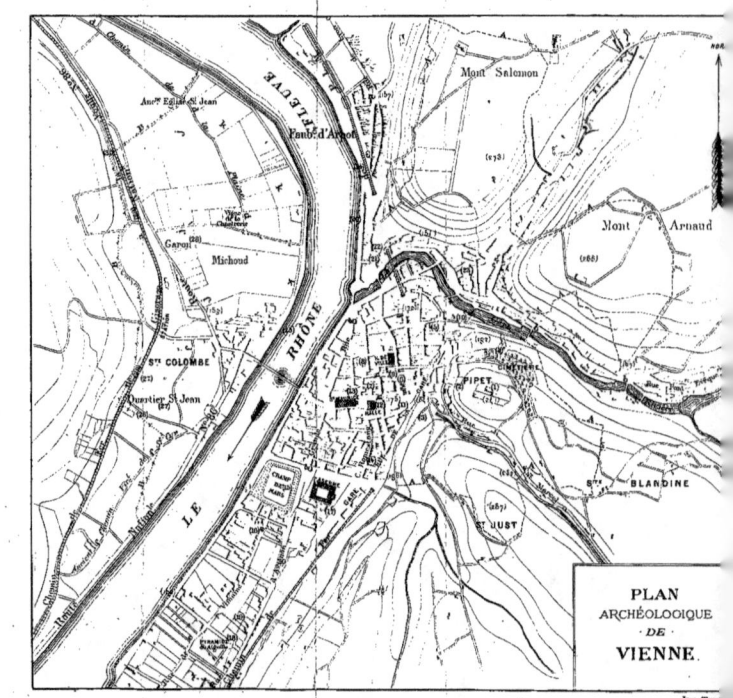

PLAN ARCHÉOLOGIQUE DE VIENNE

TABLE DES MATIERES.

	Pages
Préface	IX

VIENNE ANTIQUE.

Avant-propos... 3

Introduction historique. (En-tête de chapitre : *Monnaies des Allobroges et de la colonie de Vienne.*)

    Vienne capitale des Allobroges; leur lutte contre les Romains; leurs souffrances sous l'administration romaine.................... 9

    Bienveillance de César à leur endroit; Vienne cité de droit latin; sa prompte romanisation.. 13

    Fondation de Lyon; rivalité persistante de ces deux villes........ 14

    Vienne, ruinée par Valens, se relève difficilement. — Arrivée des Burgondes.. 15

PREMIÈRE PARTIE.

LES MONUMENTS.

Avant-propos... 19

CHAPITRE PREMIER.

L'enceinte fortifiée et la citadelle. (En-tête de chapitre : *Fragments de frise d'une porte monumentale, transformés en sarcophages.*)

    Développement des remparts.................................... 21
    Date de leur fondation... 22
    La citadelle : consolidation de sa base........................ 22
    Sa disposition... 23

CHAPITRE DEUXIÈME.

L'amphithéâtre. (En-tête de chapitre : *Fragments architecturaux de l'amphithéâtre.*)

    Son emplacement... 25

Ses restes 26
Sa décoration... 27
Spectacles qui s'y donnaient. (En cul-de-lampe : *Gladiateur au combat, représenté sur tuyau de plomb.*)........................... 28

CHAPITRE TROISIÈME.

LES AQUEDUCS. (En-tête de chapitre : *Bouches d'aqueducs.*)

Leur direction... 31
Leur construction... 32
Donation d'aqueducs... 32

CHAPITRE QUATRIÈME.

L'AUGUSTAEUM ET L'ARCADE DU FORUM. (En-tête de chapitre : *L'Arcade du forum.*)

Limites du forum et de son portique....................... 35
Caractère architectural du temple........................... 36
Construction et réparation................................... 37
Sa destination... 38

CHAPITRE CINQUIÈME.

L'AIGUILLE ET LE CIRQUE. (En-tête de chapitre : *L'Aiguille.*)

Traditions populaires sur le monument..................... 41
Sa destination véritable...................................... 42
Son aspect architectural..................................... 42

CHAPITRE SIXIÈME.

LE PALAIS DU MIROIR. (En-tête de chapitre : *Statue et ruines du palais du Miroir.*)

Opinion des anciens archéologues........................... 45
Ses ruines; sa richesse....................................... 46
Valentinien II et Arbogast................................... 47

CHAPITRE SEPTIÈME.

MONUMENTS DIVERS. — FOUILLES ET SOUVENIRS. (En-tête de chapitre : *Assises monumentales.*)

Partie supérieure de la ville; le théâtre..................... 49
Le temple de Mars, les substructions du collège............ 50
Assises monumentales, les thermes.......................... 52
Fragments romains de la terrasse de l'Archevêché......... 54
Les jardins de l'Hospice et le cours Romestang............. 55

VIENNE ET LYON ANTIQUES. 397

Quartiers des Halles et du Champ-de-Mars.................. 58
Au delà de la Gère.. 61
Sainte-Colombe et Saint-Romain............................ 62

CHAPITRE HUITIÈME.

DE QUELQUES MONUMENTS DE LA COLONIE EN DEHORS DU CHEF-LIEU.

Inscriptions relatives à des monuments :
    Aoste... 65
    Belley.. 66
    Genève.. 66
    Annecy.. 66
    Albens.. 67
    Aix... 68
    Grenoble.. 70

DEUXIÈME PARTIE.
LES INSCRIPTIONS.

AVANT-PROPOS.. 73

CHAPITRE PREMIER.

LES CULTES.

Divinités d'origine indigène............................. 75
Divinités d'origine romaine.............................. 80
Cultes orientaux... 85
Divinités du foyer....................................... 89

CHAPITRE DEUXIÈME.

MAGISTRATS, FONCTIONNAIRES ET PRÊTRES.

Hauts personnages.. 91
Magistratures municipales................................ 93
Don généreux de deux questeurs........................... 97
Les sacerdoces... 98

CHAPITRE TROISIÈME.

INDUSTRIELS, COMMERÇANTS, GENS DE PROFESSIONS DIVERSES, ÉTRANGERS.

Les corporations.. 103
Commerce et industrie en dehors des corporations........ 106
Professeurs, médecins, oculistes........................ 108
Artistes scéniques...................................... 110
Gens d'origine indigène................................. 111
Orientaux... 112

CHAPITRE QUATRIÈME.

LA FAMILLE.

Ménages viennois.	113
Les enfants.	116
Enfants d'adoption (*alumni*).	118
Patrons et affranchis.	119

CHAPITRE CINQUIÈME.

LE PROBLÈME DE LA MORT. — PAÏENS ET CHRÉTIENS.

Le tombeau et la perpétuité des sacrifices.	123
Formules funéraires; épitaphes typiques.	125
Inscriptions chrétiennes.	128

TROISIÈME PARTIE.
LE MUSÉE ARCHÉOLOGIQUE.

AVANT-PROPOS. 137

CHAPITRE PREMIER.

FRAGMENTS ARCHITECTURAUX.

Chapiteaux de colonnes de différents ordres.	139
Chapiteaux de colonnes figurés.	139
Grands chapiteaux de pilastres.	140
Fragments d'entablement. (*Frise dessinée p. 19.*).	141
Fûts de colonnes.	141
Piédestal de colonnette. (*Dessiné p. 139.*).	142
Panneaux sculptés. (*L'un d'eux dessiné p. 166.*).	142
Clypei et peltes. (*Dessins p. 121, 134, 144, 145, 146.*).	143
Larves. (*L'une d'elles dessinée p. 160.*).	145

CHAPITRE DEUXIÈME.

AUTELS ET TOMBEAUX.

Autel aux Mères Augustes.	147
Bas-relief mithriaque. (*Dessiné p. 147.*).	148
Les tombeaux païens. (*L'un d'eux dessiné p. 113.*).	148
Les tombeaux chrétiens. (*L'un d'eux dessiné p. 123.*).	149

CHAPITRE TROISIÈME.

LES STATUES.

Fragments de statues colossales.	151
Torse colossal de femme drapée.	152

VIENNE ET LYON ANTIQUES. 399

Torse de jeune homme nu. (*Dessiné dans le texte.*).............. 153
Torse d'homme nu. (*Dessiné dans le texte.*).................... 154
La femme nue accroupie. Moulage. (*Dessinée p. 151.*)......... 154
Apollon Pythien. Collection particulière. (*Dessiné p. 75.*)...... 155
L'enfant à l'urne... 156
Groupe de la dispute d'enfants. Moulage. (*Dessiné p. 138.*)... 156
Lévrier en marbre. (*Dessiné p. 71.*)......................... 157
Représentations de faunes. (*Têtes dessinées p. 101, 135, 158, 159.*) 157
Têtes de statues diverses. (*Dessinées p. 40, 43.*)............. 159

CHAPITRE QUATRIÈME.

LES BRONZES.

Bronzes viennois en dehors de Vienne. (*Hercule romain dessiné p. 162.*).. 161
Statue, plus grande que nature, de Pacatianus. (*La tête est dessinée p. 91.*)... 163
Dauphins de bronze. (*Ils sont dessinés dans le front'spice, p. 1.*).... 164
Statuettes... 164

CHAPITRE CINQUIÈME.

DÉCORATION DES MAISONS, MOSAÏQUES ET FRESQUES. OBJET EN BOIS SCULPTÉ, CÉRAMIQUE.

Mosaïques. (*Trois sont dessinées p. 9, 137, 175.*)............. 167
Fresques. (*L'une d'elles est dessinée p. 167.*)................ 170
Tête sculptée en bois. (*Dessinée dans le texte.*).............. 170
Médaillons en terre cuite....................................... 171

LYON ANTIQUE.

AVANT-PROPOS... 179

INTRODUCTION HISTORIQUE. (En-tête : *Monnaies de la colonie de Lyon, médaillon de la Fondation, Victoire.*)

Fondation de la colonie romaine................................ 186
Munatius Plancus.. 188
Marc-Antoine.. 190
Auguste et Agrippa.. 191
Fondation de l'Autel de Rome et d'Auguste..................... 193
Lyon sous les Empereurs....................................... 196
Septime Sévère et Albin; décadence de Lyon gallo-romain...... 197

PREMIÈRE PARTIE.

LES MONUMENTS.

AVANT-PROPOS... 203

CHAPITRE PREMIER.

LA VILLE ROMAINE DE FOURVIÈRES.

L'enceinte de la ville.................................... 205
Le forum et ses environs................................ 206
La *domus juliana*...................................... 209
L'amphithéâtre et le théâtre............................ 211
Le cirque.. 213
Chapelles et autels..................................... 215
La ville basse.. 218
Voies et chemins romains................................ 221

CHAPITRE DEUXIÈME.

AQUEDUCS ET TOMBEAUX.

Direction des divers aqueducs. (*L'un d'eux est dessiné p. 203.*).... 225
Conserves d'eau et bains................................ 227
Tombeaux bordant les diverses voies lyonnaises.......... 229
Tombeaux de la voie d'Aquitaine. (*L'un d'eux est dessiné p. 225.*). 230

CHAPITRE TROISIÈME.

LA VILLE GAULOISE DE LA CROIX-ROUSSE.

Aspect actuel de ce quartier............................ 233
Les Tables Claudiennes et le Temple..................... 234
L'Autel de Rome et d'Auguste. (*Il est dessiné en frontispice p. 177.*) 235
L'amphithéâtre... 237
Les statues.. 238
Le bourg gaulois de Condate............................ 239

DEUXIÈME PARTIE.

LES INSCRIPTIONS.

AVANT-PROPOS. (En-tête de chapitre : *Cour intérieure du palais des Arts, Musée épigraphique de la ville de Lyon.*)..................... 245

CHAPITRE PREMIER.

CHEFS DE SERVICE, EMPLOYÉS ET MAGISTRATS.

Légat impérial, procurateur provincial, procurateurs particuliers.. 247
Employés subalternes................................... 251
Magistrats municipaux.................................. 253

CHAPITRE DEUXIÈME.

LES CORPORATIONS LYONNAISES; ASSOCIATIONS COMMERCIALES.

Les *nautae rhodanici et ararici*.................................. 255
Dendrophores et *fabri*... 257
Les centonaires.. 259
Les négociants en vins... 260
Les fabricants de sayons... 263

CHAPITRE TROISIÈME.

BOUTIQUIERS, GENS DE MÉTIERS ET DE PROFESSIONS DIVERSES.

Le marchand de comestibles...................................... 265
Le tisseur... 266
L'industrie des métaux... 267
Le graveur sur pierre.. 268
Le verrier; le fabricant de poteries. (*Son tombeau est dessiné p. 265.*).. 269
Le fabricant de savon; négociants lyonnais; banquier............. 270
Médecins.. 271

CHAPITRE QUATRIÈME.

TYPES LYONNAIS. — TRAITS DE MŒURS ET DE CARACTÈRE.

Caractère anecdotique de l'épigraphie lyonnaise................. 273
Tombeaux d'enfants.. 278
Les jeunes gens... 280
Les époux... 281
Veuvage... 285
Mots d'amitié... 286
Braves gens... 287
Le bavard... 290
Le superstitieux.. 291
Épitaphe gaie... 292
L'homme avisé... 294
Épitaphe incorrecte... 294
Le gamin lyonnais... 295

CHAPITRE CINQUIÈME.

LYON VILLE COSMOPOLITE. — LES DIFFÉRENTS CULTES.

Gaulois à Lyon.. 297
Orientaux à Lyon.. 298
Les dieux romains... 299
Divinités celtiques... 301
Autels tauroboliques; cultes orientaux.......................... 303

CHAPITRE SIXIÈME.

LE CHRISTIANISME.

Les Martyrs lyonnais et viennois de l'année 177. — Lettre authentique conservée par Eusèbe.................................... 307
Inscriptions chrétiennes.. 319

TROISIÈME PARTIE.
LE MUSÉE ARCHÉOLOGIQUE.

AVANT-PROPOS... 327

CHAPITRE PREMIER.

FRAGMENTS ARCHITECTURAUX.

Frise du tombeau de Satrius... 329
Chapiteaux de piliers et de pilastres. (*L'un d'eux est dessiné p. 329.*). 330
Plaques de revêtement de l'autel de Rome et d'Auguste......... 330
Linteau en marbre blanc, de Beaujeu............................... 331
Masques funéraires ou larves. (*On en a dessiné deux, p. 247 et 325.*). 331
Clypeus, de Vienne. (*Dessiné p. XII.*)............................. 333

CHAPITRE DEUXIÈME.

AUTELS ET TOMBEAUX.

Autel dionysiaque... 335
Autels taurobliques. (*La face latérale de l'un d'eux est dessinée p. 297.*) 336
Bas-reliefs des Mères Augustes d'Ainay et de la Croix-Rousse. (*Ils sont dessinés l'un p. 201, l'autre p. 333.*)............. 336
Autel funéraire cylindrique. (*Dessiné p. 335.*)................. 337
Cippes et stèles. (*La stèle de Primilla est dessinée p. 205, le tombeau à deux bustes p. 273.*)................................ 337
Sarcophages. (*Une des têtes de lion d'un sarcophage en marbre est dessinée de profil p. 231, de face p. 407.*)........... 339
Ossuaires en marbre... 341

CHAPITRE TROISIÈME.

LES STATUES.

L'Aphrodite marseillaise. (*Elle est dessinée p. 347; les ornements de son vêtement et de sa coiffure le sont : p. 254, 264, 305; ses boucles d'oreilles, p. 323.*)................................. 343
Statues en pierre des mausolées de Trion........................ 344
Tête en marbre d'une statue colossale de Jupiter Dodonéen.... 345
Deux bustes-portraits.. 345
Torse de jeune homme nu. (*Il est dessiné p. 343.*)............. 345

VIENNE ET LYON ANTIQUES.

Autre torse de jeune homme nu.. 346
Torse de Vénus... 346
Statue en marbre de dieu assis... 346

CHAPITRE QUATRIÈME.

LA TABLE DE CLAUDE. (*Elle est reproduite p. 351.*)

Son objet, son importance et son intérêt............................... 349
Lecture et traduction... 351

CHAPITRE CINQUIÈME.

LES BRONZES : STATUES ET STATUETTES.

Fragments de statues colossales.. 360
Statue en pied de Jupiter ou Neptune................................... 360
Tête idéale de femme, de Vienne. (*Dessinée de profil p. VII, de face p. IX.*)... 361
Jupiter tonnant, de Mâcon. (*Dessiné p. 357.*)...................... 362
Bustes d'applique de Neptune, Jupiter et Mars, de Vienne. (*Dessinés p. 359.*).. 362
Statuettes de Mercure... 363
Hypnos, dieu du sommeil. (*Dessiné p. 65.*)......................... 364
Masque d'Hercule, de Thizy.. 365
Petite statuette de Mars, de provenance inconnue.................. 365
Diane chasseresse, de la Croix-Rousse. (*Dessinée p. 233.*).... 365
La Victoire, de Lyon. (*Dessinée p. 185.*)............................. 365
Autre Victoire.. 366
La Fortune, de Saint-Genis-d'Aoste..................................... 366
Faune et faunesse, de Lyon... 367
Cybèle, de Carpentras.. 367
Vénus, de Vaison... 367
Buste de Tutela, de Lyon. (*Dessinée p. 243.*)....................... 368
Junon Lucine, de provenance inconnue................................ 368
Silène criophore, de Vienne. (*Dessiné p. 393.*)..................... 368
Lare impérial, de Lyon... 369
Prêtre sacrificateur... 369
Homme barbu assis, de Valence.. 369
Artiste comique, de provenance inconnue............................ 369
L'homme aux verrues, de Nyons... 370
Nain grotesque, d'Arles.. 370
Représentations d'animaux.. 370

CHAPITRE SIXIÈME.

MEUBLES, VASES, OBJETS DIVERS EN BRONZE.

Meubles. (*Le brasier portatif de Vienne et le socle de candélabre de Lyon sont dessinés en tête du chapitre.*)... 373

Vases d'usage domestique.................................. 374
Vases d'usage religieux..................................... 375
Vases sculptés. (*L'un d'eux est dessiné p. 371 ; l'œillet d'anse d'un autre p. 390.*).. 375
Objets divers. (*Voir p. 246 le dessin d'une fibule ordinaire; p. 200 celui d'une autre représentant un combat de lézards; p. 227 celui d'une applique de coffret.*).. 376

CHAPITRE SEPTIÈME.

MOSAÏQUES, POTERIES ET BIJOUX.

Mosaïques trouvées à Lyon. (*La bordure de la mosaïque des Jeux du cirque est dessinée p. 327.*)..................................... 380
Mosaïques trouvées à Vienne ou dans ses environs.............. 381
La céramique. (*Le médaillon de l'Incendiaire est dessiné p. 379.*).... 382
Les bijoux... 385

CONCLUSION.. 391

Tête de bélier,
sculpture
d'un autel taurobolique
à l'échelle de ⅐.

TABLE DES VIGNETTES

EN-TÊTES DE CHAPITRES ET CULS-DE-LAMPE.

N. B. *Le premier chiffre indique la page de la vignette; le second, celle du texte correspondant.*

	Pages.	
Tête de déesse en bronze, de Vienne, au musée de Lyon. VII et	IX	361
Clypeus en marbre, de Vienne, au musée de Lyon.	XII	333

VIENNE ANTIQUE.

Dauphins de bronze. (Frontispice.)	1	164
Monnaies des Allobroges et de la colonie de Vienne.	9	14
Mosaïque de Ganymède.	9	169
Bouches d'aqueducs.		31
Fragment de frise.	19	141
Fragment de frise d'une porte monumentale transformé en sarcophage.	21	22
Divers fragments de l'entablement de l'amphithéâtre.	25	25
Fragment de tuyau de plomb, avec figuration de gladiateur.	30	29
Sections d'aqueducs.	17	31
L'arcade du forum.	35	36
Tête d'Auguste en marbre.	40	160
L'aiguille.	41	41
Tête de femme en marbre.	43	159
Statue et ruines du palais du Miroir.	45	46
Assises monumentales.	49	52
Hypnos, statuette en bronze, de Vieu (Ain). [Collection particulière.]	65	364
Lévrier accroupi en marbre.	71	157
Entablement du temple d'Auguste et de Livie.	73	38
Tête de bélier enguirlandée. (Autel taurobolique de Tain.)	74	86
Apollon Pythien, statue en marbre.	75	155
Tête de la statue en bronze de Pacatianus.	91	163
Buste de faune rieur, au musée du Louvre. (Moulage.)	101	157
Urnes et vases en terre cuite.	103	171
Petit côté d'un sarcophage d'enfant.	113	149

Fragment de pelte	121	145
Sarcophage chrétien	123	150
Fragment de pelte	134	145
Tête de faune en marbre. (Collection particulière.)	135	157
Mosaïque	137	168
Dispute d'enfants, groupe en marbre. (Moulage.)	138	156
Base de colonnette et chapiteaux	139	142
Fragment de *clypeus* (face et revers)	144	144
Fragment de pelte	145	145
Autre fragment de pelte	146	145
Bas-relief mithriaque	147	148
Femme nue accroupie, au musée du Louvre. (Moulage.)	151	154
Torse de jeune homme nu en marbre	153	153
Torse d'homme nu en marbre	154	154
Tête de faune en marbre	158	158
Tête de Pan en marbre	159	159
Larve funéraire en marbre	160	145
L'Hercule romain, statuette en bronze. (Collection particulière.)	162	163
Bas-relief en marbre blanc	166	143
Bande de peintures murales	167	170
Coffret de bois sculpté en forme de tête. (Disparu.)	171	171
Mosaïque	175	168

LYON ANTIQUE.

L'Autel de Rome et d'Auguste. (Frontispice.)	177	235
Monnaies de la colonie de Lyon	185	388
Médaillon en terre cuite de la fondation de Lyon	185	384
Victoire de Lyon, statuette en bronze	185	365
Combat de lézards, fibule en bronze ciselé	200	377
Offrande aux Mères Augustes, bas-relief de marbre	201	336
Aqueducs de Lyon	203	225
Tombeau de Primilla	205	338
Apollon Citharède, ornement d'applique en bronze	223	377
Un des mausolées de l'ancienne voie d'Aquitaine	225	225
Tête de lion d'un sarcophage en marbre blanc	231	340
Diane chasseresse, statuette en bronze	233	365
Buste de Tutela, applique en bronze	243	368
Cour intérieure du palais des Arts, Musée épigraphique de Lyon	245	246
Fibule en bronze	246	377
Masque funèbre d'homme barbu	247	332
Ornement du vêtement de l'Aphrodite marseillaise	254	344
Le Génie des bronziers de Diara, statuette en bronze. (Collection particulière.)	255	268
Autre ornement du vêtement de l'Aphrodite marseillaise	264	344
Tombeau du fabricant de poteries	265	269

Tombeau à deux bustes.	273	338
Autel taurobolique, face latérale.	297	336
Ornement de la coiffure de l'Aphrodite marseillaise.	305	344
Boucle d'oreille de l'Aphrodite marseillaise.	323	344
Masque funèbre à représentation de cyclope.	325	332
Bordure de la mosaïque des Jeux du cirque.	327	380
Chapiteau lyonnais restauré.	329	330
Bas-relief en marbre des Mères Augustes de la Croix-Rousse.	333	336
Autel funéraire cylindrique.	335	337
Torse de jeune homme nu, en marbre.	343	345
L'Aphrodite marseillaise, statue en marbre du VIe siècle avant J.-C.	347	343
La Table de Claude.	349	351
Jupiter tonnant, de Mâcon, statuette en bronze.	357	362
Bustes d'applique en bronze, de Vienne.	359	362
Vase sculpté en bronze, de l'île Barbe.	371	375
Brasier portatif en bronze, de Vienne.	373	373
Socle de candélabre en bronze.	373	374
Balance romaine.	373	376
L'Incendiaire, médaillon en terre cuite.	379	384
Œillet d'anse de vase en bronze.	390	376
Silène criophore, de Vienne, statuette en bronze.	393	368
Tête de bélier, sculpture d'un autel taurobolique.	404	336
Tête de lion d'un sarcophage en marbre blanc.	407	340

Tête de lion
d'un sarcophage en marbre blanc,
à l'échelle de $\frac{1}{7}$.

ERRATUM.

Page 387. — C'est par erreur que la *pyxis* de Vaison, actuellement au musée du Louvre, est citée parmi les objets du musée de Lyon.

www.ingramcontent.com/pod-product-compliance
Lightning Source LLC
Chambersburg PA
CBHW050919230426
43666CB00010B/2236